グローバル・
The Potential of Global History
ヒストリーの可能性

Haneda Masashi
羽田 正=編

山川出版社

目次

序章　グローバル・ヒストリーの豊かな可能性　　　　羽田　正　　1

第Ⅰ部　西洋諸国と日本におけるグローバル・ヒストリー　13
第1章　グローバル・ヒストリーへといたるいくつかの道
　　　　──新しい世界史　　ジェレミー・エイデルマン（阿部尚史 訳）　14
第2章　ドイツにおけるグローバル・ヒストリー
　　　　　　　　　　　　　　　　　アンドレアス・エッカート　　35
第3章　フランスにおけるグローバル・ヒストリー──過去と現在
　　　　　　アレッサンドロ・スタンツィアーニ（阿部尚史 訳）　　60
第4章　日本におけるグローバル・ヒストリーと世界史　　羽田　正　　80

第Ⅱ部　グローバル・ヒストリーの方法　105
第5章　日本史の立場からトランスナショナル・ヒストリーを書く
　　　　　　　　　　　　　　　　　シェルドン・ギャロン　　106
第6章　布と衣の世界史の構築とグローバル・ヒストリー
　　　　　　　　　　　　　　　　　　　　　　杉浦未樹　　139
第7章　グローバル・ヒストリーから見た観光史研究
　　　　　　　　ウルリケ・シャパー（阿部尚史 訳）　　161
第8章　地中海史の見取り図　　　　　　　　　工藤晶人　　182

第Ⅲ部　グローバル・ヒストリーの実例　197
第9章　グローバルな時代におけるドイツのナショナリズム
　　　　──移動と移り変わるネイションの概念（1880〜1914年）
　　　　　　　セバスティアン・コンラッド（阿部尚史 訳）　　198
第10章　複数の尺度とローマ──グローバルな次元での知の生産
　　　　　　　　　　　　　　　　　アントネッラ・ロマノ　　234
第11章　啓蒙の時代の論争におけるオランウータン
　　　　──グローバルな知の歴史の一事例？
　　　　　　　　　　　シルヴィア・セバスティアーニ　　258
第12章　史上初のグローバルカンパニーとしてのオランダ東インド会社
　　　　　　　　　　　　　　　　　　　　　　島田竜登　　287
第13章　憲法を起草することと世界史を書くこと
　　　　　　　　　　　リンダ・コリー（阿部尚史 訳）　　304

序章
グローバル・ヒストリーの豊かな可能性

羽田　正
Haneda Masashi

本書の目的

　「グローバル・ヒストリー。地球全体，あるいは包括的という意味をもつグローバルという語に形容された歴史研究の潮流が急激に広がっている」

　山川出版社から2008年8月に出版された論文集『グローバル・ヒストリーの挑戦』の冒頭で，編者の水島司はこのように語っている。

　それから10年近くがたち，グローバル・ヒストリーは1本の潮流から，見わたすかぎりの広大な水面をもつ大海へと成長した。国外ではもちろんだが，国内でも「グローバル・ヒストリー」という題名をもつ日本語の書物が多く出版され[1]，10年前にはまだ物めずらしかったこの言葉の認知度は大きく向上した。大学の教員公募にさいして，グローバル・ヒストリーを教えることが条件となる場合さえある。

　しかし，その一方で，グローバル・ヒストリーに対しては，その意味や手法について根強い批判と反感がある。曰く，「グローバル・ヒストリーは二次資料だけを使っていて信用できない」「大きな話ばかり」「人の顔が見えるような地に足のついた一次史料にもとづく地道な研究こそが大事」「グローバル・ヒストリーはグローバル化の歴史のことで，グローバル化を当然視し肯定している」などなど。

　とくに，最後の批判は，昨今の世界情勢とも共鳴している。2016年におけるイギリスのEU離脱やアメリカのトランプ氏の大統領選勝利は，「グローバル」に対する「ナショナル」な抵抗運動であり，この方向を支持する人々からは，グローバルを重視するグローバル・ヒストリーよりもナショナルな歴史である国民史こそ重要だとの声も聞かれる[2]。経済のゆきすぎたグローバル化を批判的にみるなら，この議論に一理あることは否定できないが，だからといって，最近のイギリスやアメリカの政治・経済・社会動向を，各国史の文脈だけで正しく把握し，理解することが可能だろうか。Brexitやトランプ政権誕生という事件自体が，グローバルに歴史をとらえることの重要性をなによりも雄弁に指し示していると私は考える。

1

本書は，まだかならずしも意味と方法が確立しているとはいえないグロー
バル・ヒストリーについて，基礎的で信頼できる材料を提供することを目的
として編まれた。歴史を読む人，研究する人が，一人でも多くこの新しい歴
史研究の意味と方法を正確に理解し，その面白さと重要性，可能性を知って
ほしいからである。本書をとおしてお読みいただけば，上であげた批判が的
はずれであり，グローバル・ヒストリーには豊かな将来性があるということ
が，おのずから明らかとなるだろう。

　この目的を達成するために，本書は二つの特徴的なアプローチを採用した。
第一は，グローバル・ヒストリーと呼ばれる歴史研究の新しい潮流が，どの
ような過程をへて生まれ今日の状況にいたったのかを，日本における研究動
向のなかだけで考えず，世界各地でおこなわれている同種の研究と比較しな
がら，体系的に説明することである。本書の第4章でも論じるように，最近
の日本語による研究では，グローバル・ヒストリーという語が，ときに無限
定，無制限に使用されているようにもみえる。世界各地の研究動向を背景に
おいて，グローバル・ヒストリー研究の研究史を論じ，日本語におけるこの
研究の意味と用法を的確に定めることが，この新しい分野の研究を先に進め
るにあたってぜひ必要である。

　そのためには，世界の多くの国で実際におこなわれている global history
（グローバル・ヒストリー）の研究史をたどり，この語の意味と方法について
考察し，日本語の同じ語の意味と用法を，それらと比較しながら確認するこ
とが有効である。本書では，このあとで述べるような経緯で，日本以外に，
アメリカ・ドイツ・フランスでおこなわれてきた global history 研究の歴史
と現状を紹介することによって，この目的を達成しようとした。この方法自
体が，一種のグローバル・ヒストリーだともいえるだろう。

　第二のアプローチは，「グローバル・ヒストリー」という名を冠しておこ
なわれている実際の研究の成果を紹介することである。グローバル・ヒスト
リーとは，なにを目的としどのような方法を用いてなにを明らかにしようと
しているのだろう。従来の歴史研究とどこかどう違っているのだろう。また，
この研究にはどのような可能性があるのだろう。グローバル・ヒストリーに
関心をもつ人なら誰もがいだくこれらの問いに答えるには，実際の良質な研
究成果を提示することがもっとも有効である。本書では，日本・アメリカ・
ドイツ・フランスの研究者による最新の具体的なグローバル・ヒストリー研

究の成果を紹介し，グローバル・ヒストリー研究のもつ豊かな可能性を読者
の目に見えるかたちで示してみたい。

本書の構成と内容

　本書は，アメリカ・ドイツ・フランスと日本におけるグローバル・ヒスト
リーと世界史の意味や研究史を論じた第一部，グローバル・ヒストリーとい
う新しい歴史研究のいくつかの方法について論じた第二部，それに，グロー
バル・ヒストリーという研究方法を用いて具体的な研究成果を提示した第三
部の三部から構成されている。

　第一部の４本の論文は，ぜひひとおしてお読みいただきたい。アメリカと西
ヨーロッパでグローバル・ヒストリーがどのように生まれ，発展してきたの
かをご理解いただいたうえで，最後におかれた羽田論文を読んでいただければ，
日本におけるグローバル・ヒストリーの意味と特徴がよりはっきりと理解で
きるはずである。編者の特権として，羽田は，他の３人の論文を読んだあと
で自分の論文を執筆した。このため，単に日本における世界史，グローバ
ル・ヒストリーの研究史を記すのではなく，他の３国におけるグローバル・
ヒストリー研究との比較を念頭に日本における研究史と現状を論じることが
できた。この論文によって，従来かならずしもはっきりしなかった日本語に
おける「グローバル・ヒストリー」の意味と特徴が，明確に定義できたので
はないかと思う。一言でいえば，「グローバル・ヒストリー」は，新しい世
界史を実現するための有力かつ有効な方法なのである。

　もちろん，その方法は一つではない。多くの方法が考案され，実際に試み
られているが，そのうちのいくつかが，第二部で紹介されている。トランス
ナショナル・ヒストリー，具体的なモノ（布と衣）や事象（観光）の移動に
注目した研究，それにいわゆる海域史である。このうち，あとの二つの研究
方法については，日本でもかなりの研究蓄積があり，とくに海域史は一種の
流行となっている[3]。これに対して，トランスナショナル・ヒストリーは，
まだそれほど意識して試みられているようにはみえない。それぞれの方法を
用いることによって，従来の研究のどこをどのように乗りこえることができ，
その先にどのような新しい地平を見出すことができるのか，これらの論文を
読んでじっくりと考えてみたい。

　第三部におかれた５本の論文は，グローバル・ヒストリーの方法を用いた

研究成果の実例である。これまでの研究では，16世紀以後の世界においては，それが概念や知識であれ，政治の組織，経済の構造であれ，ある要素はヨーロッパや北アメリカからその他の地域に一方通行で伝わり，影響を与えたと語られることが多かった。すなわち，ヨーロッパを中心においた歴史理解である。そこでは，ヨーロッパないし西洋とそれ以外は異なっているということが前提となる。しかし，ここでは，ドイツ・フランス・日本・アメリカの研究者が，この通説とは異なり，「西洋」と「非西洋」を二項対立ではとらえず，各地の事象が相互に影響を与え合い，からまり合う世界の姿をそれぞれ魅力的，説得的に論じている点に注目していただきたい。以上の第二部，第三部の論文は，いずれもグローバル・ヒストリーの豊かな可能性を感じさせる佳品，良品である。これらについては，読者の関心に合わせてどこからお読みくださってもかまわない。

Global History Collaborative

　本書の内容は，私がこの何年か進めてきた国際的な教育研究活動と密接な関連をもっている。ここで，この活動について簡単に紹介し，それと本書の出版との関係を説明しておきたい。

　私は日本学術振興会の研究拠点形成事業（先端拠点形成型）による支援を受け，2014年度から日本語で「新しい世界史／グローバル・ヒストリー共同研究拠点の形成」，英語では"Global History Collaborative"（以下，GHC）という名をもつ新しい世界史／グローバル・ヒストリーに関する国際的な教育研究ネットワークの形成に取り組んでいる。私が所属する東京大学東洋文化研究所を日本におけるGHCの拠点とし，海外の三つの拠点パートナー機関と緊密に協力し合いながら，新しい世界史／グローバル・ヒストリーにかかわる多彩なプログラムを共同で計画的，継続的に実施している。

　海外の拠点パートナー機関とその代表者は，次のとおりである。プリンストン大学（アメリカ合衆国）のジェレミー・エイデルマン（Jeremy Adelman），社会科学高等研究院（フランス）のアレッサンドロ・スタンツィアーニ（Alessandro Stanziani），ベルリン・フンボルト大学＋ベルリン自由大学（ドイツ）のアンドレアス・エッカート（Andreas Eckert）＋セバスティアン・コンラッド（Sebastian Conrad）。これらの拠点代表者たちは皆，ある国や地域の歴史研究からスタートして，世界史／グローバル・ヒストリーを主たる研

究テーマとするようになったという点で共通の経験をもっている。エイデルマンはラテン・アメリカ，とくに，アルゼンチン史，スタンツィアーニはロシア史，エッカートはアフリカ史，コンラッドは日本史を元来専門としていた。この点では，イラン史で博士論文を書いた私も同様である。

　私は，2010年頃からさまざまな経緯で他の三つの拠点パートナー機関の責任者たちと知り合い，個別に研究面での交流に取り組んできた。それぞれに興味深く意義深い協力関係を築くことができ，それらを発展させることには大きな意味があると感じていた。しかし，本格的な交流を進めるにはまとまった資金が必要で，どうしたものかと考えていたところ，日本学術振興会の国際交流事業の一つに研究拠点形成事業というものがあるということを教えられた。これは，特定の研究分野において，日本の研究機関と海外のカウンターパート機関が持続的な協力関係を構築するために設けられた補助金事業である。日本と海外の研究機関に教育研究の拠点が設けられ，これらが連携してある特定分野の教育と研究を展開し，日本にその分野における世界最先端の教育研究拠点を創成することが目標とされている。

　この事業は，マッチングファンドが原則である。日本の拠点は，日本学術振興会の補助金を使用するが，海外の拠点はそれに見合う額の研究資金をそれぞれが準備し，たがいに資金を出し合って各種の交流を実施する。各拠点がネットワークの構築と維持・発展の責任を分かち合うという点でハードルは高く，運営にはそれなりに工夫が要りそうだが，うまくいけば継続的な交流が望めそうだ。そこで，私はプリンストンのエイデルマン・ベルリンのコンラッド・パリのスタンツィアーニに声をかけ，一緒にグローバル・ヒストリーの国際ネットワークをつくろうと呼びかけた。タイミングが良かったのだろう。彼らもちょうど同じようなことを考えていたらしく，話はとんとん拍子で進んだ。

　ベルリン自由大学のコンラッドは，ベルリン・フンボルト大学のエッカートと一緒にグローバル・ヒストリーの修士コースをつくり，公式にはこのコースをフンボルト大学においていたので，エッカートにベルリン拠点の代表者となってもらうことにした。エッカートとスタンツィアーニは以前からグローバルな労働史の分野で研究協力を進めており，四つの拠点によるネットワーク化は彼らにとっても望むところだった。ベルリンとプリンストンは，エッカートとシェルドン・ギャロン（Sheldon Garon，本書第 5 論文の著者）

が責任者となって二つの大学間でグローバル・ヒストリーについての教育研究プロジェクトを立ち上げたばかりだった。プリンストンとパリの間にはそれまであまり強いつながりはなかったようだが，この呼びかけが契機となって，協力の体制が整えられた。各拠点の責任者がそれぞれ交流のための資金を準備することも，すんなりと了解された。ここまで話が進んだのに資金がえられなかったら困っただろうが，幸いにして，私の日本学術振興会への申請は認められ，正式には，2014年4月にGHCのネットワークが創設された。

　このネットワークが年間をつうじて実施するおもなプログラムには，研究者の相互訪問と講演による研究交流，テーマを定めて4拠点が共催する研究セミナー，大学院学生を対象とするサマースクール，大学院学生の半年程度の留学などがある。

　この原稿を記している2017年初めの時点で，日本学術振興会の補助金事業としては，5年計画の3年目が終わろうとしているが，多彩な教育研究の交流プログラムをつうじて，すでに各研究拠点の主要な研究者たちは，たがいの問題，関心をよく理解し，相互に強い信頼関係で結ばれている。メールでの頻繁な情報と意見交換に加えて，大学院学生のためのスクールと研究者によるセミナーで，年に合計10日ほども朝から夕までずっと一緒に濃密な議論の時間を過ごしているので，それも当然だろう。

　各拠点の研究者が一堂に会して開かれる共同セミナーであつかったテーマは，ベルリン（第1回）では，歴史学者の立場性（positionality），パリ（第2回）では，歴史研究における時間，空間，分析などさまざまな単位（scale），東京（第3回）では，資史料（sources）である。いずれも，単にグローバル・ヒストリーだけではなく，歴史研究の根本にかかわる重要なテーマで，各回ともに極めて活発な意見と情報の交換がなされた。このように，この数年，私は日本の他大学の歴史研究者よりも，よほど多くの時間を海外のパートナーたちと共に過ごし，歴史研究の方法や視点などについての議論を重ねている。

　この共通体験を基盤として，後半の2年間で，本格的な共同研究や共同での教育プログラムの開発などができればと考えている。二つ三つすでに始まっている例をあげれば，プリンストン大のエイデルマンと私は，この4拠点による教育研究交流の成功を基盤にして，さらにプリンストンと東大の二つの大学間での交流にも取り組むことにした。両大学から新たな資金援助をえ

6

て，研究者・学生の交流を進め，毎冬大学院学生のためのウィンタースクールを開催する。第1回のスクールは，2017年1月に東京大学で開催された。また，日本学術振興会の外国人特別研究員（PD）として東京大学拠点に所属していたスウェーデン人のポスドク研究者が，今度はベルリン拠点のポスドクに採用され，ベルリンで研究を継続するという相互協力の例も生まれた。

グローバル・ヒストリーの可能性

　このネットワークを創設するにあたって，他の三つの拠点の研究者たちと直接会って，またメールで何度も意見交換をおこなったことはいうまでもない。すべて英語によるコミュニケーションなので，そこで用いられるのは，world history や global history という語である。しかし，この議論の過程で，海外の研究者が使うこれらの語をそのまま「世界史」や「グローバル・ヒストリー」と日本語にして理解しようとすると，どうもしっくりとこないと感じることが何度かあった。また，私が日本語の世界史を world history と訳して話をした時に何人かから返ってきた反応は，こちらの意図がはっきりと伝わっていないのではないかと感じさせる場合もあった。

　同じ「世界史」や「グローバル・ヒストリー」という語を用いても，各人がもっている前提，つまり，各国，あるいは，言語ごとにそれらが使用される文脈とそれらが意味するところは微妙に異なっているように感じられたのだ。これは私がそれまで明確には意識していなかった点であり，もしそうだとしたら，どこがどう違うのかを明らかにしなければならない。さもなければ，この分野で海外の研究者たちと深く実質的な研究交流をおこなうことは難しいだろう。また，この点と関連して，各国，あるいは各言語で，世界史，グローバル・ヒストリーがどのように語られ，研究されているのかもよく知っておく必要があるだろう。

　このように考えた私は，2015年9月に第1回 GHC サマースクールが東京大学で開かれ，海外3拠点からパートナーの研究者たちが東京に集結する機会を利用して，公開のシンポジウムを開催することにした。各国，各言語における世界史やグローバル・ヒストリーの方法や意味，それに研究の現状を確認するとともに，グローバル・ヒストリーという新しい歴史研究の可能性についても話し合うためである。『グローバル・ヒストリーの可能性』と題されたシンポジウムでは，各拠点の責任者であるエイデルマン，エッカート，

スタンツィアーニ，羽田がそれぞれ，アメリカ，ドイツ，フランス，日本における世界史／グローバル・ヒストリー研究の歴史と特徴を説明し，コンラッドはグローバル・ヒストリー研究の具体的な成果について語った。

　まだ夏休み中で平日の午後，しかも大雨という悪条件にもかかわらず，100名近い聴衆が集まって会場と報告者の間での質疑はもりあがり，シンポジウムは成功裏に終わった。その興奮が冷めやらないなかで，私は，このシンポジウムでの議論をうけて，各国におけるグローバル・ヒストリー研究の歴史・現状と特徴を比較しながら把握するとともに，グローバル・ヒストリーの将来性を示すような論考を何本か集めた論文集を出版できないだろうかと他の4人の研究者たちに話をもちかけた。

　グローバル・ヒストリーという研究手法と現代世界における歴史研究のなかでのその意義について，私たちの考えは大筋で一致している。だからこそ，共同で事業を始めることにした。しかし，「世界史」や「グローバル・ヒストリー」という語について，各国の研究者が各国における従来の研究蓄積を背景として，各国ごとに微妙に異なるイメージをもっており，それゆえに同じ英語の術語を用いても微妙にその意味や文脈がずれるのだとすれば，そして，そこにグローバル・ヒストリー研究への誤解やこの研究の分かりにくさの一端があるのだとすれば，まず各国の歴史研究におけるグローバル・ヒストリーの研究史や位置付けと意味や具体的な研究の方法を相互に把握し合うことは必須である。

　幸い，他の4人の研究者たちはこの提案に関心を示して同意し，自らがシンポジウムで語った内容を論文にすることを約束してくれた。しかし，私たちの論文5本だけでは，論文集として出版するには不足である。そこで，各拠点でさらに2人の研究者（すでに責任者が2人いるベルリンは1人）に論文執筆を依頼することにした。各拠点の責任者4人が記す各国別の研究史に関する論文に加えて，コンラッドが語ったような実際におこなわれているグローバル・ヒストリー研究の論文を何本か集めれば，興味深い本ができるだろう。

　これまで世界史やグローバル・ヒストリーは，基本的に，各国，各言語別におこなわれてきた。このため，日本における研究状況は他国の研究者にほとんど知られていない。それよりは状況がましだとはいえ，日本においても，諸外国における世界史／グローバル・ヒストリー研究の歴史や実際の研究成

序章　グローバル・ヒストリーの豊かな可能性

果が十分に知られているわけではない。世界の各部分がこれだけたがいに依存し合っているのだから，この状況はなんとしても改善しなければならない。そのさい，多くの研究者が英語で論文を執筆することを考慮すれば，英語での出版が望ましいことは明らかである。しかし，英語圏では，この種の論文集の企画を出版社にもちかけても，なかなか受け入れてもらえないようだ。そこで，私は，グローバル・ヒストリー関連研究書の出版に実績があり，編集者がわざわざシンポジウムを聴講しにきてくれた山川出版社を念頭に，英語で執筆された原稿を日本語に翻訳して日本語の本として出版することを提案した。この分野の研究を世界レベルでリードする研究者たちが寄稿する論文集を日本語で出版できれば，歴史，とくに世界史に関心をもつ日本の読者層には大きな意味があるだろうと考えたからである。

　アメリカ・ドイツ・フランスの研究者にとって，日本語での出版のために英語で新たな論文をわざわざ書くことは，それほど魅力のある仕事ではないだろう。それにもかかわらず，他の４人の研究者たちがこの提案に乗り，自分たちが論文を書くだけではなく，彼らの所属する研究機関の他の研究者をも企画に加わるように誘ってくれたことは，本当にうれしかった。これら外国人の研究者が皆，設定された締め切りを守り，期日からそれほど遅れずに原稿を提出してくれたこともありがたかった。さらに，もち込みの企画であったにもかかわらず，その意義を即座に認め出版に同意してくださった山川出版社にもおおいに感謝している。

　海外拠点にならってGHCの東京大学拠点に属する研究者に論文執筆を呼びかけたところ，３人がこれに応じてくれた。ホームの利を活かし，東京拠点だけは私を含めて４人が寄稿することにし，全部で13人の執筆者が決まった。

　集まった論文の多くは書下ろしである。しかし，外国人研究者の論文のなかには，すでに英文で他の媒体に公表された，あるいはこれからされるものもある。それは私が彼らと個別に交渉するさいに，すでにたがいに了解していたことである。論文の内容が面白く，本書の趣旨に合致しているのだから，これらの論文を日本語に翻訳して出版することには意味があると私は考えている。英語媒体で既発表，あるいは発表予定の論文については，章末註で，そのことを断っている。

　論文を集めるまでは比較的スムーズだったが，そこから実際の出版にいた

9

るまでは，予想以上に手間暇がかかった。原文が英語の論文は，阿部尚史さん（東京大学大学院総合文化研究科助教）が翻訳を担当した1本（ウルリケ・シャパー〈Ulrike Shaper〉論文）を除いて，専門の会社2社に翻訳を依頼した。会社によって得手不得手の分野があり，同じ料金で依頼しても，できあがりには大きな差があることがよく分かった。翻訳された論文はすべて阿部さんに校閲を依頼した。阿部さんは，私の説明を聞いてこの論文集の重要性と意義を理解し，他の仕事もかかえ忙しいなかで，進んで論文校閲の仕事に取り組んでくださった。新たに翻訳するのと同じだけの手間と時間がかかった論文もいくつかあったので，それらについては実質的な翻訳者として阿部さんの名前を目次にあげている。阿部さんのチェックが済んだ論文に私があらためて目をとおし，修正や用語の統一をおこなった。

　ここまで作業を進めたのちに，日本語の論文ともども山川出版社に原稿をいったん提出し，編集担当である山本早穂子さんの意見を求めた。より読みやすく分かりやすい文章とするための山本さんからのアドヴァイスを参考に，日本語論文も含めすべてにもう一度私が目をとおし，最終的な用語と文章の調整をおこなった。本書はこのように複雑な過程をへてようやく出版にいたったものである。できるだけ丁寧に，全体を見わたしながら編集作業をおこなったつもりである。しかし，もし，まだ誤りや足りない箇所があるなら，その責任は，すべて編者である私にある。

英語と日本語の間での意味のズレ

　上で述べたように，本書の刊行を企画した最大の理由は，日本語と英語における世界史やグローバル・ヒストリーの意味の微妙なズレや違いである。ところが，本書ではすべての英語論文を日本語に翻訳した。そのさい，英語の "world history" "global history" は，すべて機械的に「世界史」「グローバル・ヒストリー」と翻訳している。日本語の論集である以上，そうするよりほかに方法はないだろう。このため，元来英語圏，とくにアメリカの英語による知の体系を背景として用いられる "world history" "global history" が，日本語圏に共通の知識と研究の蓄積を背景とした「世界史」「グローバル・ヒストリー」に姿を変えている。アメリカの研究者による論文をお読みになった時に，「世界史」「グローバル・ヒストリー」が使われる文脈が異なったり，意味が分かりにくいとお感じになったりすることがあるかもしれない。

しかし，これを単純に翻訳の誤りやまずさだとお考えにならないでいただきたい。その分かりにくさのうしろに，英語圏における知の体系の特徴がみえるはずであり，それを明らかにすることこそが本書の大きなねらいの一つなのである。

　ドイツとフランスの研究者の論文の場合，問題はさらに複雑となる。彼らの論文で「世界史」と訳されているのは，ドイツ語の "Weltgeshichte"，フランス語の "histoire mondiale"（ほとんど使用されない），または "histoire du monde" のはずである。しかし，これらの語がまず英語の "world history" に翻訳され，今度はそれが日本語の「世界史」へとかたちを変えて，読者の前にあらわれているのだ。ドイツとフランスの研究者の多くは，はじめからグローバルな英語，すなわち Globish で論文を記している場合もある。それでも，その議論の背景として彼らがなかば無意識に前提としているのは，ドイツ語，フランス語による知の体系であるはずだ。彼らの論文をお読みになるさいには，このことにぜひご留意いただき，彼らの論文からドイツ語，フランス語の知の体系の特徴を理解していただければと思う。

　知の体系の相違は，本書をつうじて，ほかにいくつもみられるはずだ。例えば，米・独・仏の研究者が使う "area studies" という学問の意味と体系は，日本語の「地域研究」とは相当異なっている。日本では，地域研究は，どちらかというと社会科学系の諸学問を融合して，ある地域や国を総合的に理解しようとする性格をもっている。これに対して，"area studies" は，西洋諸国以外の国々を知ることを目的とする学問で，もっとも大事なのはその国の言語や文化を学ぶことである。従って，どちらかというと，人文学的な性格が強い。かつて，Oriental studies（東洋学）と呼ばれた学問があったが，それが姿を変えて "area studies" のなかにはいり込んでいる。西洋諸国を知るための学問は，決して "area studies" のなかには含まれない。

　本書では "area studies" は機械的に「地域研究」と訳しているので，このような英語と日本語の意味の違いがみえにくい場合があるだろう。あるいは，文意が誤解される可能性すらある。ある言語の一つの単語を別の言語の同じ意味をもつはずの単語におきかえても，かならず文章全体の意味がつうじるわけではない。英語の論文を日本語に翻訳したことによって生じるこのような微妙な意味のズレにぜひ注意して，本書をお読みいただきたい。繰り返しになるが，そのズレにこそ，英語やその他の言語の知の体系をより深く知る

ためのヒントがかくされているのである。

　本書によって，一人でも多くの読者がグローバル・ヒストリーとその先に
ある新しい世界史の意味と意義を知り，これらに関心をもってくださること
を期待している。

●註

1　秋田茂編『アジアからみたグローバルヒストリー──「長期の18世紀」から
　「東アジアの経済的再興」へ』ミネルヴァ書房，2013年，秋田茂・桃木至朗編
　『グローバルヒストリーと帝国』大阪大学出版会，2013年，秋田茂・桃木至朗編
　『グローバルヒストリーと戦争』大阪大学出版会，2016年，羽田正編『グローバ
　ルヒストリーと東アジア史』東京大学出版会，2016年など。
2　一例として，このような動きを紹介し，グローバル・ヒストリー研究者は今
　どうすべきかを論じた論考として，エイデルマンによるオンライン雑誌掲載の
　論文を紹介しておく：Jeremy Adelman, 'What is Global History Now?', *Aeon*,
　2017, March 2:（https://aeon.co/essays/is-global-history-still-possible-or-has-it-
　had-its-moment）.
3　最近の研究成果の例として，桃木至朗編『海域アジア史研究入門』岩波書店，
　2008年，羽田正編『海から見た歴史』東京大学出版会，2014年をあげておく。

第Ⅰ部

西洋諸国と日本における
グローバル・ヒストリー

第1章
グローバル・ヒストリーへといたる，いくつかの道
──新しい世界史

ジェレミー・エイデルマン
Jeremy Adelman

はじめに

　四半世紀ほど前，私は仲間の研究者らとともに，当時の言葉（慎重派はいまだに使っている言葉）でいう「世界史」の教科書を執筆するという取り組みを始めた。この冒険にわれわれを駆り立てたのは，モンゴル帝国時代から現代にいたる世界の各部分の関係性に焦点をあてた，学生向けの本をつくりたいという思いだった。地域が相互の形成に影響し合っていたことや地域自体が初期の交流やからみ合いの結果生まれたことを無視して，章ごとにヨーロッパ，アジア，アフリカなど，世界を地域ごとに分割して執筆する通常の概説の枠をこえたいと考えたのである。

　「世界史」の教科書のほとんどは，複数のエキゾチックな場所の過去をめぐる旅のようなものだった。特にアメリカにおいては，母国が世界の歴史に組み込まれているという感覚を学生に伝えられるものはほとんどなかった。そのためわれわれは，「グローバル化」という言葉がしばしば使用されるようになっていた時代の読者に適した新たな世界史の視座を生み出そうと考えた。この冒険の結果生まれたのが，『*Worlds Together, Worlds Apart: A History of Humankind from the Beginnings to the Present*（ともにある世界，別々の世界──始まりから現在にいたる人類史）』という本である。現在は第4版が発売されており，その対象範囲も人類の起源まで遡って考察されている。そこまで含めているのは，アフリカから世界各地へと広がった人類の移動が一般に考えられているよりも至近の出来事だったからだ。実際，人類の祖先がアフリカで人間と呼ぶにふさわしい存在になるまでにかかった時間は，アフリカの外での歴史よりも長かったのである。

　われわれの冒険が始まってから，多くのことが変化してきた。実際あまりに多くのことが変化したため，現在「グローバル・ヒストリー」として認められているものの多くは，そこにいたるまでに分岐したさまざまな流れを忘れてしまっている。*Worlds Together, Worlds Apart* をもう一度最初から書き直

すのであればおそらく，世界史の教科書の最後の1冊ではなく，グローバル・ヒストリーの教科書の最初の1冊にしようとしただろう。

　世界史とグローバル・ヒストリーという二つのアプローチの違いについては後で詳述するが，まずは四半世紀前に私たちがどのような土台に立っていたかを説明しなければならない。当時，国境や民族の違いをこえて歴史的主題を研究するには二つの方法があった。その二つとは，(1) 地域研究の伝統と (2) 世界史それ自体である。それらは，グローバル・ヒストリーを構想するさいにみすごされてしまうおそれがあるが，この分野の未来を描いていくうえで留意しておきたいものである。順番に説明していこう。

1. 地域研究の伝統

地域研究の発端

　私自身の出発点は，いわゆる英米系の学界の伝統である「地域研究」に立脚している。1980年代後半になると，地域研究はさまざまな重大な障害や抵抗にぶつかることになる。私が大学院を修了したオクスフォード大学セントアントニーズ・カレッジのラテンアメリカ研究センター（セントアントニーズは，ラテンアメリカ，中東，ヨーロッパなど，地域に特化した研究センターから構成された機関で，日本センターまで擁する地域研究の一大拠点のような場所だった）では，研究を進めるにあたって，十分な言語能力をもち，地域に根ざした細かな知識（しばしば「個別特殊な」知識と呼ばれるもの）を駆使して，深い視点からの現場没入型のアプローチが期待されていた。私の専攻はアルゼンチンを中心としたラテンアメリカで，同国に数年間暮して資料収集作業をおこなった。級友の多くは，「ロシア研究」または「中国研究」を専攻していた。

　地域研究がなされるようになった要因はさまざまだが，その一つに19世紀の考古学的関心があげられる。また，当時「東洋学」研究と呼ばれていたものもある。これは，アジア地域におけるヨーロッパや北米の領土的，経済的膨張にあと押しされて進められた研究である。その後20世紀になると，冷戦が原動力となった。アフリカやラテンアメリカ，東南アジアなど，世界各地の「西側」勢力と「ソビエト」勢力がぶつかり合う地域を理解する必要性が生まれたのである。アメリカやカナダ，イギリスの大学は，政府や財団から莫大な資金援助を受け，各国，地域の専門家を次々に輩出した。

ラテンアメリカ研究の場合，その起源はさらに古く，1898年にアメリカが
スペイン軍に勝利した結果，新たに支配下においた人々について理解する必
要が突如生じたことがきっかけだった。アメリカの海外膨張の結果として，
民族学者や考古学者，経済学者や歴史学者が各地に散らばって「他者」に関
するなんらかの「専門性」を築き上げていった。1945年以降は，当時「急進
派」と目されていた勢力に飲み込まれてしまうのではないかというおそれか
ら，隣国の研究が競い合うように進められた。とくにキューバ革命の成功後，
ラテンアメリカ研究はおおいに活気づいた。ある意味逆説的かもしれないが，
1960年代以降，ラテンアメリカ研究はアメリカの戦略地政学的関心に対して
明らかに反対の姿勢をとっていた。例えば，1966年に設立されたラテンアメ
リカ研究学会は，国境の南におけるアメリカの帝国主義に対する非難をつち
かう場所となった。また，1960年代後半の熱狂のなかで生まれた重要な研究
の一例として，フェルナンド・エンリケ・カルドーゾ（ブラジル）とエン
ソ・ファレット（チリ）の『*Dependencia y desarrollo en América Latina*』
（1971年，鈴木茂他訳『ラテンアメリカにおける従属と発展』東京外国語大学出版
会，2012年）があげられる。これは，国際的な分業体制の周縁に位置する
国々における困難な生活を明らかにし，従属性に関する多くの議論の基礎と
なった本である。アメリカの安全保障や経済的利益は，国際的な研究分野の
発展と深くからみ合っていたものの，これらを同列に並べて考えることはあ
まり正しいことではない。カルドーゾとファレットが執筆したベストセラー
（学術書的な基準で）は，従属的発展の罠からぬけだす方法として，躊躇なく
社会主義を擁護していた[1]。

学問分野（ディシプリン）の境界をこえるメカニズムとしての地域研究

　地域研究は，近代的学問分野（ディシプリン）が生まれた19世紀末以降，
知識を英米系の大学が活用する方法にみられる特有の問題に対し，部分的な
解決策を示した代表例でもある。大学の近代化や国内市場の統合，大衆民主
主義（および大衆専制主義）の台頭が，知識人を動員するとともに，彼らを
「学問分野」と呼ばれる特定の形式的な型にはめこんだことは，単なる偶然
ではない。19世紀末に根をもつ学問分野は，第二次世界大戦までに次第に焦
点を内向きに合わせていった。経済学や社会学，歴史学や政治学には，科学
的確実性を不断に求める姿勢と専門化し，それぞれの研究の範囲を「市場」

第1章　グローバル・ヒストリーへといたる，いくつかの道

「社会」「過去」「国家」という別々のカテゴリーに制限しようとする傾向が
典型的にみられた。しかし学問分野は，確立されるや否や構造の崩壊が始ま
った。その主要な原因の一つは，アメリカの自由主義政策に比例して国際化
が追求されたことにある。アメリカの国内では，学問分野はこれ以上強調で
きないほどしっかりと区別されていた（タルコット・パーソンズ〈Talcott Par-
sons〉が，ハーバード大学で社会学が確立した一つの学問分野と見なされている
ことに違和感を覚え，独自の学際的取り組みとして1946年に社会関係学科を設立
したことは伝説となっている），いったん外に出ると，人類学者と歴史学者，
社会学者と経済学者は連携したので，学問分野の境界は意味をなさなかった。
いずれにせよ，アメリカをはじめ，カナダやイギリスでは，学問分野が明確
化されていくなか，地域研究はその境界をこえる重要なメカニズムとなって
いた。学問分野の分類には，ヨーロッパの社会科学から生まれたしっかりと
した規範性があり，外へ出るとその限界はあまりにはっきりしていたので，
地域研究においては学際的な取り組みが可能であり奨励されたともいえるだ
ろう。地域研究は，各学問分野が知識の再生産の権威であることを理論上主
張していても，国際的に社会科学を実践すれば事実上境界が曖昧となるとい
う現実に即した折衷案だった。少なくともそうした状態はしばらく続いた[2]。
　英米系の大学では，1980年代後半までに，「地方」あるいは「地域」と呼
ばれる空間的構造物のなかにおさめられた「国際的」知識の研究に従事する
学者たちのネットワークと流れが，システムとして確立していた。地域研究
分野の学生はみな，自分たちが選択したさまざまな地域の言語を流暢に話し
ていた。地域について学ぶには，その地域から学ぶことがいちばん重要だと
誰もが信じており，当時はそのことに疑いが差しはさまれることもなかった。
世界の特定の地域について理解するには，言語能力や文書史料を読み解く力，
歴史や背景に関する深い知識，コネクションづくりなど，初心者には理解し
がたい地域独自のさまざまな専門技術が必要だと考えられていた。地域研究
は，何物にもかえようがない独自性があると主張できるだけのニッチな分野
を十分開拓していたのである。

F・フクヤマの予言と三つの出来事
　しかし，個別事例研究の利便性や実用性も，英米系の学術的中枢をこえた
ところで世界を研究するという事実上の妥協も，どちらも消し飛んでしまう

17

複数の事件が起こった。実際，そのいくつかはあまりにも衝撃的で，先見の明がある者には世界が変革期をむかえ，新たな考え方を必要としていることを予感させてしかるべきものだった。しかし，歴史というものは狡猾で，ほとんどの場合，物事が過ぎ去ってからようやくその意味に気付くことになる。警鐘を鳴らす者はしばしば嘲笑の的となり，予言者としてうまく注目を集めたとしてもまったくまちがっていたとあとで判明することも多い。次に述べるフランシス・フクヤマの大胆な主張は，こうした事象における当時の好例である。フクヤマは，古いイデオロギー的分断が民主主義と資本主義の統合の前に消滅し，「歴史」（頭文字が大文字の「History」であることに注意）が終焉したと主張したのである。このまちがった予言をあと押しした重大な事件が三つあった。そのうち二つは新聞を大いに賑わせたが，三つ目はそれほどでもなかった。

　一つ目は，天安門広場の衝撃的な事件である。オックスフォードの「中国研究者」（そのなかには，1980年代以降の中国の改革開放の流れのなかで，博士号を取得するために国外に留学した第一世代の中国人大学院生も数多く含まれていた）は，セントアントニーズの談話室のテレビの前に集まって，BBCが伝える弾圧の状況を呆然と見守っていた。他の多くの研究者もその輪に加わり，中国の改革開放が終焉をむかえたのではないかと囁いていた。振り返ってみると，戦慄的な政治的対応と政治改革を加速化させようとしたデモ隊への弾圧のために，私たちには大胆な民営化と輸出主導型成長の促進によって政権が段階的に進めていた経済改革の道程がよくみえていなかった。当時の議論はもっぱら中国の政治に関することで，その根底で進行していた中国経済の変革について意見が交わされることはあまりなかった。いずれにせよ，1970年代に日本の強力な産業がふたたび台頭して世界経済の重点を大幅にシフトさせ始めていたとすれば，その動きは中国の再浮上で激しさをまし，その後まもなく「グローバル化」と呼ばれるようになるものを結果的に変えてしまったのである[3]。

　二つ目の衝撃的な出来事は，その6か月後の，ベルリンの壁の崩壊だった。ドイツ統合の陰で，中国の指導者，鄧小平は，モスクワで同じ立場にあるミハイル・ゴルバチョフが経済改革の前に政治改革を進めようとしていること，しかもソ連に対して服従しないという動きを黙認していることに衝撃を受けていた。そして，東ヨーロッパにおいて共産主義支配の政治的基盤が急速に

18

崩壊し，その波は最終的にソ連をも飲み込むことになった。セントアントニーズでは，ソビエト政府が衛星国の離脱を容認するかといった議論はそれほど熱をおびなかった。というよりも，天安門広場という先例によって，権威主義的体制は，民主化の展開を認めないと考えられたためである。それでも，ペレストロイカとグラスノスチに関する議論はもりあがっており，体制移行政策に対する同時代的な関心から，方向転換の成功に期待を見出していた[4]。

　三つ目，最後の変動は，民主主義の復活と軍事政権の終焉のほか，とくに地域全体に広まった債務危機（一握りの強力な商業銀行が保有するメキシコやブラジル，アルゼンチンなどの主要債務国のソブリン債の急増）である。世界の新聞の一面ではあまり取り上げられなかったが，われわれラテンアメリカ研究者にとっては，本当に重大な変化だった。アジア研究者が中国と日本のからみ合う未来に夢中になり，ヨーロッパとソ連研究者がボルシェビキの遺産の運命に没頭していたと表現するならば，ラテンアメリカ研究者もまた，自分たちの地域に尋常ならざる関心を寄せていたといって過言ではないだろう。独裁者が負った対外債務は，ラテンアメリカでめばえ始めていた民主主義の首を絞めるもので，ラテンアメリカ諸国が国際通貨基金の管理する緊縮財政のもとでたえしのぶことができるのかと注目されていた。オックスフォードで博士論文の口頭試問を終えてすぐにブエノスアイレスにもどった私は，壊滅的な経済破綻に苦しむ国を目にすることになった。1989年の夏，アルゼンチンのインフレ率は10万％にも達し，国家として完全に機能不全に陥る寸前だった。ボリビア・ペルー・ブラジル・ベネズエラなど，すべての国が似たような経済危機にたえているところだった。こうした現象について，われわれ専門家は，保護主義の障壁に守られた国内市場に合わせて疲弊した産業モデルの崩壊という観点から説明することが多かった。当時は，同時になにかが構築されつつあるということを十分理解していなかったのだ。つまり多国籍企業のような製造業と貿易が不可避的に結び付いたものによって，しかも資本によって世界経済が動いていること，つまり，世界経済を目にみえない金融が動かすという革命に気付いていなかったのである。このプロセスは，はじめて歴史を予言できた学者エリック・ヘライナーの著作にしっかりと描かれている。しかしながら，多くのラテンアメリカ研究者は，世界経済の金融化が成功するまで，ラテンアメリカの「債務危機」がより大きなパズルの一ピースだということに気付かなかった[5]。

以上，世界の三つの地域から一例ずつ事例をあげて，20世紀のほとんどを律した秩序（とくに英米の知的探究の形成に大きな影響を与えた秩序）が崩壊し，不可解ながらも新しい秩序に道をゆずる過程を説明した。ラテンアメリカのグローバル・ファイナンスにおける役割同様，中国が西側諸国の脱工業化に果たした役割や，ロシアがイデオロギー的分断を象徴するカーテンを引き上げることにはたした役割も，現実がすべて理解できるようになったのは，その変化がほとんど完了したあとのことで，そのため事例研究の利便性はすでに失われていた。地域研究の妥当性を否定する声が急にふえ始め，高等教育における政府や財団の資金が財政の健全化を理由に急遽削減されるか，新たな学問分野へと振り分けられるようになって，地域研究は緊縮財政を迫られた。

　より重大だったのは，社会科学分野における方法論的原理主義を復活させようとする動きが生まれたことである。こうした動きは経済学の分野においてもっとも顕著だった。すなわち経済学を追究するうえでは，法則定立的な思考（検証可能な，普遍的な法則のための研究）を全面的に志向し，事例研究を捨て去る必要がある，というものだった。社会学や政治学でも多くの研究者がこれにならった。現実世界の衝撃が地域研究の降格に一役買ったのである。逆説的なことながら，各地域の危機を例外論的に説明してしまう地域研究者が多いなか，政治的開放も，市場原理主義への転換や経済の金融化も，市場自由主義から推論する理論家の強みを生かせることがすぐに明らかになった。そのため，かつて北と南，東と西を分けていた知的分断は，それを支えていた冷戦という古い実体が失われていくのに合わせて急速に溶解していった。そうしてゲーム理論と方法論的個人主義の台頭にあと押しされ，型にはまった汎用性のある概念のほうが，背景的知識よりも格段に価値があるものと急に見なされるようになった[6]。

　野心的なアメリカの知識人フランシス・フクヤマが，「歴史」が終焉したと主張したのはまさにこの局面だった。フクヤマは，冷戦が終焉しつつあるなか，ランド研究所とアメリカの国務省で政策提言の仕事をしたあと，1989年の夏，新保守主義の雑誌 The National Interest に「The End of History? （歴史の終わり？）」という注目すべき論文を発表した。この論文は，当時の衝撃的な出来事にあと押しされてデジタル時代以前の出版物としては異例の感染力で広まった。その雄弁な筆致に負けず劣らず博識な内容のその論文は，

3年後に『*The End of History and the Last Man*』(渡部昇一訳『歴史の終わり――歴史の「終点」に立つ最後の人間』上下巻,三笠書房,1992年)という本となった(疑問符を落とし,もともと書かれていたヘーゲル的思想にニーチェの思想を追加した)。成長の終わり,帝国の終わり,中流階級の終わり,産業の終わり,大国の終わり――そしてもちろん共産主義の終わりの可能性など,当時,広まっていた終焉論にフクヤマは新たなひねりを加えた。ほとんど先の見通しがつかない時代に,ヘーゲルやカントの高邁な理想は勝者の救いになるかと思われた。あわただしく過ぎた残酷で後味の悪い20世紀だったが,最後に個人主義が集団主義に勝利した高揚のなかで幕を閉じようとしていた。ライバルだった世界システムの消失とともに,英米系の高等教育における地域研究への信頼も失われていった。イデオロギーの違いが解消され,世界の残りの部分が市場によって新たなグループへと統合されるなか,地域研究が生み出す事例研究的,個別主義的,文脈依存的知識にはどのような意味があるのか,ほとんどない,と普遍的法則の価値を喧伝する方法論原理主義者らは主張し,一世代前には地域を知ることの重要性を力説していた政府組織や財団等でも,予算を削りたい者たちがこれに同調した。冷戦の終結によって,こうした結託が否応なく生まれ,世界の各部分をそこにだけ固有の言葉によって理解することの優位性が失われた。さまざまな分野が参加する学際的な研究に向けた社会科学の「解放」を装いつつ,実際は法則定立的な研究へと舵が切られた。その後すぐに明らかになったように,世界を理解するアプローチとして重要視されてきた個別主義的手法の世紀は,「グローバル」研究によって事実上終焉したのである[7]。

地域研究の伝統が生み出すグローバル・ヒストリー研究者

こうした英米系の大学における地域研究の盛衰を振り返ることで,グローバル・ヒストリーの起源に関する一つの特徴が浮かび上がってくる。すなわち,グローバル・ヒストリーの研究者の多くが地域研究の伝統から生まれてきており,こうした研究者には,より広義のパターンから歴史を理解すべきだが,そうしたパターンが地域や文化,文脈にかかわらず,すべての人類に同様に当てはまるという前提は認めないという動機があったことが分かる。地域研究にたずさわる学者は,方法論の優位性を再確認しようとする動きに対応する必要性を感じ,そのために複数の地域を横断した接触やからみ合い

を明示しようとしていたのだ。

　こうした考えを反映した代表的な取り組みとしては，ケネス・ポメランツの中英経済史比較があげられる。これは，産業革命がより偶発的でヨーロッパという枠をこえた要因をもっていたことを説明するとともに，世界のある部分が労働力や資源の制約からいかに解放されたかを提示したものである。『The Great Divergence: China, Europe, and the Making of the Modern World Economy』（川北稔訳『大分岐――中国，ヨーロッパ，そして近代世界経済の形成』名古屋大学出版会，2015年）と題されたその著作は，ヨーロッパの社会科学諸概念の発展における中核的なテーマをあつかっているが，これらを別の場所から世界をながめなければみえない，より広いグローバルな動向のなかに位置付けて，中国史研究者の視点から描き出している。これは，『Worlds Together, Worlds Apart』編集事業に身を投じてきたわれわれが，ポメランツの本が出版される前から共有していた精神である。われわれは，各地域の特徴を無視せず，一方で全体を説明するという挑戦に努力してきたのである。もう一つ，この事業で明らかにしようとしたことがある。それは，ラテンアメリカ（およびその他の地域の）研究者が，半世紀近く議論してきたことで，具体的には「グローバルな統合のかたちは，たがいに引き合う世界各地に，多様かつそれぞれ異なる影響を与えている」ということである。例えば，これは，1960年代以降のラテンアメリカの従属理論に関する代表的な議論の一つである。しかし，冷戦後の市場統合によって同質性が強まるなか，こうした違いは非常にみえにくくなっている[8]。

2. 世界史の試み

世界史の伝統

　地域研究がグローバルにものごとを考えるということの根幹の一つであったとすれば，もう一つ重要だったのは「世界」の歴史の伝統である。地域研究と同様，世界史も，人類の軌跡を説明しようとした19世紀の試みまで遡ることができる。それは，しばしば普遍史，諸文明または人類史として説明された。現代と同様，19世紀における世界の統合も，統合された歴史を書き記そうという試みにつながっていたのである。そのなかでもっとも有名な著作の一つに，H.G. ウェルズの『A Short History of the World』（1922年，長谷川文雄他訳『世界史概観』上下巻，岩波新書，1966年）がある。この本が書かれた

動機の一つは，第一次世界大戦の結果，脆く今にも壊れそうに感じられる世界を概説しようというものだった。また，数巻におよぶアーノルド・トインビーの『*A Study of History*』（1934～1961年，歴史の研究刊行会訳『歴史の研究』全25巻，経済往来社，1969～72年）も有名である。こちらのほうが少し発行は遅く，出版されたのは大恐慌によって世界がまさに解体されつつある時期である。大英帝国が動揺する時期に，イギリス人歴史学者が自分たちの祖先が築き上げてきたものの脆さを振り返ってみる必要性を感じたのは至極当然のことだった。

　一方，第二次世界大戦後に，こうした世界全体を記述しようとする試みは，アメリカの歴史学者にも波及した。なかでももっとも有名なのは，長年シカゴ大学で教鞭をとっていた歴史学者ウィリアム・H・マクニールである。彼の研究は，古典的名著『*The Rise of the West: a History of the Human Community*（西洋の勃興）』（1963年）で頂点に達した。人類は，複数の文明にもとづく分離可能な構造（その多くは地域研究が得意とするテーマ）に切り分けることができると主張する人々に対する反論として，マクニールは，過去が相互に関連しており，普遍的な遺産であることを主張した。5000年におよぶ人類のいとなみを概説したこの本は，ローマ帝国の崩壊以来，政治的に分断され，比較的貧しかったにもかかわらず，ヨーロッパ（とのちに北米）が興隆してきたという驚くべき事実を説明する必要性を中核テーマの一つに設定している。マクニールは，移民，疫病研究および，現代では「国をこえた力」と呼ばれるものが世界各地の統合にはたした役割の研究の草分け的存在であり，「西洋」の特別性を浮き彫りにした点でも，特筆に値する。彼は，「ヨーロッパ」や「アフリカ」など，世界の多様な大規模な地域ブロックの同質性を過度に強調する傾向はあったが，立ち位置を思い切り引いて，地域の詳細や微妙なニュアンスをさほど気にかけなかったという点がポイントである。

　1982年までには，相互に結び付いた世界を研究する歴史学者はかなりふえ，地域をこえたさまざまな移動と交流の点から人類の「マクロヒストリー」を浮かび上がらせる場として「世界史協会（*The World History Association*）」を設立するにいたった。この協会もまた，大きな地域の形成（しばしば「マクロリージョン」と呼ばれる）と，往々にして人類が定住し始めた頃まで遡る結び付きに主眼をおいた研究を得意分野としていた。そして，マクニールの業績に便乗し，西洋の台頭とその他の地域の運命を説明することの必要性を強

調する傾向があった[9]。

　一つはっきりしていることは，世界史というより古い伝統は，グローバル化の歴史とグローバル・ヒストリーの両方の基礎を提供したということである。グローバルな時代におけるその運命はまだ分からないが，先導的な世界史研究者たちによる一番新しい論説を集めた『The Cambridge World History（ケンブリッジ世界史）』Ⅴ・Ⅵ巻の編者を信じるなら，世界史はグローバルな時代でも通用するはずである。世界史は，世界全体を一つの絵にもりこもうとする試みから発展したものであり，その過程で，西洋以外の諸世界に対する注目を引き出した。その役割はかならずしも心おどるものではなかったにせよ，である。また，世界史の研究者は，共通性や類似性に興味をいだくのと同じくらい，人間集団の間の誤解や非対称性にも関心を寄せる傾向があったので，ときに地域研究者が重視するテーマに共鳴することもあった。サンジャイ・スブラフマニヤムは，グローバルな分析には「覇権的システム」や「統一」「均質化」を強調しすぎるリスクがあり，少なくとも統一へ向かう要因を説明する必要があることを警告している。対照的に，世界史は，分断や細分化を説明することに対しても柔軟であり，それは「西洋の勃興」という伝統的な語りの枠組みにおいても変わらなかった[10]。

統合された世界＝「グローバリゼイション」の流行

　マルグリット・ペルノ（Margrit Pernau）やドミニク・ザクセンマイエル（Dominic Sachsenmaier）が昨今主張しているように，グローバル・ヒストリー研究者と世界史研究者の区分は曖昧になってきているかもしれない[11]。もしそうならば，それは1989年の衝撃が地域研究と同様，世界史研究でも重大なものだったためである。誰もがベルリンや北京の出来事をテレビ画面で目撃していたというその事実が，遭遇や交流がもたらす作用とは根本的に異なるなにかが進行していたということを示唆している。実際，そうして生まれたのは，単に相互に接続する世界ではなく，統合が進んでいく世界だった。そして，これこそがラテンアメリカ史研究者が何十年も訴え続けている主張の重要性を私があらためて強調したいと考える理由の一つである。すなわち，世界の秩序は，搾取的とはいわないまでも必然的に非対称的な複数のシステムへとつくり変えられ，その多くが大変革を必要としているものの，大きな革命なくして変えることが難しい状況なのだ。

第 1 章　グローバル・ヒストリーへといたる，いくつかの道

　このメッセージを受け止めた学者の一人が，イマニュエル・ウォーラース
テインである。従属理論分析に造詣が深い彼は，それにもとづく考察によっ
てヨーロッパ的「世界システム」の台頭（誤解のないようにいっておくと，
「ヨーロッパ」自体の台頭ではない）を説明している[12]。その見方の根幹は，部
分がつながりあった世界というより，部分が統合された世界にあり，しかも
その統合によって部分間の不平等が軽減されるのではなく増幅されるのであ
る。ウォーラーステインは，さまざまな方面から批判を受けた。そのなかに
は，統合された地域を研究しつつも，ヨーロッパ中心的で高度に構造的すぎ
るとみえる点を嫌悪する歴史学者たちもいた。それでもなお，グローバルな
分析はさらに進められる方向にあった。
　「グローバリゼイション」という用語を最初に用いたのは，国際的開発問
題に関する独立委員会が1980年に発表した『*North-South: A Programme for
Survival*』（森治樹監訳　日本経済新聞社，1980年『南と北──生存のための戦略』，
通称「ブラント委員会報告」）である。その数年後，ハーバード・ビジネスス
クールでも取り上げられた（典型的なことだが，このとき術語の出典は削除さ
れ，自分たちが発案した用語とされた。そうすることで，ビジネスの世界が非常
に気高い新たな秩序をつくりあげつつあることを象徴するものとしてこの語を流
用したため，人知れず進んでいたグローバルな不平等と軍拡競争の危険性を警告
した「ブラント委員会報告」のトーンとは似ても似つかないものになってしまっ
た）。いずれにせよ，1990年代までには「グローバリゼイション」という言
葉は大流行し，その現象は（擁護者にも批判者にも）もはやとめることも逆
行させることもできないように思えた。1989年は，国家主権と地域の主体性
の退路を断つ一助となったのである。

「大西洋」史という視点
　世界システムという概念が激しく批判され，拒絶されながらも，「統合さ
れた」世界というとらえ方が強調されるようになったのは，二つの大きな衝
撃があったからである。ここでもまた，ラテンアメリカからの視点の重要性
と，統合について考える方法として，「グローバル」という語を用いるうえ
で，ラテンアメリカが貢献した点に注意を喚起したい。一つのきっかけは，
「大西洋」史に注意を向けたことだった。新世界のプランテーションにおけ
る奴隷制の研究では，奴隷社会が対象に加わり，そこからさらに新世界の社

25

会構造と集合的アイデンティティの形成における中央航路とアフリカ出身者の影響について分析せざるをえなくなっていた。ポール・ギルロイの『*The Black Atlantic: Modernity and Double-Consciousness*』（1995年，上野俊哉他訳『ブラック・アトランティック——近代性と二重意識』月曜社，2006年）とジョン・ソーントンの『*Africa and Africans in the Making of the Atlantic World, 1400-1800*（大西洋世界の形成におけるアフリカとアフリカの人々1400〜1800年）』（1998年）は，ディアスポラ研究に分類されることが多いが，アフリカとアメリカの間の相互交流が双方をどうかたちづくったかを検討する伝統的アプローチを復活させ，これにもとづいて書かれている。また，1950年代にプエルトリコで先駆的なフィールドワークをおこなった人類学者のシドニー・ミンツは，キューバ人作家フェルナンド・オルティス（Fernando Ortiz）から「トランスカルチュレイション」という概念を借用しつつ，「クレオール」文化の形成を系統立てて説明した。その研究に続き，さまざまな起源をもつ文化がまざり合った「アメリカ」社会の形成にアフリカ出身者やクレオールがどのように貢献したかを論じる画期的な論文を何本か執筆している。その後，奴隷を輸入して生産させる食料品，すなわち砂糖の政治経済分析に舵を切ったミンツは，とくに重要な包括的著作『*Sweetness and Power: The Place of Sugar in Modern History*』（1985年，川北稔他訳『甘さと権力——砂糖が語る近代史』平凡社，1988年）を発表し，植民地の奴隷社会が世界中の他の地域をどう変化させたか，日々のカロリー消費に焦点をあてて解説している[13]。最近では，アフリカ人ディアスポラの役割とその道のりに焦点をあてることで，アメリカ大陸で奴隷制がどう理解されていたかという見取り図を再整理したほか，ネイティブアメリカンの奴隷化の合法性をめぐる16世紀スペインの有名な議論や，近世に起源をもつ神の平等という考えにまで遡って分析しており，そのなかには大西洋の奴隷制度の構築（およびそれに対する挑戦）によって人道と人権に対する理解が深まったという主張さえあった[14]。

　奴隷制とその後に関する研究の推進力となったのは，アメリカ・カリブ諸国・ブラジルで繰り広げられた，民族の包摂と排斥をめぐる終わりのない議である。とくにブラジルの場合は，1985年の民主主義の回復以降，有色人種側が市民権の概念をより激しく主張した。こうした動きが原動力となって，ブラジルの歴史学者は民族と奴隷制に関する研究を積極的におこない，ブラジルの形成を強調するために，国境をこえた分析をおこなう傾向が強まった。

実際，大西洋横断移民の研究と同様，大西洋の諸帝国の研究でも，近代社会をかたちづくった国民国家以前の勢力に目を向けるようになってから，議論が活発化し，それに平行して「大西洋」史も成長していった。それはある意味で，共産主義の脅威に対抗して民主主義を守るという名目で（ただし，加盟国がすべて民主国家だったわけではない）設立した北大西洋条約機構（NATO）のもとに集まった冷戦時の同盟にとって，歴史の鏡という役割をはたそうとするものでもあった。こうした考えを反映した代表的な取り組みが，R・R・パーマー（Robert Roswell Palmer）が2巻にわたって執筆した，18世紀後半から19世紀前半の「大西洋」の民主主義革命史である。この壮大な総合的研究によって，NATOにはより深いイデオロギー的な起源と，民主主義的な起源を共有することによる共通の目的がもたらされた。そのため，パーマーはこれを「民主主義」革命と呼んだのである（こうした革命の多くが実際には民主主義をめざしていたわけではなかったため，のちに批判されることとなった）。こうして，パーマーの研究は，国民国家の成立前後に，共通する帝国的制度やイデオロギー的基礎にもとづく大西洋史のスタイルを確立する一助となった。グローバルな時代にはいると，研究者の多くは，革命を純粋に国家現象ととらえる考え方に魅力を感じなくなっていった。建国の「父」（現在は崩壊しつつある故ユゴ・チャベス体制のもと，崇拝の的となったシモン・ボリバルなど）の伝記や英雄譚は人気だったが，ポルトガル・スペイン・フランス・イギリスの各帝国を駆逐した革命は，たがいに結び付き，深く影響を与え合っていたことはあまりにも明白だった。例えば，サン゠ドマング植民地をフランスの支配から解放することになった，歴史上最初で最後の奴隷革命の成功が，その後，他の大西洋地域の革命の道筋をすべて変えてしまったことに疑問の余地はないのである[15]。

　ラテンアメリカ研究者にとって重要なことは，アメリカとの国境の南で起こった革命は，単に失敗に終わった出来事ではないとはっきり伝えることである。一般の歴史叙述では，民主主義にさいしての挫折あるいは国家形成の動乱と説明されている。地域別あるいは国別の歴史という古いスタイルに位置付けているかぎり，アルゼンチンやメキシコの独立の過程は，硬直化した帝国が無法な共和制主義者に敗北したように説明されてしまうことが多い。北米に比べてラテンアメリカでは，立憲主義や民主主義の誕生が大きな代償を必要としたことは否定できないことだが，スペインやポルトガルの体制に

は，啓蒙主義的考えの普及や民主主義の実験という側面も確かにあり，実際に貢献した経緯を描き出すことは，国家の軌道に課せられた規範的負担からぬけだすうえで重大なことだった。こうして，後進性をラテンアメリカの生まれつきの特徴とし，近代性を北米（あるいはその祖先であるイギリス）の領分あるいは考案とする，お馴染みの陳腐な常套句にとらわれないで，よりグローバルな分析がおこなわれるようになったのである。

　このように大西洋史は，民主主義の「第三の波」と時に呼ばれるものの普及の流れに対する重要な対比的要素としてあらわれた。第一の波がフランス革命とアメリカ独立戦争だとすれば，第二の波は第二次世界大戦であり，第三の波は1980年代にあらわれて1990年のチリにおけるピノチェト独裁政権の崩壊とともにピークをむかえた。また，心許ない「アラブの春」によって現在試されているという者もいるかもしれない。歴史学者は，同時代の枠にはとらわれないと躍起になって公言することもあるが，実際は想像をかき立てる状況に無関心でいることはできないため，人権の議論や説明責任の向上への要求，市民権のレトリックの高まりは，慣れ親しんだ民主主義を検討する強力な誘惑となり，この影響でお馴染みの政治に関する語りもグローバル化することになるのである。

環境史がもたらした変革

　大西洋史は，かくしてラテンアメリカ史において，近代的な生活の起源を議論するさいの原動力となった。別に環境史が，とくに1992年のリオデジャネイロの地球サミット以降，気候変動への関心の高まりとともに，急激に重要性をましてきた。そこでは，人類社会の形成における生物，気候，およびその他自然現象がはたした重大な役割が注目されている。この点に関しては，重要な著作として再評価されている歴史研究の古典がある。それはアルフレッド・クロスビー Jr. の『*The Columbian Exchange: Biological and Cultural Consequences of 1492*（コロンブスの交換——1492年の生物学的，文化的結末）』である。この研究は，新世界と旧世界の動植物相がたがいをどう変容させていったかを解説しているのだが，執筆当初は，出版社からかなりの抵抗を受けた。1960年代後半に，その本の内容の一部はすでに『*The American Historical Review*』や『*American Anthropologist*』などの学術専門誌に掲載されていたが，ウイルスの媒体・豚・バクテリア・アメリカ大陸から中国への梅毒の

伝播や，コンキスタドールや彼らの奴隷がもたらした天然痘がアメリカ大陸の先住民人口に与えた破壊的影響にスポットライトをあてたこの本は，アメリカの出版社に，人類以外の歴史について知りたいと思う読者がいるだろうかとの疑念をいだかせた。その後，1972年にようやくグリーンウッドというあまり名の知られていない版元から刊行されたが，すぐに忘れられてしまった。この本が再発見されたのは，環境史という分野が軌道に乗りだしたのちのことである。その影響は非常に大きかった。環境史が世界各地の変容に注目するようになったとき，クロスビーの本は，こうした変容を理解するには各地域間のつながりと往来を研究するしかないと示していたためである[16]。

　これこそ，世界が聞きたいと待ち望んだメッセージだった。1972年にストックホルムで最初の国連人間環境会議が開催されたが，アメリカ大陸の世界への統合が地球全体をどう変化させてきたかというクロスビーのメッセージは，世界がいまだ把握しきれないグローバルな相互依存を説明してくれたのである。20年後，人類が自然界を変容させてきたこと（その結果，炭素排出源から遠く離れた社会の運命に影響を与えていること）を示す証拠がさらに多く集まった。そして，コロンブスがいなければたがいにつながることのなかった世界各地に「コロンブスの交換」が永続的な影響を与えたというのがその時代を語る方法（ナラティヴ）となった。これに触発されて，グローバル・ヒストリーと地域史の再結合の仕方が劇的に変わることとなる。例えば，スペインの帝国主義が新世界に入植した最初の世紀に開山したポトシの銀山（現ボリビア領）は，世界の通貨流通網に銀塊を注入しただけではなく，現地においてはセロ・リコ大銀山を支えるための燃料や建材の需要を生み出した。一世代の間に，中央アンデス高地の中腹は，木々がすべて伐採され，カール・マルクスが数世紀後に「物質代謝の亀裂」と呼んだものの一部となった。このように，アンデスの森林伐採は，世界経済における貨幣使用の浸透を受けて，中国の水田の拡大やアジアの森林開墾へとつながっていった。揚子江がたびたび氾濫を起こして流域の町や農村を浸水させていたように，ポトシでも複雑に張りめぐらされた水路とダムのためにアンデスの雪解け水がたびたび洪水を引き起こしていた[17]。

終わりに――グローバル・ヒストリー研究者であること

　グローバルに考えることに対しては，もちろん大きな抵抗もある。スブラ

フマニヤムが指摘するように，多くの人々にとって，グローバルに物事が進むことは，誤った均質性を押し付けられることを意味しているためである。『ニューヨーク・タイムズ』の記者トーマス・フリードマン（Thomas Friedman）がグローバル化の力を世界の「フラット化」と呼んだのは有名だが，われわれ研究者の語りもフラット化するのではないかという懸念もある。ラテンアメリカ史研究者にとっては，個別具体的なものも，文脈依存的なものも，地域的なものも，すべてその重要性が危険にさらされているかのように思える。地域史とグローバル・ヒストリーが根本的，二項対立的に対置される必要はなく，まったく正反対なものでもないとしても，だからこそ，重大な懸念が残ることとなる。すなわち，グローバル・ヒストリーを「研究」する能力というのは，図書館の蔵書や文書館の史資料にアクセスできて旅費予算や言語能力もある者だけに許される贅沢なのではないかという懸念である。グローバル・ヒストリーは，これまでのどの歴史研究よりも，包括的であろうとするため，新たな知識のヒエラルキーを再構築するおそれがある。だからこそ，地方史や地域史の重要性をグローバル・ヒストリーの未来の議論で考慮しなければならないのである。そうしなければ，グローバル・ヒストリーへの転換が，新しい種類の狭量な党派心を正当化する言い訳になってしまうからだ。

　「歴史学が危機に瀕している。しかも，それは単に大学の予算という問題ではない」とフランス革命史研究者リン・ハントはいう[18]。この点に関して，グローバル・ヒストリーへの転換は助けとなるだろうか。それは歴史学の妥当性や有用性を高めてくれるだろうか。ハントの答えは，慎重ながらも楽観的である。最大の理由は，グローバル化により，歴史学者が（伝統的な地域研究や世界史の伝統から出発した研究者も含めて）取り組む価値のある新たな設問や関心が生まれる可能性があるからである。実際にこれら二つの伝統は現在「グローバル・ヒストリー」と呼びうるものの基礎となっており，グローバルな時代においてグローバルに考える試みと，協力・連携できるかもしれない。グローバリゼイションの歴史およびグローバル・ヒストリーの背景にある最近の原動力は，『*Journal of Global History*』や『*New Global Studies*』などの新しい専門誌の活況や，「グローバルな知の歴史」や「グローバル経済史」のための宣言，さらには博士号や修士号プログラムの増殖のなかにも示されている。しかしながら，グローバルに進めるということは，研究者た

ちが自らの慣習についての考え方を変え，連携の技術を学び，文化史・政治史・経済史の境界をこえて傾聴する技能を伸ばし，他の分野や場所を「外のこと」と考える習慣を改める必要があることを意味する。

グローバル・ヒストリーを実践するには，その分野自体の複数の起源を一層直視し，グローバル・ヒストリーの誕生を今日のグローバル化に関する議論に合わせたものだという前提を捨て去る必要がある。これは，地域研究と世界史研究の重要性（および限界）に留意し，それらがさまざまな統合の歴史をどう整理してきたかという点に目を向けることを意味する。こうした学問の伝統は，他と同様，それ自体が（上述した）従来の経済的，戦略的，イデオロギー的，人口上の力のグローバルな作用の結果である。さらにいえば，研究者はグローバルであることを控え目にしか主張しておらず，グローバル・ヒストリーがそれまでの学問同様，一時的なものであると考えているのかもしれない。ヨーロッパやアメリカでの最近の出来事がなんらかの前兆だとしたら，1970年代に現在のかたちをとり始めたグローバルな統合の長期サイクルは，重大な転換点にあるのかもしれない。世界のリーダーが共通の問題の解決に協力することを放棄するように，グローバル・ヒストリーが自らの運命を歴史的探究の将来に委ねるとしても，それは皮肉なことだが，ほかに例がないわけではない。以前にも起きたことだ。

「グローバル」であることを強調することで，新しいことや顕在化していないことの多くを露わにすることができるが，それはセバスティアン・コンラッドが指摘するように，おおいかくしてしまうこともできる[19]。例えば，あることの現場により近く位置するそのことが起こった原因や力はどうなるだろう。広い文脈を意識しすぎるなら，かつて国家や地域の枠のなかで内在的に語られたあることの詳細やそれが起きた理由は消えてしまうだろう。私にとって隠匿と同じくらい重大なことは，「グローバル・ヒストリーとはなにか？」という議論の中心にある，統合と対をなす分裂と，変容の脆弱性である。2008年の経済危機，世界各地に広がる国家システムの崩壊，かつてのヨーロッパ中心主義の核における，驚くべき「離脱者たち」の出現の結果，統合はその擁護者がかつて宣言したほど避けられないものでも逃れられないものでもないということがみえてきた。グローバル・ヒストリーの研究者は注意しなければならない。グローバル・ヒストリーに向かって邁進するなかで，不平等と脆弱性がある程度消えてしまっている。14世紀から現代までの

グローバルな分裂も，たしかに地球上での共存の物語の一部でなければならない。それらを理解するということは，世界の各部分について，その部分に独自の言葉であっても知ることであり，それらの部分を統合するものの脆さを知ることでもある。

　世界の統合が避けられないものに思えるようになった時代に，グローバル・ヒストリーは一人前になった。ベルリンの壁の崩壊，中国の改革開放，市場原理主義の普及がグローバル・ヒストリー研究に味方したのである。荒れ模様のヨーロッパにおける分裂という亡霊，テロの蔓延，激しさをますナショナリズム擁護の合唱が今後どれほどグローバル・ヒストリーに影響をおよぼすことになるかはまだ分からない。グローバル・ヒストリー研究者は，統合の目的を取り巻く確実だと思われていたことを問いなおし，反グローバルな力の重要性も検討する必要があるかもしれない。グローバル・ヒストリーの隆盛が続くのであれば，それはおそらく，かつてそれをあと押ししたグローバリゼイションが自らの限界に直面しているためだろう。グローバル・ヒストリー研究者は，かつて明白に分断されているようにみえたものがじつはそうではなかったと気付くことになるかもしれないのである。

●註

1　Ricardo D. Salvatore, *Disciplinary Conquest: U.S. Scholars in South America, 1900-1945*, Duke University Press, 2016; Inderjeet Parmar, *Foundations of the American Century: The Ford, Carnegie, and Rockefeller Foundations in the Rise of American Power*, Columbia University Press, 2012, pp. 97-123. カルドーゾとファレットの研究は，英訳されている：F. Cardoso and E. Faletto *Dependency and Development in Latin America*, University of California Press, 1979.

2　Immanuel Wallerstein, 'For Science, Against Scientism: The Dilemmas of Contemporary Knowledge Production', I. Wallerstein, *Uncertainties of Knowledge*, Temple University Press, 2004, pp. 7-15

3　Francis Fukuyama, 'The End of History?', *The National Interest*, Summer, 1989;（http://www.wesjones.com/eoh.htm）.

4　Ezra Vogel, *Den Xiaoping and the Transformation of China*, Harvard University Press, 2011, 第22章参照。

5　Jeremy Adelman, 'Tequila Hangover: The Debt Crisis in Latin America',

Studies in Political Economy, 55, 1998, Spring, pp. 1–35; Eric Helleiner, *States and the Reemergence of Global Finance: From Bretton Woods to the 1990s*, Cornell University Press, 1996.

6　Robert H. Bates, 'Area Studies and Political Science: Rupture and Possible Synthesis', Africa Today, 44, 1997-2.

7　Bruce Cummings, 'Boundary Displacements: International Studies During and After the Cold War', *Bulleting of Concerned Asian Scholars*, 1996;（https://www.mtholyoke.edu/acad/intrel/cumings2.htm#n）.

8　Pomeranz, *The Great Divergence: China, Europe, and the Making of the Modern World Economy*, Princeton University Press, 2000.（ケネス・ポメランツ，川北稔他訳『大分岐——中国，ヨーロッパ，そして近代世界経済の形成』名古屋大学出版会，2015年）。

9　Sebastian Conrad, *What is Global History?*, Princeton University Press, 2016.

10　Subrahmanyam, 'Introduction', Jerry Bentley, Sanjay Subrahmanyam, Merry E. Wiesner-Hanks（eds）, *The Cambridge World History, Vol. VI: The Construction of a Global World, 1400-1800 CE, Part 1 Foundations*, Cambridge University Press, 2015.

11　Margrit Pernau, Dominic Sachsenmaier（eds）, *Global Conceptual History: A Reader*, Bloomsbury, 2016, p. 7.

12　Wallerstein, *The Modern World-System I: Capitalist Agriculture and the Origins of the European World-Economy in the Sixteenth Century*, Academic Press, 1974.（イマニュエル・ウォーラーステイン著，川北稔訳『近代世界システム I ——農業資本主義と「ヨーロッパ世界経済」の成立』名古屋大学出版会，2013年）。

13　Paul Gilroy, *The Black Atlantic: Modernity and Double-Consciousness*, Harvard University Press, 1995.（ポール・ギルロイ著，上野俊哉他訳『ブラック・アトランティック——近代性と二重意識』月曜社，2006年）；John K. Thornton, *Africa and African Americans in the Making of the Atlantic World, 1400-1800*, Cambridge University Press, 1998; Sidney Mintz, *Sweetness and Power: The Place of Sugar in Modern History*, Viking, 1985.（シドニー・ミンツ著，川北稔他訳『甘さと権力——砂糖が語る近代史』平凡社，1988年）。

14　Stephanie Smallwood, *Saltwater Slavery: A Middle Passage from Africa to American Diaspora*, Harvard University Press, 2007; Robin Blackburn, *The American Crucible: Slavery, Emancipation, and Human Rights*, Verso, 2011.

15 Bernard Bailyn, 'The Idea of Atlantic History', B. Bailyn, *Atlantic History: Concepts and Contours*, Harvard University Press, 2005; Jeremy Adelman, 'An Age of Imperial Revolutions', *American Historical Review*, 113:2, 2008, April, pp. 319–340; David P. Geggus (ed.), *The Impact of the Haitian Revolution in the Atlantic World*, University of South Carolina Press, 2001.

16 この著作は古典的名著となり，イマニュエル・ウォーラーステインの著書とは正反対の運命を享受することとなった。Alfred Crosby Jr., *The Columbian Exchange: Biological and Cultural Consequences of 1492*, Praeger, 2003. 参照。

17 Alf Hornborg, 'Environmental History as Political Ecology', Hornborg, J.R. McNeill, Joan Martinez (eds.), *Rethinking Environmental History: World System History and Global Environmental Change*, Atlamira Press, 2007.

18 Lynn Hunt, *Writing History in the Global Era*, W. W. Norton, 2014（リン・ハント，長谷川貴彦訳『グローバル時代の歴史学』岩波書店，2016年），p. 1.

19 Conrad, *What is Global History?*, 第5章参照。

第2章
ドイツにおけるグローバル・ヒストリー

アンドレアス・エッカート
Andreas Eckert

はじめに

　シカゴ大学の歴史学者マイケル・ガイヤーは10年ほど前に，ドイツとドイツ人歴史研究者たちについて次のように指摘した。「ドイツに関してじつに奇怪なのは，ドイツの国土と住民はこれまで世界と極めて深くからみ合ってきたというのに，ドイツ人，わけてもドイツ人歴史研究者たちが，その事実やそれがもたらした結果と折り合いをつけるのにとてつもなく難渋していることだ」[1]。

　実際に，第二次世界大戦後の数十年間，ドイツ人歴史研究者たちはドイツ国民国家にとりわけ強く焦点を合わせていた。ナチス時代の過去が投げかける暗い影が，長年多くのドイツ人歴史研究者たちに，国民国家の枠をこえるアプローチをとるのは，あまり適切ではない，むしろ問題である，と見なすように迫っていた。ナチスの遺産と折り合いをつけて自由民主的な文化のための適切な歴史認識をつくり出すことは，たしかにこれまで一貫して，近現代の歴史研究における主要関心事であり続けている。このことは，「第三帝国をより長期的な歴史の時間軸と過去のパターンのなかにいかに位置付けるべきか」という根本的な問いに取り組むことを含意していた。多々あるトランスナショナルなアプローチのどれをとっても，ドイツの過去にまつわるさまざまな責任を相対化しようとするねらいがあるのではないかと疑われるおそれがある，との懸念から，長い間この問いへの回答は，必然的にドイツ一国の歴史の枠内に限定されていたように思われる[2]。

1. 流行し始めたグローバル・ヒストリー

　植民地主義をはじめ，ドイツ史に関してより広い見方（かといってグローバルな見方というわけではない）となりえたテーマは，周辺的な位置にとどまりつづけた。ドイツの植民地帝国は短命に終わったうえに，経済的にもあまり重要ではなかったため，ドイツ人歴史家たちにとって，植民地主義という研究テーマを追究すべき理由は，たしかにみあたらなかった。また，1960年

代，70年代，80年代の批判的歴史家たちにとって，ホロコーストと「ドイツ特有の道」（*German Sonderweg*）が圧倒的な重要性をもっていたことに加えて，1945年以降のドイツ国内には自分たちの歴史の復権を求めうるような民族的なマイノリティまたは植民地出身の少数者がごくわずかしか存在していなかったことも，学術研究やマスコミ報道において植民地主義というテーマがより一層軽視される状況を生み出した。驚くほどのことではないが，ドイツの植民地主義は，カイザーライヒ（ドイツ帝国）の付録としてあつかわれるのが通例だった。それに加えて，ドイツ人歴史家たちが植民地主義をあつかうやり方は，政治家たちの姿勢と大きく一致していたことも，指摘されてしかるべきであろう。例えば，フランスが1945年以降，植民地独立の深刻な危機によって動揺していたのに対し，ドイツは，一見すると植民地支配が必然的にもたらす数々の問題の影響からまぬがれたようにみえた。ナチス時代の過去とホロコーストに「対応」すること，そして冷戦下において西側に組み込まれることが，政治課題として重要な位置を占めた。このような状況のなかで，ドイツの政治家たちは，ドイツ史において反ユダヤ主義が担った致命的な役割を——少なくとも一定程度まで——しぶしぶ認める心構えをした。しかし，植民地に対する人種差別と，アフリカ，アジア，ラテンアメリカの搾取は，他のヨーロッパ諸国が対応を迫られている問題だと見なされた[3]。

　しかし，現在，少なくとも学問の領域では，事態はかなり変化した[4]。植民地主義と帝国主義に注目することは，いまや，新たなグローバルな視点，トランスリージョナル（超境域的）な視点，そして比較の視点からドイツの過去を見つめるための主要な手段の一つとなっている[5]。ドイツの大学の歴史学科では，とりわけ学生たちや若手の研究者たちの間では，グローバル・ヒストリーが流行している。グローバル・ヒストリーのアプローチをとる何冊もの入門書，論文集，単著が過去数年間に刊行されている[6]。この分野でおそらくもっとも目につく叢書は，2007年の創刊以来すでに23冊が刊行済みで，それらのうち多くは博士論文にもとづくものである[7]。ドイツを拠点とする歴史家たちの著作のうち，英語で執筆されるか英語に翻訳された著作のなかには，またたくまにグローバル・ヒストリーの基本文献として国際的な名声を博したものも少なくない。このことがとくに当てはまるものとしては，ユルゲン・オスターハンメルによる19世紀のグローバル・ヒストリーの記念碑的著作に加えて，方法論としてのグローバル・ヒストリーの有効性を検討

第 2 章　ドイツにおけるグローバル・ヒストリー

したセバスティアン・コンラッドの著作があげられる[8]。グローバル・ヒストリー（あるいはより一般的にグローバル・スタディーズ）の専攻をうたって新たに開設された履修プログラムは，世界中から多くの学生を引き付けている[9]。旧東ドイツの比較植民地史・革命史のアプローチに触発されて，1991年にライプツィヒ大学で創刊された学術誌『*Comparativ*』は，多くの面でドイツ語圏におけるグローバル・ヒストリーの草分けであったし，今日にいたるまでドイツ内外の研究者にとって極めて重要な発表媒体であり続けている[10]。また，ヨーロッパ全域のグローバル・ヒストリー研究者を結ぶ組織である ENIUGH（European Network in Universal and Global History；普遍史・グローバル・ヒストリー全欧ネットワーク）も，ライプツィヒ大学に事務局をおき，3 年ごとに大規模な国際学会（2005年ライプツィヒ・2008年ドレスデン・2011年ロンドン・2014年パリ・次回の2017年大会はブダペストで開催予定）を開催し，週刊の電子版ニューズレターを刊行している[11]。歴史学分野のその他の学術誌が，グローバル・ヒストリー関連の論文を掲載したり，特集号を刊行したりすることもふえている。長年にわたって，ほぼ一貫してドイツ国史とヨーロッパ史だけに焦点を合わせてきた，ドイツにおける「社会史」（societal history）運動の中心的学術誌『*Geschichte und Gesellschaft*（歴史と社会)』でさえも，例外ではない[12]。

　ドイツにおけるグローバル・ヒストリーとトランスナショナル・ヒストリーがおかれている一つの重要な背景は，ドイツ人歴史研究者たちとその他世界中の同業者との関係が変化しつつあることである[13]。19世紀にドイツの大学の歴史学科は，ある種の国際的な先駆者と目され，さらには歴史研究全体の概念や方法論の震央とさえ目されることもしばしばだったが，20世紀の後半以降はそのようなことはすっかり影をひそめてしまった。今日では，ドイツの歴史家が，歴史研究における新たな概念や方法論を編み出す国際的な先駆者として活躍することは，もはやない。ごくわずかな例外を除けば，ドイツで書かれた歴史研究の主たる国際的な読者層は，ドイツ史の専門家たちのサークルだけにかぎられている。セバスティアン・コンラッドのような著名なグローバル・ヒストリー研究者の場合でさえも，主要な著作の多くはドイツ史の領域に集中している。地域研究やグローバル・ヒストリーをはじめとする多くの分野で，英語の文献が国際的な学術的議論を支配しており，ドイツにおける研究の進路や形態にも強い影響をおよぼすにいたっている。ドミ

37

ニク・ザクセンマイヤー（Dominic Sachsenmeier）が指摘するように，「ドイ
ツは，19世紀には，一国史的（／国民国家的）歴史認識の主要輸出国の一つ
であったが，今では多くのトランスナショナルな発想を輸入しているといっ
ても差し支えないだろう」[14]。

　最後に，「ドイツにおけるグローバル・ヒストリー」を紹介することには，
「知的なグローバル化」とでも呼びうるものから派生する，大きな困難がと
もなう。その困難とは，世界の広い地域で個人的・集団的なイニシアティブ
が深く結びついているなかで，ドイツでとられるそうしたイニシアティブを，
他の地域におけるイニシアティブからどのようにして峻別するのか，という
問題である。学問研究の専門職は，とくに英語圏の大学では，非対称的にで
はあるが非常に「グローバル化」されている。そのため，どこか一つの空間
におけるなんらかの歴史研究は，他の場所で進行中の研究とからみ合ってお
り，他の場所の研究者によって部分的に担われている。グローバル・ヒスト
リーの発展は，北米の大学におけるヨーロッパ出身の（ドイツ人の研究者も
含む）研究者たちに多くを負っており，またヨーロッパと北米に拠点をおく
アジア出身の研究者たちにも多くを負っている。ある一つの場所で生み出さ
れるグローバル・ヒストリーが，どの程度の大陸間交流の産物であるか，そ
の（おそらく支配的な）程度を強調することと，国レベル，準地域レベル，
地域レベルで継続しているなんらかのパターンがあることを認識することと
の間で，うまくバランスをとることが必要である。

2.「ドイツ特有の道」論の展開

　「ほぼ20年にわたってドイツは，世界史の名のもとで普遍史が開花する具
体例を提供してきた。博識を貴ぶと同時に思い切った総合を実現する国でも
あるドイツにおいても，ミクロな描写と形而上学的議論のバランスをとるの
がますます困難になっているなかで，歴史家たちのたゆまぬ努力と彼らの世
界とのかかわり合いは，（重要性や価値にはばらつきがあるものの）多くの著作
の刊行をもたらしてきた。それらの著作は，普遍史への興味を掻き立てると
ともに，同程度までその興味を満足させることをめざしている」。フランス
の著名な歴史家アンリ・ベール（Henri Berr 1863〜1954）は，（第一次世界大
戦前に構想されていたが実際の刊行の開始は1920年）叢書『*L'Evolution de l'Hu-
manité*（人間性の進化）』に寄せた総論的な序文において，1900年頃の世界史

研究にはたしたドイツの貢献の重要性にふれて，また，さまざまな一国史的歴史叙述の間の競争についても示唆して，上のように指摘した[15]。19世紀末には，とくにドイツで新設された数々の研究大学において，国史の研究が国家によって奨励され，トランスナショナルな視点が軽んじられたが，他方では，世界史的なテーマをめぐる，重要な，より広範な論争がおこなわれた。

　この状況で鍵を握った論争は，いわゆる「ランプレヒト論争」（Lamprecht controversy）だった[16]。19世紀から20世紀への転換期に，ライプツィヒの歴史家カール・ランプレヒト（Karl Lamprecht 1865～1915）は，人類の過去について検討するためには，これまで以上に全体論的で文明論的なアプローチが必要だと説いた。さまざまなアイデアや研究課題のどれにもまして，彼は，世界史をヨーロッパの覇権の標識として，普遍史を人類の過去全般を指すものとしてとらえることによって，世界史と普遍史を区別すべきだと提案した。1905年にニューヨークのコロンビア大学でおこなった「社会心理学的観点からみた一般的な歴史問題」（General historical problems from a social-psychological standpoint）と題する講演で，ランプレヒトは，さまざまな一国史（ナショナル・ヒストリー）を新たなグローバルな状況に関する一つの歴史へと発展させる可能性に関する持論を展開し，グローバル・ヒストリーにとって肝心な点は，さまざまな社会の間の相互関係を分析することにあると論証しようとした。多くの点でランプレヒトは，文化移転の歴史（history of cultural transfers）あるいは接続された歴史（connected history）と今日見なされるものを先取りしていたのである。それに加えて，ランプレヒトは，近代にヨーロッパの優位をもたらした要因の探求を重視していた当時の歴史学の研究動向から離れて，世界のすべての地域を基本的に平等と見なす視点に立脚した。彼は，地球上の多くの部分に対するヨーロッパの経済力は，過去のものだと主張し，近い将来に，力の不平等な分配に逆転が生じるだろう——彼の言葉によれば「拡大が，拡大に立ち向かうだろう」——と指摘した[17]。

　全体像を描き出そうとする叙述と広い視野に立った考察への関心が拡大したことを示すさらなる証拠としては，1900年頃のドイツで，いくつもの世界史叢書が人気を博していたことがあげられる。ドイツの教養ある中産階級の間にあった，複数の巻からなる世界史叢書への幅広い需要にこたえようと，大手の出版社が競ってそれぞれの世界史シリーズを刊行した。それらの出版社は，学術書の出版組織を傘下におさめるか，あるいは，複数の大学に対し

てほとんどテイラー主義的な分業を割り当て，大学との協力のもとに，壮大な編集作業をこなすか，のいずれかの道をとった[18]。

　第一次世界大戦を経験した結果，ドイツの学術的な歴史書執筆のあり方は，従来よりもさらに強く国史重視の立場をとるようになった。植民地を失った深い喪失感は，ドイツのグローバルな野心にとって大きな痛手を意味した。さらに，ワイマール共和政のもとで国内危機が長期化するなかで，学術研究のエネルギーの多くが消耗されてしまった。大学等に在籍する職業的な歴史家たちの大多数は，イデオロギー的に多様ではあったが，当時の右派的潮流にかなり近く，左派的政治の国際主義的な傾向に反発する点では一致していた。ラテンアメリカなどのごくわずかな例外を除くと，国際的な歴史研究に関する研究教育機関の拡充は，ほとんどなかった。またナチス政権下でも，歴史学が帝国史ないし世界史研究に重きをおくことはあまりなかった。ただし，この時期には，例えばアフリカなどの世界のいくつかの地域に関する研究の結集をめざす，野心的なプロジェクトが実施された[19]。ドイツの歴史における重大な転換点を画した1945年以後も，ドイツ国民国家とその歴史についての概念化の多くの方法は，存在し続けた。ナチス時代とは，トランスナショナルな根源をもつドイツ史における断絶期だった，ととらえる傾向が広くいきわたっているおかげで，ランケ学派や民俗史などを含む，ドイツの主要な歴史学派は，大きな断絶もなく存在し続けた[20]。

　社会ダーウィン主義的で，人種・民族について偏った，ヨーロッパ中心的パラダイムを，第二次世界大戦後も用い続けた興味深い例は，1948年の刊行当時広く好評を博した社会学者ハンス・フライヤー（Hans Freyer）による『*Weltgeschichte Europas*（ヨーロッパの世界史）』（1948年）である。フライヤーは，大戦中のほとんどの時期，ブダペストに設けられたドイツの科学研究機関の所長の地位にあり，その間にこの著書の草稿執筆も手がけた。彼は，世界史には主体が必要であるとか，ヨーロッパはかつて自らの自己実現を通じて地球を一つのまとまりのある「世界」に転換したダイナミックな存在として機能したといった考え方を含む，自身の世界史解釈の一定の要素をヘーゲルに負っていた。フライヤーの著書のもう一つの特徴は，インド・ゲルマン諸民族を，強さと権力への意志の震央として描くなどの比喩で満ちあふれていたことである。しかし，おそらくスターリングラードの戦いでドイツが敗北したことから影響を受けて書かれたと思われる，19世紀と20世紀をあつ

40

かった最終章は，強い懐疑的な見方を濃厚に示していた。この章は，ヨーロッパのグローバル・ヒストリーは終わった，歴史的な革新の震央はすでに海外へ，新たに登場した米ソの対立関係へと移転してしまった，と主張した[21]。

1950年代から1960年代初めにかけて，ドイツ国史に対し，広範で強い，そしてかなり保守的な関心が集中したが，その一方で，例えば職業的な歴史学者たちが分担執筆する，広範な一般読者層向けに書かれた複数の巻からなる世界史叢書といったジャンルなどにおいて，世界史の新たなパラダイムや概念を探求する努力もある程度みられた。1960年から1965年にかけて刊行された『*Propyläen Weltgeschichte*（プロピレーエン版世界史）』の新版の編者たちは，世界史の概説はもはや包括的なヨーロッパ中心主義的な語りにそった構造をとることができなくなったし，単なる地域史の集合体でもないと強調した。しかし，彼らは，自分たちがおこなった理論的な宣言が，自分たち自身が編集した叢書の実態とまったくそぐわないことを認めざるをえなかった。彼らが編集した書物の少なくとも3分の2は，ヨーロッパの歴史に焦点をあてていたのである[22]。

植民地の歴史についての批判的な記述は，1960年代に東西両ドイツで具体的なかたちをとり始めた。この分野の歴史研究の大部分は，構想の面でも明らかに（フィッシャー論争を受け，それに続いて起きた）ドイツ帝国に関する論争[23]との関連から生成してきたものであり，また，その論争は，国家社会主義の台頭をもたらした，より深く長期的な原因は何だったのかという問いとも密接にかかわっていた。伝統に対して批判的なこのような見方は，ほどなく「ドイツ特有の道」（*German Sonderweg*）というテーゼへと発展をとげた。このテーゼを採用する必要があるととくに強く自覚したのは，1960年代と70年代に新たに登場しつつあった批判的社会史だった。このテーゼは，ドイツ帝国の構造が，産業化と国家建設の危機に対処する可能性を妨げていたとみる。そして，権威主義的な解決を好ましいと感じていた産業革命以前からの帝国のエリートたちが，1930年代の「ラディカルなファシズム」への道をすでに準備していた，とみる。この観点からみると，国家社会主義は「破滅的な特殊な発展の，反近代的な最終段階」ととらえられたのである[24]。ホルスト・ドレクスラーとヘルムート・ブライの著作は，刊行当時から現在にいたるまで，基本的に重要であり続け，英語に翻訳されたことで国際的にも広く知られるにいたった。二人はそれぞれの著作のなかで，暗黙的にではあるが，

41

旧ドイツ領南西アフリカにおける事態の展開と，ヘレロ族に対する虐殺を，国家社会主義の前史という文脈のなかでとらえた[25]。ブライは，入植者の居住地の集まりのなかに，「全体主義の起源はアフリカにおける植民地政策のなかに見出しうるはずだ，とするハンナ・アーレントのテーゼの裏付け，おそらくはさらなる深化」[26]をみたのである。

　近年では，このテーゼは，ドイツの植民地政府軍がヘレロとナマの人々に対してしかけた戦争を，より長い「ホロコーストの前史」の一環としてとらえた歴史家ユルゲン・ツィンメラーによって精緻化されてきた。ヘレロ族とナマ族に対する戦争は，「ナチスによる殲滅戦争に向けた重要な一歩」を画すものだった，とツィンメラーは主張する。彼はさらに続けて，国家社会主義政策の征服と殲滅という政策は，「人種」や「空間」といった中核的な概念においては，ヨーロッパの植民地主義にまで遡る伝統に根付いているとはいえ，ナチスの犯した犯罪の原因がただちに植民地主義に帰せられるわけではない，と指摘する。ナチスが犯した犯罪を植民地主義に帰すには，国家社会主義は，イデオロギーの面でも政策の面でも，あまりにも複雑であり多岐にわたるものだった。だが，ツィンメラーによれば，植民地主義は，自分たちと異なる民族集団を殲滅することを単に想像するだけにとどまらず，実行に移す，という最後のタブーを破ることに与したのである。そのような連関がなかったならば，ユダヤ人の虐殺はおそらく想像可能ではなかっただろう，と彼はみる。ヘレロとナマの虐殺はまだ工業的殺人のかたりを積極的にとるにはいたらなかったが，ここでも，野営地や強制収容所が皆殺しの場となり，意図的な過失致死が起きた。官僚機構は，「疲労により死亡」と，死因をあらかじめ特定した死亡証明書を印刷して用いた[27]。

　ツィンメラーの著書は，多くの論議を呼び，かなりの批判をあびた。要するに，植民地主義とホロコーストの関連性についての示唆は，解明した問い以上に多くの問いを生み出してしまったのだ。たしかにツィンメラーの指摘は，さまざまな出来事をみるいくつもの新しい見方を切り開き，20世紀のドイツ史を新たな，より広い文脈のなかに位置付けた。しかしながら，ツィンメラーらが指摘する関連性は，多くの場合，彼らが考える以上に複雑であり，おそらくわれわれは，意図的な移転や人物情報の連続性をあつかっているよりも，むしろ同様な条件が生み出した類似性をあつかっているのかもしれない。さらにヘレロ族に対する戦争を重視することは，「ドイツ特有の道」論

42

第 2 章　ドイツにおけるグローバル・ヒストリー

の新変種をつくり出すことにつながり，ドイツの植民地主義が決して他と無
関係に成り立っていたのではない，という事実を無視することにつながる可
能性がある。ドイツの植民地主義は，欧米によるより大きな植民地支配計画
の不可分な一部をなしていたのである。現に複数の論者が指摘しているよう
に，植民地主義とナチスの暴力の関係について論じるさいには，そうした関
係を，短命に終わったドイツの植民地帝国の枠内においてのみ位置付けるよ
りも，行動様式，儀礼，知識の形態，想像などを含む共通の植民地の記録に
照らして考えたほうが，より生産的であるかもしれない[28]。

　ツィンメラーの著書がきっかけとなって起きたヘレロ族に対する大虐殺を
めぐる論争では，国民国家中心の，「内向きの」視点を重視するドイツ史研
究のあり方が批判をあびるようになった時期についても，言及している。ナ
チス体制のもとで成人として生きた者たちの沈黙を批判して1960年代に立ち
上がった社会史あるいは「社会的歴史」の代表たちは，従来型の政治史の主
流を鋭く批判し，自分たちこそは真に現代の歴史学を切り拓く先鋒だと自認
したのに，実際には，主として一国的な歴史観に固執することになってしま
ったのは，皮肉ななりゆきだった[29]。社会史研究者たちは，ドイツ史におけ
る政治や文化などのさまざまな部門について包括的に把握するために，社会
の諸勢力の形態，変質，集合離散について詳しく調べた。アメリカの同様な
グループの場合と違って，社会史研究の存在感が強まったからといって，そ
れまで支配的だった一国的な枠組みを脱却してトランスナショナルな見方へ
の転換をめざす努力に弾みがつく，ということはなかった。他のリベラルな
西洋の民主諸国との比較という視点は，一定の役割を演じたものの，多くの
場合，そのねらいは，「ドイツ特有の道」論をさらに強調し増幅することに
あった。決意も新たにおこなわれたドイツ史を主として内側から外へと概念
化するという取り組みも，ドイツと，ヨーロッパをこえた世界との間の文化
的，政治的な相互作用を叙述する方法にとって，大きな意味をもった。例え
ば，しばしば引用されるいくつかの有名な研究は，ドイツ植民地主義の歴史
を，主として国内の緊張がもたらした結果として説明しようと試みた[30]。多
くの場合，パワーポリティックスの論理とか，植民地主義イデオロギーの国
際的な伝播といった，植民地主義に寄与するさまざまな要因は，史学研究の
周縁へと追いやられてしまった。

43

3. グローバル・ヒストリーの概念をめぐる論争

1970年代半ばから1990年代半ばまでの期間，研究対象としての植民地主義の人気は低下した[31]。その後植民地主義はふたたび重要な研究テーマとして浮上したが，それは主として，グローバル化の進展と，今日のグローバルな相関関係の前史への興味が深まったことの結果だった。学術研究の世界では，こうした植民地主義への関心の深まりは，ポストコロニアル・スタディーズが人文社会科学分野の主要な潮流の一つとして台頭したのと，軌を一にして起きた。これらのアプローチは，植民地にかかわる言説と植民地的な知のあり方の役割とともに，植民地との出会いがもたらした反響を重視し，植民地主義が植民地化された地域だけでなく，植民地化した側のヨーロッパにもその痕跡を残したことを指摘した。上でふれたヘレロ族に対する大虐殺をめぐる論争は，この視点にとって非常に華々しい例である。

1960年代と70年代の研究が主として社会史に焦点をあてていたのに対し，最近の研究の多くは，文化史の新たな潮流から刺激を受けている。歴史研究者だけでなく，人類学者，文学研究者やもっと一般的にカルチュラルスタディーズにたずさわる研究者も，多くの場合比較的かぎられた同時代の文献にもとづいて，ドイツの帝政期とその後における「植民地にかかわる言説」の解明を試みた。たしかに，植民地にかかわる言説や幻想に関するこうした研究の大半は，利用可能な実証データの一部を無視する傾向があり，自己愛的な過剰理論化の傾向と植民地支配のより暴力的な実態に対するある種の無知を示していた。しかし，こうした研究は，例えば，人種やジェンダーなどにかかわる新たな興味深い研究領域を開拓した。こうした側面は，それと関係しているドイツ歴史学において従来無視されてきたのであった。さらに，こうした研究は，植民地にかかわるイマジネーションが，地理的，時間的な境界に限定されていなかったという事実も明らかにしている[32]。

それでも，この歴史研究のいささか不可解な特徴の一つは，植民地化された側の人々が歴史の主体として描かれることがほぼ皆無だという点にある。フレデリック・クーパーとアン・ストーラーがおこなった，宗主国と植民地を単一の分析視野の中であつかうべきとする有名な要求は，しばしば引用されはするが，少なくともドイツ植民地の場合には，実行されることはほとんどない[33]。実証的に十分に裏づけられた研究でさえも，植民地主義の宗主国

第 2 章　ドイツにおけるグローバル・ヒストリー

側の側面を非常に強調する一方で、「植民地の状況」と植民地化された人々
に対しては（植民地開拓者たちの空想や開発計画を投影するための「映写幕」と
しての彼らの機能への関心を除けば）ほとんど、あるいはまったく関心を示さ
ない、という状態が今なお続いている[34]。植民地での経験や植民地に関する
空想がヨーロッパ社会に与えた影響について研究することは——ドイツの場
合も含めて——疑いなく重要であるが、植民地主義の歴史において植民地化
された側の人々が占める場所が忘れられることがあってはならない。最後に
もう 1 点指摘すべきことは、宗主国としてのドイツ史に対する植民地体験の
影響が、過大評価される傾向が見られる点である。今ではドイツ史のあちこ
ちに植民地の痕跡を発見することに、ときには大げさすぎるほどの熱中ぶり
を示す研究者が少なくないが、そうした反応は、ドイツ史における植民地に
かかわる側面が長い間完全に無視されてきたことを考えれば、ある程度説明
がつく。さらに、銘記されるべき重要なこととして、1900年頃の世界のグロ
ーバルな統合を理解するには、グローバルな政治、グローバルな経済、移民、
文化交流を形成した、植民地のさまざまな構造を踏まえることが不可欠であ
り、これらの構造を度外視して理解するのは不可能だ、という点があげられ
る。このグローバリゼイションのプロセスがドイツに影響をおよぼしたのと
同じほどに、植民地主義的な世界秩序は、ドイツにとっても、ドイツ自身の
植民地帝国の枠組みのなかだけにとどまらない、決定的な重要性をもってい
たのである[35]。

　地域研究は、他の国の場合と同様、ドイツにおいてグローバル・ヒストリ
ーの興隆をもたらした、もう一つの重要な要因である。ヨーロッパの学術界
におけるグローバル・ヒストリーの（再）出現の背後で働いた決定的に重要
な刺激要因の一つは、行動主体（エージェンシー）に関するヨーロッパ中心
主義（世界を変えたのはおもにヨーロッパ人か、少なくとも西洋人だとする想定）
と、概念に関するヨーロッパ中心主義（歴史学と社会科学において、ヨーロッ
パないし西洋の経験についての認識にもとづくさまざまなモデルが、これら以外
の地域における経験を分析対象とする場合においてさえも、支配的である状況）
への反発だった、といっても過言ではない。行動主体に関するヨーロッパ中
心主義が、ヨーロッパ例外主義を誇張するのに対し、概念に関するヨーロッ
パ中心主義はそれとは逆の作用をもつ。すなわち、ヨーロッパ史をモデルと
してあつかうことにより、つまり、その想定上のテンプレートからのかい離

45

こそが説明されるべきと見なすことにより，ヨーロッパ史を「当然視する」
（naturalize）という昔からの傾向である。その結果，一つの分野ないし一つ
のアプローチとしてのグローバル・ヒストリーの発展のために必要な，おそ
らくもっとも基本的な知的要件となったのは，1945年以降，とりわけ1960年
以降に生じた，非西洋世界に関する歴史研究の膨大な増加だった。例えばイ
ギリスでは，クリストファー・ベイリー（Christopher Bayly）あるいはウィ
リアム・ジャーヴェイス・クラレンス゠スミス（William Gervase Clar-
ence-Smith）のようなアジア・アフリカ地域の専門家たちが，グローバル・
ヒストリーの執筆と制度化における先駆的な主導者となった[36]。

　ドイツでも，「非西洋史の枠内での特定地域の専門化は，（中略）グローバ
ル・ヒストリーへの群を抜いて最重要な経路であった」[37]。しかし，ドイツの
学界特有の制度的要因のゆえに，グローバル・ヒストリーのポストは，非ヨ
ーロッパ地域を研究する専門家といれかわることにしかならなかった。大多
数の歴史学科では，ヨーロッパ以外の地域の歴史を研究する学者の比率は非
常に低い（それらの地域を担当する終身在職権〈テニュア〉付きのポストが一つ
もないケースでさえも少なくない）。これに対して，アフリカ・アジア・南北
アメリカ大陸・中東を研究する任務の多くは，イスラーム学や中国学といっ
た小規模な専攻分野に付託され，今もなお文献学中心の根強い伝統を特徴と
していて，いわば「地域研究」学部として設置されていることが多い。今日
にいたるまで，こうした小規模な専門分野は，独自の学術的訓練の形態をは
ぐくむ傾向をもっている。それに加えて，これらの専門分野は，独自の学術
誌，学術会議，学会を介して，分野ごとの独自の公共圏の要望にこたえよう
とする。その結果，ドイツにおける地域研究の専門の大半は，かなり細分化
された状態にとどまっており，このことが，ヨーロッパ以外の諸地域を専門
とする研究者にとって，歴史学のような圧倒的にヨーロッパ中心主義的な構
造をもつ分野に対して，知的な拮抗勢力を形成する妨げとなっている[38]。

　こうした構造上の制約があるにもかかわらず，地域研究と歴史学科のそれ
ぞれからの代表者による共同研究の数は，ゆっくりではあるが着実にふえて
きた。この動きは，折から地域間研究や学際研究の促進に乗りだした，有力
な学会および政界関係者たちによる支援の対象となった。このこととの関連
で大きな一歩となったのは，2005年にドイツ学術審議会が，いくつかの大学
に学際的な地域研究の拠点を設置すべきだ，とする提言をおこなったことだ

った。過去数年間に，人文学分野，とくに地域研究にかなり潤沢な資金が投入されたおかげもあって，研究教育機関の資金的な見通しは従来よりも明るくなり始め，それにともなって，グローバルあるいはトランスナショナルな歴史研究の促進をつうじて学際的な共同作業を強化することが可能となり，追求されるようになった。こうした動きを踏まえると，トランスナショナルなテーマやトランスカルチュラル（比較文化的）なテーマへの関心の強まりが，歴史学，地域研究，それに大西洋史やインド洋史などの亜領域の間に，新たな結節点を提供しうることは，十分想定できる。こうして，中国，インド，アフリカ，その他の地域に関する歴史研究は，ごく周縁的存在という従来の位置付けからついに脱却して，ドイツの歴史研究者の学界で重要性を獲得し始めるかもしれない[39]。他方，一次史料にもとづく実証研究の重要性を強調するインド史やアフリカ史の研究者たちは，特権的なカーストを構成するグローバル・ヒストリーの研究者たちが，しばしば二次文献が提供する一般化に依拠していることを懸念している。例えば，マルグリット・ペルナウは，非ヨーロッパ言語で書かれた史料に対する無知が広まっていることに警鐘を鳴らしている。彼女によれば，ヨーロッパの言語で書かれた史料しか用いないということは，植民地主義的な見方を再生産し，あるいは馬鹿げた立論に陥ってしまったりする危険があるということにほかならず，言い換えれば，グローバル・ヒストリーが「浅薄な歴史研究」へと堕落する危険を冒すことになる，という[40]。

　しばらくの間，概念をめぐる論争が，ドイツにおけるグローバル・ヒストリー研究を支配していた。さまざまなアプローチをめぐる議論が，二つの理想の間を行ったり来たりした。一つは，世界史，グローバル・ヒストリー，トランスナショナル・ヒストリーの三者を比較的厳密に区別すべきだとする考え方であり，もう一つは，グローバル・ヒストリーという領域をもっと柔軟な概念としてとらえるべきとする考え方である[41]。前者のアプローチの代表格であるユルゲン・オスターハンメルは，トランスナショナルなアプローチと，世界史的なアプローチと，グローバル・ヒストリーのアプローチを峻別すべきだと主張する。トランスナショナル・ヒストリーの主たる関心は，ヨーロッパ内の諸関係と，それらの大西洋横断的な結び付きであろうというのが彼の言い分である。さらに，トランスナショナル・ヒストリーは，一般に比較的短い期間を検討対象としており，普遍的な結合のパターンについて

は比較的関心が薄いという。それと対照的に，世界史は，歴史の多様性に慎重に留意しながらも，一般的な傾向を解明することを明確な目的としている。その結果，ユルゲン・オスターハンメルの主張によれば，世界史は，トランスカルチュラルな関係を重視するため，長期持続（*longue durée*）的で，比較的大規模な地域にまたがる展開を検討するのである。オスターハンメルは続いて，グローバル・ヒストリーを，もっと狭い意味にとらえ，グローバルな種々のからみ合い（global entanglements）を歴史化するアプローチと考える。つまり，グローバル・ヒストリーとは，19世紀半ばに起源を発して以来，今日の世界の相互連関性を今もなお特徴付けている展開や現象を調べることなのである。ついでオスターハンメルは，グローバル・ヒストリーとグローバリゼイションの歴史とを，注意深く区別する。彼によれば，グローバル・ヒストリーは，さまざまなグローバルなネットワーク間の接触や相互作用を探究するのに対して，グローバリゼイションの歴史は，交流と相互依存の絶え間ない深まりを跡付けるマスター・ナラティヴ（大きな物語）を提示するのだという[42]。

　セバスティアン・コンラッドと筆者自身は，もっと統合的なアプローチを選び，世界史，グローバル・ヒストリー，トランスナショナル・ヒストリーの三者に共通する要素を強調してきた。われわれは，これら三つのアプローチの視点には共通点があると主張している。つまり，これらのアプローチは，世界システム論の影響を受けているか，異なる文明の分析を重視しているか，多様な近代性があると主張しているか，グローバリゼイションの歴史を執筆しているか，ポストコロニアル・スタディーズの成果に依拠しているか否かにかかわらず，いずれも近代化論を排し，「近代性」を完全に関係性の上に立つ範疇として再構築することをめざしているという点では，共通していると主張したのである。さらにわれわれは，世界史とグローバル・ヒストリーは，もはや一つの普遍的な過去を想定していないし，歴史発展を目的論的にとらえていないし，世界をその空間的・時間的実体のなかにとらえようとしていないと述べている[43]。

　こうした考えをさらに発展させたコンラッドは，のちに，グローバル・ヒストリー研究の関心の根幹にあるのは，「移動性と交換であり，国境や境界を超越するさまざまな過程」であるとし，次のように指摘した。「グローバル・ヒストリーは，相互に連関した世界を出発点とする。そして，モノ，ヒ

ト，アイデア，制度の循環と交換が，その主要な研究対象である。グローバル・ヒストリーを暫定的にかなり広く定義すれば，グローバル・ヒストリーとは，グローバルな文脈に位置付けられる，さまざまな現象，出来事，プロセスを対象とする歴史分析の一形態と表現することができるであろう」[44]。ドミニク・ザクセンマイヤーは，「グローバル・ヒストリーを定義することの避けがたい不可能性」にさえも言及し，過去20年間にグローバル・ヒストリーの重要性が高まったにもかかわらず，さまざまな分野を指し示すものは，それぞれ競合する学派として具体化するにはいたらず，むしろ逆に，ますます相互間のからまり合いを強めていると指摘している。そのため，グローバル・ヒストリーを，トランスナショナル・ヒストリーあるいは世界史といった領域から明確に区別するのは不可能であるとし，次のように述べる。「むしろ，グローバル・ヒストリーという言葉は——他の多くの用語と同様に——歴史研究における『グローバルな趨勢』とも呼びうるような，より広範な学術研究における潮流を意味する略記法ととらえることができる」[45]。

　制空権の定義と理論をめぐる学問的な論争を，実際の研究プロジェクトのための確固とした制度的な基盤がまだ十分に整備されていない状態でおこなえば，定義付けや差異化にあまりにも多くの時間を使いすぎてしまう，というリスクは避けがたい。そうした用語をめぐる論争も一因となって，ドイツ国内の批判的な観察者のなかには，グローバル・ヒストリー運動は，具体的な研究プロジェクトよりもさまざまな仮説によって特徴付けられていた，と主張してきた人たちがいる。そのため，多くの研究者たちからは，方法論的主張や提案を実行に移した研究を求める声が上がった。フリースは，次のように指摘する。「グローバル・ヒストリーがなぜそれほどまで弁護される必要があるのか，これまで私にはまったく理解できなかった。しかし，現在それが流行になっていることを考えると，グローバル・ヒストリーの存在が『よいこと』だと説明を試みるのは，まったく時間と労力の無駄である。また，何々をするのだという意向についての宣言や，計画の発表や，原理に関する理論的な考察だらけの刊行物を生み出すことも，私には意義あることだとは思えない。そんな刊行物はすでにありあまるほどある。いまや，料理本に気をもむのはほどほどにして，実際に料理するべき時なのだ」[46]。

4. イニシアティブをとる数々の取り組み

　では，グローバル・ヒストリー研究で，最近の，あるいは現在の「料理」の具体例としてどのようなものがあるのか？　以下の素描は，網羅的であることを意図したものではないし，関連するさまざまな試みや，研究教育機関，刊行物のあつかい方が公平を欠く可能性もありうることを，まず断っておきたい。この分野でのもっとも新しいイニシアティブの一つは，ベルリンの自由大学とフンボルト大学がドイツ研究振興協会の資金援助をえて新たに共同で発足させた，グローバルな知の歴史専攻の大学院課程である[47]。「グローバルな知の歴史」とは比較的新しい領域である。歴史研究者たちが，グローバルな文脈において，グローバル・ヒストリーの視点からさまざまなアイデア，概念，イデオロギーの循環——と境界横断的な相互作用——について系統的に研究し始めたのはごく最近だからである。この専攻課程は，二つの重要な研究分野を結び付ける。知の歴史とグローバル・ヒストリーである。知の歴史は，いわゆるケンブリッジ学派に代表され，長い歴史的系譜をもつ。しかし，従来の知の歴史の関心は，概してヨーロッパ中心的で，西洋の思想家の思想や概念に焦点をあててきた。他方，グローバル・ヒストリーの研究者は，従来主として政治史と経済史に焦点をあててきた。対照的に，知の歴史と文化移転は，やや軽視されてきた分野であるが，なぜ軽視されてきたかといえば，その最大の理由は，これらが地域的な文脈と文化的伝統と極めて密接な関係があるようにみえるだけに，グローバル・ヒストリーとこれらを対話させるのはより困難だと見なされたためである。

　新設の大学院課程は，この二つの領域を一つにまとめることを目的としており，知の歴史のどのような側面に焦点を合わせればグローバル・ヒストリーの理解に結び付けられるのか，そして知の歴史の側は逆にグローバルな視点からどのように恩恵を受けられるのか，解明することをめざしている。これをおこなうために，非西洋的アクターの役割がとくに重視される予定である。これは，知の変遷をあつかう従来の多くの研究が，本質的に伝播主義的であって，知の革新の根源を欧米だけに求めようとしてきたことから袂を分かつ，重要な一歩である。新設の課程の関心は，以下のような問いかけをおこなうことにある。誰が——いつどこで，どんな理由から——社会改革の目的を推し進めるためにルソーの著作への言及を利用したのか？　ルソーに言

50

及せず，そのかわり中国の思想家康有為，あるいはインドネシアの改革者ラデン・カルティニ（Raden Kartini）に言及したのは誰か？　こうした問いは，知の歴史における従来とはまったく異なる，真にグローバルな対話を切り拓く可能性を秘めている。

　グローバル労働史は，労働史の分野での新たな方向を代表する主要なアプローチの一つとして浮上した[48]。入門的説明や概説をおこなう大半の関連文献では，片隅に追いやられることが多いとはいえ，グローバルな労働史も，「グローバル・ヒストリー」を構成する成長著しい重要部門の一つである。方法論的にみれば，それは誰もが賛同しなければならない理論や学派というよりも，むしろ「興味深い一つの領域」である。それは，「縦の組織ではなく，具体的な研究プロジェクトとの関係で継続的に結集と分解を繰り返す一つのネットワークである。それは，新たな『大きな物語』をつくり出すことをめざすのではなく，多様な実証研究とさまざまな知的解釈にもとづく部分的な統合をめざしている」[49]。これまでのところその主要な関心の一つは，「グローバルな南」を，知的レベルと制度的レベルの両方において，労働史研究へとより体系的に統合することである。これは，政府の支援をえて2009年にフンボルト大学に設置された，国際研究中心拠点「グローバル・ヒストリーにおける仕事と人間のライフコース」の中心的な課題の一つである。この機関はまた，国内外のさまざまな専門分野の研究者に助成金（フェローシップ）を支給し，ワークショップや博士課程の集中講座を（通常はグローバルな南で）開催している[50]。

　研究成果刊行の面では，ドイツ的な伝統といえる複数の著者が執筆する多巻におよぶ世界史シリーズの刊行が，今日まで続いており，さらに国際的な学術環境のなかでより一層影響力を強め始めている。ミュンヘンのH.C.ベック社とハーヴァード大学出版局が共同出版しているユルゲン・オスターハンメルと入江昭の共同編集による「世界の歴史」叢書は，執筆者たちの多くが，特定の地域に焦点をあてた研究を刊行するのではなく，グローバル・ヒストリーやトランスローカルな視点からそれぞれのテーマに取り組んでいるという意味で，ドイツで従来刊行された多くの世界史叢書とは趣を異にしている。グローバル・ヒストリーに関する教科書シリーズと，複数巻の研究書叢書も，ウィーン大学のグローバル・ヒストリー・グループによって，いくつかのドイツの大学の研究者の協力をえて，出版されている。これらのうち，

2008年から2011年にかけてウィーンの小規模な出版社から刊行された，研究書シリーズ「*Globalgeschichte: Die Welt 1000-2000*（グローバル・ヒストリー——1000〜2000年の世界)」は 8 巻から成り，各巻はある特定の時期ないし世紀をあつかっている。それぞれの巻に収録されている「世界の異なる地域」をあつかった論文は，いずれも，「内向きの」視点を避け，特定の「地域」ないし大陸をより広い文脈の中に位置付けることをめざしている[51]。

　こうした複数の著者が共同執筆する，多巻にまたがる世界史叢書は，決してドイツに典型的な刊行形態というわけではない[52]。また，ドイツで刊行されるトランスナショナル・ヒストリーやグローバル・ヒストリーの文献の多くが採用する形態や概念は，ドイツ国内の学術的な伝統から生まれたものでなく，むしろ，より広範な，通常は西洋の，学術的な形態や概念で共通のものである。グローバル・ヒストリーの研究成果の刊行では，単著の形態をとるものが多い。近年では，グローバル・ヒストリーの視点に立とうとする研究成果の刊行がますますふえている。そうした成果刊行のなかには，ドイツ語圏をこえた読者に読んでもらいたいとの思いから，英語で公刊されるものも少なくない。一つの例としては，当初ベルリン自由大学に提出された教授資格論文にもとづく，マイケル・ゲーベルの著書がある[53]。これは，のちに「第三世界」諸国の指導者となった多くの者が成長期を過ごした戦間期のパリという有利な位置からみた，反植民地主義のグローバルな拡散を跡付けたものであるが，そのなかで，ゲーベルは，警察史料や他の一次史料にもとづいて，それら新興の活動家たちが活動したパリの社会的な背景を丹念に分析し，中国人留学生が企んだとされる複数の暗殺計画や，ラテンアメリカの民族主義者たちがおこなった抗議運動や，アルジェリア人，セネガル人，ベトナム人労働者たちの日常生活を生き生きと描写している。この著作は，三つの異なる大陸出身の人々の物語を一つに紡ぎ合わせ，移民と相互交流が，帝国主義的世界秩序への挑戦を可能にする原動力として，いかに大きな役割をはたしたかを強調している。

　しかし，グローバル・ヒストリーの単著の多くはドイツ語で刊行されている。その結果，読者層がドイツ語を読む研究者だけにかぎられる可能性があるものの，その反面，グローバル・ヒストリーを，ドイツの歴史研究の全体図のなかでよりめだたせる，という効果もある。「グローバル・ヒストリー」の看板のもとにおかれる最近の刊行物のテーマやアプローチは，広範囲にお

52

よぶが，これらの研究のうちのかなりのものは，（現地の言語に関する知識を含む）地域研究の技法と，グローバル・ヒストリーの視点とを結合させている。スイスのチューリッヒ大学に提出した博士論文にもとづき，19世紀半ばから第二次世界大戦までの時期における日本と世界の博覧会を考察する，ダニエル・ヘディンガーの著書があつかう主題は，はじめからグローバル・ヒストリー的なアプローチに最適と思われるにもかかわらず，長い間西洋の産業化された国々の視点からしかあつかわれてこなかった[54]。日本で開催された博覧会と，日本が参加した多くの博覧会の例を取り上げ，ヘディンガーは，トランスナショナルな実践とアクターを説得的に再構築し，グローバルな権力のヒエラルキーと，世界が徐々に相互に結び付いていく様態の間に発生した複雑な相互作用をとらえている。彼はさらに，この時期に日本で起きたさまざまな転換は，グローバルな変化という文脈のなかにおくことによってはじめて理解可能となることを実証している。

「『新しい』グローバル・ヒストリーをめざす努力の多くは，一つの統一された世界の出現についての『古びた』ヨーロッパ中心的な物語を乗り越えること，あるいは不適切として退けることを目的として始まった」[55]。とくに近年，ドイツにおけるグローバル・ヒストリーの執筆活動は，行動主体に関するヨーロッパ中心主義と概念に関するヨーロッパ中心主義の両方の排除をめざす「グローバルな運動」に加わるようになった。

終わりに

結論として，強調しておきたいのは，ドイツにおけるグローバル・ヒストリー運動に弾みをつけたのは，正しい意図，知的な宣言や，数多くの歴史研究者たちのエネルギーだけではない，ということである。この数年間，制度的，資金的な基盤の整備が進んだことによって，グローバルなレベルとトランスナショナルなレベルでの歴史研究のさらなる拡充が支えられてきた。この基盤がどの程度安定的であるかはまだ不明だが，ドイツの歴史研究の全体図のなかで，グローバル・ヒストリーの視点がかなり短期間のうちに重要な位置を獲得したことは，まったく疑問の余地がない。このグローバルな転換の勢いは多少弱まるかもしれないが，それがもたらした洞察と視座が，今後もドイツにおける歴史の研究と教育をかたちつくり続けるのはまちがいない。

53

●註

1　Michael Geyer, Review of Gunilla Bude *et al.* (eds.) *Transnationale Geschichte. Themen, Tendenzen und Theorien*, Göttingen, 2006, *H-Soz-u-Kult* (11 october 2006), (http://hsozkult.geschichte.hu-berlin.de/rezensionen/2006-4-032).

2　Dominic Sachsenmeier, *Global Perspectives on Global History. Theories and Approaches in a Connected World*, Cambridge, 2010, p. 112.

3　Andreas Eckert, Albert Wirz, 'Wir nicht, die Anderen auch. Deutschland und der Kolonialismus', Sebastian Conrad, Shalini Randeria (eds.), *Jenseits des Eurozentrismus. Postkoloniale Perspektiven in den Geschichts- und Kulturwissenschaften*, Frankfurt, 2002, pp. 372–392.

4　便利ではあるがいささか時間がたってしまった概説として，以下参照：Jürgen Osterhammel, 'Global history in a national context: the case of Germany', *Österreichische Zeitschrift für Geschichtswissenschaft*, 20, 2009-2, pp. 40-58.

5　Sebastian *Conrad, Globalisation and the Nation in Imperial Germany*, Cambridge, 2010.

6　入門書が刊行されるということは，出版社が大学教育の射程の中にある何らかのテーマや専攻に相当な興味を抱いているということを示している。最近のドイツにおけるグローバル・ヒストリーの入門書としては，以下参照：Sebastian Conrad, Andreas Eckert, Ulrike Freitag (eds.), *Globalgeschichte. Theorien, Ansätze, Themen*, Frankfurt/Main, 2007; Margrit Pernau, *Transnationale Geschichte*, Göttingen, 2010; Andrea Komlosy, *Globalgeschichte. Methoden und Theorien*, Vienna, 2011; Sebastian Conrad, *Globalgeschichte. Eine Einführung*, München, 2013.

7　この叢書は，「Globalgeschichte」（グローバル・ヒストリー）と命名され，セバスティアン・コンラッド，アンドレアス・エッカート，マルグリット・ペルナウの編集で，キャンパス社から刊行されている。このほか，「Transnationale Geschichte」（トランスナショナル・ヒストリー）叢書も参照のこと。この叢書は，マッティアス・ミッデル，ミカエル・ガイアーの編集で，ファンデンフーク・ルプレヒト社 Vandenhoeck & Ruprecht（ドイツでは定評のあるもう一つの学術出版社）から刊行されている。この叢書は，東欧史に関して，グローバル／トランスナショナルな視点に力点をおいている。

8　Jürgen Osterhammel, *The Transformation of the World. A Global History of the Nineteenth Century*, Princeton, 2014（ドイツ語の原著は2009年）；Sebastian Conrad, *What is Global History?*, Princeton, 2016（ドイツ語の原著は2013年。脚注4

参照)。

9 ベルリンの自由大学とフンボルト大学の共同で組織されている，ドイツにおけるグローバル・ヒストリーの修士課程専攻の一つとして，以下のウェブサイト参照（http://www.global-history.de）。ドイツ連邦共和国の外では，ウィーン大学も，ドイツ語圏の大学として，グローバル・ヒストリーに重点をおく修士課程を設置している。以下のウェブサイト参照（http://www.univie-ac.at/Geschichte/Globalgeschichte）。

10 Matthias Middell, 'Die Verwandlung der Weltgeschichtsschreibung. Eine Geschichte vom Beginn des 21. Jahrhunderts', *Comparativ*, 20, 2010-6, pp. 7-19.

11 http://geschichte-transnational.clio-online.net

12 ドイツの学術誌における，ヨーロッパ中心主義的または，ドイツ中心主義的な状態を明確に実証している統計資料は，以下の文献にもとづいている。Lutz Raphael, 'Nationalzentrierte Sozialgeschichte in programmatischer Absicht: Die Zeitschrift 'Geschichte und Gesellschaft. Zeitschrift für historische Sozial-wissenschaft' in den ersten 25 Jahren ihres Bestehens', *Geschichte und Ge-sellschaft* 26, 2000-1, pp. 5-37.

13 これに続いている段落は，Sachsenmeier, *Global Perspectives*, p. 113にもとづいている。

14 Ibid.

15 Matthias Middell, Katja Naumann, 'The Writing of World History in Europe from the Middle of the Nineteenth Century to the Present: Conceptual Renew-al and Challenge to National Histories', Matthias Middell & Lluís Roura (eds.), *Transnational Challenges to National History Writing*, Basingstoke, 2013, pp. 54-139 (quote: 93).

16 これに関してより広い文脈からとらえる試みとして，以下参照：Lutz Rapha-el, 'Historikerkontroversen im Spannungsfeld zwischen Berufshabitus und so-zialen Deutungsmustern: Lamprecht-Streit und französischer Methodenstreit der Jahrhundertwende in vergleichender Perspektive', *Historische Zeitschrift*, 251, 1990, pp. 325-363.

17 Middell & Naumann, Writing of World History, p. 87より引用。ランプレヒトとライプツィヒにおける彼の所属していた研究機関に関して，以下参照：Mat-thias Middell, *Weltgeschichtsschreibung im Zeitalter der Verfachlichung und Profes-sionalisierung: Das Leipziger Institut für Kultur- und Universalgeschichte 1890-1990*, vol. 1, Leipzig, 2005.

18 Hartmut Bergenthum, 'Weltgeschichten im Wilhelminischen Deutschland: In-

novative Ansätze in der populären Geschichtsschreibung', *Comparativ*, 12, 2002-3, pp. 16-56.

19 Felix Brahm, *Wissenschaft und Dekolonisation. Paradigmenwechsel und institutioneller Wandel in der akademischen Beschäftigung mit Afrika in Deutschland und Frankreich 1930-1970*, Stuttgart, 2010.

20 Sachsenmeier, *Global Perspectives*, p. 115; Winfried Schulze, *Deutsche Geschichtswissenschaft nach 1945*, Munich, 1989.

21 フライヤーの著書については，以下参照：Middell, *Weltgeschichtsschreibung*, Vol II, pp. 772-807; Sachsenmeier, *Global Perspectives*, p. 119f.

22 Alfred Heuss, Golo Mann, August Nitschke（eds.）, *Propyläen Weltgeschichte: Eine Universalgeschichte*, 10 vols, Frankfurt, 1960-65. Sachsenmeier, *Global Perspectives*, p. 120参照。非常にヨーロッパ中心的な「世界史」もいまだにドイツの出版業界では，一般的である。以下参照：Alexander Demandt, *Kleine Weltgeschichte*, München, 2003, または Gottfried Schramm, *Fünf Wegscheiden der Weltgeschichte*, Göttingen, 2004.

23 1960年代の初め，ハンブルクの歴史家フリッツ・フィッシャーが執筆した単著 *Griff nach der Weltmacht. Die Kriegszielpolitik des kaiserlichen Deutschland 1914/18*（世界権力のハンドル――帝政ドイツの戦争政策1914-18年）（Düsseldorf, 1961）の刊行後，この論争は激しく燃えあがった。フィッシャーはその当時にいたるまで一般的に主張されているように，ドイツは誤って第一次世界大戦に突入したというわけではなく，危険を承知で戦争を開始したのであるとする説を推し進めた。フィッシャーは，多数の保守的な歴史家や一般大衆および政治の世界からの怒りの嵐の前に首を垂れたが，彼は，実際には，近年のドイツ史と折り合うための批判運動を開始したのであった。「フィッシャー論争」は，数えきれないほどの論文や章の主題となり続け，ごく最近も，第一次世界大戦勃発100年期前後の議論において新たな関心を引き付けている。以下参照：Annika Mombauer, 'The Fischer Controversy 50 years on', *Journal of Contemporary History*, 48, 2, 2013-9, pp. 231-240.

24 Thomas Welskopp, 'Identität ex negativo. Der „deutsche Sonderweg" als Metaerzählung in der bundesdeutschen Geschichtswissenschaft der siebziger und achtziger Jahre', Konrad H. Jarausch, Martin Sabrow（eds.）, *Die historische Meistererzählung. Deutungslinien der deutschen Nationalgeschichte nach 1945*, Göttingen, 2002, pp. 109-139（引用 p. 118）。

25 Horst Drechsler, *Südwestafrika unter deutscher Kolonialherrschaft. Der Kampf der Herero und Nama gegen den deutschen Imperialismus（1884-1915）*, Berlin, 1966;

Helmut Bley, *Kolonialherrschaft und Sozialstruktur in Deutsch-Südwestafrika 1894-1914*, Hamburg, 1968.

26　Bley, *Kolonialherrschaft*, p. 314. ブライは，ハンナ・アーレントの以下の著作に依拠している。Hannah Arendt, *Ursprünge und Elemente totaler Herrschaft*, Wiesbaden, 1955（英訳：The Origins of Totalitarianism）.

27　Jürgen Zimmerer, *Von Windhuk nach Ausschwitz? Beiträge zum Verhältnis von Kolonialismus und Holocaust*, Hamburg, 2011.

28　Robert Gerwarth, Stephan Malinowski, 'Hannah Arendt's Ghosts: Reflections on the Disputable Path from Windhoek to Ausschwitz', *Central European History*, 42, 2009-2, pp. 279-300; Sebastian Conrad, *German Colonialism. A Short History*, Cambridge, 2012, pp. 159-165.

29　続く段落については，以下参照：Sachsenmeier, *Global Perspectives*, p. 116.「新しい」ドイツの社会史に関する鍵となるテキストとして，以下参照：Jürgen Kocka, *Sozialgeschichte. Begriff, Entwicklung, Probleme*, 2nd ed., Göttingen, 1986.「社会史」運動のおそらくもっとも重要な先導者のこの代表作は，ドイツの国際社会との絡み合いという研究分野が周縁化されていることを示す好例である。Hans-Ulrich Wehler, *Deutsche Gesellschaftsgeschichte*, 5 vols, München, 1987-2011.

30　Hans-Ulrich Wehler, *Bismarck und der Imperialismus*, Köln, 1969.

31　例外として，ドイツの支配内容を確認する研究がある。例として，Horst Gründer, *Geschichte der deutschen Kolonien*, Paderborn, 1985. 加えて，1980年代にヨーロッパの拡大の歴史に関して，多巻におよぶ企画が数多く出版された。以下参照：Wolfgang Reinhard, *Geschichte der europäischen Expansion*, 4 vols, Stuttgart, 1983-1990や Eberhard Schmitt（ed.）, *Dokumente zur Geschichte der europäischen Expansion*, 11 vols, Wiesbaden, 1986-2015.

32　例として，以下参照：Eva Bischoff, *Kannibale-Werden. Eine postkoloniale Geschichte deutscher Männlichkeit um 1900*, Bielefeld, 2011.

33　Ann L. Stoler, Frederick Cooper, 'Between Metropole and Colony. Rethinking a Research Agenda', Ann L. Stoler, Frederick Cooper（eds.）, *Tensions of Empire. Colonial Cultures in a Bourgeois World*, Berkeley, 1997, p. 4.

34　例えば，このほかの刺激的な研究として，以下参照：Dirk van Laak, *Imperiale Infrastruktur. Deutsche Planungen für eine Erschließung Afrikas 1880-1960*, Paderborn, 2004および Conrad, *Globalisation and the Nation*.

35　Conrad, *German colonialism*.

36　Andreas Eckert, 'Area Studies and the Writing of Non-European History in

Europe', Middell, Roura（eds.）, *Transnational Challenges*, pp. 140-163.

37 Osterhammel, *Global history*, pp. 44-45.

38 Sachsenmeier, *Global Perspectives*, pp. 122-125; Matthias Middell, 'Area Studies under the Global Condition. Debates on Where to Go with Regional or Area Studies in Germany', Matthias Middell（ed.）, *Self-reflexive area studies*, Leipzig, 2013, pp. 7-57.

39 Sachsenmeier, *Global perspectives*, p. 161.

40 Margrit Pernau, Global History -Wegbereiter für einen neuen Kolonialismus, *geschichte transnational*, 17 December 2004,（http://geschichte-transnational. clio-online.net/forum）.

41 以下参照：Katja Naumann, '（Re）Writing World History in Europe', Douglas Northrup（ed.）, *A Companion to World History*, Oxford, 2012, p. 483. 加えて，これら新しい語彙の意味に関する多数の論争や提案がみられる。そのうちの一つは，ベルリンの現代東洋学研究所の地域研究者たちによってつくり出されたものである。それによると，「『トランスナショナル・ヒストリー』とは，『文化』『地域』『ネイション』のいずれをも固定的な実体ととらえようとするのでなく，地域性のあらゆる定義を構築物と考え，少なくとも部分的には，グローバルなからみ合いの産物とみなす学問的ないとなみである」。以下参照：Ulrike Freitag, Achim von Oppen（eds.）, *Translocality. The Study of Globalizing Processes from a Southern Perspective*, Leiden, 2010; Sachsenmeier, *Global Perspectives*, p. 159.

42 Jürgen Osterhammel, *Geschichtswissenschaft jenseits des Nationalstaates. Studien zur Beziehungsgeschichte und Zivilisationsvergleich*, Göttingen, 2001; idem, 'Weltgeschichte. Ein Propädeutikum', *Geschichte in Wissenschaft und Unterricht*, 56 2005, pp. 452-479. また以下も参照：Margarete Grandner *et al.*（eds.）, *Globalisierung und Globalgeschichte*, Vienna, 2005.

43 Sebastian Conrad, Andreas Eckert, 'Globalgeschichte, Globalisierung, multiple Modernen: Zur Geschichtsschreibung der modernen Welt', Sebastian Conrad, Andreas Eckert, Ulrike Freitag（eds.）, *Globalgeschichte. Theorien, Ansätze, Themen*, Frankfurt, 2007, pp. 7-49.

44 Conrad, *What is Global History?*, p. 5.

45 Sachsenmeier, *Global Perspectives*, pp. 70, 78.

46 Peer Vries, 'Editorial: Global history', *Österreichische Zeitschrift für Geschichtswissenschaft*, 20, 2009-2, p. 6.

47 http://www.global-history.de/gih/index.html

48 この分野で鍵となる研究は，現在でも，以下である：Marcel Van der Linden,

Workers of the World. Essays toward a Global Labor History, Leiden, 2008. この著者
は，この分野を広い研究史のなかに位置付けるべく，数多くの研究を公刊して
きた。代表作として，以下参照：Marcel Van der Linden, 'The Promise and
Challenges of Global Labor History', *International Labor and Working-Class History*,
82, 2012, pp. 57-76. こうした試みの別の研究として以下の拙稿参照：An-
dreas Eckert, 'Why all the fuss about Global Labour History', Andreas Eckert
(ed.), *Global Histories of Work*, Berlin/Munich, 2016, pp. 3-22.

49　Christian G. De Vito, 'New Perspectives on Global Labour History. Introduc-
tion', *Workers of the World*, 1-3, 2013, pp. 7-31, 引用は p. 12.

50　https://rework.hu-berlin.de/de/aktuelles.html

51　この研究叢書の発展について，以下参照：Wolfgang Reinhard, 'Globalges-
chichte oder Weltgeschichte?', *Historische Zeitschrift* 294, 2012, pp. 427-438.

52　ごく一例として，最近刊行されたメリー・E・ウィズナー゠ハンクス（Merry
E. Wiesner-Hanks）編集による *Cambridge World History*, 7 vols, Cambridge,
2015があげられる。

53　Michael Goebel, *Anti-Imperial Metropolis. Interwar Paris and the Seeds of Third
World Nationalism*, New York, 2015.

54　Daniel Hedinger, *Im Wettstreit mit dem Westen. Japans Zeitalter der Ausstellungen
1854-1941*, Frankfurt, 2011.

55　Eric Vanhaute, 'Who is afraid of global history? Ambitions, pitfalls and limits
of learning global history', *Österreichische Zeitschrift für Geschichtswissenschaft*,
20, 2009-2, pp. 22-39.

第 3 章
フランスにおけるグローバル・ヒストリー
──過去と現在

アレッサンドロ・スタンツィアーニ
Alessandro Stanziani

はじめに

　フランスでのグローバル・ヒストリーの受け止められ方には，独特のものがある。多くの歴史学者が，グローバル・ヒストリーをグローバル化の歴史，および世界史と同一視し，社会経済的なアプローチの一類型として拒絶している。この点で接続された歴史（connected history）や，からみ合う歴史（entangled history）とは異なる。またこの二つの歴史研究は，今にいたるもフランス研究と地域研究それぞれの専門家からの批判にさらされている。グローバル・ヒストリー研究者たちは知識と特定言語の能力に乏しいというのである。そうした事情から，グローバル・ヒストリーをめぐる論争は，いくつかの相互に関連する問題を反映したものとなっている。例えば，人文学としての歴史と社会科学としての歴史の間の緊張関係，それはすなわち，地域に関する広汎な知識や言語能力と各種の社会的カテゴリーや「モデル」との間の緊張関係でもある。比較や世界史を向こうにまわして，からみ合いを支持する人々にいわせれば，接続こそが史料のなかにあり，比較や世界の動態は歴史学者の構築物でしかないのである。また，地域研究の立場からの批判にも同様の姿勢が見受けられる。彼らにいわせれば，博識，言語能力，一次史料は，社会科学から輸入された理論的枠組みと対立するものなのである。以下では，フランスにおけるグローバル・ヒストリーの主たる手法を詳しく述べ，そうした姿勢がみられる理由を説明しようと思う。

1. 主たる手法

ウォーラーステインと世界システム論

　世界システム論とそれに関連するアプローチである従属理論は，もともと，ウォーラーステイン，アリギ（Arrighi），フランク，ネグリ（Negri），サミール・アミンといった研究者が発展させたものである[1]。今日のフランスでも，このアプローチは「もう一つの世界主義（altermondialisme）」の支持者，

何人かの地理学者や標準的な経済学の枠外に身をおく経済学者（ボジャール，ノレル）ら[2]が取り入れている。彼らはマルクスを参照し，彼の分析が世界全域への広がりをもっていたことと，経済的，社会的，政治的分析を統合していることという二つの側面を根拠に，「グローバル」であると論じた。1960年代から1970年代をつうじておこなわれた（低）開発についての各種研究にマルクスが浸透したのも，これと同様の理由からである。

　重要なのは，ウォーラーステインによる独自の手法がどのようなものだったのかを理解することである。フランスにおける彼の後継研究者らの姿勢をよりよく把握することに，それが役立つからである。マルクスと同じく，ウォーラーステインも，一国内やグローバルなスケールで，社会的経済的な階層をつくり出す資本の力を強調している。しかしマルクスとは異なり，ウォーラーステインは，開発経済学に含まれる要素，すなわち，支配の諸手段（経済だけではなく言語も）や，経済成長とキャッチアップをうながす諸政策を付け加えている。さらに，ブローデルにみられる空間とその構築性という役割についての関心も，ウォーラーステインは借用している。ただし，たとえブローデルもまた世界＝経済，ついで世界システムを論じ，たとえウォーラーステインとブローデルが共同研究をしたことがあったとしても，彼らの違いは重要である。ブローデルが，構造主義的手法によって，長期にわたって持続し（ロング・デュレ）一つのシステムをつくり出す地中海の一体性を強調したのに対して，ウォーラーステインは同じく構造やシステムを論じながらも，システムの構造そのものに組み込まれた格差や従属性に重きをおいた。ブローデルは連続性を前面にすえ，一方ウォーラーステインは資本主義の勃興によって生じた断絶に目を向けている。結果として，ウォーラーステインはレヴィ゠ストロースより，サミール・アミン，グンダー・フランクのような低開発論を展開する経済学者たちから大きく影響を受けた。そしてこの立脚点から，世界システムとは，格差を生成しそれを維持しうるシステムであるという表現がなされた。

　最近，フランスでグローバルな分析をおこなっているノレル，ボジャール，ベルジェらは，ブローデルよりはウォーラーステインに近い立場にあるように思える。これらの研究者は，グローバル・ヒストリーにおける三つの主要な傾向を区別して考えている。その三つとは，自由な市場と資本主義の拡大を研究する新古典派や新制度派経済学者，カリフォルニア学派（ケネス・ポ

メランツ〈Kenneth Pomeranz〉やロイ・ビン・ウォン〈Roy Bin Wong〉），および世界システム論のことである。彼らによれば，このアプローチは近代資本主義の出現のみならず，古代の諸経済とその統合の研究にも関係する。彼らは，グンダー・フランクによる5000年のグローバリゼイションという考え方を支持する。たとえばボジャールは古代から近代にいたるまでのインド洋世界における接続の異なる諸相を提示し，ノレルは，ヨーロッパと中国の宋代の両方における長期的な，いわゆるアダム・スミス的経済成長（資本ではなく交換と労働力による成長）の実態を取り上げた。これらの論者は，たとえブローデルを主要参考文献として引用していようとも，ウォーラーステインやマルクス，そしてアリギにずっと近い立ち位置にある。それはともかく，彼らの研究の多くは二次資料を出発点とし，世界システム論の傘の下における歴史の動態を，全体として統合するものである。しかし，彼らは，多くの歴史学者，とくにクーパーが強調する問題，すなわち，世界システム論が過剰に決定論的であり，インド・アジア・アフリカ・ラテンアメリカの行動主体（エイジェンシー）を無視しているという点に直面している[3]。

大分岐および比較経済史

　ケネス・ポメランツの著作タイトル『大分岐』に触発された論争が，グローバル・ヒストリーに深い影響をおよぼし続けてきた。とくに，経済的側面により重きをおいた方法は，過去15年間に発展してきた。このアプローチは，ヨーロッパ中心主義やマックス・ウェーバー流の比較史への批判から始まる。そして，大分岐の支持者は，アジアと中国で19世紀以前に経済成長が起こらなかったとする論争の出発点としてこれを利用した[4]。こうした議論が多くの場合に「実証」とデータのセットに焦点をあてていることは，偶然ではない。パトリック・オブライエン，スティーヴン・ブロードベリー，ビシュヌプリヤ・グプタといった論者は，ケネス・ポメランツをはじめとする修正主義者らの学説に反論し，ヨーロッパとアジアにおける経済成長の差異は早くも16世紀には顕著なものとなり，それゆえ植民地の役割はそれほど重要ではなかったことを示してきた[5]。

　フランスでは，ポメランツの著作は社会科学者や経済学者らの支持を勝ち取るにいたっており，歴史学者のなかでは，二人の経済史学者，フィリップ・ミナール（Philippe Minard, 18世紀フランスおよびイギリスが専門）とマ

テュー・アルノー（中世ヨーロッパが専門）の二人が，とりわけポメランツの手法を広めることに大きく寄与している。彼らはともに，ポメランツの著作のフランス語訳[6]を支援していることに加えて，同氏の最新作をフランス語で独占出版することにも尽力している[7]。マテュー・アルノーはまた，ポメランツから強く触発されて，古代から近代にいたるまでのヨーロッパ大陸と中国を対象に生態系と石炭産業についての比較史的分析を発展させている[8]。

　とはいうものの，ポメランツの研究はフランスでは大きな成功をおさめているわけではない。経済史家たちはいまだにフランスやヨーロッパを対象にした分析に拘泥している一方で，中国学者たちは，ポメランツのこの作品を，中国語の史料を著者が誤読していることや[9]，揚子江流域の事例を中国全体にあてはめることはできないといって批判している[10]。ここに，フランスにおける地域研究の専門家たちと経済史学者たちの間での論争の中心命題がある。前者が個々の地域の「特殊性」や言語の重要性を強調する一方で，後者はより広範にわたる分析をおこなう傾向があるのだ。

からみ合いと接続

　これは，フランスでもっとも研究が進んでいる領域である。接続された歴史の研究がグローバルなブランドとなる以前から，活発な研究が長く展開されてきた知と接続の歴史の伝統を拠り所としているからである。そのことが，この手法の強さと同時に限界を説明してくれる。歴史学者がこの手法を非常に広く受け入れたことが逆に災いして，従来の研究枠組みを打ち壊すまでにはいたらなかった。接続された歴史はヨーロッパ中心主義と無縁ではなく，国民国家の境界を単に迂回するだけのことになりがちなのである。サンジャイ・スブラフマニヤムがフランスで研究者としての経歴を始めたことは偶然ではなく，現在も彼はフランス社会科学高等研究院とコレージュ・ド・フランスで，重要な役割をはたしている[11]。

　フランスでは，からみ合う歴史はまず，比較史研究への対抗手段として始まった。ミシェル・エスパーニュらは，比較史を，人為的で，必然的に主観的となることに加えて，歴史学および社会学の資料に実証される事実の外側にモデルを設定することを批判した[12]。こうした背景にもかかわらず，ミシェル・エスパーニュは2011年から2014年にかけて，ENIUGH（グローバル・

ヒストリー研究のヨーロッパ・ネットワーク）会長としてめざましい働きをなした。2014年にパリで開催された同組織の２年ごとの全体会議で彼がおこなった基調講演は、グローバル・ヒストリーと比較史を批判し、接続された知の歴史を擁護するものであった。

イストワール・クロワゼ（交差した歴史）はからみ合う歴史の一類型で、比較史研究とミシェル・エスパーニュの両方に批判的な立場にある。グローバル・ヒストリーがそうであるように、このアプローチはベルリンの壁の崩壊とグローバリゼイションの進展、住民の混交、および知識と実践の循環に対応しての動きだった。からみ合う歴史は、ミシェル・エスパーニュが取り組んできた文化伝播の歴史と同じものではない[13]。後者の手法は、知識の循環を、その由来や様式を問わず、当然とみなし、出発地点と到着地点を問題とするものの、循環の過程そのものを問うことも、相互関係を考慮することもない。からみ合う歴史は、これらの要素を統合したものである。比較についても、それが行為の主体についておこなわれるかぎりにおいては受け入れる。

同時に、主観的だとみなされる「比較」と、客観的で疑う余地がないとみなされる「接続」の対立が、全般的にみて、からみ合う歴史と接続された歴史を弱体化させてもいる。一方で、意図的に、そしてある程度の再帰性をもっておこなわれる比較は、それ以外のあらゆる手法と同じ程度に、主観的であり、あるいは反対に科学的である。文書館で発見される接続が、歴史学者がおこなう比較よりも主観的でないということはない。文書や書類ははじめからそこにそのままの姿であるわけではないからである。それらは、まず行政機構、会社、そして行為の主体による努力の産物なのであり、のちには文書館のアーキヴィストと彼らによる分類、最終的にはある文書を選び取ってそれをある方法で提示しようとする歴史学者が生み出すものなのである。そうしたことから、筆者は、比較史や循環史に反対するのは無益であるというユルゲン・コッカの考えに同調し、彼と同じように、提起された問いによっては、それらの補完的機能を擁護する[14]。しかし、この結論は私たちをさらにその先の考察へと導く。比較と循環を考察するさいに、どのようなカテゴリーがその基礎となるのだろう。それは行為の主体者によるものか、あるいは外部の観察者によるものなのだろうか。

エスパーニュやツィムママンと並んで、スブラフマニヤムの流儀による接

続された歴史は，いくつかの重要な研究において大きな進展をみた。まず，東南アジア研究において，ドゥニ・ロンバールがブローデル風の研究をおこない，1980年代末におけるグローバル・ヒストリー研究の先駆となった。2巻からなる彼の堂々たる作品は，植民者の言語と方言も含む地域言語などの複数の言語資料を用いながら，インドネシアと東南アジアを接続した。ロンバールが，ブローデルにとっての地中海に類似していると考えるジャワ海の十字路的な役割がいかに存在し，どのように変化したのかが，相互作用と動的構造という考え方を用いて論じられている[15]。最近ではロマン・ベルトランが，同様の手法を用いて，研究書を公刊し（おもにオランダ語の二次資料に依拠している），同じ地域が，アジアの他の地域やヨーロッパと複雑に接続していることを示した[16]。また，セルジュ・グルジンスキーも同様の観点から，歴史人類学を出発点として，世界各地のさまざまなヒスパニック世界をまず結び付け，次に他の地域や別の問題を接続する一連のグローバル・ヒストリー研究を発表した[17]。これはおそらく，フランスのグローバル・ヒストリーの成果が広く世界に拡散した最良の例であろう。

　こうした研究に対しては，二つの主要な方向から批判が寄せられ，限界が指摘されてきた。まず，からみ合う歴史は，分析と接続のために選び出されたカテゴリーを正当化する必要があるとする意見がある[18]。研究者の主張とは異なり，これらのカテゴリーはかならずしも史料そのものから浮かび上がってきたものではなかった。またその点とは別に，からみ合いと構造変化との関係についても，疑問が残されたままだった[19]。ここで三つ目の問題点を付け加えるなら，それは，接続にさいして階層と従属性がはたす役割である。歴史において循環や循環の欠如がなぜ生じるかは，諸社会の内部，および複数の社会の間における構造と階層によって説明される。ある意味で，これはサバルタン研究と世界システム論のもつ問題と同様である。従属性を過剰に強調し，複合的な主体や接続を無視するものだからである。どちらの場合でも，時代区分が議論の的になる。サバルタン研究は，帝国・植民地を重視する手法をとり，歴史を植民地時代以前，植民地時代，植民地時代以後の三つに区分する。それは逆説的に，本質的にはヨーロッパ中心主義なのである。上述のとおり，世界システム論はヨーロッパの勃興を重要な画期と位置付けており，それを批判しつつも，なおヨーロッパ中心主義的である。からみ合う歴史にはこうした課題はないが，それでも他の問題は存在する。接続と横

のつながりを強調することにより，ある特定の期間（例えば，近代）を，その一貫性を証明することなく推測によってあらかじめ設定してしまうのである。そこから始まって，上記の研究者たちは，その期間全体（例えば，300年以上など）のなかで生み出された多くの多様な史料を横に並べて，全体の空間と時間の一貫性を正当化するためにたがいに引用できると考える。その結果，循環は循環を説明し，連続性は連続性を説明することになる。つまり，十分に説明されない部分も残されることになる。

　まとめると，最近のフランスにおけるグローバル・ヒストリーは，接続された歴史が大部分を占める一方で，グローバルな比較史・世界史・グローバルな経済史・グローバルな社会史は目立たない状態である。しかし，なぜそうなっているのだろうか？

　この疑問に答えるためには，フランスにおける史学史を長期的な視点に立って振り返り，一方では，その社会科学との相互関係を，他方ではその人文学や地域研究との相互関係に目を向ける必要があるだろう。

2. 世界史の複数の水脈

デュルケムからアナール学派にいたるまで

　ブローデルによるグローバル・ヒストリーは，二つの異なる伝統の結節点から生まれた。それは，デュルケムとその社会学，アナール学派の第一世代を一方とし，歴史学派，とりわけゾンバルトをもう一方とするものである。以下では，この両方の伝統をみていこう。

　19世紀末から20世紀初頭にかけて，社会学の方法論に関する書籍があいついで刊行されたことを受けて，フランスで議論が湧き起こった。デュルケムによる『社会学的方法の規準』（1895年），その後のセニョボスによる『社会科学に応用される歴史研究の方法』（1901年）と『1814年以来の欧州現代政治史』がそれである[20]。セニョボスの立ち位置は極めて単純明快なものであった。歴史とは，個人および社会レベルでの人類の複雑さに関する研究であり，それゆえ科学とは呼べないというものだ。彼は，社会学者の科学的な実証主義に，史料の実証主義で応じた。セニョボスの考えでは，史料はそれ自体のなかで正当化されるものであって，歴史学者が提起することを許される唯一の問いは，史料それ自体のなかでみつかることにかぎられるという。さもなければ，社会学でよくあるように，歴史学者は，時代錯誤と単純化を説

くことになるだろう。シミアンとデュルケムはこの結論に反対して，また叙述的歴史に反対して立ち上がった。シミアンは，因果関係という概念にいどみ，それが歴史と自然科学で同じものなのか問うた[21]。セニョボスは当初から，史料で明確に示されていないあらゆるかたちの因果関係に対しての敵意をむき出しにしていた。ところが，シミアンが述べているように，彼は数多くの因果関係を，なんの正当化もせずに取り入れてもいたのだ。

　デュルケム自身も，その後すぐにセニョボスと彼の歴史学と社会学を対立させる考えに反論した[22]。彼は因果説明をぬきにするなら，歴史とは単なる叙述にすぎず，社会的な機能は一切持ち合わせていないと結論付けた。この文脈で，デュルケムとシミアンは社会科学の統合という計画を達成するために，比較を不可欠なものとみなした。これは，マルクスやマックス・ウェーバー，そしてシュモラーが直面したのと同じ問題だったが，その答えはかならずしも同じではなかった。これらの論者と足並みをそろえて，シミアンとデュルケムも因果関係や社会法則を突き止めることに同様の決意を示し，社会科学を統合するという同じ目的を共有した。

　一方，世紀の変わり目のフランスにおける論争に特徴的だったのは，構造変数を重視して，出来事への批判をおこなったことであり，これはウェーバーには欠けていることだった。この論争は，ウェーバーの場合と同様に，空間よりも時間における特異性と普遍性の関係性にいっそうの関心をはらうものだった。デュルケムは"未知の諸要因"に対して，社会的行為の歴史的側面におけるさまざまな条件ほどには関心をもたなかった。デュルケムは，社会科学における統合的視座を確立しようと努めたのである。だが，そう努めたのは彼一人ではなかった。ブロックによれば，歴史学者の職業とは，まさしくそうした要素を取りまとめることなのである[23]。歴史のグローバル性が立ちあらわれるのは，ここである。アナール学派・モンテスキュー・トクヴィル・ギゾーとの間に関連性を見出すこともたしかに可能である。他方で，ブロックもフェーヴルも，これらの著者と同種の歴史哲学を述べているわけではない[24]。彼らは，社会に対する政治的プロジェクトよりも，歴史のいくつかのレベルの間の結び付きのなかに，「グローバル」であることを追求した。

マルク・ブロックと比較史

　フランスの歴史学者は往々にして，比較に関してウェーバーとその継承者たちへの敵意をむき出しにする一方で，その分野での参照軸としてブロックに対しては同じくらいに著しい敬意を示すが，その理由はなんだろうか？

　ブロックとフェーヴルを本質的にウェーバーとその信奉者から区別しているのは，言語に熟達することと，分析において一般的で抽象的なモデルを採用することを拒絶する姿勢である。フェーヴルは，研究者がある地域についての研究に着手するためにはその地の言語に熟達することが不可欠な条件だと主張した。またブロックも，『歴史家の仕事』や比較史についての名高い論文で，同様に言語の熟達を求めている。彼のアプローチは，ウェーバー・デュルケム・シミアンらとは異なっている。彼らは，それぞれに明らかな違いはあるにしても，あらゆる角度から比較することを歴史社会学の柱，より一般的にいえば，歴史学と社会科学の結節点となした[25]。彼は対照的に，カテゴリーは長い時間のなかで生まれてきたものだと考えた。彼が通時的な比較に懐疑をいだき，共時的な比較を好んだ理由も，そこから読み取れるだろう。さらに，史料と言語に通暁することにこだわったため，ブロックは自らの仕事を「西洋」とゲルマン的ヨーロッパの文脈における比較に限定した。最終的に，彼はこれらの方法論的前提（比較と言語の知識）を，長期間にわたってこれらの空間に共通の要素が存在することを正当化することに結び付けた[26]。

　このアプローチは，フランスにおける歴史的な比較にさいして，長きにわたり主要な参照軸となった。ウェーバー流の比較分析を拒否し，言語と史料に深い注意をはらう姿勢は，ブロックから大きな影響を受けているのである[27]。フランス流の接続された歴史とは，ブロックの意見を出発点として，比較史に対するブロックの批判をさらに急進的にしたものだった。いわく，比較が有効なのは，史料そのものや，文化移転の歴史のなかに比較が存在する場合にかぎられるというのである[28]。

　ブロックのアプローチは，比較における適切なスケールという問題を私たちに投げかける。当面，ただ共時的な比較だけが正当化されうると認めるとして，われわれはいかにして関係する空間を選び取ったらよいのだろうか？

　ブロックは，ヨーロッパ内における比較を妥当なものと見なしていた。彼のすべての立ち位置のなかで，これはおそらく戦間期という背景の影響を著

しく受けていると考えられる。ヨーロッパ域内における緊張関係がブロック
を突き動かし、第一次世界大戦やフランスとドイツとの抗争にもかかわらず
に、その均質性を主張させたのである。これらはじつに大きな挑戦だった。
ブロックが、自らが暮すストラスブールに視点をおいていたことを考えれば
なおさらである。その結果、彼自身の手法とは反対に、ブロックは、証明さ
れるよりはるかに多く、ヨーロッパの均質性と適切に比較することの妥当性
を想定することとなった。

　対照的に、ブローデルは地中海を選んだ。そこではスケールについて考え
ることが非常に重要となったが、ブロックのあとをうけて歴史におけるあら
ゆる比較を拒絶する人々には、そのことが分からなかった。ブロックが考え
たのは、ヨーロッパやフランスという空間には、村、地方、そして境界をこ
えた社会経済的領域など、複数の異なるスケールがあるということである。
一方、彼は非ヨーロッパ世界を取りあつかいの対象からはずし、とくに、ブ
ローデルが依拠した資本主義の“世界的波動”は除外した。ブロックが受け
入れたのは循環と共時的比較だったが、それらをグローバルな規模で検討す
ることは避けた。ブローデルが採用したのは、彼の時間的尺度に対応した三
つの空間的尺度だった。今日の文化研究におけるある種の接続された歴史は、
比較を厳として拒否するが、ブロック、ブローデルともに、その考え方は受
け入れなかっただろう。

　言葉の用い方に関して、ブロックは農奴を研究するさいにそのまたとない
実例を披露した。1921年の時点ですでに、マルク・ブロックは“農奴”や、
“教会所属地の農奴”という言葉を使うことに警鐘を鳴らしている。彼は、
そうした概念が中世には存在せず、とくにモンテスキューが1748年に著した
『法の精神』以後に普及するようになったことを指摘したのだ。この視点か
らみれば、「教会所属地の農奴」という表現は、おおよそ型にはまった封建
制度と、それに対抗するという意味で同様に型にはまった自由な経済システ
ムを説明するものとして使われたといえよう[29]。

　この手法は、文献学や古典への博識から生み出されたものである。しかし、
実際にブロックが引用したのは、モンテスキューが、近代フランスの小作農
を、中世の農奴に加えて東ヨーロッパやロシアの農奴と比較して述べた一節
の半分でしかない。モンテスキューは、自由という一般的なカテゴリーにか
かわる問題を、通時的および共時的な比較という手段を用いて議論した。彼

は，18世紀のフランスを，中世のフランスや同時代のロシアとも比較した。
ブロックはこの最初の比較を批判し，二つ目の比較については無視した。そ
の選択は，彼の方法論的前提条件として一貫している。つまり，あらゆる人
為的な比較，とりわけ自身が言語や史料につうじていない諸世界を対象とす
る比較を極力回避するというものである。同時に，この選択は彼の結論を狭
めるものでもあった。第一に，モンテスキューがおこなったこと，つまりフ
ランスとロシアに同時に典型的な農奴をつくり出したことの複雑さを，ブロ
ックは把握できていなかった。啓蒙主義の時代における中世なるものの創出
は，"東ヨーロッパ"の創出と並行しておこなわれたのである[30]。

　『法の精神』のなかで，モンテスキューは，啓蒙主義とフランスの"新た
な"農民を，古い中世の農奴だけでなく，ロシアや東ヨーロッパの再版農奴
制とも対比している。中世における架空の「教会所属地の農奴」の創出は，
東ヨーロッパとその典型的な農奴の創出と足並みをそろえておこなわれた。
これら二つの「創出」は合わせ鏡の関係にある。農奴というものが見つかる
とすれば，それは東ヨーロッパにおいてか，中世ヨーロッパにおいてか，な
のである。それゆえ，東ヨーロッパは決して特殊なケースではなく，単にあ
らゆる国々に共通する発展の道筋において遅れた位置にあるというだけのこ
となのである。ブロックは，この「創出」の第一の部分について指摘をしな
がら，二つ目の部分を無視した。それにより，彼は発展というヨーロッパ的
概念においてロシアがはたしうる重要な役割を見のがす結果となった。かく
してブロックは，自身の手法の限界をも露呈させたのである。

　ブロックは，はじめからロシアをヨーロッパの空間から除外した。これは，
地中海のないヨーロッパを想定するのと同じくらいに疑問の大きい選択であ
る。彼は，分析の妥当性によって歴史学者たちの技量を混乱させたのだ。歴
史学者のコミュニティでは疑いなく，フランスでもヨーロッパでも，ある地
域を研究し，比較をおこない，そしてまた循環的な分析をおこなうためには，
ブロックも著作のなかで述べているように，言語の知識が必須であると考え
られている。しかし，「言語」や「文明」を理由に比較を拒否することは，
一般的なモデルに依拠した比較と同じくらいに根拠に乏しい。これは根の深
い問題である。地域研究（制度上の表現），もしくは文明（ブローデル的表現）
の特異性がつねに喚起され，しかもそれはほとんど決して明確にはならない
からだ[31]。例えば，国家の役割，専制，私有財産への敵意と「広大な空間／

領域」は，ロシアの特異性を示すものだと考えられている[32]。同様に，中国は，国家と官僚制の重さ，交易，政治機構の長期安定性に特徴付けられている[33]。他方，アフリカについては，国家の弱さが強調されている[34]。この種の例はいくらでもある。そして，多くの場合に，説明は循環的である（国家が国家を規定し，空間が空間を正当化する，など）。場合によっては，特異性が唯一性と翻訳されることもある。ある地域が「独特」であると表現されれば，その地は他のどことも比較できないものとなる。とはいうものの，この立ち位置を正当化するためには明確な比較が欠かせない[35]。しかしまた，その実践は，ある地域の特殊性や唯一性という名のもとに拒絶されるのだ[36]。

　そうした「特異性」は，ブローデルの長期持続（ロング・デュレ）という概念と結び付いている。環境や文化，言語，宗教，国家などの安定した特徴が，文明の特異性への説明になるからである[37]。文明や地域研究を定義するにあたって，この長期持続のアプローチは反面ブーメランともなりえる。発見的問題解決のツール（地中海ではなくヨーロッパという地域をどのように正当化するか？　漢民族の文化のかわりに中国をどう正当化するかなど）だったはずのものが，いつのまにか知性の牢獄に変わりはててしまうのである[38]。

　ブロックとフェーヴルは，短期間のミクロな動態に対して構造（とりわけ，社会構造）の優位性を主張した[39]。だが，両人のいずれも，フランスあるいはフランス・ドイツ的空間を超えるアプローチにあえてそれらの分析を組み込むことはしなかった。ブローデルがその任務を負うことになったのである。

地中海から世界経済へ

　ブローデルの著作には，フェーヴルによる心性の分析や，ブロックによる逆進的歴史など，この両人による影響がさまざまなかたちであらわれている。ただし，歴史・言語・博識，そして社会科学との関係において，ブローデルにはこの二人とはきわだった違いがある。フェーヴルとブロックは，博識を有することを重視し続けた。一方ブローデルは，よりゾンバルトに傾倒していた。ゾンバルトの遺産は，彼による資本主義の定義にみてとれる[40]。資本主義と独占，資本主義と財力の結び付き，そしてイタリアの役割と国際貿易ネットワークの関連性は，ブローデルとゾンバルト両人に共通してみられる。その結果，生産よりも交換への関心の強さが，この両者の共通点となっているのである。

博識についてブローデルは忘れていたわけではないが，それは彼の主たる関心事である社会科学との関係において，副次的な位置付けにあった。社会科学という分野のなかで歴史が覇権を確立するための努力は，博識に頼る部分よりも，社会科学のさまざまな方法論を用いることに頼るほうが大きかったのである[41]。物質的文化，とりわけ食に関しては，人類学が彼の分析に影響をおよぼした。彼の分析の力強さは，歴史研究にまったく新しい分野を開拓したことである。一方その弱さは，例えば「象徴」（象徴的食物，象徴的交換など）のような，人類学の，また部分的には社会学の，脱歴史的（非歴史的）概念に依拠していたことに発している。対照的にブローデルは，レヴィ＝ストロースの構造主義との間に複雑な関係を有していた。一方で，「長期持続」についての彼の分析は，さまざまな構造の長期的時間軸に関係しているが，他方で，ブローデルは複数の時間的尺度をもち込むことにより，構造主義人類学の認識にはしばしば欠けている，歴史における時代性を再導入しようと試みたのである。動かざる時間（それをブローデルは構造主義と関連付けた）と長期持続（実質的に動かない時間）とを区別して考えたことが，この目的についての正確な証言となる。これは，長期持続（ロング・デュレ）と構造主義を混同しがちな人類学者や一部の歴史学者が，往々にして見のがしている側面である。

　ブローデルは，広範な空間と時間を統合して論じる作品を著したトーニーやシュペングラーといった論者とは努めて自己を区別していた。1958年の論文でも記しているように，これらの作品は直線的で静的な時間を利用するもので，この点からすると，伝統的な普遍史に属するものだった[42]。トーニーは政治を取り上げた。「普遍的な」歴史上の例を取り上げることで，現行制度の理解の助けにしようと試みたのである[43]。トーニーはまた，ウェーバーとそのプロテスタンティズムの倫理についての学説を批判した。彼にいわせれば，プロテスタントの倫理は社会的あるいは経済的文脈で説明しうるものであり，その反対は成り立たないのである[44]。ブローデルは，そうした議論を受け入れることに前向きであったようにみえたかもしれない。しかし，彼の方法論は，ウェーバーよりはむしろゾンバルトの枠組みの影響を大きく受けていた。彼は，宗教，経済，社会の一体性や構造的関係を究明しようとしていたわけではなく，むしろ長期的な経済的，社会的変容を追求していた。ウェーバーやトーニーとは違って，ブローデルは比較より全体のダイナミク

スにより大きな興味を抱いていた。その結果，ブロックとは対照的に，ブローデルは，二次資料を利用して非ヨーロッパ世界を研究することに躊躇がなかった。地中海についての彼の分析は，もっぱらキリスト教国の資料に頼るもので，イタリアとスペインを主として，そこにフランスや一部ドイツの史料を組み合わせたものだった。『物質文明・経済・資本主義──15〜18世紀』においては，ブローデルはさらに踏み込み，原則的に二次資料のみをもとに世界史を書き上げた。この理由から，地域研究の専門家たちは，それ以来彼を無視して現在にいたるのである。ブローデルの統合的な作品は，根本的にヨーロッパ中心主義的だった。彼は西洋の拡大を説明しようとして，アジアの力からは目を背けたのである。この姿勢は，知的な立脚点においてはゾンバルトの，政治的な立脚点においては，冷戦とヨーロッパの統合の影響を深く受けている。同時に，それは驚くべき分裂となってあらわされた。一方で，イスラムをヨーロッパの不可分な要素として地中海世界を描いた彼の行動は，勇気あるものだった。しかし他方で，ブローデルはロシアをひとかどの文明国であるとはみなしながらも，それをヨーロッパの枠外においたのである。ロシア世界とヨーロッパ世界の間には長期間にわたって交流や政治，文化，経済の各面で濃密な往来があったことをブローデルはよく知っていたにもかかわらず，である[45]。ブローデルは，世界市場と西洋の資本主義の成長が，東欧やロシアにおける独特の反応を引き起こしたという，クーラやウォーラーステインの分析を共有していたはずである[46]。

　ブロックは，比較社会学の影響から距離をおくことで，理念型がもつ危険を回避した。しかし，言語に熟達することと，古典的なヨーロッパ型の博識の重要性を主張したことによって，別のかたちのヨーロッパ中心主義を生み出した。彼によれば，比較は，例えば「文明」や言語などを重視する研究者が規定するような均質な存在の間でなされなければならなかった。フランスやイギリスというよりも，ヨーロッパ（西欧や中欧）が理念型となったのである。

ブローデル以後──歴史と経済の困難な接続

　もっとも経済学的な経済史は，批判者たちの攻撃の的であり続けてきた。彼らは，社会間の根本的な相違をもち出して，時間と空間において異なる社会経済的動態を単一モデルによって説明するのは不可能だと主張する[47]。と

りわけ，1970年代以来，この議論は，一方で歴史と社会科学との間の，他方で社会科学と自然科学との間の埋めがたい差異を指摘する全般的な議論と結び付いている。このアプローチは，発展のあるべき様式は個々の国に合わせたものでなければならないと考える人たちに広く歓迎された。彼らは，経済政策と社会政策は，地域の「文脈」にそって採用されなければならないとする。この相対主義は，反帝国主義的性格が強いものだが，同時に反産業主義的でもあり，先に述べた手法に対して，二つの面で優位性を有している。一つは，虚構の西洋というモデルを避けられることと，もう一つは，比較分析のために「上部構造」を再導入できることである。フーコーとギアツが歴史学者たちの先頭に立ち，彼らの多くが"誘拐された言語"や，言語にもとづく，あるいは"文化的な"従属などについて語った。サイードの「オリエンタリズム」において，これらの諸構造は長期にわたる知的，政治的文脈の一部を占めるものだとされている。西洋の支配が，なによりも後進的な東洋の創出を意味していた[48]。フランスでは，この流れは歴史学者と経済学者との距離を広げることになり，経済学の形式化と標準化の進展が，過去数十年の間に進展している。その結果，ほとんどの歴史学者がその種のアプローチを避け，いまやポメランツや新たなグローバル経済史が，非歴史的なアプローチとして退けられるまでの事態となっているのである。

終わりに

　フランスにおけるグローバル・ヒストリーは，からみ合いと接続という特定の形態で受け入れられている。一方，グローバル経済史や，世界史，そして比較史は，なお多大な困難にさらされている。その理由は，これらに用いられる手法が正当に歴史学的なものとは見なされず，むしろ抽象的なモデルを拠り所にしていると考えられているからである。こうした反応は，とりわけ自分たちのアプローチを標準化しようとする社会科学，とくに経済学の傾向によって部分的に正当化されている。ただし，社会学や人類学においては，いくつもの他の手法が拡散しており，しかもそれらがかならずしも同じ方向を向いていない状況である。構造的動態ではなく種々の言語や接続に向けられる関心もまた，フランス史学界に特徴的な研究関心や方法論に対応するものとなっている。アナール学派の第一世代は，原則としてはウェーバーからははるかに遠く，デュルケムに近い立ち位置にあった。しかし，それは，実

際のところ，社会科学と議論を交わしながらも，博識や文献学という従来の歴史研究の方法論を温存してきた。それと比べると，ブローデルは，社会科学や世界史の方向にさらに踏み込む行動をとった。今日，ブローデルはなお多く参照されているが，ブロックやフェーヴルなど前者のアプローチのほうが，フランスではより広く受け入れられているように思える。グローバル・ヒストリーは，その流儀で理解され，実践されているのだ。

　このように考えるなら，グローバル・ヒストリーに投げかけられた真の課題は明白である。それは，古典的な人文学の手法（博識・文献学・言語習得）と社会科学との間に，いかにふたたび橋を架け，歴史における新たな統合をつくり出すのかという問いである。

◉註

1　Samir Amin, *Global History. A View from the South*, Pambazuka Press, 2011.
2　イマニュエル・ウォーラーステイン著，川北稔訳『近代世界システム——農業資本主義と「ヨーロッパ世界経済」の成立』全4巻，名古屋大学出版会，2013年，ジョヴァンニ・アリギ著，中山智香子監訳『北京のアダム・スミス——21世紀の諸系譜』作品社，2011年，André Gunder Frank, *The World System: Five Hundred Years or Five Thousand?*, Routledge, 1994, マイケル・ハート，アントニオ・ネグリ共著，水嶋一憲他訳『〈帝国〉——グローバル化の世界秩序とマルチチュードの可能性』以文社，2003年，Philippe Beaujard, Laurent Berger, Philippe Norel（eds.）, *Histoire globale, mondialisations et capitalisme*, La Découverte, 2009.
3　Frederick Cooper, *Colonialism in Question. Theory, Knowledge, History*, University of California Press, 2005.
4　Patrick O'Brien, 'Ten Tears of Debate on the Great Divergence', *Reviews in History*, 2010,（http://www.history.ac.uk/reviews/review/1008）.
5　Stephen Broadberry and Bishnupriya Gupta, 'The Early Modern Great Divergence: Wages, Prices, Economic Development in Europe and Asia, 1500-1800', *Economic History Review*, 59, no. 1, 2006, pp. 2-31; Patrick O'Brien, 'Review of *Ten Years of Debate on the Origin of the Great Divergence*', *Reviews in History*, 2010,（http://www.history.ac.uk/reviews/review/1008）.
6　Kenneth Pomeranz, *Une grande divergence*, Albin Michel, 2010 川北稔監訳『大分岐——中国，ヨーロッパ，そして近代世界経済の形成』名古屋大学出版会，2015年。

7　Kenneth Pomeranz, *La force de l'Empire. Révolution industrielle et écologie*, ERE, 2009. 加えて，以下も参照：'Histoire globale, histoires connectées：un changement d'échelle historiographique ?', *Revue d'histoire moderne et contemporaine*, 54, 4-bis, 2007, pp. 7-22.

8　Mathieu Arnoux, 'European Steel vs Chinese Cast-Iron: From Technological Change to Social and Political Choices（Fourth Century BC to Eighteenth Century AD）', *History of Technology*, 32, 2014, pp. 297-312（with Gilles POSTEL-VINAY）.

9　Olivier Christin, *Dictionnaire des concepts nomades en sciences humaines*, Métailié, 2010.

10　興味深い比較対象として，以下参照：*Annales*, 2001, 4 ；Patrick O'Brien, *Review of Ten Years of Debate on the Origin of the Great Divergence*.

11　サンジャイ・スブラフマニヤム著，中村玲生訳『テージョ河からガンジス河まで——16世紀ユーラシアにおける千年王国信仰の交錯』『思想』937号，2002年，pp. 31-70; Sanjay Subrahamanyam, 'Connected Histories. Notes Towards a Reconfiguration of Early Modern Eurasia', *Modern Asian Studies*, 31, 1997-3, pp. 735-762.

12　Michel Espagne, 'Sur les limites du comparatisme en histoire culturelle', *Genèse*, 17, 1994-1, pp. 112-121。加えて，以下も参照：François Dossé, *La marche des idées: histoire des intellectuels, histoire intellectuelle*, La découverte, 2003.

13　Michael Werner, Bénédicte Zimmermann（eds.）, *De la comparaison à l'histoire croisée*, Seuil, 2004.

14　Heinz-Gerhard Haupt, Jurgen Kocka, *Comparative and Trans-national History*, Berghahn, 2009.

15　Denys Lombard, *Le carrefour javanais*, EHESS, 1990.

16　Romain Bertrand, *L'histoire à parts égales*, Seuil, 2011.

17　Serge Gruzinsky: *La pensée métisse*, Fayard, 2012; L'*aigle et le dragon. Démesure et mondialisation au XVIᵉ siècle*, Fayard, 2012; *Quelle heure est-il là-bas? Amérique et islam à l'orée des temps Modernes*, Le Seuil, 2008; *Les quatre parties du monde*, La Martinière, 2004.

18　Roger Chartier, 'La conscience de la globalité', *Annales HSC*, 56, 2001-1, pp. 119-123.

19　Sebastian Conrad, *What is Global History?*, Princeton University Press, 2016.

20　Charles Seignobos, *La méthode historique appliquée aux sciences sociales*, Alcan,

1901. また，これらの論争に関して，以下も参照：Gérard Noiriel, 'Pour une approche subjectiviste du social', Annales ESC, 6, 1989, pp. 1435-59.

21 François Simiand, 'Méthode historique et science sociale', *Revue de synthèse historique*, 1903, *Annales ESC*, 15, 1960-1, pp. 83-119に採録；François Simiand, 'La causalitéen histoire', *Extrait du Bulletin de la Société française de philosophie*, VI, 1901, pp. 247-274. テキストは次の文献に採録されている。François Simiand, *Méthode historique et sciences sociales*, Éditions des archives contemporaines, 1987, pp. 209-241.

22 Emile Durkheim, 'Débat sur l'explication en histoire et en sociologie', *Extrait du Bulletin de la société française de philosophie*, 8, 1908, pp. 229-245. 以下に再掲。Émile Durkheim, *Textes. 1. Éléments d'une théorie sociale*, Éditions de Minuit, 1975, pp. 199-217.

23 Marc Bloch, *Ecrire la société féodale. Lettres à Henri Berr, 1924-1943*. Jacqueline Pluet-Despatin による編纂 (Institut mémoires de l'édition contemporaine, 1992).

24 André Bourguière, *L'école des Annales. Une histoire intellectuelle*, Odile Jacob, 2006.

25 Etienne Anheim, Benoit Grévin, 'Choc des civilisations ou choc des disciplines? Les sciences sociales et le comparatisme', *Revue d'histoire moderne et contemporaine*, 5, 2002, pp. 122-146.

26 マルク・ブロック著，高橋清徳訳『比較史の方法』創文社，1978年。

27 Nancy Green, 'L'histoire comparative et le champ des études migratoires', *Annales ESC*, 6, Nov.-Dec. 1990, pp. 1335-50.

28 Michel Espagne, 'Sur les limites du comparatisme en histoire culturelle', *Genèses*, 17, September 1994, pp. 112-121.

29 Marc Bloch, 'Serf de la glèbe. Histoire d'une expression toute faite', *Revue historique*, 36, 1921, pp. 220-242.

30 Larry Wolff, *Inventing Eastern Europe*, Stanford University Press, 1994.

31 Robert H. Bates, 'Area studies and the discipline: a useful controversy?', *PS: Political Science & Politics*, 30, 2, June 1997, pp. 166-170.

32 John Le Donne, *Absolutisms and Ruling Class: the Formation of the Russian Political Order, 1700-1825*, Oxford University Press, 1991. 加えて Cambridge History of Russia シリーズで最近刊行された三巻も参照。

33 この点についての議論に関して：Arthur Waldron, *The Great Wall of China: From History to Myth*, Cambridge University Press, 1990; Leo Shin, *The Making of*

the Chinese State: Ethnicity and Expansion on the Ming Borderland, Cambridge University Press, 2006.

34 Frederick Cooper, 'Conflict and Connections: Rethinking Colonial African History', *American Historical Review*, December 1994, 99, 5, pp. 1516-45.

35 Michael Werner, Bénédicte Zimmermann, *De la comparaison à l'histoire croisée*, Seuil, 2004.

36 Frederick Cooper, Aleen Isaacman, Florencia Mallon, William Roseberry, Steve Stern（eds.）, *Confronting Historical Paradigms*, University of Wisconsin Press, 1993.

37 ロシアと中国の特異性に関する，これ以外に存在する数え切れないほどの参考文献のなかから，以下紹介する：Marc Raeff, 'Un Empire comme les autres?', *Cahiers du monde russe*, 30, 4, 1989, pp. 321-327; André Berelowitch, *La hiérarchie des égaux. La noblesse russe d'ancien régime*, Seuil, 2001; Pierre-Etienne Will, 'Présentation'（特集 'Economie et technique en Chine' の前書き）, *Annales HSC*, 49, 4, 1994, pp. 777-781; Bin Wong, Pierre-Etienne Will, *Nourish the People*, University of Michigan Press, 1993，とくにヨーロッパと比較した中国の特異性に関して，「序章」部分参照。

38 こうした手法に対する批判者に関しては，以下参照：Wong, 'Entre monde et nation'; Sanjay Subrahmanyam, 'Connected Histories. Notes Towards a Reconfiguration of Early Modern Eurasia', *Modern Asian Studies*, 31, 3, 1997, pp. 735-762.

39 Lucien Febvre, 'Vivre l'histoire', *Combats pour l'histoire*, p. 22.

40 この由来について以下参照：Wolfgang Mager, 'La conception du capitalisme chez Braudel et Sombart. Convergences et divergences', *Cahiers du CRH*, 1988.

41 Maurice Aymard, 'La longue durée aujourd'hui. Bilan d'un demi siècle, 1958-2008', Diogo Ramada Courto, Eric Dursteller, Julius Kirshner, Francesca Trivellato（eds.）, *From Florence to the Mediterranean and Beyond. Essays in honor of Anthony Molho*, Olschki, 2009, pp. 558-579.

42 Gemelli, Fernand Braudel; Joseph Tendler, *Opponents of the Annales School*, Palgrave McMillan, 2013.

43 Richard Tawney, *Religion and the Rise of Capitalism: a Historical Study*, Smith, 1926; *Land and Labour in China*, Octagon Books, 1932.

44 Tawney, *Religion and the Rise of Capitalism*.

45 フェルナン・ブローデル著，松本雅弘訳『文明の文法 I, II』みすず書房，1995・1996年。

46　イマニュエル・ウォーラーステイン著，川北稔訳『近代世界システム──農業資本主義と「ヨーロッパ世界経済」の成立』；Witold Kula, *An Economic Theory of the Feudal System*, New Left Books, 1976; Douglass North, *Structure and Change in Economic History*, Norton, 1981.

47　Bernard Lepetit, 'Une logique du raisonnement historique', *Annale ESC*, 5, 1993, pp. 1209–19; 特別号 'Histoire et sciences sociales', *Annales ESC*, 38, 6, 1983; および，Jean-Claude Passeron, *Le raisonnement sociologique*, Nathan, 1991.

48　エドワード・サイード著，今沢紀子訳『オリエンタリズム』全2巻（平凡社ライブラリー）平凡社，1993年。

第4章
日本におけるグローバル・ヒストリーと世界史

羽田　正
Haneda Masashi

はじめに

　ここまでの三つの章で，アメリカ・ドイツ・フランスにおける「グローバル・ヒストリー global history」研究の動向が紹介された。これらを踏まえ，本章では，日本におけるグローバル・ヒストリー研究の現状と今後について論じたい。日本では，新たに用いられるようになったグローバル・ヒストリーという語と，それまでにすでに長い歴史をもつ世界史という語が，たがいにからみ合うようなかたちで研究が展開されてきた。それが，日本におけるグローバル・ヒストリー研究の大きな特徴だが，このため，グローバル・ヒストリー研究を論じるにあたって，世界史研究に言及しないわけにはいかない。そこで，本稿では，まず，日本において世界史はどのようにとらえられ，理解されてきたのかを論じ，それとの関連でグローバル・ヒストリー研究の現状についてまとめて述べることにする。その後，日本の研究に大きな影響を与えてきた英語圏の global history 研究を参考にしながら，今後の日本におけるグローバル・ヒストリー研究のあり方について論じることにしたい。

　なお，日本におけるグローバル・ヒストリー研究は，英語圏における global history 研究と密接な関連をもって展開されてきた。このため，本論ではしばしば英語圏の動向に言及することになるが，すでに別の論考でも述べたように，日本語の「グローバル・ヒストリー」と英語の "global history" はかならずしも同義ではない[1]。そこで，両者の区別をはっきりさせるために，英語圏の動向を論じるさいには，"global history" という語をカナ文字化せず，そのまま用いることにしたい。煩瑣となるが，ご了承いただきたい。

1. 日本における世界史

「世界史」という日本語の系譜と意味（1）——戦前

　現代日本語で「世界史」という言葉が使われるとき，それはどのような意味をもっているのか。あらためて考えてみたい。まず，辞書の説明を見てみ

よう。「統一的な連関をもつところの全体としてとらえられた人類の歴史」（『広辞苑』），「世界を連関のある統一的全体としてとらえた時の人類の歴史」（『三省堂大辞林』），「人類の歴史の歩みのなかに普遍的な法則が内在するとみて，この法則的見地から世界の歴史を統一的に，また全体的にとらえたもの。世界史の観念，表現は古代のローマや中国に発生するが，諸民族，諸地域の歴史の単なる集合体としては考えられていなかった」（『ブリタニカ国際大百科事典小項目事典』）。

　これらを読むと，人類の過去を，その始まりから現在にいたるまで，なんらかの統一的な体系として理解することが，世界史だと考えられている。前提となる空間は地球，時間は人類の誕生から現在までである。この時空が世界史の舞台として設定され，そこでの人類の活動が叙述の対象となる。

　当然の定義であり前提であるようにも思えるが，これらによって想定される世界史が古くからどこにでも存在したわけではない。時間軸で見た場合，狭義の歴史学が対象とするのは，文字資料が用いられる時代にかぎられる。文字資料が残っていない地域や時代も含めた「人類」の過去をすべてカヴァーしようとするなら（それはしばしば「人類史」と呼ばれる），人類学や考古学など，狭義の歴史学には含まれない学問との連携がどうしても必要となる。世界史と人類史を同じものと考えるかどうかという点について，日本の学界ではかならずしも統一的な見解はない[2]。

　また，空間を軸にして考えても，話は簡単ではない。地球上において文字による記録が残る人類の過去を全体として「世界史」ととらえ，それを研究対象とすることは，日本はおろか世界的にみても容易に実現しなかった。例えば，19世紀ドイツの有名な歴史家であるランケは，『近世史の諸時代について』という著作のなかで，人間の諸集団のうちで，ラテン風，ゲルマン風民族にだけ内在化された偉大な史的発展の諸要素が存在し，ある段階から次の段階へと発展する世界史的運動は，ただ一つ，この住民体系においてのみ実現したと主張している[3]。彼はこの解釈に従って『*Weltgeschichte*（世界史)』と題する 9 巻の書物を著したが（1881〜88年），その内容は，現在の私たちが「西ヨーロッパ史」とみなすものとほとんど変わらない[4]。小山哲は，「ランケにとっての「世界史」は，人類の起源から現代までのすべての民族・地域の歴史を網羅するような「人類史」とは異なるものであった」と指摘している[5]。

マルクスによる史的唯物論も，基本的には，ランケと同様に近代ヨーロッパの発展を説得的に説明するために構想されたといえるだろう。人類社会は原始時代から古代的生産様式，封建的生産様式，近代ブルジョア的生産様式と段階的に発展をとげ，最後に共産主義社会が実現すると考えられ，マルクス自身が生きていた西ヨーロッパの社会が他に先んじて近代ブルジョア的生産様式の段階に達し，もっとも進歩しているととらえられていたからである[6]。

　ランケやマルクスに代表される19世紀西ヨーロッパの知識人たちは，世界のなかでヨーロッパだけが独自に高度な発展を実現し，その道程の法則性を明らかにするのが歴史学の使命であると考えていた。この考え方が，日本語の「世界史」という語の意味に大きな影響を与えてきたことは確かである[7]。しかし，現代日本における世界史の意味は，冒頭で引用した辞書類が示すように，これらとは大きく異なっている。どのような道筋をたどって，日本語の世界史は現代私たちが知っているような意味を獲得したのか，確認しておこう。

　日本の大学などの研究機関では，20世紀はじめから，世界全体を，日本，東洋，西洋という三つに区分し，それぞれの歴史，すなわち，日本史あるいは国史，東洋史，西洋史を別々に研究し，その成果を教育するようになっていた。この研究体制は，19世紀後半に歴史学という学問がドイツから輸入されたのちに，その基本的な枠組みを当時の世界と日本の情勢に合わせて組み立てなおした結果として生まれたものだった。世界は，私たちの国日本，日本がみならい追いつくべき西洋，それに日本がリーダーとして導くべき東洋という三つの部分からなり，当然，この三つは別の歴史をもつものだと考えられた。これは，当時の西洋の知識人による世界についての見方，すなわち，先進的な西洋（Occident）に対して遅れている非西洋，あるいは東洋（Orient）という二項対立的な世界観をもとに，そこに自である日本に特別な位置に与えたもので，日本に独自の世界認識である。

　本書の第1部第1章から第3章で説明されているように，西ヨーロッパ諸国でさかんになった元来の歴史学は，人類の進歩を体現するヨーロッパの過去の研究を自らの役割だと考え，人類全体の過去を研究するという姿勢を欠いていた[8]。これに対して，日本では，日本の歴史を研究する枠組みと東洋の歴史を研究する枠組みが設けられ，これに最初に設置された西洋[9]の歴史

を研究する講座を合わせれば，地球上の地域の過去の多くをカヴァーすることができる体制が，20世紀の早い段階ですでに形成されていたという点に注目すべきである。この三つの地域の間では発展段階に差があると考えられたとしても，世界のすべての地域に等しく研究に値する歴史があるという考え方は，20世紀前半の世界では稀有だったはずである[10]。

　日本語に独特の世界史という概念も，すでに戦前に生まれていた。例えば，京都帝国大学の国史学教授だった西田直二郎は，1932年に刊行された『日本文化史序説』のなかで，日本史（国史）と世界史の関係について，次のように論じる。

　　かくの如く意味関連の上に於て歴史事件が考へられることは，意味の関連によつて個々事件が時代の全体の事実となり，時代の事実が国民の歴史全体の事実となり，更らに国民の歴史を世界歴史にとその関連を進めて行くであろう。一個の国家内に生起した事件がそのままに世界史であると云ふこともここに考へらるべきである[11]。

　一国史との連関を論じたこの文章にみられる「世界史」は，西田本人がそう記すように，一種の歴史哲学としての世界史である。狭い意味での文献史学研究の領域では重要性をもたなかったが，「世界史」という概念自体は，思想・哲学の分野では，主要なテーマの一つだった。第二次世界大戦中に，京都学派の哲学者を中心にして，世界史がおおいに論じられたことは，よく知られている[12]。彼らは，ランケが「世界史」を諸国家・諸民族の闘争の場ととらえている点に注目し，これを大東亜共栄圏の建設と戦争遂行を正当化する論理として応用したという[13]。ヨーロッパ諸国・諸民族を主役とする「世界史」は，それ以外の地域をも視野にいれる日本においては，容易に戦争と侵略のためのイデオロギーに転化したのである。

世界史という日本語の系譜と意味（2）――戦後

　第二次世界大戦での日本の敗戦後も，大学における歴史研究体制は，日本史・東洋史・西洋史に3区分されたままで変更されなかった。この3区分の意味が明らかに時代にそぐわなくなっている今日でも，日本の主要大学ではなお，同じ体制のままで日本を含む世界各地の歴史の研究と教育がおこなわれている。歴史学研究会や史学会のように歴史学研究全般を対象にした全国学会でも，その下部組織は日本・東洋・西洋に3区分されているし，日本史

研究会・東洋史研究会・日本西洋史学会など，日本史・東洋史・西洋史を枠組みとする学会が，歴史学研究の主流を占めている。これらをみて，最先端の研究を展開すべき大学の研究者が進取の気性を失っていると批判することはたやすい。

しかし，実際のところ，従来の歴史研究では，一つの国家の枠組みが歴史研究の基本的な単位となることがほとんどだった[14]。歴史研究者の多くは，実質的には各国史という枠組みで研究にいそしんできたのである。日本・東洋・西洋の三区分は，ドイツ・ロシア・中国・イランなど国別に研究を進める歴史研究者がかりに所属する研究室の看板以上の意味をもたず，したがって，その変更の必要性を真剣に考える研究者があまりいなかったともいえるだろう。

一方，次に詳しく述べるように，高等学校の教育では，文部省による学習指導要領の告示により，1950年代のはじめから，それまでの東洋史と西洋史が合体されて世界史という科目が設置され，歴史教育は，世界史と日本史の2本立てとなった[15]。世界史という言葉が，歴史教育の場で日常的に用いられるようになったのは，この時以来である。東洋史と西洋史を合わせ，そこに日本史がはいっていないということは，当初世界史は日本以外の世界の歴史ととらえられたということになるだろう。以後，世界史に日本史をどのように組み込むかという点は，世界史を考えるさいにつねに課題となっている[16]。これは，自国史の延長が歴史とみなされることの多い西洋諸国とは大きな違いである。

日本では，最近まで，世界史を自らの専門と考える歴史研究者はいなかった。当然，世界史学会も存在しない。歴史学者としての研究は，世界のどこかの国や地域のある時代におけるかぎられた側面や要素について史料を読み込んでおこなうものであり，世界史そのものは規模が大きすぎて個人としての研究に値するとは考えられていなかった。あるいは，世界史は，実証的な研究の対象としてふさわしくないとみなされていたと言い換えてもよいだろう。

しかし，他方で，歴史学者にかぎらず多くの研究者や知識人は，世界史の基本法則や世界システム論に代表されるように，世界史とは一定の法則に従って動くものであり，理論化が可能だと考えていた。このため，その理論に従えば世界の歴史の流れはどのように体系化できるか，その理論の枠組みの

なかで日本の歴史をどう整合的に理解するかといった点などについて，狭い意味での歴史学界にかぎらず広く論壇でしばしば議論がもりあがり，意見交換が多々なされてきた[17]。

　つまり，戦後日本においては，一定の法則をもつはずの「世界史」の体系化・理論化をめぐって，広く知識人の間で議論が活発におこなわれる一方で，それとはかならずしも直接にかかわらないかたちで，おもに外国史研究者によって各国，各時代，各分野別の個別実証研究が大量に生み出されてきたといえるだろう。この二つの方向性は，世界歴史の講座や全集の出版のさいにまじわることはあったが，かならずしもたがいがたがいを意識していたわけではなかった。それぞれがそれぞれのフィールドで独自に活動を展開していたのである。

現代日本における世界史の理解

　日本における世界史を論じるさいにもっとも注目すべきなのは，高等学校における世界史という科目の内容である。一般の人々への教育と普及という点で，それは無視できない重要性をもっていた。

　戦後，高等学校の科目として創設された世界史をどう教えるかは，現実の政治や社会の動きと学界での議論や研究動向を参考にして作成され公示される文部科学省の学習指導要領によって，定められてきた。学習指導要領は，大学と高校の教員を中心とする識者による検討会での討論をへて，およそ10年に１度改定される。世界史の教科書は，この学習指導要領に従って作成される。そして，その内容が高等学校での授業で生徒に教授され，彼らの知識となっていく。その意味では，学習指導要領が，現代日本における世界史理解の骨格を実質的に決めてきたといえるだろう。

　学習指導要領の内容の変遷については，すでに前に検討したことがあり，またその前後にも多くの研究が公表されているので，ここではその詳細にふれず[18]，ただ，最新の学習指導要領が示す現代日本の標準的な世界史理解だけを確認しておこう。次ページの図は，それをモデル化して示したものである。この図から明らかなように，高等学校の世界史では，考察の対象は人類，時間としては人類の誕生から現代まで，空間としては世界全体があつかわれる。それは人類史ともいいうる。時空の中身をどのように描くかは，その時々によって異なるが，世界全体をカヴァーするこの枠組みそのものは，戦

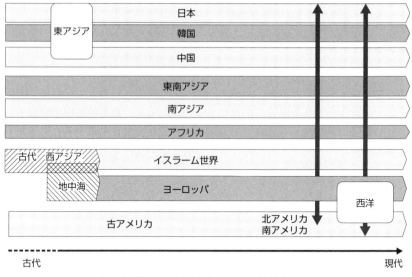

図 現代日本における一般的な世界史理解

前の日本史・東洋史・西洋史3区分時代から一貫している。

現代日本では，世界は国とそれらがいくつか集まった地域，ないし文明からなるととらえられている[19]。これらの国や地域，文明は，それぞれ別個に時系列にそって独自の歴史をもち[20]，それらを合わせて一つにまとめたものが世界史だと考えられている。また，16世紀以後はヨーロッパ，ないし「西洋」という地域が世界各地に進出し，「西洋」の主導によって世界の一体化が進むと説明される。この二つの基本的な見方を合わせて体系化したのが，現代日本における高校世界史教科書の概要である。1970年代頃までのマルクス主義的な世界史の基本法則にもとづく発展段階論的な枠組みはほとんどめだたず，その後英語圏で生まれた世界システム論的な過去の解釈が，近現代史の部分に組み込まれているといえるだろう。

世界史の概略をこの図のようにとらえることに対して，現在の日本の学界では，一部の研究者がそのヨーロッパ中心史観的側面を指摘し，ヨーロッパだけが世界を動かしてきたわけではない，アジアからみた世界史解釈を発表すべきだといった批判を展開しているが，世界をいくつかの地域，ないし文明圏に区分し，それらの総和として世界史をとらえるという点に関しては，

第4章　日本におけるグローバル・ヒストリーと世界史

それほど厳しい批判はないようにみえる[21]。

　それでは，次に，同じく日本語で「グローバル・ヒストリー」という語がどのような意味をもっていると考えられているかを検討してみよう。

2. 日本におけるグローバル・ヒストリー

日本への導入から展開のあゆみ

　日本語では，21世紀に入る少し前頃から，グローバル・ヒストリーという語が，学術的な論文や研究のなかで使用され始める[22]。書籍としては，2002年に刊行された川勝平太編『グローバル・ヒストリーに向けて』と高山博『歴史学未来へのまなざし──中世シチリアからグローバル・ヒストリーへ』が，おそらく「グローバル・ヒストリー」という語を表題に含むもっとも早い例である。

　しかし，「グローバル・ヒストリー」という単語に本格的に注目が集まるようになるのは，2000年代の半ば頃になってからである。とくに，大阪大学の秋田茂と東京大学の水島司がこの語を用い，連続した研究会や著作をつうじてその研究の重要性を強調し，この言葉の普及におおいに貢献した。

　カタカナで記されていることから明らかなように，この語は明らかに英語圏における global history 研究と関係している。しかし，その意味は英語の global history と同じなのだろうか。また，「世界史」と訳すこともできるのに，わざわざ「グローバル・ヒストリー」という語を用いたからには，それはそれまでの世界史とは異なる意味をもつということになるが，その違いはどのようなものなのだろう。まず，秋田と水島がグローバル・ヒストリーをどのようにとらえているのかを確認してみよう。

　秋田茂は，2008年に出版された論文のなかで，グローバル・ヒストリーにはまだはっきりとした定義はなく，現在は，世界各地の研究者が，それぞれの立場から問題提起をしている段階にあるとしながら，以下のように論じている。

　　グローバルヒストリー研究では，従来の一国史の枠組みを超えて，ユーラシア大陸や南北アメリカなどの大陸規模，あるいは東アジア・海域アジアなど広域の地域を考察の単位とする。グローバルヒストリーでは，（1）古代から現代までの諸文明の興亡，（2）明・清時代の中華帝国，ムガール帝国，オスマン帝国などの近世アジアの世界帝国やヨーロッパ諸

国の海洋帝国など，帝国支配をめぐる諸問題，(3) 華僑や印僑（インド人移民）などのアジア商人のネットワークや，奴隷貿易・契約移民労働者・クーリーなどの移民・労働力移動（diasporas）の問題などの，地域横断的（trans-regional）な諸問題，さらに，(4) ヨーロッパの新大陸への海外膨張にともなう植生・生態系・環境の変容など，生態学（ecology）・環境史（environmental history）に関する諸問題，(5) 近現代の国際政治経済秩序の形成と変容などが，その主要な研究課題として注目されている[23]。

この文章のあとで秋田は，まだはっきりした定義はないとしながらも，各国のグローバル・ヒストリー研究の共通項は，従来の一国史的な歴史研究の枠組みを相対化すること，国民国家・国民経済にかわる広域の地域や世界システム・国際秩序などの新たな分析の枠組みを模索することだと論じている。そして，比較と関係性の二つが，大阪大学のグローバル・ヒストリー研究のキー概念だとする[24]。

秋田は，海外の global history 研究を意識し，そこで論じられている問題群を紹介して，日本でも同様の研究をおこなうべきことを日本語で主張している。秋田にとって，ある主題を英語で論じるか日本語で論じるかは大きな問題ではないようにもみえる。彼にとっては，global history とグローバル・ヒストリーは同じ文脈から生まれたものであり，この二つの語の意味は変わらないということだろう。

一方，2009年に刊行された『グローバル・ヒストリー入門』において水島司は，グローバル・ヒストリーの特徴として，次の5点をあげている。

(1) あつかう時間の長さ。歴史を巨視的に見る，(2) 対象となるテーマの幅広さ，空間の広さ，(3) ヨーロッパ世界の相対化，近代以降の歴史の相対化，(4) 異なる地域間の相互連関，相互の影響の重視，(5) あつかわれている対象，テーマの新しさ[25]。

秋田の具体的な説明と比較すると，水島の定義は包括的，一般的だが，両者はほぼ同じ方向を向いていると考えてよい。ともに，従来の世界史では，ヨーロッパが中心におかれ，それとの関係で他地域の過去が解釈されてきたことと，一国史を時系列にそって解釈し理解した結果を寄せ集め，それを世界史とみなしていたことを問題にしており，グローバル・ヒストリーはこのような既存の世界史研究の解釈や理解を乗りこえ，広い視野に立って新しい

視角と方法，とくに，相互連関や地域横断的な視点から研究をおこなうところに特徴があるとしているからである。

2010年代になると，多くの大学や研究機関で，グローバル・ヒストリーの語を用いた共同研究や講義，講演がさかんにおこなわれるようになってきた。例えば，早稲田大学の甚野尚志を責任者とし，日本学術振興会科学研究費補助金をえて，2013年度から4年計画でおこなわれた「中近世キリスト教世界の多元性とグローバル・ヒストリーへの視角」のウェブサイトでは，グローバル・ヒストリーについて，次のように記されている。

> 本科研の表題にある「グローバル・ヒストリー」とはいうまでもなく，現代のグローバル化に対応して一国史観を排し，世界史を諸地域の相互交流の視点から「文明の連関史」として理解する歴史学の潮流である。しかし，これまでのグローバル・ヒストリーは，商業交易や疫病の歴史など，経済や環境に関するテーマで語られてきた。それに対し本科研では「キリスト教世界」をキイワードとして，ヨーロッパ世界で多元的な発展をとげ宗派化現象を生んだキリスト教がどのようにヨーロッパ世界自体を変化させ，同時にいかにしてヨーロッパと類似の事象を他の地域にもたらしたのかについてグローバルな視野から考えていきたい。

この共同研究では，ヨーロッパ中世の研究にグローバル・ヒストリーという語が用いられている点に注目しておきたい。これまでの三つの章で述べられたように，アメリカ合衆国や西ヨーロッパ諸国における global history 研究のほとんどが，近現代を対象としているのとは対照的である。しかし，ここでのグローバル・ヒストリーという語の説明には，やや疑問を感じる点もある。グローバル・ヒストリーが，世界史を諸地域の相互交流から「文明の連関史」として理解する潮流だとするなら，それは日本で古くからさかんに論じられてきた東西交流史の内容や方法とはどう異なるのだろう[26]。また，一国史観を排したとしても，空間的にその上位概念である文明や地域（例えば，この科研の場合は「ヨーロッパ」）をそのまま用いれば，それは「一地域史観」とはならないだろうか。これは，秋田の定義（1）にも共通する疑問である。

このように個別の研究プロジェクトに対して意見や批判はありうるが，グローバル・ヒストリー研究が，現代日本の歴史研究全体のなかで，一つのめだった新しい潮流であることはまちがいない。その特徴を一言であらわせば，

従来の世界史理解の刷新ということになるだろう。一国史を寄せ集めたこれまでの世界史の理解には問題があり，グローバル・ヒストリーはそれを正すための有力な方法だと考えられている。そのさい，グローバル・ヒストリーという語が，歴史研究の方法であると同時に，ときに刷新されたのちの新しい世界史理解そのものをも意味しているとみなされることがある点に注意しておきたい。

日本語における「グローバル・ヒストリー」の意味

　歴史研究の呼称として「グローバル・ヒストリー」というカタカナ語が導入された理由について，この語を用いている著者たちが明確に語った例を私は知らない。しかし，秋田，水島を含め，「グローバル・ヒストリー」という語を日本語として使っている人たちの考えをあえて推測するなら，次のようなことではないだろうか。英語では，world history と global history という二つの語が使われている。これに対応するためには，world history の和訳が世界史だから，別の新しい言葉をつくるしかない。global に対応する適当な日本語がないので，そのままカタカナでグローバル・ヒストリーとしよう。

　もっともにみえる手続きではあるが，この論理が成り立つためには，一つの前提が必要である。それは，英語圏の研究と日本語での研究に問題関心，枠組み，視点，方法などの点で違いがなく，異なるのは研究が発表される言語だけだと考えることである。英語の world history と日本語の世界史は，同じ問題関心，枠組み，視点，手法をもち，同じような研究の系譜をたどり，現在相互にまじり合って存在する研究分野であると考えてはじめて，グローバル・ヒストリーが英語の global history に対応することになる。この点は，すでに秋田の文章を引用したさいにも指摘した。

　しかし，西ヨーロッパ諸国や英語圏での world history と global history 研究には独自の意味，研究の系譜と文脈，問題関心，枠組み，視点，手法があり，それは微妙にではあっても日本語のそれらとは異なっている。これまでの三つの章の説明から，私たちは，西洋諸国における world history が元来「西洋」の歴史を解釈するための枠組みであったこと，global history が日本とは異なった意味をもつ地域研究（area studies）という研究分野の存在を抜きにして考えられないことを知っている[27]。

さらに，歴史研究は単独では成り立たない。歴史学とその周辺に位置する人文学・社会科学系の諸学が生み出す総体としての人文社会知の体系，とりわけ，研究のために用いられている言語における世界認識が，歴史研究をおこなう背景として存在し，新しく生み出された研究成果はその一部に組み込まれて，理解される。日本語による人文社会知を背景にした世界認識は，他言語によるそれと複雑にかさなり合い，からみ合い，交錯しながら微妙に異なって成立しているはずだ。

　とすれば，英語による "world history" "global history" と日本語の「世界史」「グローバル・ヒストリー」は，異なる言語による人文社会知の蓄積と世界認識を背景として，かさなり合う部分を多くもちながらも，原則としては，別々の発展の経路をへて今日にいたったと考えてよいだろう。その過程で，英語の world history, global history が日本語の世界史，グローバル・ヒストリーに影響を与えてきたことはまちがいない。反対に，残念ながら，日本語の世界史，グローバル・ヒストリーが英語のそれらに大きな影響を与えたことはなかった。

　現在のところ，日本語における「グローバル・ヒストリー」の最大公約数的な意味は，「地域間の交流や相互連関の歴史，さらにはこれまで見のがされてきた新たな研究トピックに着目することによって，一国史を基盤として形成されてきた従来の世界史理解の刷新をめざす歴史研究と叙述」とまとめることができる[28]。世界史を刷新するというところにまで踏み込んでいる点で，world history と global history が共存しているようにもみえる英語圏とは異なった状況にあるといえるだろう。上でも述べたが，問題は，グローバル・ヒストリーが歴史，とくに世界史研究の方法のことなのか，刷新された世界史理解そのものをも指すのかが分かりにくいということである。この点については，本論の最後でもう一度論じたい。

　それでは，今後，日本語圏でグローバル・ヒストリーの研究は，どのように進められるべきだろうか。この問題を，グローバル・ヒストリー研究に大きな影響を与えてきた英語圏で最近刊行された著作を紹介しながら，論じることにしたい。

3. これからのグローバル・ヒストリー研究

コンラッドの新著

　第1部第1章で紹介されているように，冷戦が終了し，グローバル化が急速に進み始める1990年代に，英語圏，とくにアメリカ合衆国で，"global history" という単語が，"globalization グローバル化" という語と関連をもちながら用いられるようになり，その意味や方法をめぐってしばしば意見交換がおこなわれ始めた[29]。註27で紹介したように，global history という言葉自体の意味や方法は，極端にいえば，それを用いる人ごとに異なり，今日でもかならずしもはっきりとは定まっていない。しかし，この新しい語彙は，それまでにない可能性を秘めた研究分野を示す術語として，英語圏の歴史学者の間で一定の支持を集めるようになった。

　多くの研究が出版され，さまざまな定義が錯綜している英語圏の global history 研究に一石を投じる重要な研究が，2016年に刊行された。ドイツ，ベルリン自由大学教授セバスティアン・コンラッドによる『Global History とは何か？』である。ここでは，このコンラッドの最新の研究を手がかりにしながら，今後，日本でグローバル・ヒストリー研究をどのように進めていくべきかを論じることにしたい。

　コンラッドは，2013年にドイツ語で『*Globalgeschichte: Eine Einführung*（グローバル・ヒストリー入門）』と題する書物を出版し，2016年にはこれと似た題名をもつ英文の書籍を刊行した。この2冊の本はどのような関係にあるのだろう。本人に直接たずねたところ，英語版の内容は基本的にドイツ語版のそれを踏襲しているが，英語版を作成するにあたっては，ほとんど一から書きなおすほどの大改訂と増補をおこなったという。研究を取り巻く状況が急激に変わっていること，それに，ドイツ語圏で重要な議論が英語にするとかならずしもしっくりこないこと，英語の研究には英語の研究に特有の論理展開が必要であることなどがその理由だという。実際，この2冊の本の目次を比べてみると，英語版とドイツ語版は，同じ内容の本だとは思えないほどである[30]。異なる言語の間での翻訳は簡単ではないが，このことは，私たち日本語話者からみると極めて近くみえるドイツ語と英語という言語間の場合でも，程度の差こそあれ，同様なのである[31]。

　この点と関連するが，コンラッドの本の大きな特徴は，それが単に英語圏

の研究動向に従い，その範囲内で記されているのではないということである。彼の母国語であるドイツ語の著作が多数引用されているのはもちろんだが，フランス語による重要な作品はカヴァーされているし，少数だが，スペイン語，イタリア語，オランダ語の作品も紹介されている。なによりも，日本語が読めるコンラッドは，日本語の主要な著作を引用し[32]，さらに中国語，韓国語の文献にもふれている。学術的な著作なのだから当然ではないかとの意見もあるだろう。しかし，アメリカ合衆国における英語での刊行物の場合，その多くは英語の著作だけ，あるいは英語以外にせいぜい仏・独語の主な著作にふれるだけで，それが日本に関係するものでないかぎりは，日本語の著書や論文は無視されることがほとんどである。その点からだけでも，コンラッドの著作には高い評価を与えることができる。

　また，コンラッドは北米や英語圏で研究や教育の職についているわけではない。非英語圏の研究者が，自らの母語による知の体系と英語によるそれとの微妙な相違を十分に考慮したうえで，英語で著した作品であるという意味でも，彼の著作は注目に値する。グローバル化が進む現代における人文学・社会科学分野の研究者のなすべきグローバル人文学のモデル・ケースだともいえるだろう。

　さまざまな点で画期的なその著作の冒頭で，彼は以下のように宣言する。
　　global history は，歴史家が過去を分析するために使ってきた道具類がもはや十分ではないと確信するところから生まれた。グローバル化は，社会科学とそれが社会変化を説明する主たる方法に対する根本的な挑戦である。現代を特徴付けるからまり合いとネットワークは，それ自体，複数のシステムの相互作用と交流から出現した。しかし，多くの点で，社会科学は，ネットワーク化されグローバル化した世界の現実を説明しうるために適切に問い，回答を導き出すことがもはやできない[33]。

このあとで彼は，近代の人文学と社会科学が生まれつきもっていた欠点として，(1) そのおこりが国民国家と結び付いていること，(2) ヨーロッパ中心的であること，の2点をあげ，global history がこの近代人文学・社会科学の二つの不幸な特徴を乗りこえるために有効かつ独特なアプローチであると主張する。彼の書物は，単に歴史学だけではなく，さらに大きな目標として，人文学・社会科学の刷新をもめざしていると考えてよいだろう。

93

コンラッドによる global history と world history の定義

　では，コンラッドは global history と world history をどのように考えているのだろう。

　この書物のなかで，彼は，global history を中心において議論を展開している。したがって，world history については，かならずしもまとまった論述がなされているわけではない。しかし，著書のそこここで，world history は批判の対象として登場する。例えば，「特徴的なアプローチとしての global history」と題される第4章では，複数存在する古いタイプの world histories の大部分には，次のような特徴があると説明されている。(1) 諸文明がたどってきた異なった変遷の経路に焦点があてられること，(2) その変遷の力はそれぞれの空間の内側から生まれたと考えられていること，(3) このような並行する複数の歴史が，中心から周辺への力の伝播によって結び付けられたこと，(4) 近代においては，この伝播が，西洋から「その他」への移動というかたちをとったと考えられていること[34]，(5) その方法論的特徴は，異なった文明の比較とそれぞれの間の結び付きの探求とを組み合わせること，である[35]。

　これが，本論で先に検討した現代日本における世界史理解とほぼ一致している点に注目していただきたい。コンラッドは，もともと日本近現代史をその専門としていた研究者であり，日本における歴史理解についても相当程度の知識を備えている。彼は日本の世界史理解を，複数存在する古い world history のモデルの一つだと認識しており，刷新の対象と考えているのだろう。この点では，コンラッドの意見と日本のグローバル・ヒストリー研究者のそれは共通している。

　一方，global history については，この本全体で論じられているので，著者の見方を簡潔にまとめるのはなかなか難しいが，それをあえて試みるなら，次の6点となるだろう[36]。

① global history は，海域・地域，ネットワーク，ミクロ・ヒストリーなど，従来とは異なる空間概念をしばしば実験的に用いる。かならずしもマクロな視点からの論述だけが，global history ではない。

② global history は，時間の区切りを重視した語りよりも，同時性を強調し，空間の並び方について考えることを優先する。時間については，短い時間帯での検討とともに，宇宙の歴史（big history），人類の歴史（deep histo-

94

ry）のように，長いスパンでの分析を試みる。

③ global history は，個人や社会による他者との交流，つまり関係性に注目し，ある空間の内部からの自律的変化という考え方をとらない。

④ global history は，ヨーロッパ中心史観に自覚的であり，非西洋の経験を重視する。

⑤ global history 研究者は，地球全体の過去についての語りであっても，自らの立ち位置を意識する。したがって，同じテーマについて，複数の歴史叙述がありうる。

⑥移動や交流のような「つながり（connection）」に注目する。ただし，単につながっているというだけでは不十分で，ある事象がグローバルなスケール（それがかならずしも地球規模である必要はない）の構造的な統合（integration）の過程と関係していることを明らかにしてはじめて，global history といえる。

　コンラッドは，global history が歴史研究における特徴的な方法，ないしアプローチだということを強調する。明らかにされるべき global history という一つの絵があるわけではない。global history というアプローチを用いて，これまで往々にして国や地域という枠のなかで解釈され，理解されてきた人類の過去を，より広く開かれた「グローバル」という文脈で描き直してみようとするのである。コンラッドは，従来の world history であるかぎり，それは global history という新しいアプローチを用いた研究によって乗りこえられねばならないとする。しかし，乗りこえられた先にある新しい歴史理解がなんと呼ばれるべきかという点は，明示されていない。彼は，とりあえず，global history の方法によって，人類の過去をあらためて解釈しなおすことが重要だと考えている[37]。人類の過去のさまざまな側面が global history によって明らかとなったとき，そこにおのずから新たな world history が構築されているのだろう。

　もう一つ，コンラッドの議論の大きな特徴として指摘できるのは，単なるつながりや関係では十分ではなく，構造的な統合にかかわるテーマをあつかってはじめて global history といえるとしている点である。もし，世界規模における構造的統合の過程をあつかわねばならないとするなら，コンラッドのいう global history は近現代だけしか対象にできない方法であるようにもみえる。しかし，彼は構造的統合（integration）にも程度があるのであり，

自らが提唱する global history のアプローチは，「物事を大きくとらえる」という点で，時代や地域をこえて適用が可能だとしている。

　以上，コンラッドによる global history について紹介してきた。コンラッドの提唱するアプローチとしての global history が，英語圏の標準的な用法となるのかどうかは，まだ分からない。英語を母語とする研究者を中心にして，今後彼の議論についてさらに意見交換が続けられるはずだ。しかし，コンラッドの見解と提案は，英語圏の人文学・社会科学の枠組みではなく，グローバルな人文学・社会科学の枠組みで考えれば，十分に受け入れるに値すると私は考えている。

グローバル・ヒストリー研究の今後

　日本語でグローバル・ヒストリー研究をおこなうにあたっても，コンラッドによる global history の定義はおおいに参考になる。とくに，②の前半部と⑤は，これまでの日本語のグローバル・ヒストリー関係の書物ではあまり強調されていない点だが，「横の世界史」「研究者の立ち位置」を強調する私の主張とかさなり，おおいに共感を覚える。その一方で，③の「内部からの自律的発展という考え方は採用しない」，⑥の「構造的統合があってはじめて global history となりうる」は，どちらもかなり過激な意見であり，私は全面的には賛成できない。新しい世界史像を考えようとするさいに，グローバル・ヒストリーという方法を用いるなら，選択肢はできるだけ多くもっていたいからである。

　この点に関連して，日本語のグローバル・ヒストリーの意味を整理して示しておきたい。従来，グローバル・ヒストリーは歴史研究の方法であると同時に，刷新された世界史理解そのものをも意味することがあった。古くなった現行の世界史にとってかわるのが，グローバル・ヒストリーだと考えられたのである。その場合，世界史は，人類の過去をある一定の法則にもとづいて，あるいは一つの体系として，理解することだととらえられてきたので，それにかわるべきグローバル・ヒストリーも人類の過去を一つの法則，ないし体系として描こうとしているはずだと考えられた。その体系とは，バラバラだった世界諸地域が時間の経過とともに一体化してゆくこと（グローバル化）である。グローバル・ヒストリーとはグローバル化の歴史だといわれることがあるのはそのためである[38]。そして，グローバル化を人類社会の既定

の道筋として想定しその過程を描くことは，西洋中心主義の焼きなおしだとの批判がなされることとなった。

　これに対して，私は，今後「グローバル・ヒストリー」を新しい世界史解釈と理解を生み出すための研究の方法という意味でだけ用いることにしたい。どのような方法が有力かは，これまで日本の学界で議論されてきたし，上で紹介したコンラッドの著書もおおいに参考になるだろう。これらを用いて，実際に新しい歴史解釈を提示していくことが大事である。それらを総合することによって現行の世界史を刷新した新しいタイプの体系化された世界史を創成することが必要かどうかは，別に考えるべき課題である。

終わりに──非英語圏歴史研究者の責務

　本稿で何度も繰り返してきたように，日本語の世界史とグローバル・ヒストリー，英語の world history と global history は，かならずしも完全に対応した同じ意味をもつわけではない。日本語の研究には日本語の人文社会知を背景にした独自の特徴があり，その意味で，日本語での議論に，英語圏における研究動向を安易にもち込むことは避けたほうがよい。しかし，現実は，上でも述べたように，日本語の研究の議論のなかに英語圏の研究がしばしばはいり込んできている。この点に関連するコンラッドの指摘は興味深い。

　彼は，英語による学術研究成果の権威と影響力がましてきている例として，非英語圏の歴史学者たちが，英語による著作を自国の伝統の偏狭さや特殊性を批判するために戦略的に用いていることを指摘している。具体的には，それまでの自国における世界史の叙述方法の限界を乗りこえるため，翻訳や方法論の借用という手段を通じて，global history が紹介されているというのだ。その例として，自らが他の二人の著者とドイツ語で記した『*Globalgeschichte: Theorien, Ansätze, Themen*』と並んで，イタリア・ベルギー・スイス・フランスなどの欧州諸国における著作，それに韓国語，日本語の著作が紹介される。日本語の著作として取り上げられているのは，水島司の『グローバル・ヒストリー入門』である[39]。

　他の言語による著作については定かではないが，水島にかぎらず，日本語で「グローバル・ヒストリー」という単語を用いている他の研究者たちが，海外の歴史研究を意識し，歴史学の新しい潮流としてこの概念と方法を紹介していることは事実である。この点で，コンラッドの指摘はあたっている。

しかし，それは，グローバル・ヒストリーにかぎった話ではない。100年以上にわたる日本語での歴史研究の歴史を振り返ってみると，研究者はしばしば外国，とくに「欧米」の研究動向を先進的な試みとして紹介・導入し，それを日本流に改変することに熱心だった。実証主義史学に始まり，マルクス主義史学，社会史，心性史，世界システム論など，例は枚挙にいとまがない。西洋諸語での研究の方法と成果を取り入れ，それを日本の学界の実状に合わせて適宜修正しながら日本語で議論を展開するのが，日本における歴史研究のあり方の特徴だったとさえいえるだろう。その最新の例がグローバル・ヒストリー研究である。私たちはそろそろこの受け身を主とする研究態度をあらためるべきである。

　誤解のないように強調しておくが，私は日本語による歴史研究の業績が，英語などの西洋諸語による研究の業績と比べて劣っているとは考えていない。日本語の研究は，日本という立ち位置から世界をみて，他の国の研究者の研究をも参照し，それを日本語の知の体系のなかに位置付け理解した結果として生み出されている。他言語による研究も生真面目に参照しているという点では，むしろ英語圏の研究よりもバランスがとれ，レベルの高い成果が生まれている場合もあるといってよいだろう。また，日本語の研究成果こそが，日本語による知の体系を豊かにし，日本語圏に独自のものの見方や価値を生み出している点はもっと評価されるべきだ。しかし，問題は，日本語圏独自の知の体系を背景として生み出される日本語による研究成果が，非日本語圏の研究者にはまったく知られていない，あるいは理解されないという点である。

　私たち日本の歴史研究者は，コンラッドが試みたように，母語の知の体系や文脈を十分に意識し活かしながら，自らの具体的な研究成果はもちろん，新しい歴史学研究の方法論を，諸外国の研究者とともにグローバルなレベルで議論できるように努力していかねばならない。決してたやすいことではないが，これは非英語圏で高度な研究成果を生み出している日本の研究者の責務である。その意味で，グローバル・ヒストリーという研究分野ほど，私たちがはいり込みやすい開かれた場はない。今後，日本におけるグローバル・ヒストリー研究は，決して日本語圏だけで閉じずに，積極的に海外の研究者との交流を進めていくべきである。

●註

1 羽田正「新しい世界史／グローバルヒストリーとは何か」羽田正編『グローバルヒストリーと東アジア史』東京大学出版会，2016年，3-4頁，HANEDA Masashi, 'Japanese Perspectives on "Global History"', *Asian Review of World Histories*, 3/2, 2015, pp. 221-222.

2 例えば，現在の日本の高等学校世界史の教科書は，人類の始まり，すなわち類人猿から最初の人類が誕生した700万年前から記述を始めるのが通例だが，上原専禄（編）『日本国民の世界史』（岩波書店，1960年）は，人類史を記すことは意図せず，「東洋文明圏」「西洋文明圏」が生まれた頃から叙述をおこなうとしている（7-12頁）。

3 岡崎勝世『世界史とヨーロッパ』講談社現代新書，2003年，186頁。

4 この点については，羽田正『イスラーム世界の創造』東京大学出版会，2005年，144-147頁で論じた。

5 小山哲「実証主義的「世界史」」秋田茂他編『「世界史」の世界史』ミネルヴァ書房，2016年，281頁。

6 小谷汪之「マルクス主義の世界史」秋田茂他編『「世界史」の世界史』ミネルヴァ書房，2016年，321-344頁。

7 小山は，19世紀のヨーロッパで成立した二つの異なった学知の系譜に注目するようにうながしている。すなわち，ランケ的な歴史学と，コントやバックルの文明史論である。ランケが人類の歴史を段階的に進歩する過程とみなす歴史観を批判し，各時代の個性を同時代の史料の批判的分析にもとづいて描き出すことが歴史家の使命だとしたのに対して，コントやバックルは，人類史を一定の法則に従って原始的な状態から高次の文明へと段階を踏んで進歩していく過程としてとらえようとしたという。この二つの潮流が19世紀後半から20世紀前半にかけての日本における「世界史」認識に大きな影響を与えたとする小山の指摘は傾聴に値する（274-275頁）。

8 この点については，ウォーラーステインが整理した19世紀に成立した六つの社会科学ディシプリンが研究対象とする空間の違いを検討することによっても，よく理解できる。山下範久「世界システム論」秋田茂他編『「世界史」の世界史』ミネルヴァ書房，2016年，357頁。

9 一般に，「西洋」とは，西ヨーロッパと北米を一体的に把握しようとするさいに用いられる概念である。しかし，東大や京大などの主要な大学における西洋史の講座が，主として西ヨーロッパの歴史をあつかい，北米史がかならずしもその視野に入っていない点には注意が必要である。

10　イギリスの著名な歴史家，トレーバー・ローパーが，1960年代に，アフリカ史は存在しないと発言したことはよく知られている。ウォーラーステイン著，本多健吉・高橋章監訳『脱＝社会科学　19世紀パラダイムの限界』藤原書店，1993年，137頁。

11　西田直二郎『日本文化史序説』改造社，1932年，34頁。この点については，京都大学の上島享教授にご教示いただいた。記して謝意を表する。

12　例えば，高山岩男『世界史の哲学』岩波書店，1942年。世界史は，実証主義的な歴史学のテーマとなることは難しかったが，現実の政治や社会と結び付いた思想研究のトピックとしては，十分に意識されていた。この点については，中島隆博「東アジア近代哲学における条件付けられた普遍性と世界史」羽田正編『グローバルヒストリーと東アジア史』東京大学出版会，2016年，89-101頁。

13　上掲小山哲「実証主義の世界史」284-285頁。

14　もっとも，前近代の東南アジア史や中央アジア史などのように，かならずしも現代の国家を単位としては研究がおこなわれていない場合もあることには注意しておかねばならない。

15　上原専禄・江口朴郎・尾鍋輝彦・山本達郎監修『世界史講座8　世界史の理論と教育』東洋経済新報社，1956年，249頁。

16　茨木智志「初期世界史教科書考——『世界史』実施から検定教科書使用前後までの各種出版物に焦点を当てて」『歴史教育研究』第6号，2008年，尾鍋輝彦（編）『世界史の可能性——理論と教育』東京大学協同組合出版部，1950年等参照。高等学校における世界史教育については，今日までに多くの研究があるが，最新のものとして，以下の論文とその文献目録を参照：桃木至朗「現代日本の「世界史」」秋田茂・永原陽子・羽田正・南塚信吾・三宅明正・桃木至朗編『「世界史」の世界史』ミネルヴァ書房，2016年，368-389頁。

17　その最近の業績としては，柄谷行人『世界史の構造』岩波書店，2011年がある。桃木至朗「現代日本の「世界史」」秋田茂他編『「世界史」の世界史』ミネルヴァ書房，2016年，374頁。

18　羽田正『新しい世界史へ』33-41頁。貴志俊彦「東アジア―相関する地域・交錯する地域像―」羽田正編『地域史と世界史』ミネルヴァ書房，2016年，46-49頁。桃木至朗「現代日本の「世界史」」秋田茂他編『「世界史」の世界史』ミネルヴァ書房，2016年，368-389頁のほかに，この論文の文献目録におさめられている茨木智志，小川幸司，中村薫らの諸論考を参照のこと。

19　英語にすると，文明（civilization）と地域（area）の意味は明確に異なり，文明という語は，かつては，（西洋）文明対（非西洋）非文明という二項対立的な意味で用いられたこともあった。しかし，日本語，とくに世界史の解釈におい

第4章　日本におけるグローバル・ヒストリーと世界史

ては，この二つの語はほぼ同義である。

20　これらの文明の間で相互に交渉があったことはふれられるが，それは現代の
国際関係と同様，異なった主体同士の間での交流や影響として語られる。

21　私は『新しい世界史へ』（岩波書店，2011年）で，このように世界をはじめか
らいくつかの地域に区分してそれぞれの歴史をまとめて世界史ととらえる見方
を批判している。

22　いくつか例をあげる。科研費による共同研究としては，基盤研究A「「グロー
バル・ヒストリー」の構築と歴史記述の射程」（研究代表者：松田武，1997-99
年度），基盤研究B「歴史のなかの「記録」と「記憶」——グローバル・ヒスト
リーの視点から」（研究代表者：小山哲，2002-04年度）などが，もっとも早い
例である。雑誌論文では，宮崎正勝「文明の空間構造と都市のネットワーク：
グローバル・ヒストリーに向けての一考察」『北海道教育大学紀要第一部C，教
育科学編』46-2，1996年，159-170頁，同「高等学校「世界史」とグローバル・
ヒストリー：グローバル・パースペクティブへの三つの視点を中心にして」『史
流』37，1997年，春木武志「地球社会時代における世界史教育内容編成——中
等教科書『グローバル・ヒストリー』を手がかりとして」『教育学研究紀要／中
国四国教育学会編』45-2，1999年，205-210頁，杉原薫「グローバル・ヒストリ
ーと「東アジアの奇跡」」『環：歴史・環境・文明』6，2001年，131-137頁など。

23　秋田茂「グローバルヒストリーの挑戦と西洋史研究」『パブリック・ヒストリ
ー』5，35頁。

24　私は秋田の先駆的な研究にはおおいに啓発され，その所説のほとんどに賛成
するが，秋田や桃木至朗ら大阪大学の研究者が自らの研究を引用するさいにし
ばしば用いる「大阪大学の」という枕詞にだけは違和感を覚える。それが自ら
の所属する大学の宣伝になるということはよく分かるが，この言葉を冠するこ
とによって，他の大学に所属する研究者は，彼らと共同で作業をおこなうこと
が難しくなるという点にもう少し配慮があってよいのではないだろうか。大阪
大学の研究者だけがグローバル・ヒストリーを研究しているわけではないし，
大阪大学の研究者の研究だけが他と比べて独特のスタイルをもっているわけで
もない。「大阪大学の」を「私たちの」とするだけでも，ずいぶん印象が変わる
はずだ。

25　水島司『グローバル・ヒストリー入門』山川出版社，2009年，

26　その代表的な作品として，『東西文明の交流』シリーズ（全6巻，平凡社，
1970-71年）をあげておく。

27　ただし，同じ英語圏においても，world history と global history の意味はま
だはっきりとは定まっておらず，研究者によって，その用法はかなり多様であ

101

る。別の機会にさらに詳しく論じる予定だが，とりあえず，北米の「世界史学会（World History Association）」による "world history" の定義と，イギリスに拠点をおく Journal of Global History の掲げる "global history" の意味を，以下に引用しておく。

「簡単にいうなら，world history は，地域・国・文化をこえたマクロな歴史だ。

人類史という広大なモザイク画の一部となるさまざまな文化，国家，その他の存在ごとの微妙な陰翳を深く理解することは，world history の学徒にとって重要だが，world history を研究する人はこれらモザイクの個々の要素から離れて立ち，全体の図柄，あるいは少なくとも図柄の大部分を目におさめることになる。結果として，world history 研究者は，文化の接触や交流，それにグローバルか，少なくとも地域をこえるインパクトをもったさまざまな動きのように，一個の国，地域，文化を越えた現象を研究することになる。world history 研究者は，また比較史にしばしば従事し，その点では，歴史人類学者と考えられるかもしれない。

world history はそれゆえ，別々でたがいに孤立した文化や国家の歴史を研究するのではない。また，かならずしも global history でもない。つまり，world history は単に1492年以後のグローバル化の研究ではないのだ。

文化交流の大きな絵柄と，あるいは，比較史に焦点を絞って研究を進めているかぎり，それは world history 研究者である。例えば，多くの著名な world history 学者が，広大な前近代イスラーム世界内部での旅や文化交流に注目している。ほかに，およそ紀元前200年から1350年頃までユーラシアを横断していたいわゆるシルクロードをつうじての商品，思想，動植物などの移動を研究する人もいる。また，一神教であるユダヤ教，キリスト教，イスラーム教の内部と外部における聖戦の比較研究をおこなっている人もいる。ほかにもある品目やいくつかの品々が地域をこえ世界に与えた衝撃について深く研究することを選択する人もいる。例えば，世界における火器の使用とその展開，綿花やタラのようなありふれたものが古代から現代までの広大な人類史ではたした重要な役割などがそうである。今日みられるエイズの流行や新たな疫病のおそれを知れば，人類史における病気の役割もまた研究し，教えるに重要で時宜を得たトピックだ。」（世界史学会ウェブサイト http://www.thewha.org/about-wha/what-is-world-history/）

「*Journal of Global History* は，過去における世界的な規模での変遷の主要な諸問題とグローバル化のさまざまな歴史をあつかう。また，他の空間的な単位をかたちづくろうとするようなグローバル化に抗する流れも検討する。

> この雑誌は「西洋とその他」という二項対立をこえること，従来の地域の境界をまたぐことをめざし，データ資料を文化史や政治史に関連付け，歴史研究におけるテーマの細分化を乗りこえる。雑誌は，文系理系のさまざまな分野にまたがる学際的交流のフォーラムとしても機能する。」

「西洋とその他」という二項対立をこえること，従来の地域の境界をまたぐことをめざすこの雑誌（*Journal of Global History*）の姿勢は，上にあげた北米「世界史学会」のいう world history とよく似ており，それぞれのめざすところを示したこの二つの文章を読むだけでは，global history と world history の意味の根本的な違いはよく分からない。

28　ヨーロッパ中世史におけるグローバル・ヒストリーが構想されていることからも分かるように，グローバル・ヒストリー研究に時代的な制限はない。

29　Bruce Mazlish, 'An Introduction to Global History', Mazlish and Ralph Buultjens（eds.），*Conceptualizing Global History*, Boulder, 1993, pp.1-24; Bruce Mazlish, 'Comparing Global to World History', *Journal of Interdisciplinary History*, 28, 1998, pp.385-395.

30　10章からなる英語版の目次は，次のとおりである。
1. 序，2. グローバルに考えることの簡略な歴史，3. せめぎあうアプローチ，4. 特徴的なアプローチとしての global history，5. global history と統合の諸形態，6. global history における空間，7. global history における時間，8. 立場性と中心史観的アプローチ，9.「世界」を作るということと global history の諸概念，10. 誰のための global history か？ global history の目的。
一方，ドイツ語版は次の8章から構成されている。
1. 序，2. 世界史の歴史，3. グローバルなグローバル・ヒストリー：1990年代からの展開，4. グローバル・ヒストリーの批判と限界，5. アプローチ，理論，パラダイム，6. グローバル・ヒストリー論争，7. グローバル・ヒストリーの領域と主題，8. 実際のグローバル・ヒストリー。

31　英語圏の global history とドイツ語圏のそれの違いについては，Jürgen Osterhammel, 'Global History and Historical Sociology', James Belich, John Darwin, Margret Frenz, Chris Wickham（eds.），*The Prospect of Global History*, Oxford University Press, 2016, pp. 23-24を参照。

32　注で，浜下武志，杉原薫，川勝平太，水島司，それに羽田正の日本語による論文や著作が引用されている。

33　Sebastian Conrad, *What is Global History?*, Princeton University Press, 2016, p. 3.

34　結果として，ヨーロッパ中心史観は，多大な影響をもった書であるマクニー

ル著『西洋の興隆』がかくすところなく示しているように，長く世界史に共通
の特徴だったとする（Conrad, op.cit., p. 63）。

35　Conrad, op.cit., pp. 63-64.

36　Conrad, op.cit., pp. 63-72.

37　Conrad, op.cit., p. 185.

38　英語圏でも global history を history of globalization ととらえる場合がある。
上述の北米世界史学会（World History Association）による world history 紹介
には，そのような記述がみられる。

39　Conrad, op.cit., pp. 220-221, 280-281.

第Ⅱ部

グローバル・ヒストリーの方法

第5章
日本史の立場からトランスナショナル・ヒストリーを書く

シェルドン・ギャロン
Sheldon Garon

はじめに

　歴史学のなかでもっとも成長めざましい分野の一つは，トランスナショナル・ヒストリーまたはグローバル・ヒストリーである。歴史家たちは，トランスナショナル・ヒストリーとグローバル・ヒストリーを区別するのは容易ではない，と考えてきた。どちらの手法も，各国史研究者や地域研究の専門家たちが通常想定している以上に，世界は密接に相互に結び付いている，ということを出発点としている。トランスナショナル・ヒストリーとグローバル・ヒストリーはともに，複数の国々や地域の関連性にスポットライトをあてて，国境や海をこえる，商品，アイデア，制度，人々，慣行などの移動を描き出す。究極的にはどちらのアプローチも，ローカルとグローバルな展開を，これらよりも空間的に限定された歴史叙述ではとらえきれないかたちで説明することをめざす。二つのアプローチのうち，グローバル・ヒストリーのほうがより包括的である。トランスナショナル・ヒストリーは，「ネイション」（nations）の広範な存在を前提としており，したがってクリストファー・ベイリーが指摘するように，帝国，都市国家，ないしローカルな共同体が世界の多くの部分をおおっていた1850年以前における国々や地域間の結び付きを分析するには，グローバル・ヒストリーに比べて不向きである[1]。また，トランスナショナル・ヒストリーの手法は，ヨーロッパと北米の国民国家間の交流を重視することで，ヨーロッパ中心主義を強めてしまう可能性があるのに対して，グローバル・ヒストリーはより広範なグローバルな変容の解明をめざしている[2]。他方，トランスナショナル・ヒストリーが，グローバルな規模での諸国間の地域横断的な結び付きを検討するのをはばむことは一切ない。実証主義志向が強い歴史家たちは，トランスナショナル・ヒストリーという表現を好む傾向が強い。トランスナショナル・ヒストリーの研究者は，初めからグローバルな「資本主義」ないし「近代性」（modernity）の存在を仮定するよりも，グローバルな変容の特徴を結論付ける前にトランスナショナルな結び付きを調査するほうがより好ましく感じるのである。本論

106

が対象とする19世紀末と20世紀の世界では，国民国家はすでに普遍的な存在となっていたわけであるから，以下では，「トランスナショナル・ヒストリー」と「グローバル・ヒストリー」という用語を互換的に用いることにする。本論のねらいは，日本史の研究者がこのエキサイティングな分野に貢献する方法を提案することである。

1. 近代日本史に潜在する「比較優位性」

トランスナショナルな手法を実践した近代日本

　新しいトランスナショナル・ヒストリーのなかには，すでに華々しい成功をおさめているものもある。ヨーロッパ史の研究者たちは，ヨーロッパ大陸全域にまたがる知識ないし人々の拡散という観点からさまざまな事態の動きを説明することに，かねてから優れた手腕を発揮してきた。数か国語をこなし，一つの国だけにとどまらない複数の文書館を使いこなすこうした研究者たちは，例えば，近世ヨーロッパにおける「救貧法」（poor laws）の急速な広まりの分析などに，トランスナショナルな手法を見事に適用してきた。また，他の歴史家たち，とりわけインド洋の研究者たちは，東アフリカや東南アジアなどの植民地帝国・地域をこえる結び付きの存在を明らかにしている。アメリカ史では，ダニエル・ロジャーズの先駆的な著作『大西洋横断』が，「進歩主義時代」（Progressive Era）が単にアメリカを例外視するアメリカ的な思考の産物というだけにとどまらず，多くの面で，同時代のドイツとイギリスの社会政策に関する調査を反映したものだったことを実証している[3]。同じように大きな影響力をもつスヴェン・ベッカートの著作『綿の帝国』は，世界中の驚くほど膨大な文書資料を利用した，綿の政治経済に関するグローバルな研究である[4]。

　しかし，概していえば，トランスナショナル・ヒストリーは今もなお一時的な流行の域を脱しておらず，当初めざした約束をはたすにいたっていない。「トランスナショナルの出番」（transnational turn）という見方が，アメリカ史の研究者の間でとりわけもてはやされてきた。学術誌『*Journal of Transnational American Studies*』が，トランスナショナルなテーマに焦点をあて，「アメリカ研究における最先端の，国境横断的，学際的な研究」の促進を目的に，2008年に創刊された[5]。全米各地の大学では，「世界におけるアメリカ」を専門とする教員ポストを設置する歴史学部の数が増加している。その

こと自体は申し分のないことではあるが，いくつかの手ごわい障害が残っている。アメリカでアメリカ史を専攻する大学院生たちが，（英語以外の）外国言語での調査，外国の文書館の利用，さらにはアメリカ史以外の歴史科目の履修を推奨されることは，極めてまれである。トランスナショナルなアメリカ史の研究者たちは，比較史研究をおこなうことなく，アメリカに出入りする，ヒトやモノの「流れ」（flow）に焦点をあてることがあまりにも多い。別言すると，彼らが，そうしたフローの送り手や受け手となった，相手側の社会の歴史的な文脈を検討することはめったにない。そして，このようにアメリカにだけこだわる結果，アメリカ史におけるトランスナショナルなアプローチは，より広範なグローバル・ヒストリーに対して，本来なすべき程度よりもわずかな貢献しかおこなっていないのである。この分野の研究の多くは，アメリカの潮流なり政治家たちが，他の社会でどのように「映し出されている」かを描くにとどまっている。この分野の最高の成果であるエレズ・マネラの『ウィルソンの時代』でさえも，ウッドロー・ウィルソンの民族自決論が1919年に，エジプト・インド・朝鮮・中国の４か国の反植民地運動におよぼした影響を過大評価している[6]。この分野の研究では，他の結び付きが無視されてアメリカだけが重視されることがしばしばある。例えばマネラも，第一次世界大戦自体の巨大な影響，四つの反植民地運動の間の横のつながり，大きな関心を呼んでいたロシアと中欧の革命，そして帝国主義のイギリスと日本における政治状況の変化を軽視している。

　空間的にみると，トランスナショナル・ヒストリーは，ヨーロッパ・大西洋世界，そしてヨーロッパの諸帝国に重点をおき続けている。たしかに，中国史の研究者のなかには，グローバル・ヒストリーに多大な貢献をした人たちもいる[7]。それと対照的に，トランスナショナル・ヒストリーの作品に日本の影が薄いことは歴然としている。なんといっても，日本は，1868年の明治維新後の数十年間に，並はずれてダイナミックな国民国家として登場した。ヨーロッパの優位について記したグローバルな報告の数々が，当時非西洋の国として唯一成功した例として日本を称えるのが常だった。しかし，われわれとしては，日本の国家建設を，当時ヨーロッパそのもののなかで同時に進行中だった，さまざまなプロセスのなかに位置付けてみることも可能なはずである。全国一律の初等教育，徴兵制，行政の中央集権化のペースについて考えてみると，日本は古典的な理解にみられる「後発国」というよりも，む

しろ，19世紀末に，ヨーロッパ諸国に伍して対等にわたり合った，意気軒高な競争相手だったように見受けられる。

　また近代日本は，世界最大のトランスナショナルな主体でありかつ学習者の一つとしての位置をまたたくまに占めた。明治日本の指導者たちは，「文明」国の間でさまざまな国際機関がますます重要な位置を占めつつあったことを，驚くほどはっきりと認識していた。重要な国際的な討論の場が開かれるごとに，日本の代表団はそれらの場にただちに，多くの場合，中国その他の非西洋諸国にはるかに先駆けて参加し始めた。日本が早くから参加した，そうした国際会議等のごく一部をあげれば以下のとおりである。万国郵便連合（1877年），国際標準時制定のためのグリニッジ子午線を設定した国際子午線会議（1884年），1864年ジュネーブ条約への署名（1886年），赤十字国際委員会による日本赤十字社の承認（1887年），第2回ハーグ万国平和会議（1907年）[8]。第一次世界大戦後には5大国の一つとして，日本政府は，国際連盟および国際連盟の関連機関である国際労働機関（International Labour Organization）と国際連盟保健機関（League of Nations Health Organization）の，戦間期の種々の政策委員会で主導的な役割をはたした。これら以外にも多くのチャンネルをつうじて，日本はいずれ欧米に追いつくはずだ，との確信をいだいた政府高官たち・企業家たち・科学者たち・改革者たちは，貪欲に欧米の実情を調査した。アメリカといくつかのヨーロッパ諸国に派遣された岩倉使節団（1871～73年）は，そうした調査活動の最たるものだった。日本人の観察者たちは自分たちの報告書を，パリ警察による売春規制，ベルギーの中央銀行，アメリカの地方分権的養育制度，ドイツの陸軍参謀本部，あるいはイギリスの郵便制度，といったように欧米諸国が提供する一連の模範に沿って分類するのが常だった[9]。彼らが残した詳細な調査報告は，アイデアや制度のグローバルな伝播についてわれわれが理解を深めるうえで，まだ活かされていない貴重な情報源である。

　日本の経験は，トランスナショナルな流れが，「中核」（core）としてのヨーロッパから世界のその他の地域へと一方向に動いていたわけではない，ということを明らかにしている。多くの場合，日本のアクターたちは，単なる受け手ではなく，トランスナショナルな知識のつくり手でもあった。1905年に日露戦争で日本が勝利したことは，アジアとイスラーム世界全域のナショナリストたちを勇気づけた。中国からオランダ領東インド諸島・インド・エ

109

ジプト・オスマン帝国にいたる各地の改革者たちは，ヨーロッパの覇権と植民地支配に立ち向かうための国家再生と国家総動員のモデルとして，日本に期待を寄せた。やがて日本が満州と中国への進出を拡大するにともなって，東アジアの改革者たちの多くが日本に失望することになるとはいえ，アジアの指導者たちと思想家たちは，公衆衛生事業，大衆教育，干渉主義的な官僚国家，地域的な組織や団体の動員，プラセンジット・ドゥアラのいう「東アジアの近代」[10] といった日本モデルの中心的な特徴を，一般に受け入れた。さらに，日本から学んだのは，アジア人とアフリカ人だけではなかった。ヨーロッパ人とアメリカ人は，日露戦争をつぶさに観察して，軍の衛生，軍隊の士気高揚，銃後の動員などで日本があげた成果から，次の戦争に備えるための教訓を学び取った[11]。他国に範をとることは，アイデアや実践が交換されるグローバルな市場における多方向的な過程としてとらえられるべきである。日本が他の国々に範をとったのと同様に，ヨーロッパ諸国とアメリカもまた，せっせとたがいのやり方を調べ合ったのである。

日本史研究者こそがもつ利点

　以上から，われわれ日本研究者が日本についてよりトランスナショナルな視点から考え始めるならば，グローバル・ヒストリーに重要な貢献ができると私は確信している。われわれは，われわれの「比較優位性」を活用すべきである。ここでの「比較優位」とは，比較生産費説を唱えたデヴィッド・リカード流の経済学的な意味ではない。そうではなく，日本史研究者は，自分たちのあつかう事例を世界の他の多くの国々と比較し，結び付けるうえで，極めて有利な立場に立っているということをいいたいのである。このことがとりわけあてはまるのは，日本の外で研究し仕事をしている日本史研究者である。ヨーロッパでは日本研究の専門家たちは，通常複数の言語を読みこなすことができるため，日本とヨーロッパ諸国との接触や，アジア・太平洋における植民地帝国との接触に関して，複数の国の文書資料を活用することが可能である。北米の日本研究者もほぼ全員が，ヨーロッパ諸言語を習得しているから，トランスナショナルな交流に関する研究に自分たちの語学力を活かせるはずである。アメリカとカナダの大学の歴史学科は世界の多くの地域を対象としているため，そうした環境で日本史を研究し，教授する研究者は，比較の視点，トランスナショナルな視点から考えられるという意味で，より

第 5 章　日本史の立場からトランスナショナル・ヒストリーを書く

いっそう恵まれている。これと対照的に，ヨーロッパの大学では，「歴史学科」はもっぱらヨーロッパ史に焦点をあてており，他地域の歴史に関する研究と教育は手薄である。また日本の場合は，学生たちは一般に，「西洋史」「東洋史」「日本史」といった，自己完結的な学科の枠組みのなかにとどまったままである。

　日本史研究者には，もう一つの大きな利点がある。それは，日本語が，フランス語，ドイツ語，英語よりも習得しにくいという点である。もしもわれわれ日本研究者が，真に日本をグローバル・ヒストリーに組み入れたいと願うのであれば，われわれは西洋の歴史研究者が日本を発見するまで手をこまねいて待つべきではない。ヨーロッパ史やアメリカ史の研究者が日本語と日本史を習得するよりも，われわれ日本研究者が日本と世界の他地域との相互関係を研究するほうが，まちがいなくはるかに容易なはずだからである。

　日本史研究者がトランスナショナル・ヒストリーを豊かにするであろう一方，トランスナショナルな手法は日本史に関する新しい考え方を提供する。なによりも，この手法は，日本を例外視する神話的通念に異議を唱える。「特殊日本的」とみえる極めて多くのことは，じつは，他の国々との出会いのなかでかたちづくられたのである。タカシ・フジタニが論証するように，明治維新後の日本の天皇制と天皇にかかわる儀礼は，古代からの伝統だけで説明するのは不可能であり，むしろ，同時代のヨーロッパの君主制の概念との対話をつうじて形成された面が多いのである[12]。

　日本史における「トランスナショナルの出番」を宣言するのは時期尚早かもしれないが，トランスナショナルな結び付きとそれらが日本に与えたインパクトを検討する研究がふえているのは事実である。日本における「ファシズム」をめぐる論争は，トランスナショナルなアプローチで満ち溢れている。歴史家たち，とくに日本のマルクス主義史家のなかには，ファシズムは，資本家たちが自己主張の強い労働者階級の運動に立ち向かうために国家主義的な解決策を求める程度にまで，日本の資本主義が発展した，という唯物論的な理由から起きたのだ，と主張する人たちがいる[13]。一方，日本国家のラディカルな変容を，「革新」的な専門家，官僚，軍部の将校が手がけたナチス・ドイツとファシスト・イタリアの政策のトランスナショナルな模倣と関連付ける研究がふえてきている[14]。

　日本のトランスナショナルな結び付きを研究する歴史家のなかには，グロ

111

ーバルな潮流自体を再考するという次の段階にまで突き進んだ者もいる。ロシアと日本の間で国家と無関係におこなわれた交流をあつかったショー・コニシの研究は，相互扶助とボランティア的活動を重視して影響力をもった協同組合的なアナーキズムの潮流が，明治期の日本でいかに培養されたのかを論証している。1874年に西郷隆盛の招きで日本を訪れたロシア人のアナーキスト，レフ・メチニコフ（Lev Mechnikov）は，明治維新を，近代革命であり，普遍的な自由へと向かう文明的な進歩であるととらえた。のちにピョートル・クロポトキン（Peter Kropotkin）は，この見方を借用することになった。コニシは，ヨーロッパの国家建設を，当時の世界を形成した，挑戦されることのないゆるぎないグローバルな変容だとみなす通説に疑問を呈しているのである[15]。

　それに加えて，日本の科学史の研究者たちは，長年トランスナショナルな思考になじんできた。言葉の壁と地理的な距離のあまりの大きさのゆえに，日本の科学はしばしば過小評価されてきたとはいえ，一部の科学分野では，グローバルな科学の形成に，日本人科学者は少なからぬ役割を担った。19世紀末の日本は，国際的に認知された地震学と耐震建築学の拠点として急速な進歩をとげた。日本を訪れたイギリスの専門家たちは，日本人の同僚たちと組んで，グレゴリー・クランシーのいう新たな「英日地震科学」を構築した。ホイユン・キムも同様に，「ドイツの先進科学」と模倣的な日本の科学といった区分を脱構築している。キムは，1868年から1914年までの期間にドイツに留学した1200人の日本人医学生の経験を調べ，「『ドイツ医学』は最終製品としてドイツ国内で完成されたうえで日本に輸出されたのではなく，むしろ絶え間ない生成と破壊のプロセスのなかにあった」こと，そしてそのプロセスには日本人医師たちがドイツと日本の両方でかかわっていたことを明らかにしている[16]。

　グローバル・ヒストリーのなかに日本を位置付けることをめざすもっとも野心的な試みは，クリストファー・L・ヒルの『一国史とさまざまな国からなる世界』である。同書でヒルは，明治日本，第三共和政期のフランス，南北戦争後のアメリカで，トランスナショナルな力が「国（ネイション）」と一国史を構築した，一見すると逆説的にみえる過程を論じている。そして，それぞれの国民に他とは異なる固有の歴史を与えるとともに，出現しつつあった「文明」諸国の国際秩序のなかにそれぞれの国が占める場を正当化するこ

とをめざした，さまざまな文書を丹念に解説する。ヒルによると，それぞれ
の国は，「グローバルな資本主義と主権国家のシステム」にうめ込まれた共
時的な「単一の近代性」（single modernity）に参加していたのである。日
本・フランス・アメリカの間の具体的な結び付きへの関心はさほど強くない
とはいえ，ヒルは，われわれに，これら3か国と当時の他の多くの国々とを
結び付ける，国家建設をめぐる極めて似かよった発展のあり方について考え
ることをうながしている[17]。

グローバル・ヒストリーの核心「三つのC」

　日本を含めたトランスナショナル・ヒストリーを書くための，決まった方
法は存在しない。しかし，上で紹介したような研究は，その可能性を実現す
るためのいくつかのより良い方法を示唆している。第一に，「トランスナシ
ョナル」とは国境を超越することを意味するが，かならずしも国民国家その
ものを超越することを意味するわけではない。もちろん，コニシがおこなっ
たように，非国家的なアクターの間のトランスナショナルな関係を研究する
ことは重要である。とはいえ，多くのトランスナショナルな歴史記述におい
ては，国民と国家は中心的な分析の単位であり続けている。日本の地政学的
な位置のゆえに，知識と人のトランスナショナルな交流においては，国家が
主要な位置を占めた。非国家的なアクターのなかに，欧米に渡航するための
資力をもつ者はほぼ皆無だった。明治維新後の新政府は，官僚，武官，科学
者，その他の研究者を長期の留学のために欧米に派遣することを制度化した。
また，明治期の国家は，政治，軍事，経済，科学分野における最新の動向に
ついて日本人を教育するために，2400人以上の外国人顧問を雇い入れた[18]。

　第二に，トランスナショナルな分析は，二国間関係だけに的を絞るとうま
くいかないことが多い。とりわけ，日米間の比較と結び付きに焦点をあてる
長年の慣行は，日本が世界のなかで他から影響を受けながら構築してきた多
国間関係のあり方を論ずることから，われわれの関心をそらせてしまう。地
方分権的な政治制度と比類ない豊かさゆえに，例外的な存在であり続けてき
たアメリカは，日本人に対して比較的わずかなモデルしか提供してこなかっ
た。したがって，日本とイギリス・ドイツ・フランス，それらの国々の植民
地帝国との結び付きに加えて，と同時に，日本とより小さな革新的な国々と
の結び付きに関しても検討すべきである。例えば，戦間期の日本の政策決定

113

者たちは，ニュージーランドの社会政策やデンマークの栄養学に，魅力的なモデルを見出していた[19]。日本人の想像力をその向かう先へとたどることによって，われわれはアイデアや実践のグローバルな循環についてより広い理解をえることができる。

　最後にもう一点，われわれがどのようにトランスナショナル・ヒストリーを書こうとも，われわれは，グローバル・ヒストリーの理論家セバスティアン・コンラッドがグローバル・ヒストリーの核心と呼ぶ，結び付き（connections）・比較（comparisons）・因果関係（causality）を発展させるべく努力しなければならない[20]。これらをグローバル・ヒストリーの「三つのＣ」と考えたい。優れたトランスナショナル・ヒストリーは，ネイションとグローバルな力学の間の実際の結び付きを掘り起こすと同時に，そうした相互作用におけるアクターを特定するものでなければならない。しかし，国や地域の間の「流れ」を調査するだけでは不十分である。われわれは，それぞれの流れの両端に位置する国々を比較し，それらがおかれた状況の解明もめざさなければならない。例えば，ナチス・ドイツ，ファシスト・イタリア，大日本帝国は，深く結び付き，戦時中同盟関係があったにもかかわらず，それぞれの権威主義の特徴はなぜおおいに異なっていたのか，といった問いが重要である。そこで，因果関係が重要となる。われわれは幾多のトランスナショナルな結び付きを明らかにしうるだろうが，そうした結び付きが分析上どのような付加価値をもつか，ということをつねに問いかける必要がある。そうした結び付きが，日本史ないしグローバル・ヒストリーのいずれかにおける展開——あるいは理想的には両方における展開——を解明するうえでどのように役立ちうるのか，を問うべきであろう。

　「三つのＣ」のすべてを達成するのは容易ではない。私自身はこれまでの研究生活で一貫して歴史の比較史研究にたずさわってきた。そのなかで，さまざまなテーマにトランスナショナルな視点からアプローチすることが多くなってきている。以下本章では，これまでの私の研究成果にもとづき，日本史の立場からトランスナショナル・ヒストリーを書くことの利点を示してみたい。

114

2. 品性涵養と国家建設のグローバル化

明治日本でスマイルズが好まれた理由

　私は2012年に『所得をこえる支出──世界が貯蓄するのにアメリカはなぜ金を使うのか』と題する著書を刊行した[21]。この本の目的の一つは，アメリカにおける家計の高い負債率と低い貯蓄率の改善をめざす政策論議の内容を豊かにすることにあった。アジアやヨーロッパの諸国が過去2世紀にわたって国民の貯蓄を奨励してきた経験から，アメリカとしてなにを学びうるかについて論じたのである。

　しかし，『所得をこえる支出』は，なににもましてグローバル・ヒストリーの本である。副題はいささか不正確なきらいがあるが，全体の約半分の章は日本と他のアジア諸国を対象としている。執筆に取りかかった当初は，日本の貯蓄奨励だけをあつかう本を書くつもりだった。日本国家が，比類ないほど国民生活に干渉主義的であった，と想定していた。実際，前著『*Molding Japanese Minds*（日本人の思考態度を形成する）』でも，日本国家による「社会管理」と「道徳的説得」（moral suasion）という特徴的な活動を強調していた[22]。しかし私はまもなく，近代日本における貯蓄奨励と道徳的説得のメカニズムの多くが，ヨーロッパにおける実践と発想の意識的な模倣をつうじて採用されたことに気付いた。日本国家は，思っていたほどには例外的ではなかったのである。

　つまり，われわれは，近代日本の興隆を，19世紀末のグローバルな文脈のなかに位置付けなければならないのである。明治維新後に日本の政府高官たちが西洋諸国の力を支える秘密の解明に乗りだしたさい，彼らは「文明化」した列強が，愛国的で，勤勉で，自立的市民をつくり出すことに懸命になっていた姿を見て取った。すぐに目に付いたのは，西洋の改革者たちと国家が，懸命に大衆に貯蓄を呼びかける姿だった。1861年にイギリスは世界最初の郵便貯金局（Post Office Savings Bank）を設立した。郵便貯金制度は，斬新な社会改革として国際的な注目を集め，急速にヨーロッパのほぼすべての国々とその植民地へと広まった。新生明治国家の高官たちが欧米の最善の施策に関する調査を開始したのは，まさにそうした時期だった。すでに1870～71年にロンドンを訪れていた前島密は，1875年に，上司たちを説得して，郵便貯金制度を含むイギリスの郵便制度の多くの要素の採用を実現した。こうして

日本は，独立国のなかで郵便貯金制度を設立した3番目の国となったのであるが，このことからも，欧米で同時的に進行していたトランスナショナルな模倣の過程に，日本人がいかに精力的に関与していたかがうかがえる。1884年，大蔵省の官僚たちは，フランス財務省の預金供託公庫（Caisse des Dépôts et Consignations）に範をとって，郵便貯金基金のすべてを省内に新設した預金部の管轄下におく制度をつくった。それ以降，日本国家は，自立的な臣民を育成するためだけでなく，フランスにおけるように戦争や帝国主義的拡張をはじめとする国家的プロジェクトの資金をまかなうために，貯蓄を奨励した。

　日本政府は，学校貯金銀行というヨーロッパ生まれのもう一つの新たな取り組みも模倣した。これは，週に一度，生徒たちがあまった小遣い銭をもち寄り，郵便局あるいは貯蓄銀行に預金するという仕組みだった。1860年代にベルギーで始まり，それぞれの国民国家が，幼少の生徒たちに勤勉と倹約の習慣を植え付けるために，拡大する大衆教育を活用した制度だった。日本はたちまちのうちに，貯蓄のグローバル・ヒストリーにおける中心的プレーヤーの一員になった。1906年には，日本全国の小学生のうち郵便貯金口座をもつ者の割合が4分の1という，当時の世界の学校貯金の普及率としては最高レベルに達した。そして1910年には，日本の小学生の郵便貯金口座保有率はさらに高まり，イギリス・フランス・ドイツを上回る35パーセントに達した[23]。

　このような経緯は，トランスナショナル・ヒストリーと比較史がどのように交差するのか，そしてなぜ両方が重要であるのかを明らかにしている。トランスナショナルな結び付きは，政府主導でおこなわれた家計の貯蓄奨励策が，いかにして近代日本の統治と国民性の一部となったかを解明するうえで役立つ。しかし，外国のモデルが利用可能だったということだけでは，なぜ明治期に日本がヨーロッパの貯蓄制度を採用したのかを完全に説明しつくせない。これを明らかにするには，日本社会とヨーロッパ社会の両方における歴史的な状況を比較することが不可欠である。近代日本は，それに先立つ江戸時代（1603～1868年）から根強い「倹約」の伝統を受け継いでいた。歴代の将軍や大名も，長年にわたって配下の者たちに無駄遣いを慎むように訓戒していた。二宮尊徳（1787～1856）をはじめとする商人や農民層の改革者たちは，将来の繁栄のために穀物や金銭を蓄える，より積極的なメッセージを

次々と発信するようになった。

　サミュエル・スマイルズ（Samuel Smiles）によるヴィクトリア時代のベストセラー『*Self-Help*（自助論）』が1871年に『西国立志編』の題名で日本語に翻訳，出版されて大好評を博したことからも明らかなように，江戸末期の日本の展開は，徐々に進歩しつつあった欧米の思考や慣習とうまく調和したのである。同書のなかでスマイルズは，「品性」（character），自制，勤勉，倹約の重要性を強調した。これらの徳目は，儒教を学んだ武士，商人，富農たちの心に響いた。しかし，明治日本でなぜスマイルズが大ヒットしたのかを理解するためには，イギリスで執筆刊行された彼の原著をよりグローバルな文脈において検討することも必要である。スマイルズの2冊の著書，『自助論』（1859年）と『*Thrift*（勤倹論）』（1875年）は，いずれも，粗野な個人主義への頌歌とはほど遠い。スマイルズは，品性涵養と国家建設は，一つのコインの両面だと説いた。当時の多くの自由主義者と同様に，彼は，国家が学校や郵便貯金銀行などの制度を設立してはじめて，労働者階級は自立できるようになる，と主張した。こうして，多くの日本政府の官吏たちは，強力で富裕な国をつくるために，人々に勤勉と倹約について説き聞かせることの必要性を力説する唱導者として，スマイルズを読んだのである[24]。

トランスナショナルな学習の循環（1）――武士道礼賛

　日露戦争における日本の勝利は，品性涵養と国家建設にかかわるもう一つのトランスナショナルな転換点を画した。これを機に，世界はもはや日本を単なる模倣者とみなすのではなく，むしろグローバル・ヒストリーにおける主要な活動主体の一員とみなすようになる。多くの西洋人は，自分たちの社会の再活性化のモデルとして日本に注目した。国の衰退という考えに囚われたイギリスの「国民的効率性」（national efficiency）構想の唱道者たちは，祖国のために，国内で，また戦場で，わが身を犠牲にする愛国的で質素な国民をつくり上げるのに成功した日本国家に注目した。

　ジャーナリストのアルフレッド・ステッドは著書『大日本――国民的効率性の研究』のなかで，学童・農民・労働者たちが戦費をまかなうために郵便局や銀行で預貯金をする愛国的なようすについて，感服して次のように記している。「ギリシャ神話の巨神アトラスは天空を双肩に担いだといわれるが，日本ではアトラス一人に天空を担がせる必要はない。男，女，子どもの誰も

が，その任務を分担する覚悟と誇りをもっている」。ステッドは，その理由は，日本人の全員が，それぞれの倹約と自己犠牲という態度として，「武士道」を体現しているからであり，「全員がサムライの本能を保持している」からだ，と主張した[25]。

　まさに武士道＝「サムライの道」において，われわれは，国民性の驚くほどグローバルな循環をみてとることができるのである。第二次世界大戦の頃になると，武士道は日本人固有の熱狂的な精神を意味するようになるのだが，それが武士道の起源だったわけではない。江戸時代には武士階級は人口のごくわずかを占めていたにすぎず，庶民が武士階級の価値観と一体感をいだくなどということをすれば，僭越な行為とみなされたはずである。近代における武士道礼賛熱は，主としてトランスナショナルな観点からみることによって説明できるようになる。新渡戸稲造は1899年に刊行した『武士道――日本のこころ』のなかで，武士道は明治維新以降「すべての社会階層に浸透した」，と断言した。この本は，日本語で執筆されたのではなく，国民の再活性化に熱心な西洋人と対話する意図をもって英語で執筆されたのである。同書はアメリカとイギリスで何度も再版され，すぐさまドイツ語・スウェーデン語・ノルウェー語・ポーランド語に翻訳された。新渡戸自身によれば，学校でヨーロッパ式の宗教教育が行われていないにもにもかかわらず，日本人はどのようにして「道徳教育」をおこなっているのか，とベルギーの法律家から説明を求められてはじめて，彼自身，武士道の大きな影響力を認識するようになったという[26]。

　1905年に日露戦争で日本が勝利すると，西洋の観察者たちは，新渡戸の武士道解釈をもっとも分かりやすい説として受け入れ，日本人が勝利したのは，国への忠誠心，倹約，尚武と，恒久的に根付いている「騎士道」的な伝統のおかげだ，と考えた。しかし，これらは，列強が自国民の動員に向けて国民国家を鼓舞することにしのぎを削っていた当時，同時代の西洋でも重視されていた価値観だった。武士道を日本固有のものとみなすのではなく，多くの西洋人はこれを見習うべきだと主張した。日露戦争の真っ最中に，「国民的効率性」構想の中心的論者の一人だったH・G・ウェルズは，小説『近代のユートピア』で，清廉で禁欲的なこのユートピアの守護者たちをサムライと呼んだ[27]。武士道を礼賛したもう一人のイギリス人は，退役軍人のロバート・ベーデン゠パウエル卿であり，「できるならば，昔の騎士道の規則のう

ちで，私たちイギリス人の道徳的気風をつくり上げるのに大きな役目をはたしたものを，私たちのなかによみがえらせる」ことを目的に，1907年にボーイスカウトを設立したのであった。彼は，「日本では［武士道］は，生活上の慣習となるように今も児童に教えられているというのに（中略），不幸にして，私たちのなかで騎士道は，ほとんどかえりみられることもないまま，滅びつつある」，と指摘した[28]。武士道にしろ，ボーイスカウトにしろ，若者たちに武徳と公徳（martial and civic virtues）を叩き込むことをねらった新たな運動は，直接的なトランスナショナルな結び付きと，より広範なグローバルな潮流の両方を反映していたのである。ベーデン＝パウエルの試みは，武士道に刺激されたと同時に，今度は，日本の政府関係者たちにも影響を与えた。ボーイスカウト運動に鼓舞された彼らは，1910年代から20年代にかけて，日本の草の根レベルで青年団の設立をめざす広範な運動の一環として，日本でもボーイスカウト部隊を編成した。武士道についていえば，新渡戸の著書が西洋で好評を博する以前には，日本のエリート層が日本人全般にこの言葉をあてはめることは概してなかった。新渡戸の著書が日本語に訳しなおされて刊行されたのは，1908年のことだった[29]。

トランスナショナルな学習の循環（2）——国家的貯蓄の推進

　トランスナショナルな学習の循環はその後も数十年にわたって続いた。当初イギリスが，ついでフランスが，郵便貯金制度の見本を日本に提供した。この制度は，のちに拡大を続ける基金を富国強兵のための資金として投入することになったのである。やがて，日本国家は，日露戦争中に世界最初の戦時貯蓄運動を展開した。そして第一次世界大戦中には，イギリス政府は，地方レベルの戦時貯蓄組合（War Savings Associations）を包含する，より大規模な全国戦時貯蓄運動（National War Savings Campaign）を展開した。第一次世界大戦が終わると，今度は日本の大蔵省が，戦後のイギリスの全国貯蓄運動（National Savings Campaigns）をみならうことになった。1924〜26年の勤倹奨励運動では，イギリスと同様に中央委員会，地方レベルの推進委員会，貯蓄組合からなる組織が編成された。日本国家はさらに，イギリスの貯蓄運動がおこなった，婦人団体や宗教団体にも参加協力をうながすという前例のない試みもみならった。そして最後に，日本が1937年に中国との戦争に乗りだすと，政府当局者はまたしてもイギリスの先例にならって，1945年まで存

続することになる戦時貯蓄運動を制度化した。

　1945年に日本は敗戦したものの，緊縮財政と積極的な貯蓄促進を背後で衝き動かしてきたトランスナショナルな推進力には，ほとんどなんらの変化も生じなかった。日本政府は，救国貯蓄運動の名のもとで1946年から49年にかけて，またしても押しつけがましい貯蓄推進運動を展開した。この運動は，ハイパーインフレーションを抑え，空襲で焼きつくされた日本の再建をまかなう資金を生み出すことを目的としていた。戦後日本の緊縮政策には，なに一つとして例外的なことはなかった。日本の政府当局者たちが頻繁に指摘したように，イギリス・ソ連・フランス・ベルギー・オランダ・ドイツ等々，戦禍で荒廃したヨーロッパのどの国も，国民に節約し貯蓄するようにと呼びかけていた。また，1950年代をつうじて，日本の政府当局者たちは，西ヨーロッパにおける貯蓄推進運動の成功した施策を定期的に報告していた。日本国家は，経済が成長し始めてからも，貯蓄運動を調整し続けたが，その点では，大半のヨーロッパ諸国も同じだった[30]。

　このように戦後の貯蓄推進計画は，日本研究がいかにしてグ・ロ・ー・バ・ル・・ヒ・ス・ト・リ・ー・を正しく理解するうえで役立ちうるかを示す格好の例である。戦後のヨーロッパと日本でアメリカ型「消費社会」がいかに進行したかについて書く歴史家たちは多い[31]。しかし，ここでもまた，アメリカ・モデルは，グローバルな舞台で演じられた唯一の演目ではなかったのである。私は，イギリス・フランス・ベルギー・ドイツの文書館で，戦後日本における干渉主義的な「国民貯蓄」運動とそっくりな運動が展開された歴史を発見している。

　1970年代になると日本は，貯蓄主導型経済成長を成しとげた世界有数のモデルとして，もてはやされるようになった。日本の経験は，他のアジア諸国・諸経済の開発戦略に影響を与えた。1945年まで日本の植民地だった韓国は，日本が遺した貯蓄運動，貯蓄組合，郵便貯金を引き継いだ。1969年に韓国銀行は，日本銀行の例にならって中央貯蓄推進協議会を設立し，一連の「倹約運動」の調整にあたらせるようになった。1970年代になると，シンガポールが，イギリス植民地時代に設立された郵便貯金銀行（Post Office Savings Bank）を再編し，少額の預金を積極的に奨励する日本型の制度へ転換し，日本と同様に，集まった資金を政府がさまざまな開発プロジェクトに投入した。1980, 90年代には，日本政府は，東南アジア諸国の政府に対して，郵便貯金の拡大と貯蓄奨励の施策について定期的にアドバイスをするように

なった。2000年代初頭でも，マレーシアの中央銀行は，日本の貯蓄推進運動に倣って，女性に向けて積極的に家計簿を配布した。中国でも，1970年代末に政府が改革開放政策に着手することを決定したのち，日中の政府関係者たちは協力して中国の郵便貯金制度やその他の貯蓄推進事業の拡充に取り組んだ。

今日，「倹約」は，「アジア的価値観」あるいは儒教思想のあらわれだとみなされている。ドイツ・フランス・オーストリア・スイス・ベルギー・スウェーデンなど複数のヨーロッパの国々で，現在，貯蓄率が家計の可処分所得の10パーセント前後という世界でも最高水準にあることは，ほとんど知られていない。拙著『所得をこえる支出』は，ヨーロッパとアジアの高貯蓄諸国が，共通の文化遺産ではなく，むしろ国民に貯蓄に努め借金を回避するようにと奨励する，相互に関連する介入の近代史をどのように共有しているのかを明らかにしている。

3. トランスナショナルな「銃後」──その構築と破壊

食糧政策

トランスナショナルに思考することは，私が現在手がけている第二次世界大戦中の日本・ドイツ・イギリスにおける銃後（home front）に関する研究でも，同様に有用である。1918年以後と1945年以後における戦後のグローバルな秩序の形成を対象とする研究はいくつかあるが，二つの大戦自体を検討するトランスナショナルな歴史研究はほぼ皆無である[32]。ここには，活かされていないチャンスがある。二つの世界大戦は極めてトランスナショナルな時間だった。参戦した国々は，敵国および同盟諸国の戦術を調査し，模倣し，改善するために，前例のない資源を投入した。軍事史研究者は，はるか以前からこのことを理解してきたが，銃後について研究する歴史家たちはそうではない。第二次世界大戦はグローバルな出来事であったが，銃後に関する歴史研究の関心は個々の国々だけに限定されたままである。日本の銃後に関する研究書は，いかに民間人がひどい食糧難と爆撃を経験したかについては記述している[33]。しかし，どのようなトランスナショナルな展開が，日本や他の交戦諸国に，それぞれの国内の民間人を利用したり虐待したりするように仕向けたのか，あるいはどのようなグローバルな思考の影響によって，参戦諸国が，敵国の非戦闘員を攻撃目標とするのを「当然視」するようになった

のか，といった問題の解明をめざす歴史家たちはまれである。

　枠組みを広げ，日本や他の国々における「銃後」の実態と概念自体が，トランスナショナルに構成されたのだということを考えてみたい。第二次世界大戦前の数年間，世界中の政策立案者たちは，他の国々が彼らのいう「総力戦」に向けてどのように準備をしているか，体系的に調べていた。彼らは，きたるべき戦争で勝利できるか否かは，軍事的な成功だけでなく，個々の交戦国が戦争遂行に向けて国内の非戦闘員をいかに首尾よく動員できるかによっても左右される，と信じていた。総力戦は，軍需生産を維持し，民間人に食糧を供給し，民間人の士気を保全し，家計の貯蓄を動員し，空爆に対して都市を防衛する，という共通の課題を各国に突き付けた。1941年まで，民主的なイギリスやナチス・ドイツから，ソ連や権威主義的な日本へと旅行する人は，行く先々で，空襲監視員，停電，疎開，配給切符，食欲をそそらない代用食品など，多くの見なれた戦時下の生活の特徴を目にしたはずである。こうした類似点は，偶然の一致とはほど遠いものであり，むしろ，各国が，それぞれの銃後の防衛努力からたがいに学び合った結果もたらされたものだった。こうしたトランスナショナルな相互学習は，破壊的な側面もともなっていた。1914年から45年にかけて，輸送網の封鎖，空爆，非戦闘員の「士気喪失」によって敵の銃後を破壊して戦争で勝利することをめざす戦略が，世界各地で発展した。

　日本は，そうした言説の中心に位置していたにもかかわらず，第二次世界大戦における非戦闘員に関する，よりグローバルな歴史を書くいとなみにおいて，過小評価され続けている。日本が軽視されているのはたしかに，ヨーロッパの戦場から遠く離れていること，そして日本語の資料を読みこなすのは骨が折れることと無関係ではない。しかし，このような日本軽視は，戦時中の日本は，自国の非戦闘員を犠牲にすることをなんとも思わない特殊例外的に狂信的な国粋主義者たちに率いられていたのだ，とする見方が広く信じられていたことにも根差している。原爆開発のマンハッタン・プロジェクトに加わった頭脳明晰な物理学者イジドール・イザーク・ラービ（Isidor Isaac Rabi）は，アメリカが立ち向かったのは，「西洋世界が一体どんなところなのかを知らないこうしたおかしな人たち」だったと回想している[34]。実際には日本は，第二次世界大戦の最中にも，ほとんどの研究者たちが認識している以上に，グローバルな趨勢ときわめて密接にかかわっていた。幾多の軍当

局者，官僚，専門家が，ヨーロッパの銃後における最新の動員状況について調査を続けていた。

第二次世界大戦における銃後にまつわるトランスナショナルな物語は，第一次世界大戦からえられたとされる教訓を出発点としている。もっとも影響力が強かったのは，長引く戦争における食糧と民間人の「士気」の関係に関するものだった[35]。ドイツ帝国の例は，強力な交戦国であっても，銃後が「崩壊」すれば敗戦につながりうるという教訓を提示していた。ドイツの非戦闘員の間に政府への不満を炊きつけることをねらって，イギリスの戦略家たちはすでに，ドイツへの物資と食糧の輸送を阻止するため，海上封鎖と金融封鎖を実施していた。ドイツ帝国の食糧供給政策が失敗したことと相まって，この封鎖は悲惨な食糧不足を引き起こした。主婦たちは政府の食糧政策を批判する街頭抗議をおこない，工場労働者たちはストライキを行った。1918年の10月と11月には，多くの都市で労働者革命評議会と兵士革命評議会が設立された。追いつめられた皇帝ヴィルヘルム二世は退位し，かわって政権を担った新たな民主政権の指導者たちは素早く11月11日に，連合国側の要求どおりの休戦に同意した。

ドイツ崩壊の教訓は，日本人観察者たちにもしっかりと伝わった。連合国側に立って戦った日本政府は，ヨーロッパの銃後の状況を，他のどの交戦国よりも徹底的に調べた。複数の省が若手の官僚たちをイギリス・フランス・イタリアに，のちにはアメリカにも派遣して，それぞれの国々の動員計画を調査させた。日本の政府関係者はまた，ドイツの状況についても，近隣のスイスやその他の中立国から観察した。官僚たちがまとめた極めて詳細な報告は，陸軍，海軍，外務，内務，大蔵，文部，郵政，農商の各省内に設置された特別調査委員会に提出された。それらの委員会は，戦時下の国家と社会についての観察報告にもとづいて，その後の平時と戦時の日本を導くことになる，決定的に重要な政策提言をまとめた[36]。

日本の陸軍内で影響力をもった将校たちのグループは，第一次世界大戦によって，その後，「総力戦」に関する1930年代のグローバルな思考の中心要素の一つとなる，「国家総動員」の重要性が立証されたと理解した。これらの将校たちは，将来の戦争で勝利するためには，兵士と軍需労働者を動員するだけでなく，全国民の物的，人的，資金的資源を動員することが不可欠である，と主張した。そうした動員には，欧米諸国がつい最近おこなったよう

123

に，女性を，看護要員として，食糧の配分の作業に，そして戦時貯蓄運動や，工場で働かせるために募集することが含まれていた。陸軍の臨時軍事調査委員会が1917年にまとめた文書は，「現今の戦争は實に國家の全力を要求し」，と指摘した[37]。内務省の官僚たちが1920年代初頭に都道府県に対して村落や都市の居住区ごとに婦人会を設立するように指示したさい，彼らも，終わったばかりの戦争におけるヨーロッパの先例を引き合いに出した[38]。

　日本の政府関係者たちがとくに注目したのは，食糧と国内の士気の関連性だった。彼らは，イギリスの配給制度と，非戦闘員に食料を無駄にせず都会の空き地で野菜をつくるように奨励する運動を称賛した。反対に，ドイツ帝国の食糧供給政策の失敗は，次の戦争で日本でも起こりうる警告として，繰り返し呼び起された。日本の将校たちは，ドイツの食糧不足と，それが早くも1917年に労働者の暴動を引き起こした一因となったことを報告した。陸軍の食糧問題の専門家は，「前歐洲大戦に於て武力戦には勝ち乍らも遂に獨逸が食糧缺乏によつて國内より崩れて行つた」，ことを繰り返し指摘した[39]。

　日本自身が「1918年」危機にみまわれると，日本の政府関係者たちにとって第一次世界大戦の「教訓」は緊急性をおびた。米の値段が急騰したその年の７月から８月にかけて，全国の都市部の住民と労働者が「米騒動」に加わった。多くの日本人が，米騒動を，ロシア・ドイツ・オーストリア＝ハンガリーで吹き荒れていた食糧騒動と結び付けてとらえた。戦時中のヨーロッパ諸国の食糧計画から学んだ日本国家は，一方では国民の食生活の多様化をはかると同時に，大日本帝国の他の地域から輸入可能な食糧供給をふやす，という一対の政策を打ち出して対応した。1920年代と30年代には，政府当局は，栄養学者や女性の代表たちの協力をあおいで，全国の家庭を対象に，ビタミン豊富な大麦，豆類，より多くの野菜を用いて米を補うように勧めるキャンペーンを展開した。政府はまた，植民地の朝鮮と台湾でのジャポニカ種の米の栽培，台湾でのサトウキビの栽培，満州で大豆と雑穀の栽培を，強引に促進する措置も打ち出した[40]。1936年，日本の専門家たちは，大日本帝国内での食糧の自給自足が達成されたと宣言した。中国での戦争が２年におよんでも，日本の食糧供給は減ることはなかった。経済学者のエリザベス・シュンペーターは，1940年における日本帝国の「食糧供給は，戦争状態であるにもかかわらず，十分すぎるほどである」，と結論づけた[41]。

　1941年12月に日本が太平洋戦争を開戦すると，政策立案者たちは，第二次

世界大戦の初期の段階で彼らがすでにイギリスおよびドイツで観察していた，食糧政策の多くを実施した。政府は1941年4月の時点ですでに六大都市で米の配給制度を導入していたが，1942年2月には配給制度を全国に拡大した。政府当局者たちは，農林省を再編し，イギリスとドイツの「食糧省」に相当する組織として，食糧管理局を発足させた。この新組織が，すべての食糧の生産，徴収，分配，価格設定を管轄することになった[42]。

　トランスナショナルな経験から学んだ日本の食糧政策は，戦時期のほとんどの期間をつうじて，日本の非戦闘員をやっとのことで支え切れたにすぎなかった。皮肉なことに，日本の国内社会は，1918年にドイツ国民をおそったよりもはるかにひどい食糧難に陥った。連合国による日本の海上輸送にたいする攻撃によって，東南アジアと台湾からの米と砂糖の輸入は，1944年末までに事実上すべてとだえた。海上封鎖は，「飢餓作戦」と銘打った米軍の作戦によって，戦争末期の最後の数か月にピークに達した。これは，下関海峡・瀬戸内海，そして朝鮮・満州・中国から輸送される食糧と燃料をあつかっていた西日本各地の港湾に，B-29爆撃機の編隊が航空機雷を投下するというかたちでおこなわれた。こうした海上封鎖によって，カロリー・ベースでみた日本の食糧消費は，20パーセントも減った[43]。戦争の終結をもたらした要因として，2度の原爆投下の役割が重視されがちだが，日本の有力な指導者や産業界が，栄養不足の非戦闘員たちが働く体力もなければ，想定されるアメリカ軍の本土上陸に抵抗できない，との判断をすでに下していたことも見すごされてはならない。「1918年」のトランスナショナルな悪夢が再来する危険をほのめかしつつ，元首相近衛文麿は天皇に宛てた上奏文のなかで，銃後における生活窮乏のさらなる悪化は，国内に大混乱を起こし「共産革命」を惹起するだろうと警告を発した[44]。

非戦闘員への空襲と防衛

　トランスナショナルな銃後の構築において食糧問題はたしかに重要であったとはいえ，空襲に対する防衛は，日本での，そしてまたヨーロッパの交戦諸国での日常的な動員にとって最重要課題として登場した。すでに第一次世界大戦において，ドイツの巨大飛行船ツエッペリン号と爆撃機はロンドンとパリで何百人もの人々を殺害し，イギリスとフランスの空軍はドイツの中核工業地帯の都市を攻撃目標とした。戦後，有力な空軍力の戦略家，なかでも

1921年の著作によって強い影響力をもったイタリアのジュリオ・ドゥーエ（Guilio Douhet）は，都市を破壊することによって地上戦とは無関係に戦争に勝てる，と主張した。労働者階級の居住地区こそは格好の標的であるとして，これらの戦略家は，かつてイギリスによる輸送封鎖と食糧不足が，1918年にドイツで達成したのと同じように，将来，空爆は，労働者たちを恐怖に陥れて「士気を喪失させ」，政府に対して降伏を迫る行動へと駆り立てるだろうと予言した。

　こうした「戦略爆撃」構想は，戦間期の30年ほどの間に，ヨーロッパ，アメリカ，日本の軍部の間に浸透した。1922年，フランス陸軍の航空専門家マルセル・ジョノ（Marcel Jauneaud）は，ドゥーエの主張をおうむ返しに繰り返すようにして，日本の陸軍航空隊に対して，敵国の首都を焼き，工場を破壊し，国民の士気を挫くような，長距離飛行が可能な爆撃機を製造すべきだと助言した[45]。実際に，その後1930年代になると，日本の海軍と陸軍の航空隊は，戦略爆撃にかけては世界最高の実践能力を身につけることになる。1938年から1941年にかけて，日本軍の飛行機は，中国国民党政府の戦時中の首都だった重慶に対する焼夷弾爆撃を繰り返し，１万5000人もの死者を出した。これは，空軍力によって敵側の首都を継続的に攻撃して敵国を敗戦に追い込むことをめざした，世界でも最初の試みの一つであったし，イギリスとドイツの空軍も熱心にこの作戦を注視した[46]。

　1939年９月にヨーロッパで戦争が勃発すると，ドイツ空軍はワルシャワとロッテルダムに破壊的な空襲をおこない，ついでイギリスに対して「ロンドン大空襲」（1940〜41年）を実施した。だが，ドゥーエの戦略爆撃構想を全面的に取り入れたのは，イギリスであり，ついでアメリカだった。まずイギリスは，ドイツ国内の人口稠密な都市中心部や労働者の居住地区を標的として爆撃機部隊が夜間に集中的に攻撃する，夜間「地域爆撃」戦術を編み出した。米陸軍航空隊は，軍事施設や産業施設に目標を絞る精密爆撃を優先したが，それでも対ドイツ戦の最終局面では，米軍もイギリス軍とともにドイツの都市に対する焼夷弾による攻撃をおこなった。こうした英米両国の戦術は，労働者に空襲を仕掛けることが，敵の軍需生産を破壊するだけでなく，生き残った労働者たちをヒトラーに対する革命に立ち上がるようにうながす，という当時発展していたトランスナショナルな発想を反映していた。

　もう一つのトランスナショナルな展開として重要なのは，連合諸国がドイ

126

ツの都市への破壊的な攻撃で学んだことが、ただちに米陸軍航空隊に伝授され、1945年に日本各地の都市に対しておこなわれた焼夷弾による空襲作戦に活かされたことである。こうした空爆戦術には、大都市の中心部への爆撃、労働者階級の居住地区を標的とする極めて殺傷力の強い焼夷弾（とりわけナパーム弾）の投下、そして最終的には、大都市以外の全国各地の中小都市への爆撃作戦の拡大が含まれた。3月9日から10日にかけて300機近いB-29が東京の中心部を襲った空襲では、たった1晩で10万人もの死者が出た。

　いかにして敵国の銃後を破壊するか戦間期にたがいに学習し合うなかで、各国は、空襲にたいする自国の都市の防衛方法に関するトランスナショナルな知識も習得した。1916〜18年にヨーロッパに駐在した日本人観察者を含む専門家は、高射砲あるいは戦闘機を用いる「積極的」防空手段と、「消極的」防空手段を区別した。のちに「市民防衛」ないし民間防衛対策と呼ばれるようになった消極的防空対策は、非戦闘員の疎開と防空壕の建造を意味した。しかし、民間防衛対策は、非戦闘員の保護・防衛に力点をおくだけにとどまらず、次第に非戦闘員を動員して自らの防衛に参加させることも重視するようになった。こうして、何百万人もの男女が、近隣住区ごとの空襲監視員、消防団員、火災監視員、救急隊員、また職場の民間防衛隊の一員などの肩書で動員されることになる。各国の民間防衛対策は、将来の空襲が集団的パニックを引き起こし、ただちに銃後の崩壊につながりうる、とする政府当局者たちの不安感から生まれた。イギリスでは、内務省が、第一次世界大戦でドイツ軍によるロンドン爆撃ののちに、極度の「士気の喪失」があったと報告した。1924年、政府の空襲警戒小委員会（Subcommittee on Air Raid Precautions）は、将来におけるロンドン空襲のさいに「パニック」「混乱」「士気の崩壊」を防止するために民間防衛警察を設立する、という構想を秘密裏に検討し始めた[47]。

　日本は取り組みをさらに進め、民間防衛の先駆者の一つとしての地位を築いた。1928年7月、陸軍と政府当局者たちは、大阪で、国の直接的な指示・指導によって組織された婦人会、青年団、在郷軍人会をつうじて200万人の住民を動員して、世界最初の大規模な防空演習を実施した。この演習は、欧米の報道機関と諸外国の駐日大使館によって広く報じられた。日本で防空対策への関心が深まった背景には、トランスナショナルな動向と国内の動向との重なり合いがあった。第一次世界大戦中、ロンドンとパリに駐在していた

日本陸軍の観察者たちは，ドイツ軍の爆撃機が，軍事施設を攻撃するよりも，民間人に「脅威を与える」ことを重視している，と報告していた。陸軍の臨時軍事調査委員会は，将来，敵の飛行機が木造建造物の多い日本の都市を焼夷弾で攻撃することがあれば，そうした攻撃は「国民の士気を喪失せしめる」だろう，と予測した[48]。

1923年に起きた関東大震災では，このようなトランスナショナルな悪夢がまさに現実となった。地震に続いて起きた大火災によって，約10万人の京浜地区の住民が命を落とした。陸軍と警察当局は，治安が崩壊したことにショックを受けた。自警団が数千人の朝鮮人と数百人の中国人を殺害した。そうした状況を目にした，のちに陸軍大臣となる陸軍大将宇垣一成は，日記に「今次の震災に次ぐに火災を以てしたる惨事を実見して敵国航空機の襲撃を蒙りたるときの状況に想到せば，実に炎天の下膚に粟を生ずるの感なくんばあらず」，と記した。大震災を受けて，政府は，都市住民たちに空襲への備えをかためさせるための取り組みを強化した[49]。さらに，1931〜32年に日本が満州を領有し，ついで1937年に中華民国と戦争を始めると，末端の近隣住区をも網羅する全国規模の民間防衛体制の構築が加速した。

当時そのことを認める日本人はほぼ皆無だったと思われるが，政府によるトランスナショナルな知識の利用は，日本人の日常生活にまでおよぶ動員のあり方をおおいにかたちづくったのである。1930年代の前半には，多くの国々は，都市に対して主要な脅威を与えるのは，高性能爆弾ないしは毒ガスではなく，むしろ焼夷弾だろうと想定していた（なお，その当時までには，列強諸国は，化学兵器と生物学兵器を禁じた1925年のジュネーブ協定への批准を済ませていた）。焼夷弾は，住宅の屋根を突き破って落下する，小型の「スティックボム」別名ドミノ爆弾として，数千発単位で投下が可能であり，ドイツ・ワイマール共和国の内務省は1932年に，専門の消防士でもそうした爆弾にはお手上げだろう，と指摘した。そこで，ドイツの政府当局者たちは，近隣住区ごとの「自衛」（Selbschutz）組織の設置を計画した。計画書は，個々の焼夷弾を消火することが火災の拡大防止のために不可欠であり，それをおこなうには「住民全員」の参加が不可欠だ，と述べた。各アパートの建物ごとに，一部の「勇敢な女性」も含む住人たちをメンバーとする「家屋消防隊」（Hausfeuerwehr）が結成されることになった。そして，街区ごとに，街区監視員が監督する防空隣組（Luftschutzgemeinschaft）が組織されることに

なった[50]。それから2年後，日本陸軍の調査員も同様に，各家庭にスティックボムを見つけ消火する方法について訓練をほどこすことが必要だ，と結論付けた。日本でおこなわれた住民総出の防空演習では，住民たちは，スティックボムが落ちてきたら，当の家と隣近所が炎に包まれる前に，爆弾の周囲にある燃えやすい物を5分以内に水で濡らすように指導された[51]。それ以後，1945年に米軍の空爆作戦までの間，主として女性によって構成された隣組は，バケツ・リレーで焼夷弾を消火するための訓練を，絶えずおこなうことになる。

　以上のような複数の事象が並行して起こっていたのは，偶然ではありえない。各国の銃後は密接に関連していたのである。日本の場合についていえば，政府関係者や専門家たちがどのような経路をへて，ナチス・ドイツの最新式の民間防衛システムを調査したのかを，容易にたどることが可能である。日本陸軍の将校たちや官僚をメンバーとする数次にわたる派遣団が，1930年代半ばと，ついで枢軸条約締結後の1940～41年に，ドイツの防空施設を視察した。日本の政府当局者たちは，1937年の防空法を制定するにあたって，民間防衛活動への住民参加を義務付けたドイツの防空法（1935年）に範をとった。また，日本の視察団は，近隣住区レベルまで網羅し，1943年の時点で2200万人という大規模な加盟者数を誇った，ナチス政権の民間防衛組織である国家防空連盟（Reichsluftschutzbund, 略称：RLB）を称賛した。RLBは明らかに，日本国家が1939～40年に手がけた銃後の大幅な再編に影響を与えた。この改革で，内務省は，都市に町内会と，その下部組織として10世帯前後によって構成される隣組とを設置した。隣組の設置目的は，なににもまして，RLBの家屋消防隊と非常に似かよった防空隊として機能することにあった。町内会も同様に，ナチス党の「街区監視員」（Blockwart）あるいはRLBの「街路監視員」の監督下におかれた防空隣組と対応していた。戦時中のドイツにおける事態の動きも，さらに日本の銃後に影響をおよぼした。1943年末，ヨーロッパに派遣されていた駐在武官から，ハンブルグに対する壊滅的な空襲と，ベルリンに対する大規模な空襲に関する報告を受けた政府当局者たちは，緊急に国内の民間防衛体制の強化に着手した[52]。

　以上のようなトランスナショナルな事象に対する注目は，日本の銃後に関する新たな考え方を示唆しているが，日本の事例自体がグローバル・ヒストリーに大々的に貢献できるかもしれない。日本史の研究者たちが，日本が諸

外国に範をとるパターンを分析することに慣れているのに対して，ヨーロッパの中核的社会の研究にたずさわる研究者たちは，概して，知識のグローバルかつ多方向的な循環を過小評価しがちである。理解できないことではないが，ドイツの研究者たちは，ナチス体制の形成におけるトランスナショナルな影響を認めたがらない。しかし，ドイツ外務省の文書資料は，ナチス国家が，それに先立つワイマール共和国と同様に，他の国々の民間防衛計画を日本国家に劣らず積極的に調べたことを明らかにしている。ナチス時代の空軍省と内務省は，イギリス・フランス・イタリア・ソ連・オランダ・ベルギー・チェコスロヴァキア・デンマーク，さらには，遠く離れた日本と中国における防空演習と民間防衛組織について，定期的に調査していた。また，ナチスの大規模な民間防衛組織である国家防空連盟（RLB）も，まったく新たに構想されたわけではなかった。1933年に，RLBは，ワイマール時代の二つの防空組織を吸収合併したが，これら二つももともとは，国家の命令で設立されたソ連の準軍事団体，防空連盟（Osoviakhi, 1927年設立）とポーランドの防空防ガス連盟（1929年設立）をみならって設置されたものだった。ドイツ政府関係者たちが指摘するとおり，1930年代の初頭，ヨーロッパ諸国の多くは，大衆を結集する民間防衛団体を組織化していた。第二次世界大戦の直前には，ヨーロッパ内の情報収集活動は，イギリスの内務次官とその配下の外国情報局長が，ヒトラーによるオーストリア併合のわずか数週間前の1938年1月に，ドイツの防空システムのハイレベルな視察旅行をおこなうほどまでの過熱ぶりを示した[53]。

　実際に，銃後のトランスナショナルな調査結果は，同盟諸国の間だけで循環したわけでなく，戦時下の敵国同士の間でも伝播した。日本はドイツ国内の外交要員たちの協力をえて，同盟関係にあった枢軸諸国の銃後にかかわる手法をつぶさに観察した。しかし，日本人専門家たちは，イギリスと交戦状態にはいってからもかなり長い間，イギリスの民間防衛活動について報告し続けた。1943～44年にいたってもなお，陸軍が発行する民間防衛に関する雑誌『国民防空』は，イギリスの消火戦術，防空壕，疎開，民間防衛への女性の貢献などに関する数々の記事を掲載した。1941年12月にイギリスとの戦争が始まる以前，ロンドンの日本人外交官，駐在武官，特派員は，イギリスの銃後について詳しい報告をおこなっていた。彼らの多くは，ドイツによるロンドン大空襲を直接目撃した[54]。ともに島国である日英両国が交戦状態には

第 5 章　日本史の立場からトランスナショナル・ヒストリーを書く

いったのちも，日本側は中立国のポルトガル・スペイン・スイス・スウェーデンと，イギリスの隣国アイルランドの大使館から，イギリスの銃後の観測を継続した。非常に驚くべきことは，戦時中のソ連の防空活動に関する詳細な報道が，日本でなされていたことである。『国民防空』は，ソ連の民間防衛体制と，救急活動への若い女性の大規模な動員について頻繁に伝えた[55]。

「ファシズム重視」の問題点

　最後に，トランスナショナルな銃後に関する研究をおこなうと，1935年から1945年の期間に，具体的になにがグローバルに循環・伝播していたのか，われわれは，従来以上に真剣に考えざるをえなくなるのである。今日の日本研究者の多くにとって，その答えは「ファシズム」である[56]。しかし，彼らがファシズムという概念を日本に適用する方法には，二つの問題がある。一つは時間的な前後関係である。たしかに，個々のファシスト思想家や小規模なファシスト的運動が，1930年代前半の日本で活動していたとはいえ，国家が日常生活を根本的に転換しようとなにかすることはほとんどなかった。国家と社会の関係の抜本的な変革をめざす措置のほぼすべては，1938～40年にはじまり，1945年まで続いた。奇妙なことに，こうした変革の文脈を形成したのは戦争だということが極めて明白であるにもかかわらず，「ファシズム」を重視する研究者たちがその戦争に言及することはめったにない。「日華事変」がすでに持久戦になったことを政府当局者たちが認識していた1938年4月，産業界と労働者に対して，政府に圧倒的な権限を付与する国家総動員法が制定された。地域レベルでの生活を抜本的に再編して町内会と隣組のもとに組織化する措置が，政党，労働組合，女性団体を新設の大政翼賛会のもとに強引に統合する措置とともに，1940年に施行された。こうした展開もまた，政府と軍部当局が，英米あるいはソ連との予想される戦争に備えて人々の日常生活の動員に着手したのと並行して，起きたものだった。

　「ファシズム」を重視することにともなう第二の問題は，権威主義的な構造が多様な政体に波及したことを，この視点では説明できないことにある。グレゴリー・カスザ（Gregory Kasza）は，隣組や「労働戦線」などの「管理された大衆組織」が，日本，ファシスト・イタリア，ソ連，ナチス・ドイツ，共産政権下のユーゴスラヴィア，国民党政権下および共産党支配下の中国に波及したことを，明確に跡付けている[57]。私としては，このリストにイ

131

ギリスを追加したい。戦時中に，空襲，海上封鎖，そしてナチスによる侵略の可能性に直面したとき，イギリスもまたかつてないほど強引に民間人を動員した。「リベラル」なはずのイギリス国家は，労働者を大量に徴用し，厳しい食糧配給制と貯蓄奨励運動を押しつけ，自主的な募集が失敗すると男女を問わず民間防衛隊員になるよう強制した[58]。それが，トランスナショナルな銃後の実態だった。日本は，ドイツ，イギリス，ソ連における非戦闘員の動員について研究した。イギリスとドイツは，互いに空爆を仕かけ合い，相手方を餓死させようと努めていた最中においてすら，相手方の民間防衛体制と食糧計画の優れた面を絶えず採用し続けた。そして，日本とナチス・ドイツ，民主主義国イギリスとアメリカにいたるまで戦略爆撃の実践家たちは，敵の銃後を破壊する作戦における「もっとも効果的な方法」を追求した。民間人の生活を動員し，防衛し，破壊することへの，このグローバルな執着は，「ファシズム」の現象よりもはるかに強大だった。それが総力戦の世界だったのである。

終わりに

　日本に焦点をあてたトランスナショナルな歴史を書くにあたって，本論の内容および他の論者の研究は，どのような点で参考になりうるのか？　第一に，トランスナショナルな結び付きを掘り起こす作業をおこなうにあたって，本論で取り上げたいくつかの事例の差異を決して「平らに均し」てはならない。日本が戦時中におこなった他国の銃後に関する調査は，まぎれもなく重要な意味をもった。こうした調査は指導者たちを勇気づけて，資源の乏しい日本であっても，生産，国土防衛，食糧供給のために人的資源を動員すれば，「総力戦」は継続可能なはずだ，という思いをいだかせてしまったからである。とはいえ，トランスナショナルな学習にはそれなりの限界がある。当然ながら，条件は国ごとに多様である。日本は1916〜18年にドイツ帝国が犯した食糧政策の失敗をつぶさに検討したものの，そこからえた教訓をもってしても，第二次世界大戦で連合諸国が実施した日本の食糧供給体制に対する海軍，空軍力による未曽有の攻撃に対して十分に備えることはできなかった。同様に，日本の専門家たちは，空爆が取り立てて効果的ではなかった第二次世界大戦の初期段階で，イギリスとドイツが受けた空襲の影響について調査した。そして，民間防衛体制を首尾よく整えれば，敵の空爆も無力化できる

132

第 5 章　日本史の立場からトランスナショナル・ヒストリーを書く

はずだ，という当時としては合理的な結論をくだした。だが，不幸なことに，戦争末期の5か月間に日本の都市への空襲が集中的におこなわれた頃には，空爆の規模と破壊力はかつてないレベルに達してしまっていたのである。その結果，よく訓練されたバケツ・リレーでは，B-29の編隊とナパーム弾に立ち向かうのは不可能だった。トランスナショナル・ヒストリーにおけるこの種のエピソードにおいて，比較は，結び付きに劣らず重要なのである。

　第二に，分析の枠組みが広いほど，グローバルな変容についての理解がより的確になる。もしもわれわれが日米関係だけに，あるいは枢軸国内で行き止まりになる日独間の歴史的な結び付きだけに視野を限定すれば，みえるものは当然限られてしまう。当時の日本人は研究熱心だった。われわれも，彼らの知と身体が世界中に残した軌跡を，できるかぎり正確にたどるべきである。そうすることによって，トランスナショナル・ヒストリーは，単に国境をこえるだけでなく，日本における「ファシズム」をめぐる論争のような陳腐な論争もこえる可能性を秘めているのである。

　もっとも重要な点として，トランスナショナルなヒストリーを書くにあたって，われわれは「ポジショナリティ（立ち位置）」（positionality）という問題について考えなければならない。先にふれたセバスティアン・コンラッドが指摘するように，世界の大半の歴史は「根本的に，地域の文脈に『中心的』」である[59]。そうした多くの歴史が一般に想定しているのは，大きな知的，社会的，政治的，経済的な力が西ヨーロッパあるいはアメリカで生まれ，「周辺」へと広まっていくという，地球のあり方である。それでは，日本史の研究者は，グローバル・ヒストリーないしトランスナショナル・ヒストリーにどのように貢献できるのだろうか？　私には，多くの日本の思想家たちが過去1世紀に提案したように，日本ないしアジアを中心にすえる，従来とは異なるオルタナティブな世界史を書くべきだ，と提案するつもりはない。そうではなく，われわれは，日本人がこれまで近代世界における重要なトランスナショナルなアクターであったことを認識し，彼らがもった結び付きやかかわりをこれまで以上に精力的に探索することによって，「ヨーロッパ」「西洋」「アジア」といったくくり方を分解し，好奇心にあふれる個々の無数な国へと還元すべきである。こうすることで，日本史研究者は，他の研究者にはできないようなかたちで世界を「みることができる」かもしれないのである。

133

●註

1 C. A. Bayly, 'AHR Conversation: On Transnational History', *American Historical Review*, Vol. 111, No. 5, 2006, p. 1442.

2 Sebastian Conrad, *What Is Global History?*, Princeton University Press, 2016, pp. 44-45参照。

3 Daniel T. Rodgers, *Atlantic Crossings: Social Politics in a Progressive Age*, Belknap Press of Harvard University Press, 1998.

4 Sven Beckert, *Empire of Cotton: A Global History*, Knopf, 2014.

5 Shelly Fisher Fishkin, 'Editor's Note: Envisioning Transnational American Studies', *Journal of Transnational American Studies*, Vol. 6, No. 1, 2015, p. 1.

6 Erez Manela, *The Wilsonian Moment: Self-determination and the International Origins of Anticolonial Nationalism*, Oxford University Press, 2007.

7 Kenneth Pomeranz, *The Great Divergence: China, Europe, and the Making of the Modern World Economy*, Princeton University Press, 2000; Juergen Osterhammel, *The Transformation of the World: A Global History of the Nineteenth Century*, Princeton University Press, 2014.

8 Judith Fröhlich, 'Pictures of the Sino-Japanese War of 1894-1895', *War in History*, Vol. 21, No. 2 , 2014, pp. 242-243.

9 D. Eleanor Westney, *Imitation and Innovation: The Transfer of Western Organizational Patterns to Meiji Japan*, Harvard University Press, 1987.

10 Prasenjit Duara, *Sovereignty and Authenticity: Manchuria and the East Asia Modern*, Rowman & Littlefield Publishers, 2003, pp. 2, 24, 250; Cemil Aydin, *The Politics of Anti-Westernism in Asia: Visions of World Order in Pan-Islamic and Pan-Asian Thought*, Columbia University Press, 2007, chap. 4.

11 Louis Livingston Seaman, *The Real Triumph of Japan: The Conquest of the Silent Foe*, D. Appleton and Company, 1908; Margaret MacMillan, *The War that Ended Peace: The Road to 1914*, Random House, 2013, pp. 330, 380.

12 Takashi Fujitani, *Splendid Monarchy: Power and Pageantry in Modern Japan*, University of California Press, 1996.

13 Andrew Gordon, *Labor and Imperial Democracy in Prewar Japan*, University of California Press, 1991, pp. 333-339.

14 William Miles Fletcher, *The Search for a New Order: Intellectuals and Fascism in Prewar Japan*, University of North Carolina Press, 1982; Sheldon Garon, *State*

and Labor in Modern Japan, University of California Press, 1987; Janis Mimura, *Planning for Empire: Reform Bureaucrats and the Japanese Welfare State*, Cornell University Press, 2011.

15　Sho Konishi, *Anarchist Modernity: Cooperatism and Japanese-Russian Intellectual Relations in Modern Japan*, Harvard University Center, 2013.

16　Gregory Clancey, *Earthquake Nation: The Cultural Practices of Japanese Seismicity, 1868-1930*, University of California Press, 2006, p. 63; Hoi-Eun Kim, *Doctors of Empire: Medical and Cultural Encounters between Imperial Germany and Meiji Japan*, University of Toronto Press, 2014, p. 10.

17　Christopher L. Hill, *National History and the World of Nations: Capital, State, and the Rhetoric of History in Japan, France, and the United States*, Duke University Press, 2008, p. ix.

18　Westney, *Imitation and Innovation*, pp. 19-21; Garon, *State and Labor*, pp. 83-85; pp. 67-76.

19　Garon, *State and Labor*, p. 97.

20　Conrad, *What is Global History?*, pp. 63-72.

21　Sheldon Garon, *Beyond Our Means: Why America Spends While the World Saves*, Princeton Univerity Press, 2012.

22　Sheldon Garon, *Molding Japanese Minds: The State in Everyday Life*, Princeton University Press, 1997.

23　Garon, *Beyond Our Means*, pp. 144, 155.

24　Garon, *Beyond Our Means*, pp. 48-57, 151-158.

25　Alfred Stead, *Great Japan: A Study in National Efficiency*, John Lane, 1906, pp. xvii, 28-30, 38, 50.

26　Inazo Nitobe, *Bushido: The Soul of Japan (1899)*, 17th ed., Teibi Publishing, 1911, pp. v, ix.

27　H. G. Wells, *A Modern Utopia*, Chapman and Hall, 1905, chap. 9.

28　傍点は私による。Robert Stephenson Smyth Baden-Powell, *Scouting for Boys: A Handbook for Instruction in Good Citizenship*, Horace Cox, 1908, chap. 7.

29　新渡戸稲造, 櫻井鴎村訳『武士道』丁未出版社, 1908年。

30　Garon, *Beyond Our Means*, pp. 210-220, 256-276.

31　Victoria de Grazia, *Irresistible Empire: America's Advance through 20th-Century Europe*, Belknap Press of Harvard University Press, 2005.

32　例えば Sebastian Conrad, Dominic Sachsenmaier (eds.), *Competing Visions of World Order: Global Moments and Movements, 1880s-1930s*, Palgrave Macmillan,

2007.

33　Samuel Hideo Yamashita, *Daily Life in Wartime Japan, 1940-1945*, University Press of Kansas, 2015.

34　Interview with I. I. Rabi, *The Day After Trinity: J. Robert Oppenheimer & The Atomic Bomb*, director: Jon Else, 1980; 日本の指導者が民間人の生命に留意しなかったことに関しては，以下参照：Tsuyoshi Hasegawa, 'Were the Atomic Bombings of Hiroshima and Nagasaki Justified?', Yuki Tanaka, Marilyn B. Young（eds.）, *Bombing Civilians: A Twentieth-Century History*, New Press, 2009, pp. 116-117.

35　Sheldon Garon, 'The Home Front and Food Insecurity in Wartime Japan: A Transnational Perspective', Hartmut Berghoff, Jan Logemann, Felix Romer（eds.）, *The Consumer on the Home Front: Second World War Civilian Consumption in Comparative Perspective*, Oxford University Press, forthcoming.

36　Jan Peter Schmidt, *Der Erste Weltkrieg in Japan: Medialisierte Kriegserfahrung, Nachkriegsinterdiskurs und Politik, 1914-1918/19*, Ph.D. dissertation, Ruhr-Universität Bochum, 2013, pp. 267-272.

37　臨時軍事調査委員『歐洲戰と交戰各國婦人』臨時軍事調査委員，1917年，p. 1；臨時軍事調査委員［永田鉄山］「國家總動員に關する意見」1920年5月；纐纈厚『総力戦体制研究』社会評論社，1981年，pp. 213-244；Schmidt, 'Der Erste Weltkreig', pp. 273-275, 286-287, 307-308.

38　Garon, *Molding Japanese Minds*, pp. 126-129.

39　丸本彰造『空襲と食糧』東華書房，1944年，序，pp. 49-52.

40　Katarzyna J. Cwiertka, *Modern Japanese Cuisine: Food, Power and National Identity*, Reaktion, 2006, pp. 68-69, 79-84, 120-122.

41　傍点は私による。E. B. Schumpeter, 'Japan, Korea and Manchukuo, 1936-1940', Schumpeter et al.（eds.）, *The Industrialization of Japan and Manchukuo, 1930-1940*, Macmillan, 1940, pp. 277, 279; B. F. Johnston, *Japanese Food Management in World War II*, Stanford University Press, 1953, pp. 67-68, 50-66.

42　Johnston, *Japanese Food Management*, pp. 178-184.

43　Frederick M. Sallagar, *Lessons from an Aerial Mining Campaign (Operation 'Starvation')*, A Report Prepared for United States Air Force Project Rand, 1974.

44　'Konoe Memorial, Feb. 14, 1945', David Lu（ed.）, *Sources of Japanese History*, Vol. 2, McGraw-Hill, 1974, p. 170.

45　Juergen Paul Melzer, *Assisted Takeoff: Germany and the Ascent of Japan's Aviation, 1910-1937*, Ph.D. dissertation, Princeton University, 2014, p. 140; Sheldon

Garon, 'Ursprünge und Entwicklung der Strategischen Bombardierung', *Schlachthof 5: Dresdens Zerstörung in literarischen Zeugnissen*, Militär Historisches Museum, 2015, pp. 29-41.

46 Edna Tow, 'The Great Bombing of Chongqing and the Anti-Japanese War, 1937-1945', Mark Peattie, Edward J. Drea, Hans van de Ven (eds.), *The Battle for China*, Stanford University Press, 2011, pp. 256-282; Sudō Kinji, 'Bomben auf Tschungking', *Der Adler*, German Air Ministry, No. 24, November 1941, pp. 592-593.

47 Air Raid Precautions Committee, 10th meeting, December 1, 1924, 17th meeting, March 30, 1925, and 'Air Staff Notes on Enemy Air Attack on Defended Zones in Great Britain', A.R.P./5, 28 May 1924, Memoranda, Records of the Cabinet Office, Committee of Imperial Defense, CAB 46/1 , 46/3, National Archives of the UK.

48 臨時軍事調査委員「參戦諸國の陸軍に就て」第 5 版，臨時軍事調査委員，1919 年，pp. 74-77.

49 1923年 9 月 6 日。宇垣一茂『宇垣一茂日記』第 1 巻，みすず書房，1971年，pp. 445-446；J. Charles Schencking, *The Great Kantō Earthquake and the Chimera of National Reconstruction in Japan*, Columbia University Press, 2013, pp. 76-77.

50 Reichsminister der Innern, 'Abschnitt VII: Brandschutz', October 19, 1932, *Luftschutz für die Zivilbevölkerung*, Vol. 5, March 1932- June 1933, R32816, IIF Luft, Politische Archiv, Foreign Office, Germany, Berlin [hereafter PA].

51 土田宏成『近代日本の「国民防空」体制』神田外語大学出版局，pp. 181-182.

52 防衛研修所戦史室『戦史叢書19 本土防空作戦』，朝雲新聞社，pp. 42, 46, 260-261；土田『近代日本の「国民防空」体制』pp. 228-229, 295-297.

53 約20か国の防空政策の展開に関するドイツ航空省の「広報」については，以下参照：Reichsluftfahrtministerium, *Luftschutz-Pressebericht*, nr. 17/37, October 10, 1937, Gas- und Luftschutzfragen in Ausland, 1936-1938, R101487; "Bericht der Deutschen Luftshutz Liga," Deutsche Luftschutz Liga, Direktorium (Geisler), to Geheimrat Frohwein, Auswärtiges Amt, October 21, 1931, "Deutsche Luftschutz Liga," August 1931-October 1932, R32823, IIF Luft, PA; Sheldon Garon, 'Defending Civilians against Aerial Bombardment: A Comparative/Transnational History of Japanese, German, and British Home Fronts, 1918-1945', *Online Encyclopedia of Mass Violence*, Sciences Po, forthcoming.

54 『國民防空』第 3 巻 5 号，1941年 5 月，pp. 33-41；第 5 巻 6 号，1943年 6 月，pp. 20-25；第 6 巻 7 号，1944年 7 月，pp. 18-21, 37。外務省歐亞局編『戰時下ノ

英國事情』外務省歐亞局第三課，1941年―。

55 『國民防空』第 5 巻 5 号，1943年 6 月，p. 9 参照。

56 Alan Tansman（ed.）, *The Culture of Japanese Fascism*, Duke University Press, 2009.

57 Gregory J. Kasza, *The Conscription Society: Administered Mass Organizations*, Yale University Press, 1995.

58 Garon, 'Defending Civilians'.

59 Conrad, *What is Global History?*, pp. 162-163.

※この論文は以下の英文論文として公刊されている。Sheldon Garon, 'Transnational History and Japan's "Comparative Advantage"', *The Journal of Japanese Studies*, 43-1, 2017, pp. 65-92.

第6章
布と衣の世界史の構築とグローバル・ヒストリー

杉浦未樹

Sugiura Miki

はじめに——モノの世界史とグローバル・ヒストリー：布と衣の場合

　地域横断的にモノの発生・移動・転回・循環を追う「モノの世界史」は日本ではポピュラーな世界史のジャンルとなって久しい。加えて，砂糖の世界的な生産を追究したミンツの『甘さと権力』から近年のスティーブン・トピックらの業績まで，コモディティー・チェイン（商品連鎖）を構築しなおすことによって，世界史的な枠組みで，人々のグローバルな活動の実像を叙述する研究も蓄積されてきた[1]。また，文化人類学者アパデュライによる「モノの社会生活」（Social Lives of Things）理論もモノを長期的スパンから分析する歴史研究を広くいざなってきた[2]。

　そうした「モノの世界史」やグローバルなコモディティー・チェインを構築する試みのなかで，布と衣は，やや特異な展開をたどる。布と衣は必ずしもグローバル・ヒストリー叙述が進んでいるとはいえない。布と衣は人類にとって近しい手工業製品であり，歴史叙述の中心となってきた。しかし，それがゆえに，それらの歴史記述は，形態（糸布衣）と素材（麻絹綿など）によって細分化していった。加えて，地域区分も細かく設定されてきた。衣の歴史は，一国史の枠組みでとらえられる傾向が強く，地域横断的な研究が少なかった。

　同じ繊維製品のなかでみると，糸と布の距離の近さに対して，布と衣の歴史叙述は交差することが少ない。布と衣は，それぞれに重要な，長い歴史的展開を伴ったモノであり，あえてそれらの歴史叙述を統合する必要もないのかもしれない。しかし，この二つの歴史記述がかい離しているということも，また問題を引き起こしかねない。さらに，布と衣のグローバル・ヒストリーが記述されていくなかで，このかい離はどうなっているのであろうか。

　その答えは一つにはまとまらない。まず，グローバル・ヒストリーの試みの進展度合いにおいて，布と衣の間で格差がある。布では，綿織物を主役にグローバル・ヒストリーが精力的に描かれているが，衣の歴史叙述においてグローバル・ヒストリーは例外的視点にとどまる。もっとも，布と衣のグロ

ーバル・ヒストリーを描こうという試みは，現在複数のディシプリンから，さまざまなアプローチをもって進行している。あるアプローチでは，布と衣はさらに離れ，別のディシプリンからのアプローチでは両者は接近しつつある。本論では，布と衣のグローバル・ヒストリー叙述にかかわるアプローチを，グローバル・エコノミック・ヒストリー（世界経済史），グローバル・アート・ヒストリー（世界美術史），モノの物質性に力点をおいたマテリアルカルチャー研究（物質文化史），消費史の四つに整理する。

　本章では，1500年〜1900年をあつかう研究を中心に，布と衣のグローバル・ヒストリーを描く近年の代表的な研究を取り上げ，そのめざすところや視角を整理したあとに，異なるアプローチ間の接合点を考察しながら，グローバル・ヒストリーの記述をめぐる問題を明らかにしていく。まず，布と衣とが別々にグローバル・ヒストリーの記述を始めている以上，両者それぞれがいかなる構図を描きつつあるのかを把握する必要がある。近世から現代までの布と衣のグローバル・ヒストリー記述は，どこかの中心を偏重することなく，多心性と多極性をできうるかぎり実現しながら地域的なつながりと全体像を描いていくべきであろう。しかし，グローバル・ヒストリーが進展するなかで，布と衣それぞれにおいて，中心があらためて生じる可能性もある。続く節では，最近10年内に出版された「布のグローバル・ヒストリー」および「衣のグローバル・ヒストリー」の代表的な研究をそれぞれいくつか取り上げ，それらが提示する枠組みを読み解く。

1. 近年における布のグローバル・ヒストリーの展開──多極性を求めて

布の世界史の代表例
──グローバル・アート・ヒストリー（世界美術史）に向けて

　近年の研究書で「布のグローバル・ヒストリー」の代表格としてあげられるものは，アメリア・ペックの編集した『織りあげられた地球　世界規模の布交易』であろう[3]。これは，2014年にメトロポリタン博物館で開催された展覧会図録だが，8人の織物史家が，グローバルなつながりに主眼をおいて，「近世インド布，ラテンアメリカ産布，中国趣味のポルトガル布・日本布・オスマントルコとサファヴィー朝イランにおける布・ヨーロッパによるアジア布の受け入れ・北米に東インド会社をつうじて輸出されたインド布」をあつかう。それぞれの論考は短めではあるものの，定点をおき，そこからみえ

る世界的なつながりを描き，絹と綿の双方を取り上げつつ，複層的に多極性を描き出すことに成功している。

　これとは異なり，一つのスタイルの織物の派生的なつながりをたどることによって世界史を描き出す研究もある。その代表格に，国立民族学博物館編『更紗今昔物語　ジャワから世界へ』（2006年）があげられる[4]。これも，同博物館で開催された展覧会図録であり，一つひとつの論考は数ページと短いが，30人以上の研究者が参加し，ジャワ更紗の東南アジア全域・東西アフリカ・東アジア・カリブ海域・北西ヨーロッパとのつながりを詳述している。こちらもその視野の広さが素晴らしい[5]。

　このように美術史的視点からの研究書は，図録のかたちをとるという限界はもちつつも，Ａ地点からＢ地点へのリニア伝播という視点以上の包括性をもった構図を描き出している。これは1990年代以降とりわけ顕著になってきた，いわゆる「グローバル・アート・ヒストリー」の運動，すなわち美術史の地理的設定に対する危機意識と連動していると考えられる。美術史の分類は，美術館という国家機構と密接していることもあり，基本は１国ごとにおこなわれるか，それよりやや広いアメリカ・ヨーロッパ・アジア・アフリカなどの地域別にくくることが主流である。そうした分類に対して美術史家からこれまでも疑問が提示されてきたが，近年グローバルな視野が求められるなかで，グローバルな美術史や文化史にふさわしい設定が一層追求されている。例えば，グルジンスキーやダコスタ・カウフマンは，近世期のメキシコなどの植民地の美術が，自動的に宗主国スペインの美術に組み込まれることを批判するが，その一方で，それらを「メキシコの美術」としてスペインと切り離して考えることも，さらには相互受容であると二地点の関係内だけで考えることも拒否する。いいかえれば，彼らは，地域間のつながりをあつかうにしても，西洋美術の伝播や受容など二地点間のリニアなつながりだけをみることに疑問を呈し，グローバルな循環を考えることを提案している[6]。こうした視点は，絵画以上に，美術工芸品に関する研究に強い。そのなかでも，布は，地域をこえて循環したことが明らかである。前段落に掲げた世界的なつながりをみていく布の歴史研究は，こうした点を反映したものといえよう。

世界経済と綿織物がもたらした地域設定──大西洋とインド洋とその他

　布の世界史を描く試みは，社会経済史的な視点からも進んできている。その主眼となるのは綿織物である。半世紀ほど前までは，布の世界史とされる著作は，シルクロード史に典型的なように，古代から中世の絹織物を主体とした。しかし，ここ10年間では，近世期（1500年）以降の研究が急速に発展し，その中心は綿織物に移ってきている。

　商業革命から産業革命にいたる時期のヨーロッパ経済の歴史記述において綿織物をめぐる研究が，外への視点を拡大させてきて久しい。具体的には，近世期のオランダや産業革命前後のイギリスの工業化について，ヨーロッパ外との貿易取引は内的成長要因を助長・促進したサブ要因にすぎないとの見方もあった。しかし綿織物を軸とした貿易研究が進展し「三角貿易」や「大西洋経済」の成立を明らかにしたことで，論争はいまだ続くにせよ，イギリスやオランダの工業化においてグローバルな文脈での理解が欠かせないものと位置付けられるようになった。

　従来，織物業史はもっぱら1国の枠組みで語られ，1国をこえたとしても，せいぜい2国間や越境地域経済圏の範囲にとどまる傾向があった。一方，2000年以降開花した「グローバル・エコノミック・ヒストリー」は，アジア・ヨーロッパ・アメリカなどの広い地域範囲で議論する。ポメランツの「おおいなる分岐」やアレンやマディソンや斎藤修らの「実質賃金・生活水準」論争が中心となる[7]。それらの論争がおもにおこなっていることは，広範な地域のつながりを明らかにすることよりも，内的成長要因の地域・国家間比較である。しかし，並行して，とくに2000年代後半より，生産・流通・消費における地域的なつながりをより深く追求したグローバル・エコノミック・ヒストリーの研究群が発展していった。そして，ここでも綿織物に関する研究がその中心にあった。

　リエロが編集し，イギリス・インド・カナダ・アメリカ・日本の歴史家たちの参加した論文集，『インドはいかに世界に布をまとわせたか？』や『世界を紡ぐ』は，インド亜大陸と東南アジアを中心とした織物の生産や取引の意義を明らかにし，それが中心的なモーターとなって，広い範囲における商業化・消費社会化・産業化が起こったことを示した[8]。これらの研究に，杉原薫をはじめとする，インド洋世界におけるアジア間交易の研究成果が結び付き，東アジア地域もこの構図のなかに位置付けられた。リエロは，これら

142

の論文集の視点を取り入れ，単著『綿織物（コットン）』をまとめた。その書では，イギリスをはじめとした北西ヨーロッパが，東南アジアや東アジアと並んで，インド大陸とインド洋に成立した世界商品である綿織物に影響をうけた一地域として，並列的にとらえられるようになった[9]。

　しかし，その一方で，北西ヨーロッパ史では，インド洋との新たな結び付きは，従来「大西洋経済」の枠組みでとらえられていた「グローバルな」つながりを補強・保管するものと位置付けられ，極言すれば，大西洋がインド洋まで拡大したようなあつかいになった。そうした姿勢には，早くから批判の声があがり，インド洋世界の研究が，「大西洋に従属することなく」おこなわれるように，精力的に研究が進められている。近世期の綿織物をあつかう場合，とりわけ大西洋を枠組みとすることが多かったが，最近大西洋とインド洋を結び付けようとする研究が出始めている[10]。

　両洋のせめぎあいのなかで，大西洋ともインド洋ともとらえられない地域が，取り残されるという問題が生じてきている。その筆頭が日本・ロシア・南米・アフリカ（とくに内陸部や西アフリカ）・太平洋諸島やオセアニアである。これらは，近世期の綿織物史の記述において「それ以外」（The Rest）のくくりになっていることは否めない。例えば，日本は，先述したようにアジア間交易の一翼としてインド洋綿織物交易に組み込まれてはいる。インド渡来の更紗や縞が江戸時代に流行した点が改めて取り上げられた。このように日本についてインド綿織物の模倣代替業が発達したことが相対的に強調されて，世界史のなかに位置付けられる。その一方で，近世の日本産の小袖が少数とはいえ流出し，その模倣品がインドのコロマンデル地方などで量産され北西ヨーロッパや北米都市部で室内着として幅広く着用された事実があったとしても，近世日本が，布・衣の生産拠点としてインド洋や大西洋経済のなかに組み込まれてはいない[11]。

包括的なメカニズムの追求──資本主義

　このように，近世期についてはインド綿織物を中心とするメカニズムによって広大な諸地域が連結されており，そのなかで地域の相対化がはかられつつある。これに対して19世紀半ば以降のシステムはどう描かれるのであろうか。グローバル・エコノミック・ヒストリーが，綿織物をつうじて描こうとしているのは，究極的には地域をまたぎ，ある程度包括的な世界（グローバ

ルと呼べるような範囲）を一体化させて動かすシステムやメカニズムである。

　ベッカートは，『コットンの帝国』と題する最近の著作で，綿業の生産面（資本・労働調達）の組織化を長期的なスパンで描き出した。その著作のなかで，ベッカートは綿織物をとおして描きたかったメカニズムを資本主義と言い切る[12]。こうした研究は，国家の強い役割や帝国のメカニズムも重視する。ルミアやリエロなど，よりモノそのもの，その物質性（マテリアリティー）にこだわる歴史家たちも，自分たちの描きたいメカニズムが資本主義であり，帝国のメカニズムであることを否定せず，むしろ議論の根幹におく。リエロは，前掲の書『綿織物』で，インド中心の中近世のシステムが遠心的であったのに対し，そこから学習した「ヨーロッパ」が求心的なシステムへつくりなおす過程を描く。

　帝国や資本主義という広い地域にわたったメカニズムを主軸におくことは，グローバル・ヒストリーを叙述するさいの必要条件なのであろうか。ルミアの一連の著作は，1500年から1800年を対象にすることが多いものの，「帝国」という枠組みを設定し，多彩な地域の多角的・相互的な関係性を浮かび上がらせ，全体のメカニズムを描き出すことに成功している[13]。しかし，それらは基本的に彼女の主たる関心の対象であるイギリスとその帝国下にあった地域の歴史である。彼女としては，イギリス以外の地域を軸にした「帝国」ないし他のトランスリージョナルな単位ができることを暗黙に想定しているが，その場合，並列した超域的な単位をどう結び合わせるのかは解決されていないし，個々の単位の19世紀以降の変容も語りつくせてはいない。

　これに対して，ベッカートやリエロは，ルミアより包括的に世界全体をあつかい，19世紀を中心とした議論をおこなう。ベッカートが労働や資本の組織化，リエロがシステムの求心性・遠心性および綿製品の商品としての属性，と異なった着眼点をもつものの，彼らのメイン・ナラティブは，インドを中心としたシステムが，19世紀に欧米中心へと転換した点を描くことにある。そのことによって，概念的に整理されてきた資本主義のメカニズムを実体をもって描き切ることをめざす。実際に，彼らの著作は，モノに着眼するからこそえられる具体性を浮かび上がらせながら，中心と周辺の関係をみながら，広い範囲を取り込むメカニズムを描くことに成功している。

　その一方で，地域が多極的・多角的に描けているかという視点からみると，彼らの著作には，資本主義や帝国などの包括的なシステムを追及することか

らの限界がある。両著作は共通して、システムのなかにより多数の地域が取り込まれていく過程を描こうとする。しかし、その根幹には、核となる地域のものを、別の地域が取り込み代替することでつながりあう、という設定がある。

　例えばベッカートは、「1960年代までに綿の帝国におけるヨーロッパの優位は終焉し」綿織物生産の重心はグローバル・サウスへ、またアジアへと回帰・移転すると断定するが、そのシフトについては、「さまざまな労働形式の再組織化がおこり、多様な形式の資本や機構によって再構成を繰り返すことこそ"資本主義"の核」であり、基本的に「ヨーロッパ」がそれ以前に準備し、供給し、支配したメカニズムにその他の地域が同じ構成要素を別の形式や組み合わせで参画し、中心を代替していったという描き方である[14]。19世紀以降を、「求心的システム」の成立を中心に描き出すリエロも、また地域的なつながりを、核（コア）地域の設定した産業の輸入代替（Import Substitution）を軸に描き出す。

マクロからミクロの視点へ——物質文化への着目

　リエロやルミアのグローバル・エコノミック・ヒストリーのアプローチは、一面では資本主義や帝国などマクロな視点からのメカニズムの解明をめざしている。しかし、リエロやルミアのアプローチには、もう一つの次元がある。それは、ミクロな視点に立ち、モノ自体に注目することである。そのモノの属性、商品化のプロセス、モノにまつわる社会的イメージ、モノを所有し使用する人々とのかかわり、アイデンティティとの結び付きなど、モノを取り巻くさまざまな文脈を研究することは、マテリアルカルチャー研究と呼ばれる。このアプローチは、美術史と親近性が高いが、通常は区別されるので別アプローチとする。対比すれば、美術史は、モノそのものや、そこに付されている柄やモティーフやデザインや機能、あるいはそれにまつわる表象やイメージを論じる傾向にあるといえよう。

　物質性に注目することは、布のグローバル・ヒストリーにとっては、文字資料だけでなく、個々の布資料を見て研究することをうながす。これによって、美術史寄りの布の世界史が描き出した多種派生的な展開とも、接合できる可能性が高まってきている。近年、リエロやルミアが進めている共同プロジェクトはさらに学際的になり、美術史のみならず考古学・文化人類学・カ

ルチュラルスタディーズなどの手法を取り入れたアプローチが開拓されつつある[15]。

　リエロとルミアが共通して物質文化を追究するアプローチをとるにいたったのは，共に18世紀のイギリスを対象にした研究をおこない，グローバル・エコノミック・ヒストリーだけではなく，「消費史」の関心にも結び付いてきたからである。1980年代にマッケンドリックやブルーワーらが提唱した18世紀イギリスの消費革命は，衣類やその付属品を，軸となる商品の一つにおいた[16]。同時に，サースクが遡って13〜14世紀イングランドに見出した消費革命もまた，靴下やハンカチをはじめとした衣類付属品に注目していた[17]。衣類の消費のあり方は，仕立服から既製服へと，中古品中心から新品中心へと変わる。消費史がさかんになる以前は，このような変化は，近代とひとくくりされ，19世紀後半以降の変化と位置付けられていた。しかし，これらの消費史研究は，19世紀以前にも消費のあり方も劇的に変化していくことを問題とした。そのさい，各製品の生産販売量や価格などの数量的なデータだけでなく，その繊維製品がおかれた経済・社会・文化的文脈を論議するかたちで物質文化史が開花した。

　ルミアもリエロも19世紀以前に登場する布や衣製品の特徴を描き出そうというところから研究を開始した。そして，グローバルな文脈のなかで，布や衣を所有・使用する人々とモノとの関係を追究していく過程で，布や衣の物質的な属性を議論に取り込んでいった。こうしたなか，とくにルミアが，布と衣を横断してあつかうことに成功している。布や衣をみるさいに，彼女が問題とするのは，例えば縫い目（スティッチ）である。彼女の歴史叙述では，スティッチへの視座から，キルトを縫う女性たちのおかれたコンテキストや，大洋の船上でズボンをつくろう水夫たちの姿が見えてくる[18]。また，彼女にかぎらず，軽やかさ（lightness）・清白さ（whiteness）・快適さ（comfort）といった資質が問題となるとき，着用者や使用者の求めた効用や価値観や心情が個人や身体のレベルで追体験される[19]。こうした記述は，それらの資質が普遍的な価値観であるという押し付けをすることなく，どこかに中心をおくことなく，どこにでも視点を定めることを可能にするように思う。そして使用感に注目することで，新品を購入し所有できる人々だけでなく，中古品を使うより広い範囲の人々のさまざまな経験までも含有することも，射程にはいってくる。その点で，マテリアリティーを取り込むなかで，経済史では従

来分断されていた布と衣の歴史が統合され，また一定の中心から普及していくという伝播モデルが克服されつつあるといえる。それでは，次にそうした研究も含めつつ，衣のグローバル・ヒストリーの展開を検討する。

2. 衣のグローバル・ヒストリーの展開

キータームは「ファッション」

　衣の歴史においては，衣に託されたアイデンティティのあり方，および，衣と生活様式の近代化のかかわりが重要な論点となってきた。そのため，一国史観が強い傾向がある一つの国家に対象を定め，例えば「日本における」「フランスにおける」「ガンビアにおける」服飾の展開が，地域間の相互影響も含めて論じられてきた。世界に共通した服飾上の価値観の設定が無理であることが前提となり，世界を一体化して，「世界における」衣の展開を論じる傾向は弱かった。

　そのなかで，衣のグローバル・ヒストリーと題する研究も生じ始めている。衣のグローバル・ヒストリーにおいて頻繁に登場するキータームは，「ファッション」である。衣のグローバル・ヒストリーにおいては，ファッションが追究の前提となる全体的なメカニズムであるといえる。衣とファッションとは分かちがたく結び付いており，衣のグローバル・ヒストリーがファッションのグローバル・ヒストリーであると定義されても，読者は違和感を覚えないかもしれない。しかし，この場合，広範囲の人々にスタイルや様式が共有されていくプロセスが問題となっており，そのモーターというべきものがファッションといいあらわされている，ととらえるほうが正確であろう。ときには共有されていく対象も，ファッションと表現されている。しかし，そもそも，衣のグローバル・ヒストリーは，「共有」を主題とする必要があるのであろうか。布のグローバル・ヒストリーでは，伝播や移転が問題とされても，共有や普及はかならずしも主眼とされていない。ここにずれが生じている。

普及過程と商品化過程——根強い洋装偏重の視点

　ファッション史で取り上げられる共有過程は，社会・政治面を強調するか，経済面を強調するかによって，普及過程と商品化過程と大きく二つに分かれる。第一は，より多くの人を巻き込む普及過程をみるもので，社会的な側面

が強い。このなかに，洋装化の歴史が含まれるが，のちにみるようにより広い社会層が共有するという社会的浸透も含まれる。

　洋装化は，長らく一国史の枠組みのなかであつかわれてきたが，近年の代表的な衣のグローバル・ヒストリーでは洋装化が主題となっているといってもよいだろう。その代表例がロスの『*Clothing: A Global History*』という本である[20]。この本が翻訳されたとき，邦題は『衣――グローバル・ヒストリー』ではなく，『洋服を着る近代』になったが，これはじつに妥当な解釈である。この本の問題設定は，「世界はなぜ同一の服を着るようになったのか」というものであるが，その同一の服とは洋服で，各地の洋装化の過程＝洋服の共有過程と設定し，議論が進むからである。リエロとマクニールが編集した『世界的視野からみたファッション読本』でも，19世紀以降については，為政者や文化官僚などのエリートたちがどのような権力構造のなかで洋服を導入し，社会のさまざまな人々の集団がどのようにそれに反応したかが，衣類をめぐるグローバル・ヒストリーの重要なテーマになっている[21]。

　いいかえれば，服のグローバル・ヒストリーでは，差異化や多様化よりも，まずは均一化のほうが重視され，どのように類似の一括りにできる服を共有することになったのかを探り始めている。それは「洋装」がどのように普及・強制されてきたかの過程と同一視されることが多い。洋装によって，「伝統服」がどのように展開したかにふれた研究も，洋装のナラティブのなかにおくことができるだろう。衣のグローバル・ヒストリーは，地域的には非西欧を取り上げて語られるのであるが，洋装化を軸とする内容のため，ヨーロッパ中心主義から抜けにくくなっている。

　すでに述べてきたように，ファッションの歴史では，普及過程として社会的浸透も重視する。服をあつかう近世の歴史家たちは，ファッションの根幹に，ラグジュアリーが一部のかぎられたエリートのものでなく，ミドルクラスから大衆まで手にはいるものになっていく過程があると想定している。このプロセスは，基本的にトップダウン（トリックルダウン）で進むとされ，民衆化・民主化・大衆化と呼ばれる。下からのボトムアップのプロセスは，まったくないわけではないが，限定的と考えられている。

　非ヨーロッパ地域の衣の消費をあつかう研究では，多くの場合，洋物導入のプロセスと，奢侈品が民衆化していくプロセスは，からみ合った状態で述べられる。こうした研究は，一般的に，民衆化した奢侈品を流通・販売する

148

場が整い，奢侈品が消費されてこそ，近代的な消費者が登場すると考えている。例えば，デパートの成立が，近代的な消費者が登場するかどうかの大きな試金石とされる。日本の研究者も，日本国民を消費者と呼びうるには，大衆消費の成立や，大型デパートの操業，ファッションメディア雑誌の成立などの指標をおくべきであるということにおおむね賛成しており，日本史の記述において「消費者」という言葉が使われるようになるのは早くても明治中期である[22]。さらに，近代的な生産流通システムが導入され，それにのっとった物質的消費主義（Consumerism）が浸透してからではないと，消費者とは呼べないという議論もあり，この文脈では，例えばスターンは，日本の消費者について，20世紀になってからようやく消費者となると述べる[23]。

デパートや近代的消費者は，洋物を消費しなければ登場しないと断定されているわけではないのであるが，洋物を導入したあと，近代的な生産流通システムが整い，近代的消費者が成立すると，セットで考えられることが多い。ここから，消費史や流通史は，欧米先行を前提とする傾向が強い。つまり消費という言葉に，すでに欧米外来の行為という前提が付与されてしまっている。そして，消費史アプローチの強い衣のグローバル・ヒストリーは，これまでのところ，その傾向を拒否・修正するよりは，強化しているといえる。

冒頭で整理したように，衣の共有過程は，第二に，経済面からみた場合，グローバルな商品化過程となる。衣もグローバルなマーケティングなどが語られてしかるべきであるが，近世近代の衣の世界商品化のロジックは，管見のかぎり，あまり多彩には突き詰められていない。唯一商品化の過程が追究されているのが，ラグジュアリー創出の過程である。リエロは，これまで取り上げた著作とは別に，ラグジュアリーのタイプを，他の消費を連鎖的に引き起こすかどうかで分類し，マクニッレとの近作においてラグジュアリーが地域的にどう異なって商品化されたり共有されるかも説明している[24]。しかし，結論としては，もっとも重要なのは，世界市場全体に通用するラグジュアリーの創生であるとし，ここでも同一のラグジュアリーの超域的な普及が追究されるべきメイン・ナラティブになる。

ラグジュアリー偏重のもう一つの問題点は，高級品に対して，その他の商品ジャンルとしてはもっぱらまとめて「低級品」（cheap, low grade, low quality）がおかれることである。かなり頻繁に，布や衣は高級品か低級品のどちらかで分類され，さらに現物が残っていないため，値段が比較的安くおかれ

149

ていることが多いラベルは低級品，高めであるのは高級品というように，同
ラベル内にどれくらい多彩な商品が含まれるか現物をみることなく，ラベル
によってくくられる。さらにあたかもそれらが広い地域で受け入れられてい
る暗黙の共通商品ジャンルであるかのように陥いる危険性がある。

　具体的に近世における奴隷布と奴隷衣を取り上げよう。奴隷布とは奴隷交
易上，奴隷と交換するために使われた布種，さらに奴隷の着用する衣のため
に（または奴隷のもてる財産として）主人が奴隷に渡した布種の双方を指す。
しかし，両者は高級品ではないという理由で，しばしば一緒になって議論さ
れている。しかし，両者はまったく品質の異なる商品である。また，地域に
よって低級品の調達方法はさまざまであり，低級品を一括してどこかで大量
生産できるような仕組みは整っていなかった。したがって，最低級品一つと
っても同一の商品が広い地域に受け入れられていたと想定するべきではなか
ろう[25]。

「地域を多角的に巻き込んだ視点」の重要性

　以上をまとめれば，衣のグローバル・ヒストリーの現況については，数多
くの疑問があがる。衣の共有過程がおもな関心事になっていることや，さら
に共有されているものが同一の商品群であると想定されていること，そして，
洋服が共有されている衣であると考えられている点である。さらに，衣服の
歴史では，実際には多くの人が古着をまとっていたにもかかわらず，新品重
視の歴史叙述になっていることがつねに指摘されているが，衣の世界史の叙
述でも，その点は解消されているとはいえない。

　長い目でみて，世界のより多くの人が，同じタイプの服を着用しているよ
うになっているかもしれないが，シェアされている服を，ことさらに洋服と
おく必要があるかには検討の余地がある。現代のアパレル（ファッション）
研究では，衣はあえて洋服と意識はされていない。ファッションのリードユ
ーザーは先進国を主体として設定されているが，例えば，Ｔシャツなどの汎
用性の高いアイテムは，グローバル化した衣の生産と消費が前提に論じられ
ている。Ｔシャツは，現在西洋風の，もともとは西洋からやってきた服であ
ると意識されることも少なくなってきているのではないか。Ｔシャツに関し
て，ピエトラ・リヴォリの名著『あなたのＴシャツはどこから来たのか？』
は，綿花段階から織物，古着まで段階ごとに，世界的なつながりを描き出し

第 6 章　布と衣の世界史の構築とグローバル・ヒストリー

た。この研究は，その生産や消費において，中心となる地域はないことを示すことにも，産業革命期からの生産・流通を，この現代の構図に断片的ながら結び付けることにも成功している[26]。歴史叙述ではここまでグローバル化した生産や消費を前提にはできないが，地域を多角的に巻き込んだ視点について参考になる点は多い。

3. これまでの成果とアプローチの整理，「布衣統合」の可能性

布と衣のグローバル・ヒストリー記述における視点のずれ

　ここまで，2000年以降の布と衣のグローバル・ヒストリー研究の一部を取り上げ，その分析視角を論じてきた。まとめると，布をあつかうか衣をあつかうかで視点が分離している点と，グローバル・アート・ヒストリー，グローバル・エコノミック・ヒストリー，消費史，モノの物質性に力点をおいたマテリアルカルチャー研究を視点とした四つのアプローチが並走していることを述べた。また，グローバルなメカニズムやグローバリゼーションを描き出そうとするなかで，あらためて焦点が「ヨーロッパ」や「欧米」中心的となっていることや，布においては綿織物，衣においては洋服へ対象が偏っていることを指摘した。

　最終節であるこの節では，布と衣のそれぞれのグローバル・ヒストリーで取り上げているメカニズム・プロセス・担い手をいまいちど整理し，なにが統合を妨げているかを検討する。さらに，異なるアカデミックディシプリンにもとづく四つのアプローチが見据えているテーマ，変数，取りあつかう場（空間），および注目している担い手（アクター）の設定を整理し，それらがどう交接されうるかを探る。

　前節で布と衣それぞれのグローバル・ヒストリーでは，描こうとする全体的なメカニズムがずれており，布では「資本主義」，衣では「ファッション」であった点を指摘した。いうまでもなく両者は連関しあう。そうであるにもかかわらず，ルミアなどの一部の例外的な研究者を除き，布と衣のグローバル・ヒストリーは全般的に接合しにくい。その原因を考えたときに思いいたるのは，描こうとしているメカニズムが異なるゆえに，着目する担い手が異なる点である。つまり，表1（152ページ参照）に示されるように，資本主義を描こうとする布のグローバル・ヒストリーのアクターは，産業資本家・産業官僚・職人・労働者と生産者寄りになり，衣ではデザイナーを除けば，販

151

表1 布と衣のグローバル・ヒストリー記述における視点

	メカニズム	プロセス	アクター（担い手）
布	資本主義 世界経済のメカニズム	生産の組織化・ 移植過程（輸入代替）	職人・労働者・ 産業資本家・産業官僚
	世界美術のメカニズム	伝播・循環過程	仲介者，製作者， 依頼主・顧客（クライアント）
衣	ファッション 洋装化	共有過程 社会的普及 ↕ 商品化過程	文化官僚・エリート・大衆
	グローバルな 消費のメカニズム	差異化	デザイナー・販売者・消費者

売者・消費者に重心がある。では，美術史アプローチの布のグローバル・ヒストリーならば，衣のグローバル・ヒストリーの担い手に近づくかというと，美術史のほうも，仲介者・製作者・依頼主・顧客と個人や少数を単位とし，衣のように，集団としての販売者や消費者への視点は強くない[27]。普及過程を問題とする衣のグローバル・ヒストリーの担い手は，エリート・ミドルクラス・大衆といった集団的なカテゴリーを問題とするが，美術史寄りの布グローバル・ヒストリーは，依然上層階級の所有や使用が中心となり，普及過程にそれほど関心をもたず，両者の関心がずれる。

　繰り返しになるが，布と衣の二つのグローバル・ヒストリーでは，描こうとするプロセスも異なる。布のほうは，織物産業の移植が主に問題になり，輸入代替や技術移転というかたちで他地域とつながりあうと想定している。輸入代替は，伝播や受容プロセスを問題とする美術史寄りの布のグローバル・ヒストリーとも，親和性は高い。一方，衣のほうは，共有過程が問題とされる。衣服産業が移転を重ね，ファッションセンターが移植されたことによってグローバルファッションが成立するというナラティブをそれほど強くもっていない。それよりも，同一のスタイルや，同一のモノが多くの人に共有されるという過程を描き出している。なかでも，洋服が多数の地域で導入された点や，社会的にエリート層から大衆までが似たような服を着用し始めた（社会浸透）の点が重視される。

　輸入代替と社会浸透を重視する点は，布や衣に内在的な違いというよりもむしろ，経済面に着眼するのか社会面に注目するのか，または地域間か地域内を視点におくかの違いなのかもしれない。しかし，そうであったとしても，

グローバル・ヒストリーが展開するなかで，布については，経済面と地域間伝播が着目され，衣については社会面と地域内浸透が着目されているということが，双方の分離の原因となっているという点はいまいちど検討されるべきであろう。

　前述したように，地域を多極的に，時代を並列的につなげて設定するという点では，美術史的な視点をもつ業績や，モノそのものへの洞察が深い物質文化史の業績が優れている。それに対し，経済面や社会面を主眼とする布や衣のグローバル・ヒストリーでは，地域的には北西ヨーロッパをあらためて中心として設定しなおす。さらに時代上は，描こうとする資本主義やファッションといったメカニズムが，もっとも凝集して成立した時期を中心とする。したがって地域設定と時代設定の両方の側面で，特定の場所や時期を頂点とした，階層的な叙述となる傾向がある。それに加えて，担い手も北西ヨーロッパ主導で成立したと考えられている。北西ヨーロッパの歴史的経験をもとにつちかわれた概念を使用し歴史叙述しているがために，消費者一つをとっても，それ以外の地域はあとから，模倣して，参入したというような設定に暗黙的になっている。

布・衣への四つのアプローチ整理
——経済史・消費史・物質文化史・美術史の交接

　以上，担い手の設定が異なることを強調して，布と衣のグローバル・ヒストリーが交接しあうことが難しい点を述べた。本章では，世界美術・世界経済・消費（ラグジュアリー・ファッション）・モノそのものの持つ属性（マテリアリティ）の追究の4アプローチを取り上げてきたが，これらアプローチもそれぞれ微妙に異なる担い手や場の設定をもつ。それでは，それぞれのアプローチは並走したまま，交接や統合の可能性はないのだろうか。四つのアプローチをまとめて統合するアプローチを考えるのは難しいため，二つずつアプローチをかけ合わせ，交接点を見出す作業をおこなった。両アプローチが交接するテーマと変数を考え，また，共通して主軸におく場と担い手を設定したものが，表2（154ページ参照）である[28]。

　例えば，グローバル・エコノミック・ヒストリーとグローバル・アート・ヒストリーが共通したテーマに設定できることは，モノや技術の移転や伝播と，循環（circulation）であると考えられる。つまり，両者とも，ディシプ

153

表2 四つの交接点と，そのテーマ・指標・場の設定・アクター（担い手）

交接点	テーマ	指標	場の設定	アクター
世界経済／世界美術	移転（伝播）循環	交流・交換	モノが交換・取引される場	仲介者供給者，資本家受容者
世界経済／消費	商品化社会的普及	需要コスト市場	モノが商品化され，購入され，所有される場	消費者販売者（流通者）製作者（製造業者）
マテリアリティ／消費	使用価値設定	効用（使用感）価値	モノそのもの。モノが使われる場	使い手
マテリアリティ／世界美術	表象機能	意味解釈	モノそのもの（表象と属性。柄やモティーフ，デザイン）モノが創作される場	つくり手と依頼主

モノそのもの |
| マテリアリティ／世界経済 | 価値創造廉価化高級化 | 価値基準（汎用性，差別化）イノベーション | モノの価値が決定される場 | 市場イノベーター |

リンが異なっても，交流や交換の経路・形態・頻度・密度・作法・効果を議論の一部に含む。伝播や循環のプロセスを最も明確に伝える担い手は交換・取引を促進する仲介者がふさわしい。仲介者には経済面では商人や商社，美術面では知識人が設定されやすいが，双方を仲介者としておきなおし，文化・経済・美術面でどのような貢献をしているのか，あらためて検討しなおせば，両方のアプローチは経済と美術に分かれることなく，おたがいのグローバル・ヒストリーを交接させうるだろう。

　これに対して，グローバル・エコノミック・ヒストリーとファッションやラグジュアリーの消費を追及する研究では，接点が数多くありそうであるが，むしろ視野を狭め，モノの商品化の過程と，購入と所有のあり方に視野を定めたほうが，深化した議論ができるであろう。さまざまな地域における布や衣の商品化過程を見据え，布と衣をまたぎ，また新品・中古品の双方を視野に入れて，さまざまな布や衣の購入・入手方法や需要のあり方を探求していけば，ヨーロッパから生じた概念と位置付けられている消費や消費者や，社会浸透したラグジュアリーについて，より広い地域や時代を包摂できるように見なおし，再定義することができる。その再定義をしてこそ，グローバルな流通生産組織のありかたを議論できるようになるであろう。

　残る三つは，モノそのものの属性（マテリアリティ）の追究と，世界美術・世界経済・消費のそれぞれを交接させた世界史叙述である。すでに示唆

第 6 章　布と衣の世界史の構築とグローバル・ヒストリー

したように，マテリアリティに注目することこそ，布と衣のグローバル・ヒストリーを統合し，北西ヨーロッパをはじめ，どこかを中心におく史観から飛躍できる可能性を秘めている。実際に，現段階で進めている共同研究の問題関心も紹介しながら，そうした可能性を具体的に提案していきたい[29]。美術史は元来モノの属性を注視する学問である。したがって世界美術史にさらにマテリアリティをかけ合わせても，視点はそれほど変わってこないであろう。そこでマテリアリティと交接した場合，視点が顕著にシフトするとみられる，消費史とグローバル・エコノミック・ヒストリーがそれぞれマテリアリティを追究した場合の二つをおもに考えていきたい。

　マテリアリティを一層取り込んだ消費史から考えてみよう。そこでは，視点が，通常消費史が問題にしてきた社会的浸透や同じスタイルの製品の共有などから離れ，購入した消費者の使用局面におかれていると考えられる。使用局面で生じた価値設定や使い心地を追究することで，繊維製品の商品分類が見直され，生産構造への見方も変わってくると考えられる。例えば，現在共同研究のなかで，綿・麻・絹織物とその混織を素材で区別せず使用感の視点から再分類している。使用者は，織物を素材によって選んでいるのではなく，用途や使用したときの触感や効用で選んでいる。例にあげるなら「スルっとした」触感，光沢のある見栄えのものは絹にかぎらず他の素材でも加工次第でえられる。実際，キャラコ・ウール・コットン・ビロード・モスリンなどの織物のラベルは，素材をまたがって呼ばれている[30]。

　とくに混織や混紡のはたした役割は，こうした使用感からの歴史叙述を試みようとするときには見すごすことはできない[31]。純粋に一つの素材だけでできている織物はむしろ例外的であり，織物は，使われるシーンに合わせて，最大の効果がえられるように，さまざまな素材を取り込んでつくり込まれてきた。このように使用感を追究すると，素材の枠にはまらないつながりを見出していくことができる。これによって，扱う商品の特性をみることなく綿織物業が移植・輸入代替されたという，単純化されすぎた構図から脱却できる。求心システムの核の外にあるとされた地域の織物づくりと他地域とのつながりを使用感をつうじて論じる道も開かれるだろう。分離した布と衣の歴史叙述の橋渡しにもなる可能性もある[32]。

　さらに重要なのは，使用感を問題にすることによって，服を使い，着用した人をもアクターのなかに取り込むことができるという点である。消費史の

155

主たる担い手は，購入者や消費者であったが，その設定では，自ら購入はせず衣を主人から与えられた奴隷や奉公人，あるいは，古着を着用した中近世の大半の人々は対象外におかれてしまう。地域的にも，新スタイルの商品を初期に入手する購入者がいるところだけが優先されることなく，あとから着用機会のあった大半の地域をも並列的に取り込むことができるだろう。これは，地域・時代の階層性をおかずに世界史を叙述していくための一歩となる。

　次に，マテリアリティを組み入れた世界経済史を考える。ここでは，使用感から一歩離れて，布や衣の価値創造が焦点となるだろう。高級化や廉価化をはじめとした，モノの価値の決定過程を世界史的フレームワークで描くような歴史を構想することができるのではないか。これについても，現在，「布と衣の廉価化」を探求する共同研究プロジェクトを進行させている。現在，ファストファッションなどの既製服が廉価になりすぎていることが指摘され，もっぱら低コストを追求する生産システムのありようが議論されている。しかし，布や衣のモノの価値が変容・転換した過程は，生産組織からだけでは説明できない。富裕な中心地域や社会層に対し，より周辺の，より貧しい人が購入するために「廉価」にした粗放品をつくるようにしたという前提を受け入れたとしても，それでは，そのより周辺の，より貧しい人はどのような文脈で商品を受け入れ，価値体系をつくり上げたのであろうか。こうした問いを重ねていくことによって，ここでも，廉価品を着用した広い地域の広い層の人々を，主たる担い手におきかえることをめざす。実際には，史料が乏しいゆえに，最底層の人々の価値決定まで焦点をあてることは極めて難しい。

　しかし，衣の歴史叙述において，上層とみなされないがゆえに，排除されてきた地域や集団は幅広い。この点について，具体的には，布や衣の市場としてのアフリカに注目し，とりわけアフリカンプリントないしダッチ・ワックスプリントと通称される，外部から押し付けられた要素の強い捺染綿織物の西アフリカでの展開を共同研究している[33]。近世期以降のアフリカ市場が，欧米列強が押し付ける商品をいわれるがまま受け入れたわけではなく，とりわけ捺染布について細かな注文を要求し，その世界的な生産動向を左右させていたことを歴史研究が指摘し始めて久しく，アフリカ市場は重要なマーケットとして位置づけ直されてきている[34]。

　ここでいうアフリカンプリントないしダッチ・ワックスプリントとは，東

南アジアのバティックのデザインを機械捺染した布のことで，19世紀末からオランダ主導で西アフリカ沿岸の英仏植民地地域に売られた。そこへ20世紀半ば以降日本も模倣廉価品をもって参入し，さらに中国も80年代以降同様の形態で参入する。この廉価化の過程で，諸生産者，仲介者そしてアフリカ側の消費者がどのように価値決定をおこなったかにせまることによって，これまで生産者側の層の価値決定ととらえられていた過程に，消費者側からの価値決定を組み込めるよう再編成できる可能性をみている。すでにアフリカンプリントについてはアフリカ側の消費者や販売者の主体性がとりあげられている。そこへ日本や中国側の生産者のありようを含めることで広範囲の地域を視野に含めた歴史叙述をさらに一歩進められると思っている。

終わりに

モノを軸とする世界史は，これらのうちのどれかだけが優先され，リードしていくものではなく，これらの四つかそれ以上の交接点が新しいシナプスを生み出し合いながら，らせん状を描きながら進んでいくものなのであろう。いいかえれば，これが近年における布と衣のグローバル・ヒストリーの展開がモノの世界史にもたらした貢献ともいえるだろう。

「服を着用する」「洋服を装う」「衣をまとう」。少し言葉が違うだけでも，異なる歴史認識が浮かび上がってくる。さまざまなアプローチが生まれ，その交接のなかで，グローバル・ヒストリーを叙述していく試みは進んでいくと考える。

●註

1　シドニー. W. ミンツ著，川北稔・和田光弘訳『甘さと権力——砂糖が語る近代史』平凡社，1988年；S. Topik, C. Marichal, Z. Frank (eds.), *From Silver to Cocaine: Latin American Commodity Chains and the Building of the World Economy, 1500-2000*, Duke University Press, 2006.

2　Arjun Appadurai (ed.), *The Social Life of Things. Commodities in cultural perspective*, Cambridge UP, 1986; Ibid, 'How Histories make Geographies: Circulation and Context in a Global Perspective', *Transcultural Studies*, 2010-1, pp. 4-13.

3　A. Peck (ed.), *Interwoven Globe. The Worldwide Textile Trade*, Metropolitan Museum, 2014.

4 国立民族学博物館編『更紗今昔物語　ジャワから世界へ』国立民族学博物館，2006年。

5 この本が出版された2006年以降から現在の間にも，日本では，捺染綿織物のつながりをめぐる研究が，一層進んでいる。例として福岡市美術館『更紗の時代』福岡市美術館，2014年。金谷美和「装飾のフェティシズム——東アフリカの衣服カンガの誕生をめぐって」田中雅一編『越境するモノ』京都大学学術出版会，第2巻，2014年，95-120頁。また『更紗今昔物語』にはディシプリンの異なる商業史研究からも，優れた捺染綿織物研究が出されている。例として，深沢克己『商人と更紗』東京大学出版会，2007年。塩谷昌史『ロシア綿織物業の契機——ロシア更紗と商人』知泉書館，2015年。

6 Thomas DaCosta Kaufmann, Catherine Dossin, Béatrice Joyeux-Prunel, *Circulations in the Global History of Art*, Ashgate, 2015; Thomas DaCosta Kaufmann, Michael North, *Mediating Netherlandish Art and Material Culture in Asia*, Amsterdam University Press, University of Chicago Press, 2014.

7 ケネス・ポメランツ著，川北稔訳『大分岐——中国，ヨーロッパ，そして世界経済の形成』名古屋大学出版会，2015年；R. Allen, *British Industrial Revolution in Global Perspective*, Cambridge University Press, 2009；斎藤修『比較経済発展論』岩波書店，2008年。

8 G. Riello, P. Parthasarathi, *The Spinning World: A Global History of Cotton Textiles, 1200-1850*, Pasold Studies in Textile History, 2011; G. Riello, Tirthankar Roy, *How India Clothed the World: The World of South Asian Textiles, 1500-1850*, Global Economic History Series, Brill, 2009.

9 G. Riello, *Cotton: The Fabric that Made the Modern World*, Cambridge University Press, 2015.

10 P. Machado, *Ocean of Trade: South Asian Merchants, Africa and the Indian Ocean, c.1750-1850*, Cambridge University Press, 2014.

11 もっとも小袖をはじめとした流出品については，日蘭交渉史でその役割を発展的に検証する試みがなされ始めている。フレデリック・クレインス編『日蘭関係史をよみとく』下巻，臨川書店，2015年。

12 S. Beckart, *Empire of Cotton. A Global History*, Random House, 2014.

13 B. Lemire, 'A Question of Trousers: Seafarers, Masculinity and Empire in the Shaping of British Male Dress, c.1600-1800', *Cultural and Social History*, 2016; Ibid., *Fashion's Favorite: The Cotton Trade and the Consumers in Britain, 1660-1800*, Oxford University Press, 1991.

14 S. Beckart, ibid., p. 428.

15 G. Riello, A. Gerritsen, *Writing Material Culture History*, Bloomsbury, 2015. ル ミアのとる学際的な手法について後述するが，近年のプロジェクト Object Lives に強くあらわれている。(http://objectlives.com/discovery-process)（2017年3 月20日閲覧）

16 N. McKendrick, J. Brewer, J. H. Plumb, *The Birth of a Consumer Society: The Commercialization of Eighteenth-century England*, Europa Publications, 1982.

17 ジョオン・サースク著，三好洋子訳『消費社会の誕生――近世イギリスの新企業』東京大学出版会，1984年。

18 B. Lemire, *Cotton:Textiles that changed the World*, Bloomsbury Academics, 2011; B.Lemire, 'A Question of Trousers: Seafarers, Masculinity and Empire in the Shaping of British Male Dress, c. 1600-1800', *Cultural and Social History*, Vol.13-1, 2016, pp.1-22.

19 B. Lemire, 'An Education in Comfort: Indian Textiles and the Refashioning of English Homes over the Long Eighteenth Century', Jon Stobart, Bruno Blondé (eds.), *Selling Textiles in the long eighteenth century: comparative perspectives from western Europe*, Palgrave, 2014, pp.13-29.

20 R. Ross, *Clothing A Global History*, 2013；平野雅博訳『洋服を着る近代』法政大学出版会，2016年。

21 G. Riello, P. McNeil (eds.), *The Fashion Reader, Global Perspectives*, Routlege, 2010.

22 もっともフランクスらは日本の消費者の再定義をする試みをすすめている。P. Francks, *The Japanese Consumer: An Alternative Economic History of Modern Japan*, Cambridge University Press, 2009; P. Francks, Janet Hunter (eds.), *The Historical Consumer: Consumption and Everyday Life in Japan, 1850-2000*, Palgrave Macmillan, 2012.

23 N. Stearn, *Consumerism in World History: The Global Transformation of Desire (Themes in World History)*, Routledge, 2001.

24 G. Riello, P. MacNeil, *Luxury: A Rich History*, Oxford University Press, 2016.

25 M. Sugiura, 'Slave Clothing and Early Modern Dutch Textile Circulations in the Indian Ocean World', Paper presented at the seminar; Transcending Fibers and Regions: Global Manufacture and Circulation of "Cheaper" Cloth-Clothing, 17th-20th Centuries, at EHESS, Paris, March 4, 2016; R. S. DuPlessis, *The Material Atlantic: Clothing, Commerce, and Colonization in the Atlantic World, 1650-1800*, Cambridge University Press, 2015.

26 ピエトラ・リヴォリ著，雨宮寛・今井章子訳『あなたのTシャツはどこから

来たのか？　誰も書かなかったグローバリゼーションの真実』東洋経済新報社，2006年。

27　美術品市場の研究は進んでいるが，絵画や他工芸品に比べ，布について流通・所有過程を追究する研究は限定されている。

28　このようなテーマ，指標，場，アクターを問題とする手法は，リエロとヘリットセンもとっており，この表を作成するにあたり参考にした。G. Riello, A. Gerritsen, *Writing Material Culture History*, Bloomsbury, 2015.

29　「糸・布・衣の循環史」研究会を運営するなかで研究や意見交換が進展している（http://www.lccg.tokyo）（2017 年 3 月20日閲覧），科研費基盤（B）15H 03233「18〜20世紀の糸・布・衣の廉価化をめぐる世界史」，および国際共同研究加速基金15KK0059で共同研究を遂行している。

30　竹田泉『麻と綿が紡ぐイギリス産業革命──アイルランドリネン業と大西洋市場』ミネルヴァ書房，2013年，がこの問題に洞察を加えている。

31　日本の織物史は江戸期，明治から大正期の双方とも，絹綿毛麻の混織の役割を，他の地域以上に注目してきたといえる。例として絹綿交織のインパクトを考察した田村均『ファッションの社会経済史』日本経済評論社，2004年。

32　糸・布・衣の循環史研究会では，この着眼点を"Trans-fiber"と呼び，2016年 3 月以降シンポジウムを重ねている。*Transcending Fibers and Regions: Global Manufacture and Circulation of "Cheaper" Cloth-Clothing, 17th-20th Centuries.* EHESS, Global History Seminar, March 4, 2016. Popularizing Fabrics and Clothing 17th-19th Centuries, 立命館大学／法政大学，2017年 6 月 3 日〜10日。このセミナーの議論が反映された論考として John Styles, 'What was Cotton? Fashion and Fibres in European markets, 1500-1800', Paper presented at Global Cotton Workshop, Oxford, December, 2016.

33　日本におけるアフリカンプリントの生産をはじめてまとめた資料として，上田文『京都からアフリカへ──大同マルタコレクションにみる1960年代京都の捺染産業』京都工芸繊維大学文化遺産教育研究センター，2014年。より詳しくは，杉浦未樹「アフリカンプリント物語──布と衣とファッションのグローバルヒストリー」飯島真理子他編『グローバルヒストリーズ（仮題）』2017年刊行予定。

34　東アフリカについて，Jeremy Prestholdt, *Domesticating the World: African Consumerism and the Genealogies of Globalization*, California World History Library, University of California Press, 2010. 西アフリカについて Kazuo Kobayashi, *Indian Cotton Textiles and the Senegal River Valley in a Globalising World: Production, Trade and Consumption, 1750-1850*, PhD Thesis, London School of Economics, June, 2016.

第7章

グローバル・ヒストリーから見た観光史研究

ウルリケ・シャパー
Ulrike Schaper

はじめに

　グローバル・ヒストリー研究者，セバスティアン・コンラッドの概括によれば，グローバル・ヒストリーの「中核的な関心は，移動と交流であり，それは，国境や境界をこえる過程をともなうものである。そして，それは，相互に連関する世界を出発の起点としており，モノ，人，思想，組織の循環と交流が，そのなかで鍵となる主体である」[1]。この定義に鑑みて，観光とは，まさにグローバル・ヒストリーの研究対象としてふさわしいものといえる。交換，移動，伝播，からみ合いがすべて，本質的に観光の歴史の一部だからである。

　観光とは，人々の移動にもとづいている。そしてこの動きは，20世紀をつうじて，大衆的な現象となった。多くの観光旅行は，越境移動をともなう。技術革新と消費者価格の変化にともない，（大衆の）移動手段として最初に蒸気汽船と鉄道が，続いて自動車，最終的には飛行機が，観光のロジスティクスに導入された結果，観光の空間的広がりは，数多くの人々にとって拡大した。世界観光機構の年間報告によれば，外国旅行者（宿泊をともなう訪問者を指す）の数は着実に伸びており，2014年には11億人をこえている[2]。観光が行われる環境のなかで，とくに，観光保養地のなかでさえ，それを取り巻くものからきっぱりと切り離されて，旅行者と地元のサーヴィス産業従事者の間で交換の過程が発生する。さらに，安らぎを求める観光客が，自分の出身国で慣れ親しんでいるような観光のインフラストラクチャーを創出しようとする試みは，商品の輸入と，ホテルや土産店などグローバル化された施設を次々につくり出す。したがって，観光は，重要な産業かつ世界経済の成長分野となっている。観光は，サーヴィスの輸出の30パーセントを占め，さらに，輸出全体の6パーセントに達すると算定されている[3]。第一位の輸出商品である化石燃料と比べても，外国観光は，より多くの輸出業者の利益となり，雇用の促進にもより大きな効果をもたらしている[4]。観光全体の売上総額は，1兆2450億米ドルと見積もられている[5]。観光のもつ経済および文

161

化的な重要性には疑いの余地はないのである。

　「目的なき旅行」という現象に向けられる理論的なアプローチは，観光とグローバル化を密接に結び付ける。このつながりは，人類学と社会科学における観光研究でも確認されている。グローバル化という語があまり広く使われていなかった時期にあって，すでに，社会学者のエリック・コーエンは，観光を，増加する相互の浸透の産物であり媒介であると理解していた[6]。最近では，社会学者のジョン・アーリは，観光とグローバル化が相互に関連して発展し，互恵的効果があることを強調している。彼の考えでは，観光と「グローバルなもの」とは，ある点において重なり合う不可分な存在であるというより，「むしろその二つは，同一の複雑かつ相互に関連した過程の重要な一部分なのである」[7]。人類学者ウエリ・ギルは，観光は世界規模の娯楽産業に寄与しているとみている。そこでは，一見すると特定かつある地域に根付いた文化の形態のはずの民間伝承行事が，グローバル化されたフォークロアの普遍的なシステムの一部を構成しているのである[8]。社会科学者のヨゼフ・ボロツは，観光を資本主義的産業化の産物と考えており，彼によれば，資本主義がその論理を娯楽という領域へと伝えている影響を受けて，観光客，受け入れ側の社会，および観光産業が，地球横断的に出現している。資本主義は，現にグローバルな現象であり，その越境的移動性の基本原則を娯楽産業に導入している。グローバルに入手できる，観光客のためのサーヴィスは，「商品・金銭・本・情報，および人の流れ」と，観光客の現在地と旅行目的地の間の，社会的な距離という「原材料」に依拠しているのである[9]。

　驚くべきことに，グローバル・ヒストリーは，観光に対して，十分な関心を示してこなかった[10]。グローバル・ヒストリーは，この種の無視については，より全般的にアカデミックな史学に似ている。歴史学は，つい最近になってようやく，観光を重要な現象として，歴史学研究の主要なテーマとして位置付けるようになってきたのである。観光史は，かならずしも長い伝統をもち，制度化された分野ではないが[11]，観光に関する一連の歴史研究の成果をみれば，観光が重要な実践・構造と理解して真剣に向き合う必要があることが明らかになる。また，そのことは，観光を独立した分野として研究するのでなく，より広い歴史的発展のなかに取り入れるべきことを示している[12]。

　外国観光は，それ自体が国をこえた現象であるが，それでも観光は，しばしば国内的，または地域的な枠組みのなかで考察されている。研究の多くは，

第7章　グローバル・ヒストリーから見た観光史研究

国内の観光産業や個別の観光地に焦点をあてているのである[13]。近年，一連の観光史研究は，そうした限定的な枠組みをこじ開け，観光を，明確に国をこえた，もしくはグローバルな視点から深く考察する試みを推し進めている。そうした研究は，観光の歴史を，二国間事例研究よりも，国をこえた言説と発展を含む，さらに複雑な文脈に位置付けようとしているのである。そのうちもっとも鋭い研究は，観光を，非常に遠くまで広がる空間的な枠組みと，国境をこえるさまざまな政治機構の内側から分析している[14]。

1. 観光の研究——グローバル・ヒストリーにとってなにが有益か？

　観光研究にこそ，グローバル・ヒストリーは有意義にかかわり，よって立つことができると思われる。観光のグローバル・ヒストリーとは，どのように観光が，輸送，通信ネットワークの確立，消費者資本主義の出現，国をこえた商品の流通，国民形成，およびナショナリズムの出現または復活といった，（潜在的な）グローバルな研究の過程とたがいにかかわり合うなかで発展してきたか，考察することを必要としている[15]。

　さらに，独立したグローバル・ヒストリーという手法は，接続を明らかにするという関心をこえていく必要がある。グローバル・ヒストリーとは，そうした接続を構造的変容の過程にしっかりと位置付け，それらが別のさまざまな様態のグローバルな統合とどのように結び付き，関連して理解されうるのか問い，また同時に，その程度，範囲，質を深く考察することなのである[16]。そうした観光のグローバル・ヒストリーは，観光によって引き起こされる「からみ合い」の重要性，構造的な前提，そしてその因果関係を追究するものであり，単純に「からみ合い」があると主張することとは異なる立場をとる。旅行の必要と，実際に旅行すること，旅行の表象に加えて，その必要に応じて創出される観光のインフラストラクチャーは，個別のグローバルな統合のあらわれとして歴史的に追跡されるべきである。観光をグローバルな文脈に位置付けることによって，その個別の状況，発展や障害を明らかにすることができるようになる。

　しかし，観光をグローバル・ヒストリーとして研究するという抽象的な要求は，どのようにしてより個別具体的な研究課題へと変換されうるだろうか？　以下，三つの相互に結び付いた「問い／研究分野」が，観光をグローバルな統合の過程とそれに対する反応を追跡する起点として利用するために，

163

とくに関心を引き付けることになろう。

2. 移動 (mobility) としての観光

　第一に，観光とそのグローバルな統合の過程との関係性を考えるにあたって，観光という現象を，より広い移動という文脈の一部として理解する必要があろう。グローバル・ヒストリーの視点から，観光をある種の移動として分析するためには，長らく歴史的な観光研究の中心的なテーマであり続けた，インフラストラクチャーと輸送手段の問題と関連付けて考察する必要がある。輸送における技術革新と変化する組織構造が，旅の速度を早め，旅行距離を拡大させることで，いかに実際の観光に影響をおよぼしたのか，これまでに明らかにされてきた[17]。しかし，こうした輸送手段は，かならずしも観光客を運ぶために用いられたわけでなく，実際にほとんどの場合，当初観光客はメインターゲットの顧客ではなかった。実際はどうだったのだろうか。観光が，輸送システム・インフラストラクチャーの拡大と発展からどのように利益をえていたか，またそれらに寄与していたか，さらにはどのようにそれらを引き起こすことになったのか，より詳しく分析しなければならない[18]。観光客の輸送がそのなかにどのように組み込まれ，モノやそのほかの旅行者を輸送することを補完したり，またはそれと競合していたのだろうか？

　さらに，観光を他の形態の移動と関連付けて分析すると，動機という問いが区別する助けとして前面に来る。しかし，それは観光，移住，商用旅行といった移動に関する，すでにしかと確立した区分を掘りくずすものでもある[19]。少なくとも，観光をより広い移動という現象のなかに位置付けると，そうした分類を規範的に適用することと，しばしばハイブリッドな移動の形成と実践に関して，われわれの感性を研ぎ澄ますことに役立つ。近年，移住と観光の類似性と構造的な関連性が指摘されており，また，観光を，余暇としての移住の一形態として，その研究分野のなかで取りあつかっている[20]。移住と観光が重なり合うのは，移住者が，観光産業で労働集約的な労働力を提供するとき，そして，彼らが観光をおこない，それを意識するときである[21]。観光客が，短期間休暇をとるという状態をこえて，長期または定期的に滞在する場合（それはしばしば退職後に発生する），観光と移住はまざり合い，両者の区別は不明瞭となる[22]。観光と移住を区分することは，往々にして余暇と労働を二分法的に対置することの上に成り立っており，それは，誤

164

第 7 章　グローバル・ヒストリーから見た観光史研究

解を招き，実証的な調査結果とも相反するものである。労働・旅行のプログラムは，余暇と労働の区分をこえる移動のハイブリッドな組み合わせなのであり，実際に，外国で労働条件を調べるために観光ヴィザを利用したり，またたとえ違法であっても，海外で働くために入国手段として観光ヴィザを用いる人々が存在するのである[23]。

　「観光」と「移住」というそれぞれの語彙を熟考すると，そうした分類の背後に横たわる標準的な用い方に対する批判が浮かび上がる。移住者と観光客という区分は，たいていの場合，その人の出自やそれに続く人種的な概念にもとづいている。このことは，彼または彼女が近代的であるか，また移動が自主的なものであるかという推量を含んでいる[24]。こうした推量に反対して，近年の研究では，むしろ，観光と移住を，旅というより広い経験のなかで統合しようという提案が出されている。移動に関するさまざまな文脈と条件を認識する必要がある一方で，旅をする経験という核心部分においては，同一のものといえるのである[25]。

　グローバル・ヒストリー的分析は，観光をより広い移動という文脈に位置付けるものであり，かならずしも単純に，観光がさまざまな形態の旅行から成り立っていると論じるのでなく，むしろ，観光が，移動の一形態として構築され，ほかの形態のものとは異なるものとして理解されるようになった文脈や経緯に着目するべきなのである。そうした研究は，上記のような分類の系譜学を追究することにも役立ち，また，ある特定地点における異なる移動の相互効果が，グローバルな統合を構成する，またはそれに寄与する，より大きな展開の一部であることを解明することにも貢献しうるのである。加えて観光は，国際労働分業という問題と明らかに結び付いているため，グローバルな労働史に関するわれわれの理解を豊かなものにする潜在力をも有している[26]。

　いずれにしても，いかにして観光に関連した移動における非対称性が展開してきたのかに関する，実証にもとづく研究が必要とされている。どうして，ヴィザ規定，富の分配，休日の割り当て，余暇の利用，通貨の購買力などが，（世界）人口上ある種のわずかな人々に特権を与え，彼らがしばしば一時的な社会上昇的移動を引き起こす，越境的な観光を可能にする一方で，その他の人々はあまり目立たない，観光における消費経済の供給側にまわり，「楽園のなかの小作農」の立場にとどめおかれているのだろうか[27]？　また，こ

165

うした話を，国際労働分業，経済の従属性，政治的に管理された移動といったより大きな枠組みのなかに位置付ける必要があるだろう。

3. 観光とグローバルな力関係

第二に，こうした考察は速やかに，観光が発展し，実践されてきた力関係への関心を掻き立てる。

まず，観光の権力性に関して非常に慎重に分析すると，観光と帝国または（新たな）帝国主義との関係という問題が浮かび上がってくる。帝国が，観光史を組織化する生産的な語りとして機能しえたと，しばしば議論されてきた[28]。旅行の初期の標準化の象徴で，パッケージツアー，さらには近代観光そのものの生みの親とも目されているトマス・クックの会社と，のちには彼の息子や孫の会社は，イギリスの帝国主義的プロジェクトと相互に関係する観光帝国を築いた[29]。「トマス・クック・アンド・サン社」（Cook & Son）は，観光企画を中東（最初はエジプト）にまで広げたとき，明らかに，イギリスの帝国主義的進出の環境から利益をえており，輸送手段を提供することで，イギリスの帝国主義的軍事的な試みに，直接的かつ財政面で関与していた[30]。

観光のグローバル・ヒストリーは，より制度的に観光と帝国のつながりを解きほどくことができるだろう。実際どのように，観光は植民地支配下に発展したのか，帝国という文脈は，旅行会社・インフラストラクチャー・観光名所・観光サーヴィスが発展する，経済的・法的・社会的な状態にどれだけ影響を与えていたのか[31]。植民地や帝国主義の進出先にある観光地が，そこに行く潜在的な観光客の動機や彼らの当該場所に関する認識をどのようにかたちづくっているのか。そして，植民地支配の残滓が，どのようにして，それ自体が郷愁的な観光の名所となり人々を引き付けるものとなっているのか？　観光施設は，植民地主義的なヒエラルキーを支える植民地的イデオロギーと機能をどれほど反映しているのか[32]？　さらに，観光は，帝国支配下の人々およびその主要都市の住民に対して，帝国というものを称揚するうえで，どれほど貢献しているのだろうか（住民に対しては，たとえば，就労機会やインフラストラクチャーの創出をとおして）[33]？

植民地からの独立後の時期と帝国または帝国主義のより間接的な形態に注目するときに，同様の関心は重要である。観光は，グローバル経済に参入する機会を提供することで，国際的な政治経済関係に影響をおよぼしている[34]。

166

第 7 章　グローバル・ヒストリーから見た観光史研究

観光は，南半球を「発展させる」ための政治的な努力という枠組みで，どのように機能し，複数国家にまたがる組織や国際機関は，この過程においてどのような役割をはたしたのか？　そのなかで，もっとも有名なものとして，世界観光機構は1976年には，国連発展プログラムの執行機関ともなっている[35]。観光は，グローバルな（経済的）不平等とどのように分かちがたく結び付いていたのか（そして現在も結び付いているのか）？　帝国主義的な過去と現在の新帝国主義的な行動計画を考慮することによって，はじめて，そうしたグローバルな不平等を理解することができる。こうした視座は，グローバルな志向をもつ開発史研究という分野の急速な発達と興味深く重なりあっているのである[36]。

　観光と開発の結節点を問うことで，観光研究と観光批評の焦点である受け入れ側と観光客の関係に対して，より全般的にわれわれの関心は増大する。「接触圏」（contact zone）[37]としての観光に関する実証的歴史研究では，実際の観光をつくり上げ，そこから利益をえている受け入れ側社会の，またはその個々の成員の行為主体性を考察する必要がある。受け入れ側が，自分たち自身のために観光を利用する手段の，個別な細かい余地や彼らのそうした努力が直面する，さまざまな限界や制約を明らかにすることによってのみ，われわれは，観光の構造と実践が，個別の観光名所において，「グローバリゼイション」としてどのように発展したのか，再構成することができるのである。観光批評に関するそうした歴史的な分析は，反帝国主義的な，第三世界の連帯運動に関する研究にも貢献しうる[38]。観光の負の作用を制限し，管理しようとする試みに着目すると，歴史研究は，さまざまな，地域組織，国内組織，国際組織の関与を考察する必要がある。これについては，とくに，観光の文化接触上の破壊的側面と，地域社会，文化のかたちに与える作用に関する論争や，自然環境への影響，またはその他の負の形態をとるなんらかの観光（たとえば，買春旅行）などが留意される[39]。

　そうした，権力関係に敏感な観光に関するグローバルな分析は，例えば，以下のような興味深い問いを導くことになる。たとえば，どのように観光は，政治的な境界や外国との関係を強めたり掘りくずしたりするのか？　また，観光はいかにして，冷戦中または冷戦後に，グローバルな力関係が交渉される舞台となったのだろうか[40]？　社会主義的観光は，一方では市民の要求を満たし，社会主義の優位を示すプロジェクトと，他方では，ブルジョワ的で

167

退廃的とみなされた西側的な旅行から，自分たちの観光を区別する必要性との間の緊張関係から発展した。この社会主義の観光は，旅行の政治適用に関する興味深い入口として注目に値する[41]。グローバル・ヒストリーの視点では，国際的な観光は，「鉄のカーテン」に穴があいている一分野として分析されうる。国際観光は，東西の区分をこえ，その政治的，プロパガンダ的機能は，東西関係とそうした認識を究明する格好の分野として残されているのである。東側陣営の政治的指導者たちは，国際観光を，社会主義イデオロギーの宣伝と称揚のための重要な手段とみなした[42]。西側へ旅行する観光客を，プロパガンダ的な事情のために道具化することを，どのような方法で試み，成功したのだろうか？　そして反対に，東側にやってきた西側の観光客に関しては，どのようにして，彼らはプロパガンダの試みのターゲットとなったのだろうか？　国際観光は，社会主義国が西側に徐々に門戸を開くことに役立ったのだろうか[43]？　この種の他陣営への旅行から，どのような出会いが発生したのだろうか？

　このように，観光の歴史をより広い政治的，社会経済的な枠組みと接続すると，観光が，国ごとの境界をこえて，権力の非対称性によってかたちづくられているグローバルな統合を推し進めるのに，いかに役立つかを検証する手助けとなりうることが分かるのである。一方で逆にいえば，こうした不平等は，観光の本来的な要素ともなっていた。

4. 観光による出会いと「世界」という概念

　3番目として，観光をグローバルな統合の手段として分析するとき，どれほど観光先での出会いが文化交流の場として機能したのか，という問いに取り組む必要がある。楽観的な視点では，その出会いは国をこえた理解を促進しただろうし，また，悲観的な視点では，ただ双方の側の文化的なステレオタイプと偏見を増幅してしまったということになろう[44]。そうした，悲観的で批判的な一連の研究によれば，観光客は，夢見心地の泡のなかにいるようなもので，ブアスティンの言によれば「見せかけの出来事」に参加しているにすぎず，地域の文化や人々に働きかけることはほとんどないのである[45]。そうした研究は，地元の文化を旅の経験として消費する観光による出会いが文化交流を誘発することを否定する。この手の観光研究は，観光客が接触しに来る，文化の真正性の問題に重きをおいているのである。マッカネルの主

張では，旅の経験とは，観光客が求めている本当に真正な経験よりも，むしろ，本物を装って披露されるいわば舞台上の演技なのである[46]。より最近では，ポストモダンな手法の影響を受けて，真正性という概念それ自体の有効性を否定し，旅の出会いに触発された観光と地域文化の間に起こった変容過程や相互影響関係に力点がおかれている[47]。さらに楽観的な研究では，大衆観光の構造は，以前に比して，より多種多様で多数の人々が旅行することを可能にし，その結果，彼らが外国の土地や人々となんらかの接触をすることを可能にしたと指摘されている[48]。

　しかし，われわれは，観光の価値を議論するよりも，そうした主張自体をわれわれの考察の分析対象とし，さらに，観光が外国理解を促進したという楽観的な考えと，そうすることに制度的に失敗したという批判的な評価の両方を，歴史化するべきであろう。観光は，世界に対する認識を生み出し，凝固させ，具体化するのに役立っている点に鑑みて，上記の議論をより大きな見取り図のなかに分析的に統合する必要がある[49]。

終わりに

　外国に旅行し，観光客と会い，旅の話を聞き，写真や土産物を見て，絵葉書を受け取り，旅行代理店の宣伝資料を調べることで，人々は旅の目的地についてなんらか学ぶことになる（たしかに，こうした知識はゆがめられ，主観的で，限定的であるのだが）[50]。こうした観点では，観光とは，実践であると同時に，世界という知識をつくり出し，それに役立つ一つの構造として考察されうるものである。観光がつくり出す瞬間のなかで，外国や「世界」に関する考えが，非常に大きな集団によって形成され，多くの聞き手に伝えられるのである。それには，観光の宣伝，観光活動，または観光の思い出を語る文脈など，さまざまな場面がありうる。したがって，グローバル・ヒストリーは，観光というレンズをもちいて，世界の相互連関への認識がどのように観光旅行をおこなう文脈から生起し，明白となっているのか，分析することができるのである。

　また重要な点として，そうした世界への認識は，ステレオタイプ，文化的なヒエラルキー，国民国家の枠組みに関係し続けていることがあげられる。旅の出来事としての文化接触や「世界」との交信の瞬間を考察することで，われわれは「他者」をつくり出す過程と，風景，場所，そこに暮す人々に付

着した，ステレオタイプの創造，再確認，変更について熟考する必要がある。また，われわれは，さまざまな場所，文化，人々の異国情緒に飾られたイメージの意味を，観光地の一般的な魅力として測定する必要がある。かくして，一部の論者が指摘するように，本来的なものとして観光に結び付けられ，観光マーケティングにもおおいに利用されている性的なイメージや誘引といったものにも，より注意を向けるべきなのである[51]。さらには，観光が，それぞれの国には個別の文化があるという考えにどれほど寄与しており，国境をこえることはどのようにそれを確認することなのか，また，グローバルな統合への反応として起こった，またはそれに付随して発生した，一国化（nationalization）や地域化の過程がどのように観光を形成し，またその逆の現象が起こっているのか，考える必要があろう[52]。

　しかしながら，外国文化のステレオタイプな表象や認識がある一方で，実際に観光をおこない，認識する国民性というものが重要であるのだが，長距離観光の増加は，傾向として，行動する空間と移動の範囲が，それにかかわる集団にとってグローバル化されているという兆候とみなすことができる。結論としていえば，観光は，日常のレヴェルにおけるグローバルな統合の効果を歴史的にたどるうえで，もっとも適した対象なのである。すでに，いくつかの教訓的な考えでは，観光はヨーロッパ内部におけるコミュニケーションと相互認識の場として表現されている[53]。決定的にグローバルな歴史研究は，そうした考えを空間的に拡大し，潜在的に大陸を横断する観光活動の重要性を追究できるはずである。この意味において，観光に焦点をおくことで，グローバルな統合に関する草の根からの歴史，すなわち，こうした統合がいかに多数の普通の人々に知覚され，経験されていたのか，の歴史を記述することができるだろう。

●註

1　Conrad, 2016, p. 5.
2　World Tourism Organization, 2015, p. 11.
3　同書，p. 14.
4　同上.
5　同書，p. 11.
6　Cohen, 1972, p. 180.

第 7 章　グローバル・ヒストリーから見た観光史研究

7　Urry, 2009, p. 144. このほか，観光をグローバルな状況の人格化として理解す
　る Macleod, 1999も参照のこと。

8　Gyr, 1999, pp. 61-62。ほかに，GYR, 2010, p. 37も参照。

9　Böröcz, 1992, pp. 714-737.

10　*Journal of Global History* 誌およびグローバル・ヒストリーに関する重要な学
　術会議のプログラムを一瞥すると，（確実に実証されているわけではないが）観
　光に関する興味の欠如がうかがえる。*Journal of Global History* には，「観光」ま
　たは「観光客」の語をタイトルに含む論文は一つもない（少なくとも2016年4
　月時点まで）。2014年，2015年のアメリカ世界歴史学会年次大会では，「観光」
　「観光客」または「観光の」をタイトルに含むパネルも個別報告もなかった。
　2015年のアジア世界史学会第3回大会では，戦争の記憶とダーク・ツーリズム
　に明確に関係している報告が一つだけあった。他方，2012年におこなわれたそ
　の前の大会では，観光に言及する報告は記録されていない。同じ傾向が，「世界
　史・グローバル・ヒストリーに関するヨーロッパ・ネットワーク」（European
　Network in Universal and Global History）の，世界史・グローバル・ヒストリ
　ーに関する欧州学術会議にもみられる。2008年と2011年会議には，明確に観光
　に関する報告は一つもなく，2014年会議では，二つの報告が観光に関するもので
　あり（スペインに関するものとギリシアに関するもの），パネルでは一つのみ，
　移動と越境結婚と合わせてではあるが，観光に言及している。「国際歴史学委員
　会」（International Committee of Historical Science）のみ，例外的である。こ
　のことはおそらく，2002年に，「旅行・観光史国際委員会」（International Com-
　mission for the History of Travel and Tourism）がその傘下にはいったことに
　起因するのであろう。2015年に開催された，「国際歴史学委員会」第22回大会で
　は，27の専門テーマのうちの一つが「観光における歴史研究の利用」にあてら
　れ，「旅行・観光史国際委員会」の支援を受けて，三つのセッションで，2日にわ
　たって，このトピックにもとづいて，19の報告がおこなわれた。しかしながら，
　その前の2010年の大会では，観光は完全に欠如していた。

11　観光研究を統合的な学問領域として構築し，制度化する戦間期の試みは，第
　二次世界大戦後，消滅した。戦後の観光研究は，大部分が応用研究であり，観
　光マネージメント，政策に適用可能な知識や観光経済に向けられていた。
　Spode, 2012および Spode, 2009a 参照。

12　最近の書評論文のいくつかは，当該の観光分野における発展を概観している。
　以下参照：Walton, 2014; Hachtmann, 2011; Kopper, 2004; 以下も参照 Zuelow,
　2016; Zuelow, 2011a; Walton, 2005; Baranowski, Furlough, 2001.

13　国内観光の文脈で，第一義的に構造化された観光客に関する歴史研究の概観

171

として，Walton, 2014参照。

14　Baranowski *et al.*, 2015; Zuelow, 2011b。このほか，観光史に関する地域をこえた視点からおこなわれた学術会議に関する報告として，以下参照：Ackermann, Daam, 2016.

15　「グローバルな global」という語を批判する論者は，「グローバルな」過程といいながら往々にして研究が限定的であることや，相互関連の質が多様であることと，不均質にさまざまな人々が「グローバルな」現象に取り込まれていると，ある意味正しく指摘する。例として，Cooper, 2007参照。しかしながら，筆者は，あらゆるものを含むわけではないにせよ，潜在的には世界の異なる地域に影響を与える包括的な広がりを示すために，この語を実利的に用いる。こうしたさまざまな過程の度合いが，あらゆる事例について決定される必要があろう。

16　Conrad, 2016, p. 64.

17　飛行機については，以下参照：Kaiserfeld, 2010; Lyth, 2009; Lyth, 2003。また，蒸気汽船については，以下参照：Armstrong, Williams, 2005; Coons, Varias, 2003。鉄道については以下参照：Hachtmann, 2010.

18　例えば，スポードの主張によれば，個人の航空旅行が大衆観光をつくり出したわけではない。彼はこの推測から振り返って，大衆旅行が，非軍事的な航空産業の大発展にどれほど影響を与えたのか検討している。Spode, 2009b 参照。

19　なぜなら，複数形の移動を理解し，それらがどのようにかたちづくられているのか注意をはらうための口実は，たしかに重なり合い，相互を決定しているためである。Huber, 2010参照。

20　Hall, Williams, 2002; Böröcz, 1992, p. 709.

21　Möhring, 2014, p. 120; Williams, Hall, 2002.

22　Möhring, 2014, p. 120.

23　Agustin, 2007, pp. 13-20.

24　Möhring, 2014, p. 117; Agustín, 2007, p. 11.

25　哲学者モナ・ズィンガーは，移住，飛行，観光など旅の多様な経験は，それぞれ一見すると異なるものの，認識論的には同一であることを理解するべきと主張する。Singer, 2012, p.219参照。社会科学者ローラ・アウグスティンは，「旅行」という語を，「移動」の異なる形態として利用している。Agustin, 2007参照。

26　Walton, Smith, 1994.

27　Maccannell, 1976, p. 165. ここでは，ホノルル市長の発言を引用している。

28　Baranowski *et al.*, 2015, p. 102.

第7章　グローバル・ヒストリーから見た観光史研究

29　Hunter, 2004. ただし，観光の生みの親としてのクックの重要性については論争があり，彼の観光商品の新奇性と革新的な性格，および彼の競争相手による，観光産業と観光文化への見のがせない貢献が再検討されている。Walton, 2010; Walton, 2005, p. 4参照。

30　Hunter, 2004.

31　ケニヤを事例とした初期のいくつかの反映としては，Baranowski *et al*., 2015, p. 109参照。インドネシアにおいて，観光が植民地政策の一つの要素であったことに関しては，Demay, 2014および Zytnicki, Kazdaghli, 2009参照。

32　フランス植民地におけるスパ（鉱泉行楽施設）の発展と，スパがどのように敵対的な周囲の環境からの隠れ家として建設され，健康，人種的な優越とフランス人意識を保持することにいかに寄与していたことについては，Jennings, 2006参照のこと。

33　例えば，ジョン・マッケンジーによれば，イギリス19世紀の旅行案内書・手引書は，近代化に関する帝国主義的な思想と，未知の空間にそれをもたらすイギリスの役割だけを反映することに加えて，それらの書物はさらに，帝国主義的な世界観を移転し，「プロパガンダの重要な場として，帝国の主要な道具というかたちで」機能していたのである（Mackenzie, 2005, p. 36）。また，キューバとハワイ観光に関する，アメリカの帝国主義，ファンタジー，語りの関係を分析した，Skwiot, 2010参照。

34　アラブ諸国が，国内経済と社会問題に一層管理を強める一方で，グローバル経済に合流するために，いかに観光を利用したのかに関する研究として，Hazbun, 2008参照。

35　世界観光機構の創設と観光の発展における役割については，いまだに歴史的観点から包括的な記述はない。機構の構成や法的な枠組みに関する簡潔な研究としては，例えば，Vrancken, 2012; Vrancken, 1999; Lanquar, 1983; Jafari, 1975参照。多国籍企業の役割と観光の関係については，例えば，トマス・クックに関する Brendon, 1991とアメリカン・エキスプレスに関する Grossman, 1987参照のこと。

36　Büschel, Speich-Chassé, 2015; Unger, 2010.

37　「接触圏」（contact zone）という語は，主体が，接触圏における交流の過程によっていかに構築されるのか，また，その交流を決定する本来的な非対称的な力関係と不平等を強調する。Pratt, 1992, pp. 6–7参照。

38　Kalter, 2016; Kuhn, 2011; Olejniczak, 1999.

39　大衆観光が「現地文化」に与えた影響については，例えば，Butler, Hinch, 2007参照。大衆観光の破壊的な効果に関する，初期の批判的論争的な見解とし

173

ては，Turner, Ash, 1975, 自然環境面での影響については，Hassan, 2003, 買春旅行については，例えば Kibicho, 2009; Brennan, 2004; Seabrook, 2001; Enloe, 1990; Truong, 1990参照のこと。

40 例えば，Endy, 2004参照。彼のアメリカ人のフランス観光に関する研究は，観光が外交政策および国際関係に密接にかかわっていたことを示し，冷戦期の政策をグローバリゼイションの過程にも直接的に関連付けている。冷戦後の時代に，観光が国家社会主義から資本主義への移行にはたした貢献については，Williams, Baláž, 2000参照。

41 ソヴィエト連邦初期における，西洋的な手法の模倣ではない社会主義的観光を創出する試みについては，Noack, 2011参照。

42 文化外交上の，ほとんど制御できなかった道具としてのソヴィエトの観光客の役割については，Tondera, 2014および Gorsuch, 2011参照。

43 ユーゴスラヴィアについては，Tchoukarine, 2010参照。

44 外交史という分野にもとづき，とくに，文化外交という問題に焦点をあてる手段として観光を用いる計画的な提案として，Engerman, 1994参照。また，観光と「消費者外交」との関係については，たとえば Walton, 2005, p. 4参照。

45 Boorstin, 1964. コーエンは，観光客とは，「自文化の『環境の泡』のなかにいながら，外国の土地におきかえられている存在」と評している（Cohen, 1972, p. 166）。「泡」という考えは，Fussell, 1980, p. 43から採用されたものである。

46 Maccannell, 1973. この部分は，のちに彼の著書（Maccannell, 1976）の第5章に組み込まれている。

47 Rojek, Urry, 1997; Crick, 1989, p. 336.

48 Urry, 2009, p. 8; Cohen, 1972, p. 181.

49 デイヴィッド・クーヘンバッハは，いかに「（一つの）世界」という語が，出版物や政治的な言説のなかで引用されてきたのかを分析することで，1970年代以降グローバルな認識が増加してきたことを跡付けている。Kuchenbuch, 2012.

50 例えば，以下参照：Möhring, 2014, p. 123; Axster, 2014; Pagenstecher, 2012.

51 文化史的な観点からみた，旅と性交渉の本来的な関係については，例えば Littlewood, 2002参照。この問題に関する社会科学の視点からの研究としては，一例として，Ryan, Kinder, 1996参照。観光マーケティングにおける性のあり方とそれに対する批判については，Knop, 2005, p. 210および Pagenstecher, 2012, pp. 347-348参照。こうした研究は，観光客のまなざしに関するアーリの概念からしばしば着想をえて，観光の視覚的側面に関する広範囲な研究を促進している。Urry, 2009参照。

52 さまざまな旅先案内書が国家的な遺跡をつくり出し，国民のアイデンティテ

174

ィ形成に影響を与えたことについては，Koshar, 1998参照。

53　Mergel, 2007; Lash *et al.*, 1993, p. 309.

〈参考〉

以下は，最近までの主要な観光史研究の業績リストである。

Ackermann, Elke/Daam, Jasmin（2016）. Tagungsbericht: Tourismuswelten. Translokale Perspektiven auf die Tourismusgeschichte（1945-1990）, 25.02.2016 -27.02.2016 Greifswald, in: H-Soz-Kult [www.hsozkult.de/conferencereport/id/tagungsberichte-6502].

Agustín, Laura María（2007）. *Sex at the margins. Migration, labour markets and the rescue industry.* London/New York.

Armstrong, John/Williams, David M.（2005）. The steamboat and popular tourism. In: *Journal of Transport History* 26, no. 1, 61-77.

Axster, Felix（2014）. Koloniales Spektakel in 9 x 14. *Bildpostkarten im Deutschen Kaiserreich.* Bielefeld.

Baranowski, Shelley/Endy, Christopher/Habun, Waleed/Hom, Stephanie Malia / Pirie, Gordon/Simmons, Trevor/Zuelow, Eric G. E.（2015）. Discussion. Tourism and Empire. In: *Journal of Tourism History* 7, 1/2, 100-130.

Baranowski, Shelley/Furlough, Ellen（2001）. Introduction. In: Eaed.（eds.）. *Being elsewhere. Tourism, consumer culture, and identity in modern Europe and North America.* Ann Arbor, Mich., 1-31.

Boorstin, Daniel J.（1964）. The image. A guide to pseudo-events in America. New York.

Böröcz, Jozsef（1992）. Travel-Capitalism: The Structure of Europe and the Advent of the Tourist. In: *Comparative Studies in Society and History* 34, no. 4, 708-741.

Brendon, Piers（1991）. Thomas Cook. 150 years of popular tourism. London.

（ピアーズ・ブレンドン（石井昭夫訳）（1995）『トマス・クック物語──近代ツーリズムの創始者』中央公論社，1995.

Brennan, Denise（2004）. *What's love got to do with it? Transnational desires and sex tourism in the Dominican Republic.* Durham.

Büschel, Hubertus /Speich-Chassé, Daniel（2015）. Einführung: Entwicklungsarbeit und globale Modernisierungsexpertise. In: *Geschichte und Gesellschaft* 41, no. 4, 535-551.

Butler, Richard /Hinch, Thomas（eds.）（2007）. *Tourism and indigenous peoples: is-*

sues and implications. Amsterdam.

Cohen, Erik （1972）. Toward a sociology of international tourism. In: *Social Research* 39, no. 1, 164–182.

Conrad, Sebastian （2016）. *What is global history?* Princeton, Oxford.

Coons, Lorraine ／Varias, Alexander （2003）. *Tourist third cabin. Steamship travel in the interwar years.* New York, NY.

Cooper, Frederick （2007）. Was nützt der Begriff der Globalisierung? Aus der Perspektive eines Afrika-Historikers. In: Sebastian Conrad, Andreas Eckert & Ulrike Freitag （eds.）. *Globalgeschichte. Theorien, Ansätze, Themen.* Frankfurt am Main/New York, 131–161.

Crick, Malcolm （1989）. Representations of international tourism in the soical sciences: Sun, Sex, Sights, Savings, and Servility. In: *Annual Review of Anthropology* 18, 307–344.

Demay, Aline （2014）. *Tourism and Colonization in Indochina (1898-1939).* Newcastle upon Tyne.

Endy, Christopher （2004）. *Cold War holidays: American tourism in France.* Chapel Hill.

Engerman, David （1994）. Research Agenda for the History of Tourism: Towards an International Social History. In: *American Studies International* 32, no. 2, 3–31.

Enloe, Cynthia H. （1990 [1989]）. *Bananas, beaches & bases. Making feminist sense of international politics.* Berkeley/Los Angeles.

Fussell, Paul （1980）. *Abroad. British literary traveling between the wars.* Oxford （Oxford paperbacks Travel）.

Gorsuch, Anne E. （2011）. *All this is your world. Soviet tourism at home and abroad after Stalin.* Oxford et al.

Grossman, Peter Z. （1987）. *American Express. The unofficial history of the people who built the great financial empire.* New York, NY.

（ピーター・グロスマン（上田惇生訳）（1987）『アメリカン・エキスプレス——金融サービス王国への戦略』ダイヤモンド社。）

Gyr, Ueli （1999）. Entgrenzung durch Mundialisierung? Dynamisierungsprozesse im massentouristischen Konsumsystem. In: Reinhardbachleitner （ed.）. *Grenzenlose Gesellschaft - grenzenloser Tourismus.* München, 55–66.

Gyr, Ueli （2010）. Geschichte des Tourismus: Strukturen auf dem Weg zur Moderne, in: Europäische Geschichte Online （EGO） [ieg-ego.eu/de/threads/europa-unterwegs/tourismus/ueli-gyr-geschichte-des-tourismus, 7 July 2016].

Hachtmann, Rüdiger (2010). Schrittmacher des modernen Massentourismus: die Eisenbahn und das Motorrad. In: *ZeitRäume. Potsdamer Almanach 2009*, 57-65.

Hachtmann, Rüdiger (2011). Tourismusgeschichte - ein Mauerblümchen mit Zukunft! Ein Forschungsüberblick, in: H-Soz-u-Kult [hsozkult.geschichte.hu-berlin.de/forum/2011-10-001].

Hall, C. Michael /Williams, Allan M. (eds.) (2002). *Tourism and Migration. New Relationships between Production and Consumption*. Dordrecht.

Hassan, John (2003). *The seaside, health and the environment in England and Wales since 1800*. Aldershot.

Hazbun, Waleed (2008). *Beaches, ruins, resorts. The politics of tourism in the Arab world*. Minneapolis.

Huber, Valeska (2010). Multiple Mobilities. Über den Umgang mit verschiedenen Mobilitätsformen um 1900. In: *Geschichte und Gesellschaft 36*, 317-341.

Hunter, F. Robert (2004). Tourism and Empire: The Thomas Cook & Son Enterprise on the Nile, 1868-1914. In: *Middle Eastern Studies 40*, no. 5, 28-54.

Jafari, Jafa (1975). Creation of the inter-governmental World Tourism Organization. In: *Annals of Tourism Research 2*, no. 5, 237-245.

Jennings, Eric Thomas (2006). *Curing the colonizers. Hydrotherapy, climatology, and French colonial spas*. Durham.

Kaiserfeld, Thomas (2010). From sightseeing to sunbathing: changing traditions in Swedish package tours; from edification by bus to relaxation by airplane in the 1950s and 1960s. In: *Journal of Tourism History 2*, no. 3, 149-163.

Kalter, Christoph (2016). *The discovery of the Third World. The French radical Left and the international struggle against colonialism, c. 1950-1976*. Cambridge, UK/ New York, NY.

Kibicho, Wanjohi (2009). *Sex tourism in Africa. Kenya's booming industry*. Farnham/ England/Burlington, VT.

Knop, Karin (2005). Zwischen Campari-Kunstwelten und Reisen ins Marlboro-Land. Werbung und Werbemedien der achtziger Jahre. In: Werner Faulstich (ed.). *Die Kultur der 80er Jahre*. München, 209-229.

Kopper, Christoph (2004). Neuerscheinungen zur Geschichte des Reisens und des Tourismus. In: *Archiv für Sozialgeschichte 44*, 665-677.

Koshar, Rudy (1998). "What ought to be seen." Tourists'Guidebooks and National Identities in Modern Germany and Europe. In: *Journal of Contemporary History 33*, 323-340.

Kuchenbuch, David (2012). „Eine Welt". Globales Interdependenzbewusstsein und die Moralisierung des Alltags in den 1970er und 1980er Jahren. In: *Geschichte und Gesellschaft* 38, 158–184.

Kuhn, Konrad J. (2011). *Entwicklungspolitische Solidarität. Die Dritte-Welt-Bewegung in der Schweiz zwischen Kritik und Politik (1975-1992)*. Zürich.

Lanquar, Robert (1983). *The organizational development of the World Tourism Organization: a case study*. Aix-en-Provence.

Lash, P.S.M. /Urry, S.L.J. /URRY, P. J. (1993). Economies of Signs and Space.

Littlewood, IAN (2002). *Sultry climates. Travel & sex*. Cambridge, MA.

Lyth, Peter (2003). "Gimme A Ticket on an Aeroplane... "The Jet Engine And the Revolution in Leisure Air Travel, 1960-1975. In: Laurent Tissot (ed.). *Construction d'une industrie touristique aux 19e et 20e siècles. Perspectives internationales =Development of a tourist industry in the 19th and 20th centuries.International perspectives*. Neuchâtel, 111-122.

Lyth, Peter (2009). Flying Vistits: The Growth of Birtish Air Package Touris, 1945-1975. In: Luciano Segreto, Carles Manera & Manfred Pohl (eds.). *Europe at the seaside. The economic history of mass tourism in the Mediterranean*. New York, 11-30.

Maccannell, Dean (1973). Staged Authenticity: Arrangements of Social Space in Tourist Settings. In: *American Journal of Sociology* 79, no. 3, 589-603.

MacCannell, Dean (1976). *The tourist. A new theory of the leisure class*. New York.

MacKenzie, John M. (2005). Empires of Travel: British Guide Books and Cultural Imperialism in the 19th and 20 the Century. In: John K.Walton (ed.). *Histories of tourism. Representation, identity, and conflict*. Clevedon, Buffalo, 19-38.

Macleod, Donald V. L. (1999). Tourism and the Globalization of a Canary Island. In: *The Journal of the Royal Anthropological Institute* 5, no. 3, 443-456.

Mergel, Thomas (2007). Europe als Leisure Time Communication. Tourism and Transnational Interaction since 1945. In: Konrad Hugo Jarausch & Thoma Slindenberger (eds.). *Conflicted memories. Europeanizing contemporary histories*. New York, NY, 133-153.

Möhring, Maren (2014). Tourism and Migration: Interrelated Forms of Mobility. In: *Comparativ* 24, 2: Between Leisure, Work and Study: Tourism and Mobility in Europe 1945 to 1989, 116-123.

Noack, Christian (2011). Building Tourism in One Country? The Sovietization of Vacationing, 1917-1941. In: Eric G. E.Zuelow (ed.). *Touring beyond the nation. A transnational approach to European tourism history*. Farnham, Surrey, 171-193.

Olejniczak, Claudia（1999）. *Die Dritte-Welt-Bewegung in Deutschland. Konzeptionelle und organisatorische Strukturmerkmale einer neuen sozialen Bewegung*. Wiesbaden.

Pagenstecher, Cord（2012）. *Der bundesdeutsche Tourismus. Ansätze zu einer Visual History: Urlaubsprospekte, Reiseführer, Fotoalben 1950-1990*. 2nd ed. Hamburg.

Pratt, Mary Louise（1992）. *Imperial Eyes. Travel Writing and Transculturation*. London u.a..

Rojek, Chris/Urry, John（eds.）（1997）. *Touring cultures. Transformations of travel and theory*. London.

Ryan, Chris/Kinder, Rachel（1996）. Sex, tourism and sex tourism: fulfilling similar needs? In: *Tourism Management*17, no. 7, 507-518.

Seabrook, Jeremy（2001）. *Travels in the skin trade. Tourism and the sex industry*. 2nd ed. London.

Singer, Mona（2012）. Skizzen zu einer Philosophie des Reisens. In: *Österreichische Zeitschrift für Geschichtswissenschaften* 23, no. 2, 208-221.

Skwiot, Christine（2010）. *The purposes of paradise. U.S. tourism and empire in Cuba and Hawai'i*. Philadelphia/Oxford.

Spode, Hasso（2009a）. Tourism Research and Theory in German Speaking Countries. In: Graham Dann & Giuli Liebman Parrinello（eds.）. *The sociology of tourism. European origins and development*. Bingley, 65-95.

Spode, Hasso（2009b）. Von der Luftpolitik zur Deregulierung: Das Flugzeug und der Massentourismus. In: Ralph Roth & Karl Schlögel（eds.）. *Neue Wege in ein neues Europa*. Frankfurt a.M./New York, 491-513.

Spode, Hasso（2012）. Geburt einer Wissenschaft. Zur Professionalisierung der Tourismusforschung, in: *Themenprotal Europäische Geschichte*[www.europa. clio-online.de/Portals/_Europa/documents/B2012/E_Spode_Tourismusforschung.pdf].

Tchoukarine, Igor（2010）. The Yugoslav Road to International tourism: Opening, Decentralilzation, and Propaganda in the Early 1950s. In: Hannes Grandits & Karin Taylor（eds.）. *Yugoslavia's sunny side. A history of tourism in socialism (1950s-1980s)*. Budapest/New York.

Tondera, Benedikt（2014）. "Like Sheep". Disobedience Among Soviet Tourist Travelling Abroad. In: *Comparativ* 24, 2: Between Leisure, Work and Study: Tourism and Mobility in Europe 1945 to 1989, 18.

Truong, Thanh-Dam（1990）. *Sex, money and morality: Prostitution and tourism in*

Southeast Asia. London.

Turner, Louis /Ash, John (1975). *Golden hordes. international tourism and the pleasure periphery*. London.

Unger, Corinna (2010). Histories of Development and Modernization: Findings, Reflections, Future Research, in: H-Soz-Kult [hsozkult.geschichte.hu-berlin.de/forum/2010-12-001, 8 July 2016].

Urry, John (2009). *The tourist gaze*. 2nd ed. Los Angeles.

Vrancken, Patrick (1999). The World Tourism Organisation. In: *South African Yearbook of International Law* 24, 231–245.

Vrancken, Patrick (2012). World Tourism Organization (UNWTO). In: Rüdiger Wolfrum (ed.). *The Max Planck Encyclypedia of Public International Law*. Oxford, 946–967.

Walton, John K. (2005). Introduction. In: Id. (ed.). *Histories of tourism. Representation, identity, and conflict*. Clevedon, Buffalo, 1–18.

Walton, John K. (2010). Thomas Cook. Image and Reality. In: Richard W.Butler & Roslyn A.Russell (eds.). *Giants of tourism*. Wallingford, Oxfordshire, 81–92.

Walton, John K. (2014). Tourism History. People in Motion and at Rest. In: *Mobility in History* 5, 74–85.

Walton, John K./Smith, Jenny (1994). The Rhetoric of Community and the Business of Pleasure: the San Sebastián Waiters' Strike of 1920. In: *International Review of Social History* 39, no. 01, 1.

Williams, Allan M./Baláž, Vladimír (2000). *Tourism in transition. Economic change in Central Europe*. London u.a.

Williams, Allan M. /Hall, C. Michael (2002). Tourism, migration, circulation and mobility. the contingencies of time and place. In: Id. (eds.). *Tourism and Migration. New Relationships between Production and Consumption*. Dordrecht, 1–52.

World Tourism Organization (2015). *UNWTO Annual Report 2014*. Madrid.

Zuelow, Eric G. E. (2011a). The Necessity of Touring Beyond the Nation: An Introduction. In: Id. (ed.). *Touring beyond the nation. A transnational approach to European tourism history*. Farnham, Surrey.

Zuelow, Eric G. E. (ed.) (2011b). *Touring beyond the nation. A transnational approach to European tourism history*. Farnham, Surrey.

Zuelow, Eric G. E. (2016). *A history of modern tourism*. London/New York.

Zytnicki, Colette/Kazdaghli, Habib (eds.) (2009). *Le tourisme dans l'empire français. Politiques, pratiques et imaginaires (19e-20e siècles). Un outil de la domina-*

第 7 章　グローバル・ヒストリーから見た観光史研究

tion coloniale? Paris.

第 8 章
地中海史の見取り図

工藤晶人
Kudō Akihito

はじめに──地中海史の弁明

　地中海史とはなにか。世界史の記述のなかで，地中海史はいかなる意味を
もつのか。この問いにどのように答えれば良いだろう。古代ギリシア，ロー
マの歴史を念頭に，地中海史とはヨーロッパ中心的な歴史のとらえ方だ，と
批判する向きもあるだろう。近世の地中海を制したオスマン朝を念頭に，イ
スラーム圏を中心とする地中海史を展望する人もいるはずである。ヨーロッ
パとイスラームの対立と交流こそが地中海史の要点であるという紋切り型に
対しては，そうした二分法ではなくカトリック・正教・イスラームという三
者の関係としてとらえるべきという意見もただちに思い浮かぶ。

　ともあれ史学史を振り返るときに，まず考えるべきはフェルナン・ブロー
デルの業績である。ブローデルは大著『フェリペ 2 世時代の地中海と地中海
世界』（以下，『地中海』）において，海とその周辺の陸地を一つのまとまりと
してとらえ，歴史の主題とする方法を開拓した[1]。『地中海』とそれに続く一
連の著作は，グローバル・ヒストリーの先駆けとして位置付けられてきた。

　だが，ブローデルの著作によって地中海史をめぐる議論がつきたわけでは
ない。とくに1990年代以降，さまざまな視点から地中海という主題の意味が
あらためて論じられるようになってきた。そのなかには，「ブローデルは地
中海の終わりを告げた」という挑発的な表現を用いて，地中海史という枠組
みそのものを再考しようとする論者もいる[2]。彼らによれば，ブローデルが
「地中海の」歴史（History of）を開拓して以降，その後の多くの歴史家たち
は「地中海における」歴史（History in）を書くことに満足してきた。

　こうした批判を踏まえて，今日の地中海史はなにを課題とするのか。地球
規模の歴史記述が重視される文脈において，一つの「海域／地域」を考える
ことの意義はどこにあるのか。近代史に関心をもつ立場から，いくつかの論
点を整理してみたい。

182

1. ブローデルと海の一体性

『地中海』の時間と空間

はじめに，ブローデルの『地中海』（初版1949年，増補版1966年）から有名な議論を振り返ってみよう。ブローデルは，三つの時間が交差する舞台として地中海を描いた。第一部「環境の役割」は自然と地理を軸とするゆっくりとした動きを，第二部「集団の運命と全体の動き」では社会経済の構造変化を，第三部「出来事，政治，人間」ではレパントの海戦（1571年）前後のスペインとオスマン朝の戦争と政治の動きをたどる。これら長期，中期，短期の三つの変化の複合として，一つの世界を提示するというのが，この書物の構成である。

時間の独特なとらえ方だけではない。空間の大胆な把握も特筆される。そもそも，海を歴史記述の主人公にすえるとはどういうことか。第一部「環境の役割」を締めくくる二つの章は，それぞれ「自然の一体性」と「人の一体性」と題されている。ブローデルにとって地中海は，自然が生み出した一個のまとまりとして厳然と存在していた。なかでもよく知られているのが，葡萄，オリーヴ，ナツメヤシの栽培範囲が重なりあう地図とともに空間の一体性を論じる一節である[3]。そうした自然条件の一体性のうえに，人の交流と生活様式の共通性が重なりあい，全体として地中海史の構成要素となる。じつはこの地理的な論法こそが近年批判されているのだが，それについては後述する。

海を主人公とするブローデルの歴史観は，どのような背景から生まれたのか。日本でよく知られているリュシアン・フェーヴルとの師弟関係については省き，二つの系譜を紹介しておこう。第一に，アンリ・ピレンヌとのかかわり，第二に，アルジェリア滞在の経験である。「ムハンマドなくしてシャルルマーニュなし」。古代以来途切れることのなかった地中海の東西のつながりがイスラームの出現によって切断され，西ヨーロッパ史の新しい時代がはじまるという，いわゆるピレンヌ・テーゼはよく知られている。1931年にピレンヌの講演に接したブローデルは，海とのつながりからヨーロッパ史をとらえる発想に強い印象を受けたと後年に述懐している[4]。その機会を提供したのが，アルジェで開かれた国際歴史学会議だった。その頃ブローデルは，現地の高校教員をしながら，会議の事務局員を務めていた。

フランス東部ロレーヌ地方生まれのブローデルは，仏領植民地アルジェリアで20代のほぼすべてを過ごした。そこで彼は，植民地統治の知的支柱となったアルジェ大学に集う一群の学者，知識人たちと交流した。なかでも大きな影響を与えたのが，アフリカ地理学の権威エミール・フェリクス・ゴーティエだった。歴史家としても知られたゴーティエは，ピレンヌと同様，イスラームの出現によって歴史の流れが断ち切られたと論じる。主著『北アフリカのイスラーム化』で提示されるのは，アラブ人の征服によって北アフリカの歴史は停滞し，フランスの植民地化によってふたたびそれが動き出す，という見方であった[5]。現代からみればあまりにもヨーロッパ中心主義的な歴史観であるが，そのゴーティエに対して，ブローデルは熱烈な賛辞を贈った[6]。

　一言でいえば，ブローデルの知的形成と，植民地帝国の建設者達の視線とは分かちがたく結び付いていた。実際，『地中海』と同時期に発表された論文では，16世紀イベリア半島のスペイン人と，20世紀アルジェリアのフランス人入植者とが類比されている[7]。のちの編著『地中海世界』では，イスラームは「反・西洋」であり，「もう一つの」地中海であるという表現もみられる。とはいえ，ブローデルにイスラーム蔑視のレッテルを貼るのは性急すぎる。同じ著作の別の箇所では，「キリスト教圏とイスラーム圏はたがいにうらやむべきものはない。歴史の法廷ではどちらもがえこひいきなく有罪を宣告されることになるだろう[8]」と，俯瞰的な見方も披露されている。ある一節では文明間の本質的な差異が強調され，別の一節ではそれが軽々と相対化される。古典となるテキストは複数の読解を許すものであって，ブローデルの歴史記述も例外ではない。

空間と領域

　ブローデル自身が述べるように，『地中海』という書物はヨーロッパの北側から来た人のまなざしから生まれた。彼はまた，地理学をつうじて地中海史という主題に到達したとも述べている。その意味を理解するために，空間（Space）と，領域（Territory）という区別を導入してみよう。歴史家ノルドマンに依拠すれば，空間とは，範囲がかならずしも限定されない広がりである。そのなかにはさまざまな地形，環境があり，それらに条件付けられて人間の活動が展開される。領域とは，固有の名前と一定の境界をもち，政治的，

軍事的，経済的な支配の対象となり，その領有またはそこへの帰属が問題とされる範囲である。つまり領域は，一つの文化的な構築物である[9]。

　こうした整理をふまえれば，地中海が単なる空間以上の意味をもつことは明白である。地中海という地域のとらえ方自体が——海の名を冠した陸というねじれに注意したい——近代ヨーロッパの地理学によって生み出された事実はよく知られている。ドイツではリッター，ラッツェルらによって確立した人文地理学の流れを受けて，フィッシャー，フィリップソンらが地中海という研究対象を確立した[10]。フランスでは，ヴィダル・ドゥ・ラブラーシュを泰斗とする地理学派が，環境と人間のかかわりという観点から地中海の個性を論じた[11]。そうした蓄積のうえに，ブローデルの地中海史が生まれる。近代地理学の展開は，学問の内発性だけから生じたものではない。その背景には，十字軍の時代に遡るともいわれる「南」への憧憬と，列強が覇を競う19世紀の国際政治とがあった[12]。近代の地理学は，地中海の概念を空間から領域へと結晶化させたといってもよい。私たちが地中海ということばを用い，そのなかで考えるかぎり，所与＝空間としての地中海と，構築物＝領域としての地中海とを切り離すことは難しい。

　空間としての地中海を簡略に定義しようとすれば，ジブラルタル海峡からボスポラス海峡までということになる。その範囲は，黒海の位置づけ，大西洋に面するポルトガルがしばしば地中海諸国に数えられるといったあいまいさに目をつぶるとすれば，ひとまず明確にみえる。しかし，人の活動の舞台としての地中海は，つねに周囲へと開かれていた。一例として，地中海とインド洋の結び付きをみてみよう。ウォーラーステインの向こうを張って，複数の千年紀にわたる「世界システム」の存在を論じる近年の歴史家たちは，海と海とのつながりに強い関心を寄せてきた。たとえばギルズとフランクは，ナイル＝紅海，シリア＝メソポタミア＝ペルシャ湾，エーゲ海＝黒海＝中央アジアという三つの回廊が，紀元前3000年紀以来の世界システムの要であったと説く。ボジャールは，おなじく数千年の尺度を用いて，紀元前1世紀頃までにインド洋を中心とする「アフロ・ユーラシア世界システム」が出現したと論じる[13]。このように長い時間と広い空間のなかでみたときに，あえて地中海だけを考察の枠組みとして取り出すことにどのような意味があるのか。よくいわれるように，複数の宗教，文化，民族が錯綜しながら共存する場，と定義を与えたところで，そうした場所は地中海以外にも見つかりそうであ

る。それではなぜ地中海なのか。

2. ホーデン・パーセルと多様性の海

History in と History of

　こうした課題について近年の議論を牽引してきたのが，ホーデンとパーセルである。中世史と古代史を専門とする二人による共著『穢れる海』（2000年）は，領域としてさまざまな含意を帯びてしまった地中海という研究対象を，フラットな状態から再定義しようとする試みだった。ホーデンとパーセルは，すでに紹介したように，「ブローデルは地中海の終わりを告げた」という警句を発する。その主張によれば，『地中海』以後，ブローデルの構想に比肩する研究は地中海についてほとんどあらわれていない。宗教や心性についての研究は発展したが，『地中海』で開拓された人文地理的な地中海像はほとんど討議の対象となってこなかった。ブローデル自身が継承者であるところの，いささかロマン的な地中海主義は，20世紀半ばに頂点をむかえ，そこで終わったのではないか。実際，地中海を表題とする研究の多くが，じつのところ「地中海における」歴史（History in）であって，海そのものを問題化する「地中海の」歴史（History of）が開拓されたとはいいがたい[14]。

　こうした挑発的な問いを投げかけたうえで，ホーデンとパーセルは，環境学との接近を提唱する。そして，紀元1000年頃までの地中海史を総体としてとらえるという目標をかかげる。マイクロ・エコロジー，接続性，再分配といった耳慣れない用語にいろどられた著作のなかから，論点のいくつかを取り出してみよう。彼らの研究では，自然条件の同質性という前提が否定され，多種多様な環境的条件が狭い空間のなかに詰めこまれているという側面が強調される。複雑な環境条件と不安定な気候は，それぞれの場所に暮す人々を高いリスクにさらす。たがいのリスクを相殺するために，人々は近隣地とのつながりを模索する。著者たちによれば，そうしたミクロなネットワークの稠密さこそが他の地域にはみられない特徴であり，地中海の独特さを生み出している[15]。

　ブローデルの地中海を特徴付けるものが構造と反復であったとすれば，ホーデンとパーセルの地中海は，関係性と変化——それも微細な，目にとまりにくいような変化——の集積として記述される。都市と農村の関係を中心と周縁という図式から解放すること，遠距離交易の陰にかくれがちな近距離の

交易に着目すべきこと等，具体的な提案には首肯すべき点も多い。とはいえ『穢れる海』は問題提起のための論集であって，一個の作品としての『地中海』におきかわるものではない。一体性から多様性へ，という論旨については，ブローデルもまた海洋世界の複雑さに多くの紙幅を割いていたことを思い起こしておこう。また，ホーデンとパーセルが新しい概念を次々と導入することには批判もある。用語を洗練させ，抽象度を高めるほどに，地中海の個性を記述するという目標からむしろ遠ざかりはしないか[16]。環境史からみた新しい展望が開かれた一方で，議論は一巡りしてもともとの課題に逢着したようにも思える。

差動する近代

　もちろん環境史からの問いかけは，地中海研究のすべてを代表するわけではない。前述した「地中海における」歴史（History in）についても，さまざまな探求の可能性が開かれている。

　例えばホーデンが共編者となった方法論の論集『地中海史の手引き』では，気候と自然以外にも，政治，言語と文化，宗教，周辺世界との比較といったテーマが設定され，多彩な論点を見わたすことができる。ただしそのなかには，当然ながら議論の濃淡がみられる。なかでも興味深いのが，近代の位置付けである。時代区分ごとの課題を通覧する第二部において，先史から近世まで（おおむね18世紀以前）の各章を担当する歴史家たちは，慣習的な時代区分を慎重に相対化しつつも，その時代特有の主題――近世であれば地中海商業の衰退という通説――を検証する[17]。ところが19世紀以降をあつかう章では，人類学者が執筆者となり，地中海という概念が西欧の近代性の対極にあるものとして構築されたこと，それゆえ「近代地中海」（Modern Mediterranean）をとらえるのが困難であることを説く[18]。その指摘は適切であるとしても，議論は抽象的な問いかけにとどまり，近代以降の地中海史は具体的な像を結ばない。

　近代史の手薄さという傾向は，日本の学界にもみられる。たとえば西洋史と東洋史の境界をこえて編まれた論集，歴史学研究会編『地中海世界史』（1999〜2003年）をみてみよう。すると，多元性，つながり，移動といった主題を掲げる各巻において，少数の論考を除けば，古代史と中近世史が主たる議論の枠組みを提供していることに気づかされる[19]。かつて飯塚浩二は，有

名な論文「東洋史と西洋史のあいだ」のなかで,「18世紀——この段階以降については,走り書ですませることができる」と記した[20]。その顰みにならうかのように,地中海史は近世までで終わる,という考え方が多くの歴史家たちの念頭にあるかのようだ。

そこにはおそらく,二つの前提がある。第一に,近代以降の地中海はヨーロッパとイスラームの対立の舞台であり,分断されているという見方である。第二に,ヨーロッパの近代を牽引した思想,制度はすべてヨーロッパ北西部で生まれ,地中海は歴史の中心としての役割を失ったとする立場である。近代をヨーロッパの発展の時代と肯定的にとらえるにせよ,「ヨーロッパが,ヨーロッパであることにより世界の中心[21]」（飯塚,前掲論文）と思うことができた特異な時代ととらえるにせよ,根底にある図式は共通している。それは,ヨーロッパの内部にある「中心＝北」と「周縁＝南」の対比が,ヨーロッパと非ヨーロッパの非対称性に敷衍されるという構図である。そうした姿勢は,西欧中心主義として批判され,声高にとなえられることは少なくなった。だが実際には,内在的に克服されたというより,黙過されてきたにすぎない,という的確な指摘がある[22]。われわれはそれに答える必要がある。

近代というものを,西欧という中心から周辺への伝播として,あるいは,西欧に他の地域が追随する道程として記述することは,もはやできない。近代とは,ヨーロッパだけでなく複数の大陸にまたがる共時的な経験である。これが歴史学の現在地といってよいだろう[23]。過去数十年の研究によって刷新された近世の世界史像を引き継ぎつつ,どのような近代史を書くのか。ヨーロッパとイスラーム,帝国と国民国家,独立国と植民地といった断層が重なりあう地中海は,いくつもの未解決の課題をつきつけている。地中海には,たがいに結び付けられた複数の近代が共存していた。たとえてみれば,差動装置でつながれた車輪のようなものである。個々の車輪は,たがいに異なる速度で回転しながら,全体としては同じ平面の上を走っている。

3. 地中海革命の時代

「長い19世紀」を俯瞰する

とはいえすでに述べたように,差動する近代を記述する方法はまだ模索の段階にある。18世紀半ばから20世紀初頭までの「長い19世紀」をひとまずの目安として,いくつかの展望を示してみたい。

第 8 章　地中海史の見取り図

　まず，地中海周辺地域の経済的後進性という見方については，それを修正
しようとする研究が蓄積されてきている。例えばスペイン・フランス・イタ
リアでは，近世の長い伝統を引き継ぐ商工業がダイナミズムを保ち，やがて
19世紀前半には，スペイン鉱山業に代表されるように，イギリス型とは異な
る独自の経済成長のかたちが出現する。こうした理解において，多くの研究
者の立場は一致している[24]。地中海の東南岸でも，在地エリートと西欧の資
本，技術とが結び付いた一定の工業化の試みがみられた。生産から流通に視
点を移してみれば，スエズ運河開通の意義はあらためて強調するまでもない。
　政治と国家について論じるときにも，イスラーム圏とそれ以外という区別
は相対化される。近世を代表する二つの巨大な政治体，ハプスブルク帝国と
オスマン帝国は，弱い中央権力とつぎはぎの国制という共通の課題を抱えて
いた。18世紀後半から19世紀にかけて，ハプスブルク帝国とブルボン朝スペ
インは啓蒙改革と自由主義改革の時代をむかえ，ほぼ同じ時期にオスマン帝
国でも，地域と政府のかかわり，人々の政治参加のあり方をめぐる社会変動
が始まる。こうした同時性は，偶然というよりなんらかの構造的な共通性を
示唆する[25]。
　もちろん，啓蒙，革命，立憲制といった思想的参照軸は，西欧で生まれた
ものだった。それをふまえたうえで，フランス革命を分水嶺として世界史は
王朝国家の時代から国民国家の時代にはいる，という通念を柔軟にとらえな
おしてみよう。フランスは，19世紀の大部分をつうじて，王または皇帝を名
乗る男性が統治する国であった。人民の主権という命題は，それが実現して
いないからこそ意味をもった。結末のみえない議論と闘争は，革命の経験を
参照しながら，ヨーロッパ各地で世紀末まで続いた[26]。19世紀半ばオスマン
帝国の言論空間に目を向けてみれば，そこではムスリムの優位を前提とした
意見にまじって，宗派を横断する政治共同体としての「国民」の形成が論じ
られていた。20世紀初頭に青年トルコ革命が起きたとき，目指されたのは立
憲制の復活である[27]。立憲政体の模索という未完のプロジェクトについて，
二つの地域の時間軸は重なりあっていた。
　そもそもフランス革命は，国内に閉じられた事件ではなかった。1790年6
月，革命開始の1周年を記念する連盟祭を前に，プロイセン出身の議員アナ
カルシス・クローツが36人の外国人とともに祭典への参加を請願した。この
出来事は議場の熱狂を呼び起こしたと同時代の史料は記録する。しかし，国

189

民国家の形成を重視する革命史がクローツらの活動にふれることは少ない。「外国人」の代表団のなかに「アラブ人」や「シリア人」がいたことが紹介されることは，さらに少ない[28]。在仏の異教徒たち，また地中海沿岸の諸都市の住民たちも，革命に参加し，その余波を体験した。フランスの革命は，地中海で共有された経験でもあった。

　フランス革命を，一国史としてではなく広域的な変動の一部としてとらえる視点は，20世紀半ばに「大西洋革命」の論者たちによって確立した。だが彼らの説明は，欧米の特殊性を強調し，「白人」以外の人々の歴史に目を閉ざす傾向があった[29]。その反省をふまえて現代の革命史家は，イスラーム圏とのかかわりも視野にいれた「地中海革命」を展望する[30]。用語の濫用は慎むべきだが，この言葉をさらに長期的な時間軸に拡張してみよう。ブローデルのいう事件の時間から社会の時間へと視野を広げて，長い19世紀を連鎖する地中海革命の時代ととらえるのである。

比較史再考

　地中海革命という仮説にもとづいて近代史をみるとき，課題は狭義の政治史にとどまらない。さまざまなテーマについて，比較史の作業場が開かれる。

　「下からの」社会変動はその一つである。たとえば19世紀の地中海周辺各地でみられた農民蜂起を，商品経済の浸透，大土地所有者と中小農民の対立，変化と伝統の軋轢といった問題系のもとでとらえてみる。すると，植民地とそれ以外という区別をこえた比較が可能になる。アルジェリアのカビリア地方でフランスに対して蜂起した人々は，おそらく，ホブズボームが『素朴な反逆者たち』で描いたアンダルシアやシチリアの叛徒たちと共通の問題に立ち向かっていた[31]。

　法制度についても述べよう。土地をめぐる対立は，所有権の問題と不可分だった。18世紀から19世紀にかけて，重層化された権利構造がしだいに一元的な私的所有権へと統合される，という過程が各地でみられる。たとえば，フランス農村部における森林共有地の解体，アルジェリアにおける部族保有地の権利確定，エジプトにおける私的土地所有権の形成といった例をあげることができるだろう[32]。

　以上はどれも作業仮説であり，それらを直接に比較することができるのか，あるいは間接的な参照にとどめるのか，慎重な検討が求められる。とはいえ

大切なのは，それぞれの場所の内在的要因に留意して，双方の変化をともに比較・記述するという姿勢である。一方を固定させてとらえたり，規範と逸脱としてとらえたりすることは避けねばならない。

ブロックは，比較史の方法を次のように定義した。それは，隣接する複数の社会が部分的にであっても共通の起源をもち，相互に影響を与えながら同時代的な発展をとげるとき，その過程を並行して研究することである[33]。ブロックが例としたのはヨーロッパのなかでの比較であった。われわれの課題は，地中海世界へと視野を広げることにある。中・近世の地中海史においては，「ヨーロッパ」と「イスラーム」をあらかじめ分割する姿勢は過去のものとなりつつある。カトリック圏の南側，正教圏の南側，イスラーム圏の西側は，連続する世界として，あるいは切れ目なく重なりあう世界としてとらえられる[34]。次の目標は，近世から近代への持続と変化を検証することである。

比較の作業についてブロックは，国境を比較の単位として用いることを厳しく戒めた。本稿では現在の国名を便宜的に用いてきたが，実際には研究対象ごとに「内側から規定される固有の地理的枠」を見出すという困難に立ち向かう必要がある[35]。地中海という枠組み自体が，やはり作業仮説の一つなのだから。空間を読みとるグリッドをいったん解き放ったうえで，地域と地域の間に新しい連関を発見する。そのとき，地域史はグローバル・ヒストリーに接続する。

終わりに──中心史観から離れて

比較は，類似と相異を明らかにするだけでなく，範疇の意味を問いなおす。甲と乙を比較することは，必然的に，二分法に収まらない両者の重なりに目をむけさせるからである。モロッコの作家ハティービーは，植民地化を経験した社会にとって，西洋とは絶対的な外部ではなく，差異として内側にとどまり続けるなにかであると述べた[36]。逆もまた然り。イスラームはヨーロッパ史の内側にある。歴史家は，遠い過去をみても，移民社会としての現代ヨーロッパをみても，そのように考えることができるはずである。

地中海は古くから人の移動の舞台となってきた。近代には，南北アメリカへの移住以外に，いくつもの大規模な人の流れが知られる[37]。18世紀に始まるコーカサスと黒海周辺からアナトリア，バルカンへの移動，19世紀前半に

191

始まる南ヨーロッパから北アフリカへの入植，同時期の地中海東方からヨーロッパへの留学，19世紀末に本格化する南欧と北アフリカからフランスへの出稼ぎ等々，それぞれが人々の多様な経験をともなっていた。また当然ながら，そうした集団の動きをはみだす個人の移動もあった。人々は危険を冒して海を渡り，そこに住み，働き，つながりを生み出してきた。個を構造に還元することを急がず，ローカルな物語を読み解いていくことが求められている[38]。

　最後に，歴史家リオズの論集『地中海を渡る人々』から一節を引用する。

　　ラ・フォンテーヌは，鳥にも鼠にもなりきれないコウモリの不安をたくみに表現した。しかし，そうした劇的な印象に安易に流されてしまっては，状況の意味を見失うことになりかねない。境界に立つ人は，それぞれのコミュニティから周縁にいるとみなされがちである。だが事実はちがう。その人の関係する複雑な空間，中間の場とでも呼ぶべきもの，何世紀ものあいだ地中海の人々が結んできた交流に焦点をあわせてみよう。境界の人は周縁にいるのではなく，学校，職場，都市などで交流の網の目のなかにいる。そうした交流は，植民地の疎外のなかでも生まれるのだ[39]。

そのような「中間の場」は19世紀になっても，つまり地中海の北岸と南岸が対峙し，一方が他方を凌駕したかにみえる近代においても，消えることはなかった。さまざまな地理的な枠組みを俯瞰しながら，周縁とされてきた場所を視野の中心にすえて事例を掘り起こしていくこと。近代地中海史の現在の課題はそこにある。

●註

1　Fernand Braudel, *La Méditerranée et le monde méditerranéen à l'époque de Philippe II*, Armand Colin, 1949, 9e éd. 2 vols., 1990.（フェルナン・ブローデル著，浜名優美訳『地中海』藤原書店，1991-1995年）。以下，原著初版を「Braudel, 1949」，第9版を「Braudel, 1990」として参照する。

2　Peregrine Horden, Nicholas Purcell, *The Corrupting Sea: A Study of Mediterranean History*, Blackwell, 2000.

3　Braudel, 1990, tome 1, pp. 212-213.

4　Paule Braudel, 'Les origines intellectuelles de Fernand Braudel: un témoignage', *Annales. Économies, Sociétés, Civilisations*, 47 vols., no. 1, 1992, p. 241.

5 Emile Félix Gautier, *L'islamisation de l'Afrique du Nord: les siècles obscures du Maghreb*, Payot, 1927. 以下も参照。Erato Paris, *La genèse intellectuelle de l'œuvre de Fernand Braudel: La Méditerranée et le monde méditerranéen à l'époque de Philippe II (1923-1947)*, Institut de recherches néohelléniques, 1999.

6 『地中海』文献解題を参照。ブローデルは，フィリップソンらの名をあげてドイツの地理学に負うところが大きいことも記している。Braudel, 1949, pp. 1125-26; Braudel, 1990, tome 2, pp. 543-544.

7 Fernand Braudel, 'Conflits et refus de civilisation: Espagnols et Morisques au XVIe siècle', *Annales. Économies, Sociétés, Civilisations*, vol. 2, no. 4, 1947, p. 401. 以下も参照。Jean-Louis Triaud, 'L'Islam vu par les historiens français', *Esprit* 246, no. 10, 1998, pp. 110-132; Claude Liauzu, La Méditerranée selon Fernand Braudel, *Confluences Méditerranée*, 31, 1999, pp. 179-187.

8 フェルナン・ブローデル編著，神沢栄三訳『地中海世界——空間と歴史』みすず書房，1990年，128，141頁。

9 Daniel Nordman, 'La Méditerranée dans la pensée géographique française (vers 1800 - vers 1950)', Claude Guillot, Denys Lombard, Roderich Ptak (eds.), *From the Mediterranean to the China Sea*, Harrassowitz Verlag, 1998, pp. 3-4.

10 Yossi Ben-Artzi, 'The Idea of a Mediterranean Region in Nineteenth- to Mid-Twentieth-Century German Geography', *Mediterranean Historical Review*, 19-2, 2004, pp. 2-15.

11 Paul Claval, 'Les géographes français et le monde méditerranéen', *Annales de Géographie*, 542, 1988, pp. 385-403.

12 Marie-Noëlle Bourguet *et al.*, *L'invention scientifique de la Méditerranée: Egypte, Morée, Algérie*, EHESS, 1998.

13 Andre Gunder Frank, Barry K. Gills (eds.), *The World System: Five Hundred Years or Five Thousand?*, Routledge, 1993; Philippe Beaujard, *Les mondes de l'océan Indien*, Armand Colin, 2012.

14 Horden, Purcell, *The Corrupting Sea*, pp. 2-3, 39-45.

15 Ibid., chap. 5.

16 Gadi Algazi, 'Diversity Rules: Peregrine Horden and Nicholas Purcell's "The Corrupting Sea"', *Mediterranean Historical Review*, 20-2, 2005, pp. 227-245.

17 Molly Greene, 'The Early Modern Mediterranean', Peregrine Horden, Sharon Kinoshita (eds.), *A Companion to Mediterranean History*, Wiley Blackwell, 2014, pp. 91-106.

18　Naor Ben-Yehoyada, 'Mediterranean Modernity?', Horden, Kinoshita, *A Companion to Mediterranean History*.

19　歴史学研究会編『地中海世界史』全5巻，青木書店，1999-2003年。

20　飯塚浩二「東洋史と西洋史のあいだ」『飯塚浩二著作集2』岩波書店，1975年，76頁。

21　同書77頁。

22　深沢克己「近世ヨーロッパと地中海——南フランスの作業場から」『ヨーロッパ，海域，そしてユーラシア　近代以前の世界』立教大学アジア地域研究所，2015年，39-40頁。

23　Christopher A. Bayly, *The Birth of the Modern World, 1780-1914, Global Connections and Comparisons*, Wiley-Blackwell, 2004.

24　深沢克己『商人と更紗』東京大学出版会，2007年；Gérard Chastagnaret, Raveux Olivier, 'Espace et stratégies industriellesaux XVIIIe et XIXe siècles: exploiter le laboratoire méditerranéen', *Revue d'histoire moderne et contemporaine*, 48-2, 2001, pp. 11-24.

25　Edmund Burke III, 'Toward a Comparative History of the Modern Mediterranean, 1750-1919', *Journal of World History*, 23-4, 2012, pp. 925-927. 以下も参照。Ali Yaycioglu, *Partners of the Empire: The Crisis of the Ottoman Order in the Age of Revolutions*, Stanford University Press, 2016.

26　Vincent Duclert, *La République imaginée 1870-1914*, Belin, 2010.

27　佐々木紳『オスマン憲政への道』東京大学出版会，2014年；藤波伸嘉『オスマン帝国と立憲制』名古屋大学出版会，2011年。

28　Ian Coller, 'The Revolutionary Mediterranean', Peter McPhee（ed.）, *A companion to the French Revolution*, Wiley Blackwell, 2013, pp. 424-426.

29　R. R. Palmer, *The Age of the Democratic Revolution*, Princeton University Press, 1959; ポール・ギルロイ著，上野俊哉他訳『ブラック・アトランティック』月曜社，2006年。

30　Coller, 'The Revolutionary Mediterranean', pp. 431-432.

31　エリック・J・ホブズボーム著，水田洋他訳『素朴な反逆者たち』社会思想社，1989年；Burke, 'Toward a Comparative History of the Modern Mediterranean', p. 932.

32　Didier Guignard, 'Conservatoire ou révolutionnaire?: Le sénatus-consulte de 1863 appliqué au régime foncier d'Algérie', *Revue d'histoire du XIXe siècle*, 41, 2010, p. 81-95; 工藤晶人『地中海帝国の片影』東京大学出版会，2013年，第7章；加藤博『私的土地所有権とエジプト社会』創文社，1993年。

194

33 マルク・ブロック著，高橋清徳訳『比較史の方法』創文社，1978年，9-10頁。

34 Jocelyne Dakhlia *et al.*, (dir.), *Les musulmans dans l'histoire de l'Europe*, Albin Michel, 2 vols., 2011-2013; Christian Windler, *La diplomatie comme expérience de l'autre: consuls français au Maghreb, 1700-1840*, Droz, 2002; モーリー・グリーン著，秋山晋吾訳『海賊と商人の地中海』NTT 出版，2014年。

35 ブロック『比較史の方法』，48-49頁。とはいえ，一国の歴史という枠組みが消えることはないだろう。コンラッドは，ナショナル・ヒストリーという「コンテナ思考」から歴史学を解放するべきだと述べる。だが，そうした批判がぴたりとあてはまるのは，有り余るほどのナショナル・ヒストリーの積み重ねをもつ少数の国々にかぎられるのではないか。さまざまな地域において，歴史記述がこれまで何を担ってきたのか。また，これから何を課題とするのか。答えは一つではない。そうした非対称性を考慮することも，グローバル・ヒストリーの展望の一部だろう。Sebastian Conrad, *What is Global History?*, Princeton University Press, 2016, p. 299.

36 アブデルケビール・ハティビ著，澤田直・福田育弘訳『マグレブ　複数文化のトポス』青土社，2004年，60頁。

37 Claude Liauzu, *Histoire des migrations en Méditerranée occidentale*, Éditions Complexe, 1996; Maurizio Isabella, Konstantina Zanou (eds.), *Mediterranean Diasporas: Politics and Ideas in the Long 19th Century*, Bloomsbury, 2016.

38 Natalie Zemon Davis, 'Decentering History: Local Stories and Cultural Crossings in a Global World', *History and Theory*, 50-2, 2011, pp. 188-202.

39 Claude Liauzu, *Passeurs de rives: Changements d'identité dans le Maghreb colonial*, L'Harmattan, 2000, p. 147.

第Ⅲ部

グローバル・ヒストリーの実例

第9章
グローバルな時代におけるドイツのナショナリズム
――移動と移り変わるネイションの概念（1880～1914年）

セバスティアン・コンラッド
Sebastian Conrad

はじめに

　グローバル化の歴史に関するもっとも影響力のある文献の一つは，第一次世界大戦の勃発を，それ以前からの流れの決定的な分水嶺とみている[1]。通説ではその結果，国境をこえた交流が阻害されて「脱グローバル化」段階へと移行し，1929年の経済危機と第二次世界大戦へとつながっていったといわれており，それゆえ19世紀の世界は対照的に平和的交流と文化的交錯のバーチャル・ユートピアのように考えられている。ハロルド・ジェームスの言葉を借りれば，1914年は「グローバル化の歯車が逆回転し，新たな未開時代が始まった」年だった[2]。ヒト・モノ・思想の制限のない移動は，ブルジョワ的なコスモポリタニズムの精神が衰えないかぎり続くものと思われていたが，それは第一次世界大戦という大災害の種（Urkatastrophe）でしかなかった。戦争は，グローバル化，すなわち自由貿易と自由主義の幸福な時代の終焉を告げ，ナショナリズムと外国人嫌い（xenophobia），排斥主義政治の時代の始まりの前兆となった。経済史家ジェフリー・ウィリアムソンは，1914年までの時代を「ベルエポック（美しき時代）」，1914年から1950年を「暗黒の中世」，それ以降を「ルネサンス」とさえ呼んでいる[3]。

　こうした見方が，同時代の考え方の影響を色濃く受けている。小説家シュテファン・ツヴァイクは，『昨日の世界』の回想録において，生き生きとした筆づかいでグローバル・コスモポリタニズムという考えを説明している。その記述には，「1914年以前は，地球はすべての人々のものだった。誰もが行きたいところに行って，好きなだけ滞在していた」と書かれている。ツヴァイクには，「グリニッジ子午線を跨ぐくらいの気軽さでこえられる象徴的なライン」以上の境界線は存在しなかった。しかし，こうした無邪気で平和な世界は1914年以降，結局砕けてしまった。ツヴァイクは，「第一次世界大戦後の世界が経験した（中略）大きな反動」，すなわちすべてのコスモポリタンの夢と希望の終焉について，「その戦争の後に国家社会主義による世界

の破壊が始まったのであり，外国人嫌い，少なくとも外国人恐怖症が始まったのはそのときからだ」と書いている[4]。

ツヴァイクの言葉が示唆しているのは基本的に，グローバル化とナショナリズムはたがいに反目するものであり，本質的に相反する現象としてあらわれるという，よくあるレトリックである。現在のグローバル化のプロセスにおいてネイション・ステイト（国民国家）の崩壊が差し迫っていると主張する書物のほとんどが似たようなパラダイムに立脚している。グローバル化に関する理論的文献でさえ，グローバル化のプロセスはしばしば（遺憾ながら），「ナショナリズム回帰」という段階と比較されている[5]。

しかしながら，ツヴァイクの経験は，かならずしも代表的なものではなかったことに留意しなければならない。著名かつ裕福な小説家として，また西ヨーロッパ出身の教養ある白人男性として，ツヴァイクはグローバルな移動体験を有する他の人々（中国人苦力，渡米したロシア系移民，東プロイセンのポーランド系季節労働者など）とはかなり異なる状況にあった。ツヴァイクが称賛した国境なき移動，すなわち「なにもたずねたりたずねられたりせずに旅立ち，旅を終える」という状況は，19世紀末のグローバル化の明確な特徴の一つにあげられる大量の移民にはなかなかあてはまらない。ヒトの侵入や移住による不安は，ツヴァイクのような人々ではなく，「洪水」ともしばしば評された名もなき人々の越境移動によって引き起こされるものだった。また，彼らのグローバル化の経験もまったく異なっていた。19世紀末以降，移住手続き，衛生管理，指紋やパスポート，国籍法や排斥法が合わさって国境の強化を促進していた。1890年から1914年の間，ヨーロッパでは想像上の線でしかなかったものが「国境」へと変わっていったのである。

そこで以下では，一般の想定に反して，グローバル化と国民形成はたがいに相反するものではなく，共生的とまではいえないまでも，補完し合うものだったことを指摘したい。重要なのは，グローバルな文脈でネイションがどう定義され，理解され，実践されていたかという視点も含めて分析を深めることである。近年，歴史学者たちはネイション・ステイトの世界的出現，およびナショナリズムの覇権を，グローバル・ヒストリーの視点から解釈するための方法を考えるようになった[6]。以下では，こうした視点の研究を利用しつつ，帝政期のドイツを例として，20世紀初頭のナショナリズムの激化とその遺産を取り上げる。これは，この問題に関心をいだく歴史学者が長年好

んで研究している論題だが，ナショナリズムの激化は多くの場合内在的観点から説明されてきており，そこではドイツの歴史を「特有の道」（Sonderweg）と見なしている[7]。本論では，これに対して，ドイツのナショナリズムの力学がネイションをこえた交流に対する一つの反応のあらわれであったことを論証する。このため，まずはこれまで取られてきたアプローチを簡単に振り返って，19世紀末のドイツのナショナリズムの急激な変化を説明する。次に，グローバルな結び付きがドイツ帝国におけるナショナリズムの軌跡にどれほど影響を与えてきたかを示すため，越境交流・からみ合いのプロセスに焦点をあてたい[8]。

1.19世紀のドイツ・ナショナリズムの理論化

「ナショナリズムの文化史研究」が提起したグローバルな視座

1880年から1914年にかけて，国際経済の統合，西洋の政治的・帝国主義的拡大，国境をこえた文化的交流の拡大によって，グローバルなからみ合いが複雑に形成されていった。その流れは，こうした過程を熱心に，あるいは不安を感じながら注視していた同時代の人々に看過されることはなかった。今日と同様，ネイションとその国境を越えた交流の関係をどう理解するかという問題は，大きな注目を集めていた。もっとも一般的な解釈では，グローバル化（当時の言い方では「国際化」という）は，人類の歴史の自然な発展段階の一つと認識されていた。従来の考え方では，複数のネイションが，よく整備されたネイション・ステイト群として確立したのち，徐々に相互の関係を深め，国際化し，世界貿易や世界政治に関与していくといわれていた。このことは，社会民主主義者アウグスト・ベーベルの「家族が部族を構成し，部族が複数集まってステイトに，そしてネイションになり，最終的にネイション間の緊密な交流が，国際化へとつながる。これは歴史的プロセスである」という言葉に端的に示されている[9]。初めにネイションが生まれ，その後関係が深まっていく……これがグローバル化の進展の段階である，と一般的に受け入れられていた。

本論が「連続性のパラダイム」と呼ぶこうした解釈は，昨今の学術的議論でしばしば再生産されている。19世紀末の国際主義の「仕組み」を分析する歴史学者も，越境交流の「帰納的」性質を重視している。それはまるで，一人前のネイション・ステイト（こうしたネイションのなかには市民社会組織が

200

存在する）のみが国境をこえた交流と交渉に関与することができるかのようだった。レイラ・ラップは女性運動を例にとって，「ナショナリズムとは国際主義の前提条件，少なくとも必要条件である」と述べている[10]。

　ドイツのナショナリズムに関する歴史研究において，近年ようやく国際主義の問題が取り上げられ始めたのは興味深い。ドイツの歴史学者たちはほかのどの国よりも，内在主義的パラダイムに頑固に固執してきたといってもおそらく過言ではあるまい[11]。そのかわり，その関心は，おもに19世紀最後の何十年か以降におけるドイツでのナショナリズムの激化に向けられていた[12]。通説では，こうした変化は二つのレベルで顕在化してきたといわれている。第一に，ナショナリズムはヴィルヘルム2世時代に大衆化し，もともとの支持基盤である知識エリート層の枠をこえて幅広く普及し始めた。ナショナリズムを吹き込む国家機関（学校や軍など）の重要性の増大も，ナショナリズムの大衆化の基礎づくりにおいて無視できない要素だったが，より重要だったのは新聞・雑誌であり，さらにいえば全国的団体の出現も大きな影響を与えた[13]。第二に，ナショナリズムの構造とそのイデオロギーの内実も変化していった。その変化は長年，ナショナリズムの政治的機能の変化，すなわち「左派」から保守的な「右派」への変化と解釈されていたが，昨今の研究関心は，むしろナショナリズムが，民族性や人種の言説とどのように結び付いていたのかに向かっている。こうした議論の結果，社会衛生学・優生学にかかわる実践と技術が，内外でいわゆるネイションの「純粋性」を呼び起こすために用いられた。反ユダヤ主義のような人種差別や生物学的理論の影響下でのネイションの再定義は，こうした19世紀末のナショナリズムの激化の中核的特徴だったといえる[14]。

　大衆ナショナリズムの出現とこれにともなう過激化は，主として国内的観点から説明されている。こうした議論ではしばしば，ドイツ帝国がおかれていた（ヨーロッパ内外の）より広い状況と文脈への視座が欠けていた。換言すれば歴史学者は，ドイツの政治および公共圏において「世界」という概念が舞台の中心に躍り出た，まさにその時代に，ドイツのナショナリズムを世界からほとんど切り離して理解してきたのである。ここでのロジックは，アウグスト・ベーベルの唱える段階説に似ている。すなわち，ナショナリズムの大衆化と人種差別の過激化は，のちの帝国主義と「世界政治」の要因および前提とみなされていた。植民地の獲得，自由貿易帝国主義，人種主義化さ

れた戦争は，ヴィルヘルム2世政府の傲慢の結果と考えられ，そのためドイツ人アイデンティティの本質には影響を与えないものと考えられていた。そして定説では，ドイツのナショナリズムは，過度に広がる前に内側から変化していったといわれている。

こうした見方の修正に大きく貢献したのが，昨今のナショナリズムの文化史研究である[15]。ミヒャエル・ヤイスマンやディーター・ランゲヴィーシェ（Dieter Langewiesche）のような学者たちが，ナショナリズムの変遷は，他の社会を考慮せずに十全に理解することはできないことを論証している。もっとも顕著なのは「敵の祖国」[16]であるフランスであり，のちに「内なる敵」[17]となったユダヤ人とポーランド人[18]にもあてはまる。また，さらに最近の研究では，第一次世界大戦前の植民地化とグローバルな統合のプロセスに，ドイツがどれほど巻き込まれていたかが明らかにされている。一方では植民地時代は幅広く注目を集めており，それはしばしばポストコロニアル・スタディーズや，宗主国における植民地体験の影響に対する関心によるものだが[19]，他方では研究者の間で，国際的でグローバルな統合の仕組みについての考究も始まっており，1914年以前のグローバル化のプロセスにおける重要なアクターの一つとして，ドイツの役割が再定義されている[20]。以下では，ふえ続けるこうした研究にもとづき，ヴィルヘルム2世期のナショナリズムの変遷を理解するためには，ドイツ帝国の奥深くまで影響を与えたグローバルな文脈を考慮しなければならないことを説明していきたい。

19世紀末の越境移住問題とナショナリズムの変化

さまざまな次元で世界のからみ合いが加速するなかで，「ネイションであるとはどういうことか」というグローバルな言説にとくに大きな影響をおよぼしたのが，移動と移民のプロセスである。大量のヒトの移動は，19世紀末のグローバル化の明確な特徴の一つだが，最近の研究によると，1840年から1930年代の間に1億5000万人以上が，祖国を離れて別の国へ移動しており，しかもその多くが永住を目的としていたことが分かっている[21]。しかし，こうしたグローバルな移動にともなってグローバルな壁も出現した。つまり，ヒトの移動と循環は，トランスナショナルな（国をこえた）現象が，それと同時に国境の強化と排斥メカニズムを促進してしまうという，かなり逆説的なプロセスだったことが証明されたのである[22]。

第 9 章　グローバルな時代におけるドイツのナショナリズム

　ドイツの場合も，多くの社会階層にとって，移住はグローバルな交流を直接経験するかたちの一つだった。1880年から1893年の大西洋横断移住の第3の波では，200万人近くがアメリカを中心とする海外へと移住した[23]。それにともなって社会的には，ヨーロッパから「革命分子」を排除する「安全弁」としての移住のメリットと，いわゆる「国力の喪失」を比較する論争が激しく繰り広げられた。その後移民の流出が一段落すると，流入の数が急激に伸び始めた。それはおもにロシアやオーストリア領ガリツィアからの移民だったが，イタリアやオランダからの移民もいた。ドイツは安価な労働力を輸入する国へと見事に変身をとげ，規模的には米国につぐ第2位の移民受入国となった[24]。なお，東欧からの移民はそのままドイツを抜けて大西洋へと向かったが，こうした移民の一時滞在の余波がさまざまなレベルでドイツ国内に広がった。ベルリン西部では1890年，流入する労働者を国際海運港まで送り届けるためだけにルーレーベン鉄道駅が建設された。また国内的には，反ユダヤ主義が広がるなか，ユダヤ系移民の割合の高さが，とくに国民の不安をまねいた[25]。

　クラウス・バーデやマシュー・フィッツパトリックらが説得力をもって主張しているように，1880年代以降，越境移住が帰属の問題，すなわち国籍やネイションの問題をあつかう際の中核として重要性をましていった[26]。当然ながらこれは，1880年代以降のグローバルな交流が深まる時代に，ネイションの概念が生まれたといっているわけではない。ドイツのナショナリズムは他と同様，より長い（少なくともナポレオン戦争まで遡る）伝統によって形成されたものである。ロマン主義や1848年革命，統一運動の影響もあって発展してきたナショナリズムは，19世紀末には決して新たな現象とはいえなくなっていた[27]。むしろそれは，さまざまな意味において，ドイツ社会内部の複雑な社会状況や政治言説が積み重なってできたものだったといえる。しかしながら，一見国内的な変化の過程のようにみえるこうした現象も，1880年代以降次第に明らかになっていったように，根源的には国境をこえてからみ合うなかでかたちづくられてきたグローバルな文脈のなかで理解すべきものである。

203

2. ディアスポラ・ドイツ人のアイデンティティとネイションの活性化

ディアスポラ・ドイツ人であることのイデオロギー形成

　移動や移住を背景に，「ネイション」の枠組みは世界的に多様化していった。とくに議論の中心となったのは，ディアスポラ・ナショナリズムの出現とドイツ国内の民族主義（völkisch）派によるその利用である。そこでの移動に関する議論は，たいてい人口流出への懸念が中心となっていた。19世紀の間，海外への移住の波が次々に押し寄せ，400万人以上のドイツ人がアメリカを中心とする海外へ向かった。議論の焦点は長年，こうした流出の動きにともなうドイツ諸国家の利益とコストにおかれていた。しかし，移住が産業化と近代化にともなって生じるほとんど自然な現象だとみなされるようになった19世紀末には，議論の焦点も変化し，地理的問題へとシフトしていった。例えば，植民地活動の明確な目的の一つは，ヒトの流れを植民地へと転換することだったが，これはドイツ人が海外に出ようとドイツ人であり続け，ドイツ系移民がアメリカであまりに急速に同化すると伝えられたことに対する見解としての当時の表現「民族の肥やし」（Völkerdünger）に陥ることのないようにするためだった。

　ブラッドリー・ナランヒ（Bradley Naranch）がいうように，人口流出の意味上の変化は術語の変化からもうかがえる。海外のドイツ系移民は長年「Auswanderer」（移民）と呼ばれていたが，19世紀最後の30年ほどで変わり始め，ドイツ帝国内では流出の意味合いを補足した「Auslandsdeutsche」（ディアスポラ・ドイツ人）という言葉が主流となった。中央ヨーロッパに離散したドイツ系移民に使われていた言葉が，海をわたって移住した移民にも使われるようになったのである。この言葉は，移動の増加によって引き起こされた社会的・文化的な不安のあらわれだった。ドイツ諸国における帰属の考え方が，領土に根差した概念の影響を色濃く受けていたことに鑑みれば，移住によってナショナル・アイデンティティ（国民意識）が失われるのではないか，とのおそれは当然といえる。修正された術語 "Auslandsdeutsche"は，文化と言語によって規定されたネイションへ帰属することの永続性と安定性を強調している。本国（Heimat）と海外定住地の間に認められる溝は，そこでは，文化的（そしてすぐに民族的）な本質を前提とするナショナル・アイデンティティは捨て去ることができないという確信へと転換されたので

ある[28]。

　その結果，一部の過激なナショナリストと，出版文化の隆盛を背景にディアスポラ・ドイツ人を報道するジャーナリストを中心に，ドイツ人アイデンティティ（Deutschtum）論やドイツ人入植地におけるドイツ化政策の要求が生まれることとなる。ドイツ系移民のおもな定住先である北アメリカにおいて「人種のるつぼ」への急速な同化が進んでいるという懸念は，最終的にドイツ系移民の流れを，主にアフリカ，その他には南アメリカ，近東，オーストラリアなどの別の地域へ転換しようとする試みにつながっていった[29]。この議論では，ドイツ人は多数派に溶け込むことなく，ドイツ人独自の国民性を維持し，さらにはこれを培うことができるだろうと推測されていた。ディアスポラ・ドイツ人アイデンティティというイデオロギーは，こうしたさまざまな状況によってかたちづくられたが，そのレトリックの要点はおおむね非常によく似ていた[30]。

ブラジル・ドイツ人植民地の特殊性

　世論の関心は，新たに獲得したアフリカの植民地における定住事業に集中していた。こうした植民地への移住は国庫によって助成されていた。とくにドイツ領南西アフリカは，移住者用植民地とする構想が描かれ，領内に大規模な入植者コミュニティを設立するため，初代総督テオドール・ロイトヴァイン（Theodor Leutwein）がさまざまな取り組みに着手していた。こうした事業は，ドイツ植民地協会（Deutsche Kolonialgesellschaft）のような大規模植民地団体の支援を受けつつ，権力政治や国際競争に関する思惑，さらにはドイツ人アイデンティティの再構築をはかる構想によって加速していった。その目的は，国内の階級間・地域間・宗派間の対立によって分裂していない，新たなドイツ人をつくり上げることであり，そうすることでナショナリストや民族主義派の目には不完全と映っていた1871年の帝国の政治的統一の先へと進むことだった[31]。

　続いて，理想的な入植者（生産的で剛健なだけでなく，ドイツ文化の担い手ともなれる入植者）を求めて，政府関係者や植民地主義者の間で，長い論争が巻き起こった。移民の募集が困難を極めたため，さまざまな制度が導入された。なかには植民地に結核患者の療養所を設立しようという試みまであった[32]。しかし，植民地移民定住政策は，最終的に失敗に終わってしまう。

205

1914年以前，海外領土に住むドイツ人は総計しても2万人以上にはならなかった。その数は，ドイツの小侯国であるシュヴァルツブルク゠ゾンダースハウゼンよりも少なかったのである。

そのかわり，ブラジル南部に，アメリカを除く最大のディアスポラ・ドイツ人コミュニティが誕生した。定住した者はドイツ系移民（Auswanderer）全体の5％にも満たなかったものの，南アメリカをめざす移民は19世紀中，途絶えることがなかった。20万人以上となる定住者のほとんどは，ブラジルに移住している。無人の土地と美しい自然というふれ込みに誘われた者もいれば，白人化（Embranquecimento）政策のもとで，ヨーロッパ的要素を強化したいと考える，ブラジル政府側の積極的な移民受入政策にひかれた者もいた[33]。ドイツ入植地は，パラナ州，サンタカタリーナ州，リオグランデ・ド・スル州の南部3州に集中し，ウルグアイとの国境ぞいにある最南端のリオグランデ・ド・スル州には1914年時点で，15万人のディアスポラ・ドイツ人（全人口の約15％）が居住していた[34]。

ドイツ国内にもブラジルは存在した。それは，ブラジル・ロビー団体（フリードリヒ・ファブリ〈Friedrich Fabri〉のような人々や大手海運会社，プロテスタント教会など）の活動をとおして，あるいはこの新たな約束された地から届く，数えきれないほどの旅行記や手紙，移住手引きをとおして生まれたものである。これらの史料では通常，ドイツ入植地は近代文明の陥りがちな退廃とは無縁の「若さの泉」と評されている。ある旅行記には，「ゲルマン民族の力とエネルギーを知りたい者は，はるか遠い世界の端にある南アメリカの湿地やジャングルのなかまでドイツ人を追いかけなければならない」と書かれている[35]。ブラジルのドイツ植民地は，他のディアスポラ・コミュニティよりも長く「ドイツ人らしさ」を保っているように見えただけではなく，実際のところ，本物のドイツが顕現したかのようだった。とくに，自然との闘いやその克服において，ドイツ人植民地開拓者は「ドイツでは長い間気付いていなかった」可能性や美徳を発見することができた[36]。「ここではドイツ人は退廃する危険がない」という記述にもあるとおり[37]，ブラジルのドイツ人入植地はほかと違っていたのである。

ゲルマン民族が変容する地＝ディアスポラ・コミュニティ

ブラジルのドイツ人入植地はこのように，移民自身よりもむしろ過激なナ

ショナリストによって，ドイツ社会の具体的な理想像の実験場として利用された側面が強い。それは，産業化以前の農村部，大家族や家父長的なジェンダー関係，支配層やその官僚的支配の影響が限定されていた時代，社会的格差の平準化への郷愁に満ちていた。しかしながら，留意すべき点は，こうしたユートピアが，ブラジル内だけに限定されず，むしろ，ドイツの世論に向けて，とくに知識階級やブルジョワ階級に向けられていたということである。さらに重要な点は，ネイション活性化事業自体がディアスポラ・コミュニティのみを対象としたものではなく，むしろドイツ社会も対象としていたことである。ドイツ的本質への回帰，すなわち「人種の活性化」[38]は，亜熱帯のブラジルを対象とした事業というだけでなく，根源的にはドイツ帝国のためのモデルという面もあった。まさに，「古き祖国もこうした海外のドイツ植民地から学ぶことができる」ということである[39]。

　海外のドイツ人植民地開拓者と他の社会刷新主義者（とくに産業社会や労働分配，大衆政治をともに批判していた生活改革運動家や農地改革論者）の間には，たしかに数えきれないほどのかかわりがあった。これら二つの事業は驚くほど酷似しており，その多くがブルジョワ階級出身ではなく，社会刷新運動の理想をよく知らなかったディアスポラ・ドイツ人を利用したブルジョワのメディアのレトリックでは，それがとくに顕著だった[40]。しかし，視点や世界観が類似していただけでなく，生活改革運動の目的実現が約束された地としばしば称されていた，ブラジルの植民地との直接的な交流もあった。例えば，菜食主義者の入植地「エデン」を創設したブルーノ・ヴィルヘルミ（Bruno Wilhelmi）は，ブラジルに2年間住み，「当地の生活改革派のコロニー」からインスピレーションを受けたという[41]。多くの文献で，「ブラジル」は正統性，簡素，国民性の再生の約束を暗示する比喩的存在としてあつかわれている。1895年，若き日の作家ヘルマン・ヘッセは「四六時中ブラジルのことを考えずにはいられない」と告白している。ヘッセ自身，このときブラジルに移住する決心をかためており，「健康で健全な生活様式，簡素な文化，本来的な真実の生活，そしてブラジルへの憧れは自分のなかで決して消滅することがない」と書いている[42]。しかし結局，ブラジルに移住することはかなわなかった。ヘッセが生活改革の衝動を実現するには1907年まで待たなければならなかった。この年ヘッセは，アルコール中毒の療養を主目的に，菜食主義の芸術家のコロニーとして有名だったモンテ・ヴェリタに滞在した。

なお，驚くにはあたらないことだが，マッジョーレ湖近くのこのリゾートを創設したヘンリ・オーデンコフェン（Henri Oedenkoven）は，1920年に事業が失敗したのち，ブラジルに移住し，その地で菜食主義者の入植地を設立している。

ドイツ領東アフリカの総督エドゥアルト・フォン・リーベルト（Eduard von Liebert）の目には，「ディアスポラ・ドイツ人はもっとも重要なコロニー」と映っていた[43]。この発言は，ナショナリストの議論において植民地と移住型植民地が，いかに類似してきていたかを示している。しかし，改革主義者の主張はさらに進んでおり，ドイツ人入植地は真のネイションの実験場といわれていた。ブラジルは「Auslandsdeutschtum」（在外ドイツ人気質）の略語として使われ，ドイツ人アイデンティティ（究極的には帝国そのもの）が変容しうる場所と呼ばれていた。このように，ディアスポラ・コミュニティは，フレデリック・ジャクソン・ターナー（Frederic Jackson Turner）が米国のフロンティアとして思い描いたものと同様の役割を担っていた。ターナーの有名な言葉にあるとおり，移民たちは自分たちの「ヨーロッパ的」特徴である階級的考え方や社会的階層分化，退廃的性質を脱ぎ捨て，自由で平等な人民へと変貌するだろうと考えられていた。同じくブラジルも社会（Gesellschaft）がいまだ共同体（Gemeinschaft）であったユートピアのように思われていた。ロベルト・ゲルンハルトが旅行記に書いたように，そこではすべての「階級の違いは消滅し，ほとんどの社会問題は自然に解決する」と考えられていた[44]。ドイツのナショナリストや生活改革運動家も，ディアスポラ・コミュニティは，ブラジル内外にかかわらず，グローバルな移動という条件のもと，ドイツ民族が変容する地であるととらえていた。

3. ナショナリズムの人種差別主義化

人種政策の実験場となった植民地

1890年代中頃以降，移動の道程は根本的に変化した。当時の開拓者ロビー活動では移民法の成立を求める声がなお主流だったが，1897年にその法がようやく可決された頃には，移動の流れは実質的に逆流し始めていた。海外移住が進んだ結果という側面もあるが，産業集積地域における労働需要の高まりへの対応という側面もあって，移民の流入が急増した。ライン・ルール地方には，ポーランド語圏の属州から移り住んだ50万人以上の人々が，新興集

団として定住した。その多くは，プロイセンの東方拡大政策の結果ドイツ国籍を手に入れていたが，外国人あつかいされることが多かった。彼らの西への移動は外国からの侵入というレトリックが付きまとい，文化的衝突が絶えなかった。また，1880年から1914年の間だけでも，推定510万人もの移民が，その多くは大西洋を横断するために，東欧からドイツをとおって移動した。都市への移住は最終的に農業労働者需要を生み出したが，増え続けるその需要を満たしたのも流入移民だった。第一次世界大戦以前のプロイセンの農村部の季節労働者の数は36万人以上にのぼった。その多くはロシア領またはオーストリア領のポーランド系移民である[45]。

　その後，こうした人口流入はかなり大規模なものとなる。しかも，東部諸州にかぎった局地的現象と考えない人が多かったため，問題はさらに重要性をますこととなる。世論においては，これらの移民は資本主義的な流れの拡大や大規模移住，世界労働市場の出現と関連付けて考えられていた。このように文脈を整理することで，当時の議論は，移民を，グローバルな規模で徐々に支配的となっていた帰属という言説と排除の実践の問題，すなわち人種と関連付けたのである。

　1890年代以降のドイツ・ナショナリズムの動向の一部として人種概念を位置付けることは，しっかりと確立されている。しかしながら注目すべきは，ほとんどの研究が，徐々に人種主義的になるナショナリストの議論を，ドイツ国内の歴史，あるいは少なくともヨーロッパ内の歴史の一環としてあつかっていることである。標準的な語りは，反ユダヤ主義の台頭にほぼ集中している。こうしたヨーロッパの議論は，実際はより広いグローバルな文脈で展開していたにもかかわらず，その文脈が欠けている説明がほとんどなのである。1900年頃，過激な帝国主義や植民地主義のもと，世界中で人種主義的言説とその実践が横行する一方で，ドイツの人種主義の系譜はヨーロッパの枠組みのなかにぬくぬくととどまり続けていた。

　しかしながら近年では，ドイツの人種主義を植民地主義の次元で詳細に分析しようという試みがなされるようになっている。多くの研究において，植民地主義的な「差異の原理による支配」（Chatterjee）が，「人種」の概念とともにどう整理されてきたかが解説されている。また，ヘレロ戦争以降は民族隔離政策が中核的役割を担うようになったが，そのあまりの徹底ぶりに，ユルゲン・ツィンメラーはドイツ領南西アフリカにおける「人種主義国家」

という言葉を使っている。中国の膠州湾租借地でも，植民地政府により，民族隔離の原則にもとづいて，抜本的な都市構造，社会関係と法規が整えられた[46]。植民地における人種政策を宗主国とつなげて分析しようとするもっとも野心的でもっとも物議を醸している試みは，1904年のヘレロ戦争とナチス時代のジェノサイドの連続性の問題に焦点をあてたものである。ここでの問題の一つは，フォン・トロータ将軍の「皆殺し命令」（Vernichtungsbefehl）を最終的に，ホロコーストにいたる民族浄化の夢想（および実行）の先触れとみなすことができるかという点である[47]。こうした研究では，人種の言説をナショナルな観点からではなく，それが発展し，実践された植民地主義の文脈から考えなおすことができるのではないかと期待されている。

植民地における混血と人種混淆に関する議論

　人種問題が直接国民性の概念と関係した重大な局面の一つに，植民地（とくに最大のドイツ入植者コミュニティのあった南西アフリカ）における「混血」と人種混淆に関する議論がある。混血人口の増大は，ドイツ本国を中心に，植民地主義者および民族主義者の間で徐々に懸念されるようになっていった。一つには，混血児のほとんどがドイツ人男性と現地人女性（反対のケースはみられない）の非公式な「異人種間婚姻」関係によるものだったにもかかわらず，法的にはドイツ国籍を取得することができたため，批判の声があがった。他方では，人種混淆が海外のドイツ人アイデンティティの文化的本質をそこなうと考えられ，そのため植民地と本国（Heimat）とのつながりが断たれるのではないかという危機感があった[48]。

　植民地政府はこれに対して人種間結婚を法律で禁止するという措置を取り，1905年，ドイツ民族の「純粋性」を保護するという目的を，明示的に掲げた法律が発布された。この対策はアイデンティティ喪失のおそれのあらわれであり，またアン・ストーラーがいうように，植民地の最前線では通常，明示的に引かれた境界線がないことを物語っている[49]。その後，東アフリカおよびサモアでも同様の禁止令が出された。もっとも，太平洋では，ゾルフ（Solf）総督がドイツ人アイデンティティだけでなく，彼の考えるところの無垢で純粋な島民のアイデンティティも保護しようとしていたため，禁止令の根拠は曖昧なものとなっている[50]。こうした禁止策を補完するものとして，ドイツ人女性を南西アフリカに移住させようという大規模な運動もおこなわ

れた。彼女たちのなかには，植民地の女学校で専門に訓練を受け，ドイツ人気質（Deutschtum），女性らしさ，そして家庭的であることの美徳を教え込まれた者もいる。最終的には，2000人以上の女性が植民地に移住し，ほとんど男性が占める植民地活動家の意図したとおり，土着化の危険に晒される男性主体の植民地にドイツ文化を届けることとなった[51]。

こうした介入は本国の大衆の間で幅広い議論を呼び，帝国議会にまで飛び火した。ローラ・ウィルデンタールが結論付けたように，「人種の違いの問題は，一度持ち上がればなかなかおさまらないものだった」。年月がたつにつれて，植民地世界における民族分離の要求は，ドイツ帝国本国内にも同様の原則をもち込まずに主張を続けることが難しくなっていった[52]。公式・非公式の帝国主義の文脈は，グローバルな移住とともに，「ネイション」の概念を「植民地」的次元で補うことで，極端な帰属概念の形成をあと押しした。民族隔離政策や人種差別政策は，あまりにも典型的な植民地的経験であったため，ヨーロッパにおける内包化と周縁化の社会実践に上書きされていったのである。

反スラブ主義と反ユダヤ主義の融合

このことは，19世紀最後の何十年かにわたるポーランド人のドイツ移住と，それにともなう人種差別論を例にとるとさらに分かりやすい。たしかに東プロイセンの「人種」という言葉に含蓄される意味も海外植民地とは異なるが，もっとも注意すべき違いは，ポーランド人のほとんどにドイツ国籍を入手できる可能性があった点である。ただし，グスタフ・フライターク（Gustav Freytag）の小説にもあるように，文化的使命という普遍的なレトリックによって，またドイツ人入植者の定住化を目的とした「国土全体のドイツ化」政策と財産の国籍変更のプロセスにおいて，ドイツ国内でポーランド語を話す人々は次第に民族言語で定義されるようになっていった。こうした漸進的な人種差別化の派生物として興味深い点は，ユダヤ人とポーランド人を移住や同化などにおいて同じ集団としてあつかうようになったことである。官僚の視点からは，両者はしばしば重複していたため，合理的と考えられたようである。しかしながら，これは反ユダヤ主義という人種差別と，ポーランド人に対する反感という人種差別がたがいに影響し合う複雑なプロセスのあらわれでもある[53]。

このことは，ヴィルヘルム２世期ドイツにおいて世論を席巻した，いわゆる「東方ユダヤ人」（Ostjuden）の論争にとくに顕著にあらわれている。ロシアからの８万人近いユダヤ人の移住とその後の定住により，「東からの移民の殺到」が差し迫っているという終末論的な憶測が広まり，排外主義という火薬庫があけはなたれてしまう。さらに，ユダヤ人の「未開性」とまではいわないまでも「後進性」が囁かれたことにより，状況は悪化する[54]。こうした不安は，ドイツ系ユダヤ人からも少なからず支持され，社会の憤懣によってさらに増幅されていった。しかも，多くはポーランド人とユダヤ人からなるドイツをぬけて大西洋を横断しようとする通過移民（Durchwanderer）が500万人以上もいたため，このはるかに大きな人口流入と関連付けて考えられることととなり，不安はますます増長された。さらに，東方ユダヤ人は政治的急進主義や貧困，「白人奴隷貿易」における女性の人身売買，不衛生，1890年代前半のコレラ流行時のような病気の蔓延も連想させたため，反ユダヤ主義のステレオタイプが「東方」「アジア」の影響の不安と結び付くメカニズムをさらに助長した。それはちょうど，「ポーランド化」の脅威が反ユダヤ主義の考え方と結び付くのと同じ仕組みだった。このメカニズムは，1885年にはプロイセン国籍をもたないポーランド人とユダヤ人４万人が強制退去処分となったことからも分かるように，レトリックのレベルにとどまらなかった[55]。マッシモ・フェラーリ・ズンビーニが結論付けたように，1890年代は帝政ドイツにおいて，反スラブ主義と反ユダヤ主義が融合した時代と特徴付けられる[56]。

　こうした漸進的なポーランド移民に対する人種差別があったことを思えば，1907年にアドルフ・ヘンツェ（Adolf Hentze）大佐が植民地相ベルンハルト・デルンブルク（Bernhard Dernburg）に対しておこなった提案も，決してありえないものではない。ヘンツェは，1904年のヘレロ戦争以来，南西アフリカの駐屯地に収監しているヘレロ族とナマ族の捕虜１万6000人を，東プロイセンの農業労働者として雇用することを提案した。捕虜たちはそこで必要な「文明的習慣や言語，土地の開墾」を学び，時間をかけて「働く訓練」を受けることになっていた。植民地政府からみれば，この事業は文明化の使命の一手段のようにみえたかもしれない。植民地住民の全般的な「改善」につながると同時に，植民地の安全にも貢献すると期待されていたと思われる。しかしながら，ヘンツェの取り組みにはより広い意味があった。具体的にい

212

第 9 章　グローバルな時代におけるドイツのナショナリズム

えば，ヘレロ族をプロイセンに移住させることは，ポーランド系季節労働者のかわりをさせることを意味していたためである。この計画は，ポーランドとの境界線上で民族の差異が「差別化」するという文脈においてのみ考えうるものだった。このときはじめてアフリカ人がポーランド人労働者の代役になるのではないかと考えられるようになったのであり，実際代役を務めることもできた[57]。

「黄禍」をグローバルな問題とするレトリック

　ローカルな場面で民族の差異を実践することで，「人種」の概念を明確化するこうした仕組みを説明する例がもう一つある。それは，プロイセンの農村部を知っていれば信じがたいほどに儚い（はかな）ことに思えるかもしれない。事の始まりは1894年末，シュミットという名の地主がプロイセン政府に対して，「欲のない，真面目で勤勉な中国人の輸入[58]」許可を求める嘆願書を出したことであった。その意図するところは，ドイツ東部の農業労働者の多くが，ライン・ルール地方の産業集積地やアメリカへと去ってしまったため，これを代替することだった。同時に，中国人「苦力（クーリー）」をプロイセンに招聘するというアイディアは，ドイツ・ロシア国境近くのポーランド人労働者流入に対する反動だったとみるべきである。プロイセン政府は，中国の条約港に駐在する領事に，そのような事業が政治的に可能か報告するよう指示している。ただし，この計画は最終的に棚上げされた。その決定で重要なことは，計画が破棄されるまで国内メディアで大規模な抗議が続いた点にある。地主たちは，「消費者はおそらく，誰が生産して供給するかなど気にとめないだろう[59]」と考えていたが，世論の叫びはその予想がまちがっていることを示した。トランスナショナルな世界経済の流れにもかかわらず，報道記事では文化的に触発された保護主義の激しさが示されたのである。

　もともと，農業労働者を中国からまかなおうとする計画は，ナショナリズムのレトリックにおいて示唆されていた。こうした計画を支持する少数派は，中国人が東プロイセンで増大しつつあるポーランドのナショナリズムに対する処方箋になると考えていた。しかしながら，公的な立場からこの問題にかかわっていた多数派は，「苦力」こそがドイツ民族の真の脅威になると主張した。また大衆レベルでは，中国人労働者に関する議論はトランスナショナルな「黄禍」論と結びついていった。そのスローガンには，人種差別主義的

213

な意味合い以外にもさまざまな意味が込められていた。すなわち，大規模な
中国人の移動が「白人」文明を「押し流す」脅威とされた人口学的な幻想と
同じく，経済的利害も重視されていた[60]。ジェフリー・バラクロウが結論付
けているように，黄禍論は社会的流動性が高まる過程に対して当時人々がい
だいていた「ほとんど神経症的な意識」のあらわれだったといえる[61]。

　もちろん，ドイツのナショナリズムの文脈では，黄禍論のレトリックが中
核を占めていたわけではなかった。しかしながらそれは，世紀の変わり目に
おいてドイツのナショナリズムが人種主義化する一助となった。その理論は，
反ユダヤ主義のような他の排斥論と折り重なることで，ますます影響力を強
めていった。しばしば中国人とユダヤ人が比較されるのは，「ユダヤ人より
もはるかに危険な人々」といわれるほど中国人が経済的に優れていると考え
られていたためである。周縁化されたこれら二つの集団が融合し，ユダヤ人
の起業力と中国人の勤勉さが合体するかもしれないという可能性は，「これ
ら二つの民族にはさまれれば，ドイツ人は完全に押しつぶされてしまう危険
がある[62]」と，さらなる不安をあおった。そのため，ナショナリストによる
ドイツ帝国論では，反中国，反ユダヤのステレオタイプが重なり合うことが
多かった。ドイツの反ユダヤ主義が生物学的，人種差別的な含みで過激化し
ていった1890年代，「黄禍」のレトリックがこうしたネイションの民族化を
も表現できる語彙を提供したというのは十分うなずける。例えば，反ユダヤ
主義誌『Neue Deutsche Volkszeitung（新ドイツ民族新聞）』は，ドイツの
「ユダヤ人移民を禁止する法律を求める声と北アメリカの中国人に対する排
斥法」の「類似性を好意的」にとらえている[63]。とくに1890年以降，ロシア
やガリツィアからユダヤ人が流入するなか，反ユダヤ主義言論は，反中国主
義のレトリックを容易にユダヤ人に対して用いていたのである[64]。

　「黄禍」論により，ドイツのナショナリストは，局地的な問題をより大き
な世界的潮流と関連付けることができた。中国人労働者がいる社会状況の経
験も直接的な情報もないなか，1906年の『Deutsche Volkszeitung（ドイツ民
族新聞）』の記事の言葉を借りれば，「考えうるかぎり最悪な黄禍を経験し，
現在これに激しく抵抗している[65]」オーストラリアやアメリカといった地域
の経過に直接言及することで，主張の骨子を形成していった。中国人の移動
に対する反動として生まれた「黄禍」への恐怖は，世界中で意識されていた
ということもできる。これによって，社会運動家は「局地的／国内的関心」

214

（ローカルな問題）をグローバルな文脈でとらえることで，グローバリゼーションの議論として正当化することができた。つまり，ここでの要点は，「苦力問題」に関する論争が，ドイツの歴史の方向性を変えるほどの影響をもっていたという点ではない。明らかにしておかねばならないことは，ドイツのナショナリズムの軌跡が，社会運動家の多くがグローバルな参照枠組みに従って行動するなかで形成されたものだったという点なのである[66]。

4. 国境と国境管理

差異を明示し，強化し，構築する場所——国境

　移動と離散が引き金となったドイツ人の国民性認識の変化は，レトリックやイデオロギーのレベルにとどまらなかったことを認識しておくべきである。実際，こうした変化は国境を強化する法律規定や対策に反映されることで重大な影響をおよぼした。もっとも分かりやすい例としては，新たな移民規制がものとしての国境そのものを変化させたことがあげられる。これは，ドイツのナショナリズムの研究においてこれまでまったく考慮されてこなかった問題である。新たな管理・監視規定がどのように物理的景観を根本的に変化させたかという研究は，非常に興味深いものとなるだろう。もっとも顕著な例としては，ロシアやオーストリアからの移民が季節労働者として入国する前に審査を受けていた検問所があげられる。そのうち39の検問所は，農業労働者局本部（Feldarbeiterzentralstelle）により，東プロイセン国境にそって設置されていた。流入労働者たちはここでドイツ人の雇用主と法的に有効な契約を結んでいると立証しなければならなかった。また，各検問所には医師が駐在し，「病気蔓延の危険性が過度に高まることのないように」確実な衛生対策の実施を監督していた[67]。国境検問所は，移動の監視が文化的優越や衛生学的ナショナリズムの概念と結び付く交点だった。プロイセン農業省は1913年，ドイツ人以外の季節労働者はすべて，入国のさいに消毒する計画を内部で議論している[68]。

　このように，地図上にはあらわれないものの，国境の性質は第一次世界大戦前にかなり変化していた。かつては象徴的な線と大差なかったものが，自由な移動を著しく阻害するものへと変化してしまったのである。こうした国境の管理強化によって増大した業務に対応するため，農業労働者局では，1905年の設立からわずか5年で，1000人近くの公務員を雇用するようになっ

た[69]。その数は，流入するポーランド系労働者を今日のウクライナにいたルテニア系の人々などの他の集団から分離する計画が実施されるようになるとさらにふえることとなった。これは，ドイツの「ポーランド化」が差し迫っているという不安の広がりに対する官僚的対応だった。その問題は，文化的・民族的脅威であるとともに国家的脅威でもあると認識されていたのである。またプロイセン政府は，ガリツィアでルテニアのナショナリズムが高まり，ルテニア系農民とポーランド語系の貴族層が争いをくりひろげているのをみて，ルテニア人をポーランド人より優遇する政策を開始した[70]。これにともない，その直後，国境検問所に言語専門家が配置された。ポーランド人がルテニア人を装って入国しようとするのを阻止するためである[71]。

　しかしながら，本当に問題だったのは，文書や身元の偽造・詐称ではなく，そもそも両者を区別する基準が明らかに欠けていたことだった。1909年に農業労働者局の専門家が絶望的に語ったとおり，「ポーランド人とルテニア人を明確かつ意図的に区別することなどできないというのがガリツィアの現実」だった。プロイセンの政策は民族，言語，宗教，国民性の差異が存在するという前提に立っていたが，社会が緊密にまじり合った結果，こうした違いはほとんど分からなくなっていたのである[72]。結果として，検問所は「ルテニア人は（中略）ほとんどの場合，もはやルテニア人と確認できない」という状況[73]にどう対処すべきか，定期的にアドバイスを求めている。もちろん，そんなアドバイスはえられなかった。これに対して農業労働者局本部がとった戦術の一つは，典型的な帝国主義的戦略を用いて差異をつくり出すことだった。ナショナリズムと差別意識を刷り込むことを目的に，辞書をつくってルテニア人（と思われる者）全員に入国時に手渡すことにしたのである。その手引きの要点は，「自分はルテニア人だと思い出せ！　誰にも"ポーランド人"などといわせるな！」ということだった[74]。

　こうして国境は，差異を明示し，強化し，そして構築する場所となった。こうした状況において，留意しておくべきことは，ドイツの事例はドイツのナショナリズムの激化のみに起因したものではなく，むしろ世界規模で進んでいた移動による国民形成と軌を一にする動きだったということである。多くの国で政府当局は，国境がなきがごとくにみえる移動への対応として，新たな排斥手段や同定手段，国籍管理手段を利用して絶え間ない出入国の流れを振り分け，管理し，集計しようとしていた。もっとも顕著な例としては，

216

アメリカにおける1882年の中国人排斥法があげられる。歴史家エリカ・リーの言葉を借りれば、この法律は「アメリカを門番のいる国へと変えるもの」だった[75]。またオーストラリアでは、1888年のいわゆる「中国危機」以降、「白豪」政策を支えるため、次々と排斥の手段が導入されていった[76]。ヨーロッパでも、ユダヤ系移民の大規模流入を契機として、1905年に英国で導入された外国人法に代表されるように、多くの社会で国境管理やトランスナショナルな移動の管理に対する懸念の増大がみられた[77]。

　こうした排斥の試みが、グローバル化の時代において高まる社会的流動性と、国境が消えてしまうのではないかというおそれに起因していることは明らかであり、いわゆる内部の閉じた国民意識のみにその原因を求めることはできない。これは、部分的には国際状況の注意深い観察と調査の結果でもある。例えば、マックス・ウェーバーは、「中国人移民が禁じられた」オーストラリアをみて、「ドイツ文化と融合して破滅させる可能性があるという意味でポーランド人の方が危険である」と警告している[78]。つまり、ポーランド人排斥の要求は、長年の反ユダヤ主義の伝統と結び付いていただけでなく、それと同時に、当時のグローバルな規模での相互の結び付きという意識に深く刻み込まれたものでもあったのである。プロイセン政府は、他国に類のない特異なかたちで排斥規制を纏め上げた。永住を阻止し、東プロイセンにおける不安定な人種・民族バランスが混乱をまねかないようにするため、喫緊に必要とされていたロシア領ポーランドおよびオーストリア領ガリツィアからの農業労働者にも、毎年一時的に（いわゆる猶予期間〈Karenzzeit〉の間）出国するよう義務付けたのである[79]。

国籍法の改正

　排斥手段は、多くの場合、人物同定政策の措置を拡大することで補完されていた。フランスは1874年になって、自国民以外のヨーロッパ人にパスポート携帯を義務付ける規定を廃止したが、これは実質的にはもともと社会慣行となっていたことを追認しただけのことであり、移住の文脈において（そして労働市場において）、ナショナリティと国籍は19世紀末までさほど重要視されていなかったことを示している。この状況は1880年代以降変化し、ジェラール・ノワリエルが述べるように、「貿易と通信が発達すればするほど、人物同定手段の重要性はましていった」[80]。そうした手段のなかにはベルティヨ

ン法や指紋照合もあったが，とりわけ重要だったのが第一次世界大戦の数年前から利用が急増していたパスポートである[81]。こうした国際的な流れに従って，プロイセンの政府当局も移動の管理において分離・隔離政策への依存を強めていった。しかし興味深いことに，東プロイセン国境では，パスポートは，原則的に国籍ではなくエスニシティの区分にもとづいている労働許可証によって補完されていた[82]。

　国境管理と人物同定手段は，グローバル化の進む世界のいわゆるボーダーレス化と流動性を監督するためにつくられた。そうしたなか，永続性と安定性を確立するためにもっとも重要なものとして浮上したのが国籍の問題である。ここでも，変化する移動の規模や軌跡に合わせて手続きと規制が変容していくようすをみることができる。実際，1913年のドイツ国籍法の改正は，グローバルな移住という状況下で変化していったドイツ人の帰属意識への直接的な反応と考えることができる。こうした改正は，上述の「Auswanderer」（移民）から「Auslandsdeutsche」（ディアスポラ・ドイツ人）へのシフトを連想させるものである。1870年の法では出国後10年で国籍が消失することとなっていたが，この規定は1913年に取り消された。それ以降，国籍は無効化できないものとなり，子孫に引き継ぐことさえできるようになった。この規定は，変化し続ける移動に対応したものだった。19世紀に大量の移民がアメリカにわたったが，こうした移民は永久にその地に定住するものと想定されたため，それは国にとっての実質的な損失だと考えられた。1884年以降の植民地獲得は，流出移民にドイツ国民とのつながりを維持したまま，機会を与えようという目的が動機の大部分を占めていた。植民地事業が政治的支援をえて進められたことに鑑みれば，ドイツ人が自らの法的地位をそこなうことなく植民地に定住できるようにすることは必須のことだと思われた。そのため，国籍の永続に関して修正が加えられたことは，グローバルな移動に関する議論の直接的結果だったといえる。それは単に法的な体裁を整えたものではなく，その直後に植民地帝国が崩壊するまでは重視されなかったが，むしろ関係していたのは，帰属と参加に関する中核的次元だった。なお，この法改正の効果が帝国の終焉以降も生き残ったことは，留意すべき点である。1990年代に，かつての移民（Aussiedler）の子孫の多くがソ連から「帰国」したが，彼らは植民地主義的かつグローバルな状況のもとでのドイツ人アイデンティティ再定義の恩恵を受けていたのである[83]。

5. ナショナリズムとグローバル意識

キーワード１：世界政治（Weltpolitik）

　ドイツのナショナリズムの軌跡に越境移動が影響を与えたことは，さまざまな次元で明らかである。例えば，ディアスポラ・ナショナリズム，ネイションへの帰属の人種化，物質的・法的な国境の強化などは，トランスナショナルな交流がドイツ帝国におけるネイション意識に与えた影響を，もっとも顕著にあらわす例といえる。こうした展開がさまざまなかたちで異なる社会層に影響を与えた。とくに複数の知識階層は，グローバルな課題に素早く反応した。教養市民層（Bildungsbürgertum）は少数派だったが，その世界の見方の影響は，支持基盤の枠をこえて拡大した。世界市場へのアクセスを確保するという方針は，実業家や起業家による膨張主義的政策に対する支持を獲得する一方で，布教事業をとおして世界各地の教会に投資がおこなわれた。異国の地における有形・無形のものを手にいれるという欲求を，それを支持することが自分たちの利益になるとおそらく自ら気付くことができなかった社会階層に伝える一助ともなった。増大するグローバルな交流の影響をもっとも受けなかったのはおそらく，小ブルジョアと社会階層の最底辺の人たちであった。しかし，労働者階級もグローバルな需要構造への依存を徐々に感じるようになり，労働組合でも労働市場の国際化をめぐって，非常に感情的な議論がくりひろげられた。こうしたさまざまな行動主体と利害を考慮することが重要である。世界とのかかわり合いは，本質的につねに争いの性格をもっていた。

　いずれにせよ，全体としては，増大するグローバルなからみ合いが，ドイツの国民性が意識される方法にその痕跡を残したことはほとんど疑いようがない。本章の焦点である移動は，こうしたグローバル化の過程の一側面にすぎない。他の側面もナショナリズムの動向に影響を与えていた。そのなかでもっともよく知られているのは，世界政治（Weltpolitik）の概念である。1890年代後半にドイツ語の政治用語に加わったこの言葉は，ベルンハルト・フォン・ビューロー（Bernhard von Bülow）が1900年に帝国議会でおこなった演説でも，政府の政策を説明するために使われた。この概念は，ドイツ民族には「日の当たる場所」に出る権利があるという主張，さらには大沽砲台やベネズエラ，アガディールのような土地を国益と関連付ける象徴的な介入

政策と結び付いていく。グローバルとナショナルの弁証法は，1870年代後半に保護貿易主義に転じて以降顕著になった経済的ナショナリズムにも，同じように色濃くあらわれている。自由貿易体制を支持する人々は，1870年代をつうじて事実上主流派だったが，すぐに反国家主義的な勢力といわれるようになった。『Grenzboten』誌に書かれたように，「マンチェスターの急進派は，教皇権至上主義や社会主義と同様，反国家的である」とされたのである[84]。世界市場の統合と同時に新重商主義の路線にそった経済のナショナリズム回帰が進んでいった。

キーワード２：生存圏（Lebensraum）

帝政ドイツがその一部として組み込まれていた1880年代以降のグローバル化の流れは，ネイションにかんするさまざまな考え方が重なりあう多元的な空間を生み出した。また，社会活動家たちは，自分たちの共同体意識をより大きな文脈への帰属意識と徐々に結び付けていった。ヴィルヘルム２世期には，「世界」というレトリックがあらゆるところで使われるようになり，世界政治，世界経済，世界列強，世界帝国といった言葉が一般の議論にも普及した。さらに1911年には，経済的な動向の国際化にあと押しされて，キールに「世界経済研究所」が設立された。世紀の転換点におけるドイツのナショナリズムは，「グローバル意識」とも呼べるものによってかたちづくられたのである[85]。

　その結果，ナショナリストの議論を地政学的文脈で定義した，ネイションの中核的レトリックが生まれた。そのなかには，ドイツの同胞のために「生存圏」（Lebensraum）の拡大を図るというものもあった。生存圏という言葉は，地理学者フリードリヒ・ラッツェル（Friedrich Ratzel）が生み出したものだが，20世紀にはいっても影響力をもっていた。逆説的に感じられるかもしれないが，移動の問題を突き詰めた結果，人口不足という認識と人口過多という認識，すなわち「国力」（Volkskraft）の喪失という認識と人口過剰という認識の両方が生まれた。この明らかな矛盾は，急速な社会変化やグローバルな規模の交流にともなう不安のあらわれである。ラッツェルのつくった用語は，「国家の空間的拡大の法則」を見つけようとする試みの一部だった。ラッツェルは，領土の拡大に合わせて文化が進歩すると信じており，世界政治はネイションの発展における普遍的な（そしてより高次の）段階だと考え

ていた[86]。

　生存圏という考え方は，他の多くの概念と同じように，その後しばらくドイツのナショナリズムを支え続けた車輪の一つになっていった。すなわち，ドイツ「文化」の姿は，西洋の「文明」も東洋の「未開性」もこえる，第三の道と考えられていた。このレトリックは20世紀初頭に急速に広まり，戦時中に最高潮に達したが，その後もドイツ人の思考の中にしっかりとはいりこんでいる[87]。それは従来，ロマン主義時代まで遡り，政治と切り離された文人層に代表される長年の伝統に由来するものとされてきた[88]。しかし，グローバル・ヒストリーの視点からみれば，その比喩もまた，世界政治におけるドイツ帝国の地位の特殊な解釈から来ていると理解できる。すなわち，ドイツは国民形成の点で，また国際舞台のプレイヤーという点で，フランスやイギリスよりも新参者だが，経済的にも後進的と思われる東ヨーロッパや植民地世界に比べれば優れている一方でいまだネイション・ステイトになりきれていないという解釈がそれである。

キーワード３：ドイツの労働（Deutsche Arbeit）

　最後に，「ドイツの労働」（Deutsche Arbeit）という考え方は，グローバル化の過程におけるドイツの特殊な位置付けを，ナショナリストの言説で説明した概念とみることができる。それは，イデオロギーの定型として，文化対文明のパラダイムを実践に移すことを可能とした。もちろん，フランスの「travail national」の論争に示されるとおり[89]，国民の労働という考え方は他国にも影響を与えていたが，ドイツ帝国内ではドイツの労働は他国と異なる独特なものであるという確信が広く受け入れられていた。このレトリックは，独自性の探求のあらわれであり，フランスやイギリスと違って帝国をつうじてネイションの特質が定義できないこととの妥協の産物だった。ドイツは，イギリスのように海上覇権や資本投資，貿易を国力の基礎とすることができず，アメリカのように活力を永遠に支えられそうなほどの自由に使えるフロンティアを国内にもたず，ポーランド人や多くの植民地社会のように，帝国主義的な圧政者と比較して自分たちの特質を定義づけることもできない国だったからである。世紀の変わり目のグローバルな状況においては，「ドイツの労働」という概念は典型的な後発国の言説であり，国際舞台で権利を与えられていない自国の役割に対する一種の抗議であったと解釈することができ

る[90]。

　同時に，この概念は自国の到達点に対する自負と野心のあらわれだったともいえる。「ドイツの労働」は，ヨーロッパ内外で自国にふさわしい地位を主張するためのドイツ帝国の取り組みの中心にあった。その概念は明らかに膨張主義的響きをもっており，そのことは植民地化や征服，占領を説明するさいに使われることが多かったことからも明らかである。アフリカの植民地では，他のヨーロッパの支配地と同様，「黒人を教育して働かせること」がもっとも重要な開発事業だったが，ここでも同じ概念がさまざまな変遷を有機的に関連付け，政治的要求と経済的需要を，ドイツ「文化」の文脈にそった主観性の形成や共同体の設立と結び付けていた。それは，世界におけるドイツの地位が自国の努力と達成したものの産物であることを示唆する根源的な言葉だった。「ドイツの労働」というレトリックは，自負と劣等感という相反する感情の交錯のあらわれと解釈することができ，その意味では海軍力の整備とあまり変わらない。また，グローバルな文脈をナショナリズムの枠組みで解釈する仕組みを示唆するものでもあった。このレトリックは消滅したのちも，国家社会主義における「労働の兵士」，1950年代の奇跡的経済復興の基礎となった「ドイツ的働き方」(Deutsche Wertarbeit)，東ドイツ版としては「労働国家」(Staat der Arbeit) へと受け継がれていることから，ドイツの国民性概念に大きな影響を残したことが分かる。

終わりに──関係性の産物としてのネイション

　ヴィルヘルム 2 世期のドイツ帝国はグローバルな結び付きに深く組み込まれており，ドイツのナショナリズムに固有の動向は，トランスナショナルなからみ合いのなかで形成・変容していった。結果的に，歴史学者カール・ランプレヒトをはじめとする当時の人々は，変化していくネイション・ステイトの特徴を理解しようと努めるなかで，「現代国家は19世紀前半に見られたような同質性を示すものではなくなり，ほとんど無限にかたちと認識を変化させることで，その力をえることができるようになるだろう」と予想した[91]。ランプレヒトは当然ながら汎ドイツ主義者の一人で，ドイツ帝国という狭い枠組みにとらわれない大ドイツを声高に支持していたが，さらに進んで「もはや領土にとらわれない国民社会」を思い描き，「触手国家」とまで呼んだ。こうした考え方は，ドイツ人のディアスポラと文化帝国主義のさまざまなか

たちを包含するものだったが，それに加えて経済ネットワークの影響や資本の拡散も内包していた[92]。そのため，ランプレヒトの「触手国家」は，民族主義的な生存圏のユートピアを，ブルジョワジーの世界的野心と結び付けることとなる。19世紀末のグローバル化の力学は，ネイションを理解する方法に影響を与え，時にはこれを根本的に変えてしまうこともあった。そして，その内包と排斥のメカニズムが実行に移されていったのである。

そのため，ここで問われるべきは，ナショナリズムの歴史研究に関する一般的な認識の見直しである。本論の議論は，ナショナリズムに関する歴史研究の「空間的転換」に貢献することを意図している。ナショナリズムの動向はたいていの場合，問題となるネイション・ステイトの枠内にとどめおかれ，ネイションの「本質」の長い伝統と継続性として，「想像の共同体」として，近代化の破壊的な影響に対する反動として，「創られた伝統」として，あるいは異なる近代性をめざす社会組織による新たな出発として語られてきた[93]。しかしながら，本論で例をあげた1900年頃のナショナリズムとネイションの表象にみられる独特なかたちは，グローバルな交流とからみ合いの文脈のなかで読み解く必要があることを示している。ナショナリズムに関する言説の変化は，通説が示唆してきたように国内的な変遷のみに起因するものではなく，それと同じくらいグローバルな統合という，より大きなプロセスにも起因しているのである[94]。

これは，ネイション・ステイトの概念が，多くの国では，文化の移転の結果だったという明らかな事実を述べているだけではない。このことは，（すべてではないにしても）多くのナショナリズム論でも十分認識されている。ベネディクト・アンダーソンらは，ネイションがいかに関係性の産物だったかということを強調している[95]。とくに植民地世界では，ネイション・ステイトは，帰属意識や愛国心の伝統的なあり方にとってかわった点で重要であった。それは，パルタ・チャタジーの言葉を借りれば，「派生的言説」[96] だった。すなわち，ネイション・ステイトという制度がさまざまな場所に普及したことは広く認められているが，一方でナショナリズムの具体的な意味付けとその力学はローカルな背景から生まれてくるものだと一般に考えられている。言い換えれば，「ネイションというかたち」（Etienne Balibar）の伝播は，世界秩序の体系的条件の産物といえるかもしれないが，ナショナリズムの特殊なイデオロギーの実体は文化的伝統に由来したもので，内部から生まれた

遺産のみに依拠していると考えられているのだ[97]。これに対し，本論では，ネイションがどのように定義され，理解され，実践されているか，すなわち，ナショナリズムにみられる独特の意味は，それが形成されたグローバルな文脈の影響を，従来認識されていた以上に色濃く受けていることを論証している[98]。ナショナリズムの論理と力学は，レベッカ・カールが清朝末期について論じたように，通時的な「発展段階」によって形成されるだけでなく，共時的な「世界の段階設定」にも同じくらい影響を受けているのである[99]。

　そのため，今後はナショナル・ヒストリー（一国史）の枠をこえて分析する必要がある。とくに，ネイションの動向をよりよく理解するにはこうした作業が重要である。近代の歴史学はいまだ，アンソニー・D・スミス（Anthony D. Smith）のいう「方法論的ナショナリズム」のパラダイムにとらわれたまま分析を進める傾向にある。この言葉は，自国のみに関心を集中させた，局地的で偏狭な視野を意味しているだけではない。むしろ，当該学問分野の方法論的基準は，ネイション・ステイトが社会の「いれ物」であり，既存の単位であることを前提として，歴史的な分析を構築してしまうのだ。その結果，社会プロセスの観察・分析は主に国境内にかぎられてしまう[100]。トランスナショナルでグローバルな視点を受け入れて書かれた研究の多くは，この支配的なアプローチに挑戦する試みであると見ることができる[101]。

　しかし結論として，ネイションというカテゴリーをまったく放棄しないことも重要である。歴史研究の形而上学的対象としてのネイションの役割はたしかにしかるべき経過をたどってきたが，いまだわれわれの前には，トランスナショナルな枠組みで，ナショナル・ヒストリー誕生を理解するという課題が残されている。そうした分析が同時代の人々を深く理解する出発点となれば幸いである。1896年には，ドイツの歴史・社会学者オットー・ヒンツェがすでにネイションの概念を再定義するためグローバルな交流を考慮した議論を展開しており，「歴史学の対象としてのネイションは，決して自然発生的なものではなく，むしろ世界の歴史的環境のなかから生まれてきたものである」と述べている。さらに，グローバルな構造と特定のアイデンティティの形成の間の弁証法的な関係を観察し，「世界の歴史的展開の大部分は，ネイションによって産み出されたものであるが，それ以上にネイション自体を生み出したものである」と主張している。ヒンツェはトランスナショナルな交流と「からみ合いがネイションの発展のプロセスにはかり知れないほどの

影響を与えた」と考えていた[102]。すなわち，ネイションとは歴史的探求の出発点としてだけではなく，むしろグローバルな状況の産物として説明されるべきものとなるであろう。

●註

1　本章は，Sebastian Conrad, *Globalisation and the Nation in Imperial Germany*, Cambridge University Press, 2010をもとにしている。また，その前段階の論文は，'Globalization Effects: Mobility and Nation in Imperial Germany, 1880-1914', *Journal of Global History*, 3, 2008, pp. 43-66として刊行されている。

2　Harold James, *Der Rückfall. Die neue Weltwirtschaftskrise*, Piper, 2005，ドイツ語版の序文。「脱グローバル化」という概念については，Jürgen Osterhammel and Niels Petersson, *Globalization: A Short History*, Princeton University Press, 2005参照。

3　Jeffrey Williamson, 'Globalization and Inequality, Past and Present', *The World Bank Research Observer*, 12, 1997, p. 118. 1914年における中断という考えは，とくに経済史家によって強調されている。Kevin H. O'Rourke, Jeffrey G. Williamson, *Globalization and History: The Evolution of a Nineteenth-Century Atlantic Economy*, MIT Press, 1999参照。

4　Stefan Zweig, *Die Welt von Gestern. Erinnerungen eines Europäers*, Fischer, 1970, p. 465.

5　こうした二項対立的な理解の代表例として，Michael Hardt, Antonio Negri, *Empire*, Harvard University Press, 2001がある。

6　ネイション・ステイトとナショナリズムをグローバルな文脈からみる研究として，Rebecca E. Karl, *Staging the World: Chinese Nationalism at the Turn of the Twentieth Century*, Duke University Press, 2002; Manu Goswami, *Producing India. From Colonial Economy to National Space*, Chicago University Press, 2004; Andrew Sartori, *Bengal in Global Concept History: Culturalism in the Age of Capital*, Chicago University Press, 2008, Christopher L. Hill, *National History and the World of Nations: Capital, State, and the Rhetoric of History in Japan, France, and the United States*, Duke University Press, 2008, および Charles S. Maier, *Leviathan 2.0: Inventing Modern Statehood*, Harvard University Press, 2014参照。

7　David Blackbourn, Geoff Eley, *The Peculiarities of German History: Bourgeois Society and Politics in Nineteenth-Century Germany*, Oxford University Press, 1984.

8　この問題に関する理論的な見解として，Arjun Appadurai, *Modernity at Large:*

Cultural Dimensions of Globalization, University of Minnesota Press, 1996, および Arif Dirlik, *Global Modernity. Modernity in the Age of Global Capitalism*, Boulder Paradigm Publishers, 2007参照。

9　August Bebel, *Für und wider die Commune. Disputation zwischen den Herren Bebel und Sparig in der "Tonhalle" zu Leipzig*, Genossenschaftsbuchdruckerei, 1876.

10　Leila J. Rupp, 'The Making of International Women's Organizations', Martin H. Geyer, Johannes Paulmann（eds.）, *The Mechanics of Internationalism*, Oxford University Press, 2001, pp. 205-234.

11　Stefan Berger, *The Search for Normality. National Identity and Historical Consciousness in Germany Since 1800*, Berghahn Books, 1997.

12　ドイツのナショナリズム研究の動向として，以下参照。Dieter Langewiesche, 'Nation, Nationalismus, Nationalstaat. Forschungsstand und Forschungsperspektiven', *Neue Politische Literatur*, 40, 1995, pp. 190-236; Hans-Ulrich Wehler, *Nationalismus. Geschichte, Formen, Folgen*, C.H. Beck, 2001, pp. 62-89; Pieter M. Judson, 'Nationalism in the Era of the Nation State, 1870-1945', Helmut Walser Smith（ed.）, *The Oxford Handbook of Modern German History*, Oxford University Press, 2011, pp. 499-526.

13　Geoff Eley, *Reshaping the German Right: Radical Nationalism and Political Change after Bismarck*, Yale University Press, 1980; Roger Chickering, *We Men Who Feel Most German: A Cultural Study of the Pan-German League, 1886-1914*, Unwin Hyman, 1984.

14　Christian Geulen, *Wahlverwandte: Rassendiskurse und Nationalismus im späten 19. Jahrhundert*, Hamburger Edition, 2004, p. 30. また，Paul Weindling, *Health, Race, and Politics in Germany between National Unification and Nazism 1870-1945*, Oxford University Press, 1989参照。

15　文化史的研究として，以下参照。Peter Walkenhorst, *Nation-Volk-Rasse: Radikaler Nationalismus im Deutschen Kaiserreich 1890-1914*, Vandenhoeck & Ruprecht, 2007.

16　これについては，とくに以下参照。Michael Jeismann, *Das Vaterland der Feinde: Studien zum nationalen Feindbegriff und Selbstverständnis in Deutschland und Frankreich 1792-1918*, Klett, 1992. また Michael E. Nolan, *The Inverted Mirror. Mythologizing the Enemy in France and Germany, 1898-1914*, Berghahn, 2005参照。

17　反ユダヤ主義に関する膨大な研究蓄積とは別に，Peter Alter, Peter Berghoff, Claus-Ekkehard Bärsch（eds.）, *Die Konstruktion der Nation gegen die Juden*, Fink, 1999, および Christian Davis, *Colonialism, Antisemitism, and Germans of Jewish*

Descent in Imperial Germany, University of Michigan Press, 2012参照。

18　William W. Hagen, *Germans, Poles, and Jews. The Nationality Conflict in the Prussian East, 1772-1914*, Chicago University Press, 1980, および Christian Pletzing, *Vom Völkerfrühling zum nationalen Konflikt: Deutscher und polnischer Nationalismus in Ost- und Westpreußen 1830-1871*, Harrassowitz, 2003参照。

19　Birthe Kundrus（ed.）, *Phantasiereiche. Zur Kulturgeschichte des deutschen Kolonialismus*, Campus, 2003; Sebastian Conrad, *German Colonialism: A Short History*, Cambridge University Press, 2012; Bradley Naranch, Geoff Eley（eds.）, *German Colonialism in a Global Age*, Duke University Press, 2014. また, Sebastian Conrad, 'Rethinking German Colonialism in a Global Age', *Journal of Imperial and Commonwealth History*, 41, 2013, pp. 543-566参照。

20　Sebastian Conrad, Jürgen Osterhammel（eds.）, *Das Kaiserreich transnational: Deutschland in der Welt 1871-1914*, Vandenhoeck & Ruprecht, 2004; Cornelius Torp, *Die Herausforderung der Globalisierung: Wirtschaft und Politik in Deutschland, 1860-1914*, Vandenhoeck & Ruprecht, 2005.

21　Dirk Hoerder, *Cultures in Contact: World Migrations in the Second Millennium*, Duke University Press, 2002; Adam McKeown, 'Global Migration, 1846-1940', *Journal of World History*, 15, 2004, pp. 155-190; Leo Lucassen, Jan Lucassen（eds.）, *Globalising Migration History: The Eurasian Experience*, Brill, 2013.

22　Aristide R. Zolberg, 'Global Movements, Global Walls. Responses to Migration, 1885-1925', Gungwu Wang（ed.）, *Global History and Migrations*, Westview Press, 1997, pp. 279-307; Adam McKeown, *Melancholy Order: Asian Migration and the Globalization of Borders*, Columbia University Press, 2008.

23　Klaus Bade, *Europa in Bewegung. Migration vom späten 18. Jahrhundert bis zur Gegenwart*, C. H. Beck, 2000; Dirk Hoerder, Jörg Nagel（eds.）, *People in Transit. German Migrations in Comparative Perspective, 1820-1930*, Cambridge University Press, 1995.

24　Ulrich Herbert, *Geschichte der Ausländerpolitik in Deutschland. Saisonarbeiter, Zwangsarbeiter, Gastarbeiter, Flüchtlinge*, C.H. Beck, 2001.

25　Michael Just, *Ost- und Südosteuropäische Amerikawanderung 1881-1914: Transitprobleme in Deutschland und Aufnahme in den Vereinigten Staaten*, Steiner, 1988.

26　Klaus J. Bade（ed.）, *Deutsche im Ausland - Fremde in Deutschland: Migration in Geschichte und Gegenwart*, C. H. Beck, 1992参照。また, Krista O'Donnell, Renate Bridenthal, Nancy Reagin（eds.）, *The Heimat Abroad. The Boundaries of Germanness*, University of Michigan Press, 2005; Matthew P. Fitzpatrick, *Liberal imperialism in Germany: Expansionism and Nationalism, 1848-1884*, Berghahn Books, 2008参照。

27　もちろん，ナショナリズムのより初期の伝統も，グローバルな文脈に結び付いていた。C. A. Bayly, *The Birth of the Modern World 1780-1914: Global Connections and Comparisons*, Blackwell, 2004, pp. 112-114, 199-245参照。

28　Bradley D. Naranch, 'Inventing the Auslandsdeutsche. Emigration, Colonial Fantasy, and German National Identity 1848-71', Eric Ames, Marcia Klotz, Lora Wildenthal (eds.), *Germany's Colonial Pasts*, University of Nebraska Press, 2005, pp. 21-40.

29　たとえば，Malte Fuhrmann, *Der Traum vom deutschen Orient: Zwei deutsche Kolonien im osmanischen Reich 1851-1914*, Campus, 2006参照。

30　もちろん，ディアスポラ・ナショナリズムは，ドイツに特有のものというわけではなく，他のさまざまなナショナリズムのあり方にとって，一般的な要素の一つであった。例えば，Mark I. Choate, *Emigrant Nation: The Making of Italy Abroad*, Harvard University Press, 2008参照。

31　Daniel J. Walther, *Creating Germans Abroad: Cultural Policies and National Identity in Namibia*, Ohio University Press, 2006. 東アフリカについては以下参照：Philippa Söldenwagner, *Spaces of Negotiation: European Settlement and Settlers in German East Africa 1900-1914*, Meidenbauer, 2006.

32　Birthe Kundrus, M*oderne Imperialisten: Das Kaiserreich im Spiegel seiner Kolonien*, Böhlau, 2003, pp. 43-119.

33　R. A. Hehl, *Die Entwicklung der Einwanderungsgesetzgebung in Brasilien*, no publisher, 1896; Thomas E. Skidmore, 'Racial Ideas and Social Policy in Brazil, 1870-1940', Richard Graham (ed.), *The Idea of Race in Latin America, 1870-1940*, University of Texas Press, 1990, pp. 7-36参照。

34　ドイツ人のブラジルへの移住については，Frederik Schulze, *Auswanderung als nationalistisches Projekt: "Deutschtum" und Kolonialdiskurse im südlichen Brasilien (1824-1941)*, Böhlau, 2016; Gerhard Brunn, *Deutschland und Brasilien 1889-1914*, Böhlau, 1971; Dietrich v. Delhaes-Guenther, I*ndustrialisierung in Südbrasilien: Die deutsche Einwanderung und die Anfänge der Industrialisierung in Rio Grande do Sul*, Böhlau, 1973. および Jürgen Hell, *Der Griff nach Südbrasilien: Die Politik des Deutschen Reiches zur Umwandlung Südbrasiliens in ein überseeisches Neudeutschland (1890-1914)*, Rostock (Phil. diss.), 1966参照。

35　Karl Leonhardt, 'Die deutschen Kolonien im Süden von Chile', *Das Auswandererproblem*, 5, 1912, pp. 7-53.

36 Georg Adolph Stolze, *Gedanken eines Hinterwäldlers Brasiliens über sociale Verhältnisse, besonders in Bezug auf die deutsche Auswanderung nach Brasilien*, C. Meyer, 1895, p. 5.

37 Wilhelm Breitenbach, *Aus Süd-Brasilien. Erinnerungen und Aufzeichnungen*, Breitenbach, 1913, p. 208.

38 Robert Gernhard, *Reise-Bilder aus Brasilien, Schottlaender*, 1900, p. 100.

39 Karl A. Wettstein, *Mit deutschen Kolonistenjungens durch den brasilianischen Urwald! Selbsterlebtes: Eine Reise nach und durch Südbrasilien und seine deutschvölkischen Kolonien*, F. Engelmann, 1910, p. 195.

40 生活改革運動については, Eva Barlösius, *Naturgemäße Lebensführung. Zur Geschichte der Lebensreform um die Jahrhundertwende*, Campus, 1997; Kevin Repp, *Reformers, Critics, and the Paths of German Modernity: Anti-Politics and the Search for Alternatives 1890-1914*, Harvard University Press, 2000, および Geoff Eley, James N. Retallack（eds.）, *Wilhelmianism and its Legacies: German Modernities, Imperialism, and the Meanings of Reform 1890-1914*, Berghahn Books, 2003参照。

41 Joachim Radkau, 'Die Verheißungen der Morgenfrühe: Die Lebensreform in der neuen Moderne', Kai Buchholz（ed.）, *Die Lebensreform. Entwürfe zur Neugestaltung von Leben und Kunst um 1900*, Häusser, 2001, pp. 55-60より引用。

42 Hermann Hesse, *Kindheit und Jugend vor Neunzehnhundert*, vol. 2, Suhrkamp, 1978, pp. 10, 67.

43 Karl A. Wettstein, *Brasilien und die deutsch-brasilianische Kolonie Blumenau*, Friedrich Engelmann, 1907, p. 1より引用。

44 Gernhard, *Reise-Bilder*, p. 44.

45 Herbert, *Geschichte der Ausländerpolitik*, pp. 25-27参照。

46 Jürgen Zimmerer, *Deutsche Herrschaft über Afrikaner. Staatlicher Machtanspruch und Wirklichkeit im kolonialen Namibia*, LIT, 2001; Klaus Mühlhahn, *Herrschaft und Widerstand in der 'Musterkolonie' Kiautschou. Interaktionen zwischen China und Deutschland, 1897-1914*, Oldenbourg, 2000.

47 Jürgen Zimmerer, 'Colonialism and the Holocaust. Towards an Archaeology of Genocide', Dirk A. Moses（ed.）, *Genocide and Settler Society: Frontier Violence and Child Removal in Australia*, Berghahn, 2004, pp. 49-76, および Jürgen Zimmerer, Joachim Zeller（eds.）, *Genocide in German South-West Africa: The Colonial War of 1904-1908 and its Aftermath*, Merlin Press, 2007参照。これらの議論に対する批判として, Stephan Malinowski, Robert Gerwarth, 'Der Holocaust als "kolonialer Genozid"? Europäische Kolonialgewalt und nationalsozialistischer Ver-

nichtungskrieg', *Geschichte und Gesellschaft*, 33, 2007, pp. 439-466; Susanne Kuß, *Deutsches Militär auf kolonialen Kriegsschauplätzen: Eskalation von Gewalt zu Beginn des 20. Jahrhunderts*, Links Verlag, 2010参照。

48 Pascal Grosse, *Kolonialismus, Eugenik und bürgerliche Gesellschaft in Deutschland 1850-1918*, Campus, 2000; Kundrus, *Moderne Imperialisten*, pp. 219-279.

49 Ann Laura Stoler, 'Rethinking Colonial Categories: European Communities and the Boundaries of Rule', *Comparative Studies in Society and History*, 31, 1989, pp. 134-161.

50 Lora Wildenthal, *German Women for Empire*, 1884-1945, Duke University Press, 2001, pp. 121-129参照。

51 Krista O'Donnell, 'Home, Nation, Empire: Domestig Germanness and Colonial Citizenship', O'Donnell, Bridenthal, Reagin（eds.), H*eimat Abroad*, pp. 40-57; Claire B. Venghiattis, *Mobilizing for Nation and Empire: A History of the German Women's Colonial Organization 1896-1936*, Phil. diss.: Columbia University, 2005; Katharina Walgenbach, *"Die weiße Frau als Trägerin deutscher Kultur": Koloniale Diskurse über Geschlecht, "Rasse" und Klasse im Kaiserreich*, Campus, 2005.

52 Wildenthal, *German Women*, p. 86.

53 Dieter Gosewinkel, *Einbürgern und Ausschließen: Die Nationalisierung der Staatsangehörigkeit vom Deutschen Bund bis zur Bundesrepublik Deutschland*, Vandenhoeck & Ruprecht, 2001, pp. 263-277参照。

54 Trude Maurer, *Ostjuden in Deutschland, 1818-1933*, Christians, 1986; Jack Wertheimer, *Unwelcome Strangers:East European Jews in Imperial Germany*, Oxford University Press, 1987.

55 Helmut Neubach, *Die Ausweisung von Polen und Juden aus Preußen 1885/86*, Harrassowitz, 1967.

56 Massimo Ferrari Zumbini, *"Die Wurzel des Bösen": Gründerjahre des Antisemitismus: Von der Bismarckzeit zu Hitler*, Klostermann, 2003, p. 556.

57 Adolf Hentze, Hannover, to Colonial Office, 1 March 1907, Federal Archives Berlin Lichterfelde（以下 FABL), R 1001/2090, p. 109; Zimmerer, *Deutsche Herrschaft*, pp. 52-55をも参照。

58 FABL, R 8034 II, Nr. 5801, p. 52.

59 Illustrierte Landwirtschaftliche Zeitung, 6 January, 1897.

60 さまざまな国民の事例として，以下のゴルヴィッツァーによる非常に優れた研究を参照のこと。Heinz Gollwitzer, *Die Gelbe Gefahr: Geschichte eines Schlagworts: Studien zum imperialistischen Denken*, Vandenhoeck & Ruprecht, 1962.

61 Geoffrey Barraclough, *An Introduction to Contemporary History*, C.A. Watts, 1964, p. 75.

62 'Drohende Chinesen-Einwanderung' (14 June, 1889), Private State Archive Berlin (以下 PSAB), I. HA Rep 77, Tit 922, No. 2.

63 Kurt Wawrzinek, *Die Entstehung der deutschen Antisemitenparteien 1873-1890*, Ebering, 1927, p. 44より引用。

64 Gollwitzer, *Gelbe Gefahr*, p. 174参照。

65 FABL, R 8034 II, No. 4049から引用。

66 より広いグローバルな文脈について，Marilyn Lake, Henry Reynolds, *Drawing the Global Colour Line: White Men's Countries and the International Challenge of Racial Equality*, Cambridge University Press, 2008; McKeown, *Melancholy Order* 参照。

67 PSAB, I. HA Rep 87 B, No. 221, Director of the Feldarbeiterzentralstelle to the Secretary of State of the Interior, Berlin 22 April, 1911.

68 PSAB, I. HA Rep 87 B, No. 221, 20 February, 1913. また以下をも参照。Johannes Nichtweiß, *Die ausländischen Saisonarbeiter in der Landwirtschaft der östlichen und mittleren Gebiete des Deutschen Reiches: Ein Beitrag zur Geschichte der preußisch-deutschen Politik von 1890 bis 1914*, Rütten & Loening, 1959, pp. 138-143.

69 Deutsche Feldarbeiterzentralstelle, *Bericht über die Tätigkeit im Geschäftsjahr 1909/10*, 1910, p. 14.

70 ルテニア人ナショナリズムについては，John-Paul Himka, *Galician Villagers and the Ukrainian National Movement in the Nineteenth Century*, Palgrave Macmillan, 1988; Stella M. Hryniuk, *Peasants with Promise: Ukrainians in Southeastern Galicia 1880-1900*, Canadian Institute of Ukranian Study Press, 1991参照。

71 District president of Oppeln to Prussian minister of the interior, 30 March, 1912, PSAB, I. HA, 87 B, No. 221.

72 Deutsche Feldarbeiterzentralstelle to the Prussian minister of agriculture, Berlin 7 April, 1909, PSAB, I. HA, 87 B, No. 219, p. 161.

73 Provincial president of Westphalia to the Prussian minister of the interior, Gdansk 22 August, 1910, PSAB, I. HA, Rep 77, Tit. 1135, No. 1, fascicle 7e, p. 4.

74 PSAB, I. HA, 87 B, No. 116, pp. 155-158.

75 Erika Lee, *At America's Gates: The Exclusion Era 1882-1943*, University of North Carolina Press, 2003, p. 9.

76 Lake, Reynolds, *Drawing the Global Colour Line*.

77 Zolberg, 'Global Movements, Global Walls'.

78 Max Weber, 'Die nationalen Grundlagen der Volkswirtschaft. Vortrag am 12. März 1895 in Frankfurt am Main [Bericht des Frankfurter Journals]', Max Weber (ed.), *Max Weber Gesamtausgabe, Band 4.2*, Mohr, 1993, pp. 724-725.

79 Herbert, *Geschichte der Ausländerpolitik*; Nichtweiß, *Saisonarbeiter*.

80 Gérard Noiriel, *Die Tyrannei des Nationalen: Sozialgeschichte des Asylrechts in Europa*, zu Klampen, 1994, p. 308.

81 Jane Caplan, John Torpey (eds.), *Documenting Individual Identity: The Development of State Practices in the Modern World*, Princeton University Press, 2002; John Torpey, *The Invention of the Passport: Surveillance, Citizenship and the State*, Cambridge University Press, 2001.

82 Anton Knoke, *Ausländische Wanderarbeiter in Deutschland*, Deicherts, 1911, p. 16.

83 Gosewinkel, *Einbürgern*; Grosse, *Kolonialismus*; Howard Sargent, 'Diasporic Citizens: Germans Abroad in the Framing of German Citizenship Law', O'Donnell, Bridenthal, Reagin (eds.), *Heimat Abroad*, pp. 17-39.

84 'Die Julitage des deutschen Liberalismus', *Grenzboten*, 37, 1879, No. III, p. 124.

85 グローバルな認識という概念については，David Harvey, *The Condition of Postmodernity: An Enquiry into the Origins of Cultural Change*, Blackwell, 1989および Stephen Kern, *The Culture of Time and Space 1880-1918*, Harvard University Press, 1983参照。ドイツの事例については，Markus Krajewski, *Restlosigkeit: Weltprojekte um 1900*, Fischer, 2006参照。

86 Friedrich Ratzel, 'Die Gesetze des räumlichen Wachstums der Staaten: Ein Beitrag zur wissenschaftlichen politischen Geographie', *Petermanns Mitteilungen*, 42, 1896, pp. 97-107. 以下も参照。Woodruff D. Smith, *The Ideological Origins of Nazi Imperialism*, Oxford University Press, 1986, pp. 146-152.

87 Wolf Lepenies, *The Seduction of Culture in German History*, Princeton University Press, 2006.

88 Jörg Fisch, 'Zivilisation, Kultur', Otto Brunner *et al.*, (eds.), *Geschichtliche Grundbegriffe. Historisches Lexikon zur politisch-sozialen Sprache in Deutschland, Bd. 7*, Klett Cotta, 1992, pp. 679-774参照。また Kurt Flasch, *Die geistige Mobilmachung: Die deutschen Intellektuellen und der Erste Weltkrieg*, Fest, 2000; Jeffrey Verhey, *The Spirit of 1914: Militarism, Myth, and Mobilization in Germany*, Cambridge University Press, 2000参照。

89 例として，Jens-Peter Hornbogen, *Travail national - nationale Arbeit: Die handel-*

spolitische Gesetzgebung in Frankreich und Deutschland vor dem Hintergrund der Debatte über Freihandel und Schutzzoll 1818-1892, Duncker & Humblot, 2002参照。

90 Joan Campbell, *Joy in Work, German Work: The National Debate, 1800-1945*, Princeton University Press, 1989.

91 Karl Lamprecht, *Zur jüngsten deutschen Vergangenheit [1903]*, vol. 2, Weidmannsche Buchhandlung, 1921, pp. 536f.

92 Ibid., p. 592.

93 ナショナリズムに関する理論研究の動向としては，Umut Özkirimli, *Theories of Nationalism: A Critical Introduction*, Macmillan, 2000参照。

94 より大きなプロセスについては，Bayly, *Birth of the Modern World; Jürgen Osterhammel, The Transformation of the World: A Global History of the Nineteenth Century*, Princeton University Press, 2014参照。

95 Benedict Anderson, *Imagined Communities*, Verso, 1983参照。また，Geoffrey Cubitt (ed.), *Imagining Nations*, Manchester University Press, 1998も参照。

96 Partha Chatterjee, *Nationalist Thought and the Colonial World: A Derivative Discourse*, University of Minnesota Press, 1993.

97 Etienne Balibar, 'The Nation Form', Etienne Balibar, Immanuel Wallerstein, (eds.), *Race, Nation, Class: Ambigious Identities*, Verso, 1991, pp. 86-106.

98 筆者は，以下の研究にある力強い議論をおおいに参考にした。Hill, *National History and the World of Nations*.

99 Karl, *Staging the World*.

100 Anthony D. Smith, *Nationalism in the 20th Century*, New York University Press, 1979, p. 191.

101 Patricia Clavin, 'Defining Trans-nationalism', *Contemporary European History*, 14, 2005, pp. 421-439; Prasenjit Duara, 'Trans-nationalism and the Challenge to National Histories', Thomas Bender (ed.), *Rethinking American History in a Global Age*, University of California Press, 2002, pp. 25-46. グローバル・ヒストリーについては，Sebastian Conrad, *What is Global History?*, Princeton University Press, 2016参照。

102 Otto Hintze, 'Über individualistische und kollektivistische Geschichtsauffassung', *Historische Zeitschrift*, 78, 1897, pp. 60-67.

第10章
複数の尺度とローマ──グローバルな次元での知の生産

アントネッラ・ロマノ[1]
Antonella Romano

はじめに

　旧来の科学史が，種々の概念，史資料の集成，主要な登場人物たちを重視してきたのに対し，新たな科学史は，モノ，個人，あるいはさまざまな社会集団の行動主体性，循環，接続，ネットワークや軌道を重視する。グローバルなつながりのハブおよび場としての「世界都市」は，そうした新たな科学史にとって，多くの問題のなかでとくに重要な関心事となってきた[2]。しかし，より最近になって，グローバルな規模をもっとも適切な考察のレベルとして重視することによっても成功をおさめたグローバル・ヒストリーが，都市研究に対して重大な問題を投げかけ，グローバルなプロセスの形成における都市の役割が議論に上るようになった。

　本章は，ルネッサンス期ローマに関する一連の実証研究の成果を踏まえて，グローバルな都市──現地系，さらにはヨーロッパ系，非ヨーロッパ系などの，さまざまな異なる社会集団間の利害や対立の存在が資源として利用可能な場──としてのローマを構成した，種々の「装置」（dispositifs）についてのいくつかの仮説を提起する[3]。そのうちの中心的な仮説は，キリスト教信仰の世俗的かつ精神的な長としてのローマは，自らを知識生産のグローバルな場として確立するために，宗教的普遍性への自らの主張を，技術的な──人的かつ物質的な──専門知識へと転化させたということである。

1. 科学史・空間・都市

　近世において，キリスト教の遺産にもとづきローマ自身のさまざまな演者（actors）がかたちづくった，極めて精巧な，自己宣伝的な言説に裏付けられた世界都市としてのローマの中心性は，広範で豊かな研究によって認められている。ローマのこの中心性は，これまでしばしばキリスト教世界の首都としてのローマの地位によって十分説明がつくとみなされてきたし，膨大な研究が，このイメージとその表象（象徴的，テキスト上の，そして建築的表象）に焦点をあててきた[4]。ここでの私のねらいは，さらに一歩先に進んで，そ

うした言説をこえた先にあるメカニズムを究明して，知識生産のプロセスに光をあてることにある。その前に，そのような転換の背景をなす史料学的文脈に言及しておくべきだろう。

　マックス・ウェーバーに端を発し，ロバート・K・マートンが近世の科学史に適用した歴史研究の伝統が，近代性と「科学革命」の間には強い関連性があるとの想定に立っているのに対し，ローマを知識生産の場としてとらえるアプローチは，ある種の挑戦だった。というのも，科学史における主流の研究手法は，いわゆる「科学革命」への南ヨーロッパの貢献はなかったとし，ローマ・マドリード・リスボン・ナポリを，「近代性」の地図から排除してきたからである。近代性の発生をもたらした可能性のある枠組としてのカトリック教会に対する強い偏見が，この排除の大きな要因となっている[5]。

　この分野でのもっとも最近の複数のアプローチは，この枠組み，すなわち，近代性なる概念のヨーロッパ中心的な前提，あるいは伝統的な解釈の背後にひそむ暗黙の地理学を批判してきた。科学史から知の歴史への分析視点の転換は，今では「知識の旧体制／アンシャンレジーム」(ancien régime des savoirs) と揶揄される歴史観を提起することによって，研究対象としての非ヨーロッパ地域，あるいは交渉としての知の生産と実践への道筋を切り開き，地図の描きなおしと関与している行為主体の社会学のつくりなおしに貢献してきた[6]。その意味で，この分析視点の転換は，科学革命という大きな語りを支える「欧米とその他」という強力な主張を，極めて首尾よくゆるがし，正当性を失わせたのである[7]。それはまた，ヨーロッパ・非ヨーロッパ関係の分析を導いてきた空間拡散論的パラダイムにも，疑問を投げかけた[8]。

　たしかに，学問研究の大きな趨勢は，そうした認識の枠組みを批判できるようになったが，にもかかわらず，知識生産に関するヨーロッパ中心的な見方を排除しようという衝動は，「ヨーロッパ」自体を不問に付してきた。とりわけ，「キリスト教」という概念が，古代文明の遺産を伝承しているという意識に根差す集団的な知的アイデンティティをもはや支えきれず，神聖な地理認識が政治的存在としての国家の政治的地図によって系統的におきかわった16世紀から18世紀に焦点を絞る場合には，ヨーロッパについて問うことは有益かもしれない[9]。この文脈での「ヨーロッパ」の意味は不明確であり，その空間的な不均質性が問題になるや否や，より綿密な検討が必要になろう[10]。要するに，知の歴史と理解される科学史の分野で開発された複数の新

たなアプローチ，構築物としての分析単位に対する新たな見方，そしてプロセスとしての知識の分析において問われている空間的な論理を検討するための強力な手段としての「尺度のゲーム」（jeux d'échelles）に対する新たな注目は，それがどこにあろうと，都市という場をわれわれが今読み解こうとするさいに，有益なものとなろう[11]。

2.16世紀の世界におけるローマ──議論の余地のある普遍性の主張

　千年以上にわたって宗教的な機能を担ってきたゆえに，都市ローマは，今日もなお，国をこえた地位を誇っており，そのことはその都市構造自体の中に容易にみてとることができる。第一に，首都としての長い歴史は，市の全域に目に見えるかたちで存在している。ローマ帝国の拡大の痕跡は，ルネッサンス期のローマでも目に見えたし，そうした痕跡には，ギリシア時代に遡るこの都市の起源だけでなく，ローマが数次にわたっておこなったアジア征服の痕跡も含まれた。それらほど目立たないとはいえ，関連性があるのは，この都市のいくつかの地域に，フィレンツェ人・ポルトガル人・スペイン人などの「外国人」が定住し，コミュニティを形成していたことである。これらの「異国人」はそれぞれ自分たち自身の教会の近くに住んでそこでの礼拝に参加したが，そのことは，イタリア半島にとどまらずヨーロッパ全体を代表する多様なコミュニティが存在することを示していた。これに比べると恒常的ではないが，同じように重要なのは，数十年に一度の周期でめぐってくるジュビリー（祝賀）の年だった。16世紀当時には注意深く配置されたそうした祝賀の年は，何千人もの巡礼者を引き寄せただけでなく，歴代の教皇たちに対して──とりわけ1527年のローマ略奪以後には──記念建造物やさまざまな飾りつけによって，ローマの壮大な側面の増強と，不断におこなわれるローマの普遍性の強調のための，大規模で多額の費用を要する都市整備計画を実施する機会を提供した[12]。そして，もしも「『場所』（site）の意味が多面的で，正確な構造的あるいは系統的な位置と，行動のための空間と，行為主体性の範囲を同時に喚起する」のであれば，ローマはたしかにそのような場所である。16世紀のローマは，神聖な歴史をもつ首都であるだけにとどまらず，今日われわれがヨーロッパの遺産の主要な部分だと考えるものを包含している。ローマは，使徒ペトロが死んだ場所であると同時に，最初のキリスト教の地下墓地（カタコンベ）が設けられた神聖な場所でもある。

だが，それだけにとどまらず，プレイヤード派の詩人たちや，パンテオン周辺の地域出身で，ローマの最初期の地方図にこの場所を確立するとともにこの地域を商業化した，最初期の地図製作者たちと印刷業者たちがいうように，ローマは古代の生ける人為的な産物でもある[13]。医師たち・詩人たち・画家たち・哲学者たち・数学者たちに代表されるように，ローマが古代と同一視されていることもあって，16世紀におこなわれた過去にかかわる知識の新たな認識論を探求する作業は，古代の遺産を，過去に向けてわれわれの不安を投影するだけでなく，一つの生きた問題としている。16世紀のローマは，そこに住む住民たちと外からの訪問者たちの両方から，過去を明らかにし，過去と現在の関係を仲介する生ける実験室とみなされていた。歴史に関心のある人々にとってこの場所では豊富な史資料が利用可能だったため，古物研究と文献学は当時この都市で実践された二つの主要な科学だった。ローマの土地と景観そのものが，古代を克明に記録した容易に理解可能な1冊の本のごときものであったのに対し，古代の記念建築物の石には，他のなによりも聖書により近く，そして古代の文献を批判的に読解するための決定的な道具でもある，もはや用いられなくなった諸言語が刻まれていた。

　アルナルド・ダンテ・モミリアーノが説得的に提示しているこの論[14]をこえて，私は，ローマを読み解くことを形成してきた過去と現在の対話に，第3の要因を導入したいと思う。私は，ローマがヨーロッパと「他者」——つまり，発見されたばかりで，ヨーロッパ文化の古代のルーツと文化的なつながりのない，地球上の新たな部分——との間をとりもつ（グローバルな）仲介の場（site of mediation）であると主張したい[15]。

　たしかに，16世紀にはローマがその普遍的で中心的な地位を十分に確立していたのだとする主張は，ヨーロッパ人によって記録され概念化された世界の拡大と密接に関連付けて批判的に検討される必要がある。この点は，私の議論にとって決定的に重要だが，本章ではそれについて詳しく展開する余裕はない。世界の拡大を記録し概念化するという見方については，次の二つの重要な現象を分析することによって容易に評価可能である。現象の一つは，世界を網羅するという作業を跡付けるとともに概念化するための，新たな地理学的，地図作製上の方法として，地図帳が誕生したことであり，もう一つは，この拡大した世界を構成する——新たに発見された部分と，従来は十分に知られていないか未知であった部分の両方を含めた——多数の部分を説明

するための多様な書物のジャンルが爆発的に発生したことである[16]。

　同じ16世紀中に，ヨーロッパは，世界についての自らの理解についての見直しと，ローマ・カトリック教会の普遍性と，宗教的な権威として教会組織が持つ唯一性と優位性とを結び付ける中世的な見方についての問いなおしとを，同時に迫られた。三つの大きな出来事が，旧秩序の不安定化と，適切な対応の構築をうながした。15世紀から16世紀への世紀の変わり目に，アメリカ大陸，つまり，「新世界」の発見に直面して，ヨーロッパは突然「旧世界」になった。これは，拡大した地球についての語彙を再定義する必要性の，最初の具体的な表現だった。その後の数十年間に起きたプロテスタント運動の進展と，ヨーロッパにおける戦乱による荒廃が「都市」（ウルブス urbs）の略奪をもたらしたことは，ともに，キリスト教（Christianitas）内部の危機という同じコインの両面をなすものだった。さらにもう一点大事なことを付け加えれば，オスマン帝国が，スペインのイスラームに対する勝利と主張されるイベリア半島再征服活動（レコンキスタ）に挑戦するかのように拡大をとげたことは，非キリスト教の帝国もヨーロッパに根付きうることを明らかにした。これらは，ローマが直面した三つの大変動であり，それにより，グローバルな規模での仲介の場であり，かつ重要な役割を担うプレイヤーでもあるという，ローマがそれまで自ら任じていた地位を再検討することになったのである。

3. 焦点──世界がローマで出会うとき

　私は，この長い16世紀におけるある特定の時点として，1580年代，つまり，ローマ教皇によるトレント公会議後の政策の着手と，イベリア半島の二つの王国の統一と，世界の四つの地域のすべてにおけるヨーロッパとカトリックによる帝国的な支配の確立とが，同時に起きた時代に焦点を合わせたい[17]。この特定の地政学的推測は，印刷段階では，聖都ローマが，グローバルな知的支配を具体的に表象するための，唯一のではないとしても，特権的な仲介の場となる，として表現されている。

　この目標とのかかわりでは，教皇の性格が決定的に重要である。それは機能だけにかかわるものではなく，むしろさまざまな機能をどう体現するか，という問題にかかわることである。トレント公会議ののち，グレゴリウス13世（1572～85）と後任のシクストゥス5世（1585～90）はともに，熱心な改

第10章　複数の尺度とローマ

革者としてそれぞれの政策をさまざまな規模で，多様な手段を用いて遂行したが，いずれも，世界の再構成に見合うローマがいかにあるべきかというグローバルな見通しの実現に取り組んだ。グレゴリウス13世は，多くの外国から子どもたちを受け入れる教育施設の設立や[18]，ユリウス暦の改訂を手がけ，また正教会との対話の強化という政治的課題にも取り組んだほか[19]，新たに設立されたイエズス会がすでに四つの大陸に地歩を築き，日本への進出もはたす一方，中国への進出にも着手していたなかで，世界規模での布教活動を注意深く支援していた。

　この拡大したローマ的世界への接近は，ローマ教皇庁のバチカン図書館において可能だった。つまり，そこを訪れる人々は，1581年のモンテーニュと同じように，古代世界と，新世界と，未知のアジア世界に同時に出会うことができた。教皇の庇護を受けて積極的に支援され，増強されたこの「知識の場」[20]では，ヨーロッパの知識人たちは，ギリシアとローマの写本や碑文，アメリカからもち帰り保管されていた少数の手稿本，ヨーロッパで流布していた初期の中国の書籍まで，次々に見てまわった[21]。彼らは目で見，肌でふれ，においを嗅いだすべてのものを読んだり，理解したりすることができたわけではないが，そうしたなじみのない別世界の記述形態が実際に存在するということが，「新たな」世界が東インドと西インドの両方へと拡大していることを具体的に感知するために，おそらく十分だった。特権的な閲覧者であれば，「地図展示室」——ユリウス暦の改訂のための教皇直属の委員会の一員でもあったドミニコ会士イグナツィオ・ダンティが，バチカン図書館の回廊の一つにおいて実施した精巧な地図製作プロジェクト——を見学できたかもしれない。その閲覧者はついで，カプラローラの「枢機卿ファルネーゼの宮殿すなわち，イタリアでもっとも有名で……国内には比肩するものはない」とされた宮殿を，とりわけそのなかでも一つの部屋を，見ることができたはずである。その部屋は，「丸屋根の内側にあらゆる星座を配した天体世界が描かれ，壁面にはすべての地域を正確に配した地上の世界が，あらゆる細部を豊かに彩って描かれた，じつに驚くべきもの」である[22]。これらの壁は，フランス人の人文主義者に対して，あるいはこの場所を訪れるどんな旅人に対しても，地球とは，世界地図に描かれたように，球体をなしていて，その個々の部分は同時に全体の一部分でもあるのだ，という地球についての新たな理解にもとづいて展示された，世界の広大な広がりを垣間見させてくれた。

239

4. ローマ——知識の競技場

　この時期，ローマは，そのいくつかの固有な特徴のゆえに，多くの行為者（actors）と，制度的なものであるか否かを問わない知識の場所と，モノをつうじて世界を結び付け包含する可能性を持っていた。そうした特徴の一つは，住民の社会構成が独特であること，とくにファルネーゼ家・ボルジア家・バルベリーニ家などの貴族の家系が多いことである。したがって，この社会環境は，婚姻，国家をこえる経済的，文化的交流，外交活動などによって培われた国外との結びつきを反映し，極めてインターナショナルなものだった[23]。もう一つの重要な要因は，大規模な人間集団，ないし「家族」を単位とする社会組織と，もともとの宮廷制度がそのメンバーに，何百人もの職人・召使い・芸術家・医師などを含めていたことであった。このような多中心的な教皇宮廷システムは，ローマのコスモポリタニズムを増強すると同時に，イタリア内にとどまらず，ヨーロッパ域内，そしてそれをこえて，コスモポリタンな社交の形態と個人間の遠距離ネットワーキングを促進した[24]。

　そうした社会的構成に加えて，ローマの制度的な形態は，複数のスケールを備えたこの都市の立場と，そしてなによりもそのグローバルな関連性を打ち出した。モンテーニュの紀行は，ローマが何にもましてひときわ抜きんでた宗教組織，すなわちローマ・カトリック教会の首座だという事実を反映している。モンテーニュのあとに続いてこの都市をめぐる読者は，一つの重要地点から別の重要地点へと次々にいざなわれる。その意味でバチカン図書館の豊かさは，バベルを統一するために新たなコミュニケーション手段を用いた複数言語による印刷物や，美術品を収集するだけでなく，自然の造形物も収集して植物園に展示し，『メタッロテカ』（Metallotheca）に記録した，バチカンの博物館群など，追加的で相互に関連する要素から成る，より大きな，構造化した知的システムの一部としてこそみなされるべきである。教皇庁が推進したグローバルな「知のシステム」のプロジェクトは，上で言及した三つの大きな挑戦に対応するために，ヨーロッパの文化的覇権の確立をめざした，さまざまな試みのなかで，もっとも精巧なものの一つだった[25]。

　もともとは教皇自身の行動計画に根差していたのだが，このグローバルな装置は，布教活動に従事するさまざまな修道士会やイエズス会のような，同じ挑戦に直面した他の組織や人々によっても補強された。そうした修道士会

やイエズス会と，ローマ教皇庁とを混同しないことが重要である。教皇庁と修道士会の被雇用者は重複し，一般の聖職者たちはヒエラルキー的には教皇に従属していたとはいえ，めざす目標や方法の面では両者は意見が分かれることもあった。世界各地に派遣されたフランシスコ会士たち・アウグスティヌス会士たち・カプチン会士たちは，イエズス会士たちと同様に，それぞれの蔵書，それぞれの著作をつうじてローマという知識の場を豊かにするうえで，重要な貢献をした[26]。これらの宣教師たちは，「新大陸征服」（Conquest）の当初からこの地の「精神的征服」に従事していたのであり，16世紀末の頃にはアジアに注目していたのである。

　一つの管区から次の管区へ，あるいは一つの祝祭集会（curia generalis）から次の祝祭集会へと巡回するかたちで，世界の展示はローマの知的環境のなかで，ヨーロッパの他のどこにおけるよりもはるかに広範に広められた[27]。しかし，たとえローマをグローバルな都市とみなすことが可能だとしても，そのような地位は，絶えず挑戦を受け，再確認される必要にさらされているため，変動的で，不安定である。グローバルな都市という地位は，都会に対して恒久的なレッテルとして付与されるものではなく，時代にかかわるものなのである。

　このことから，修道士会などの他の組織は，ローマを中心とする構造において，いわば補完的な役割を担ったのだ，という第二の暫定的な結論が導かれる。それぞれ独自のネットワーク，行為者（agents），技能，資源を備え，付加的な強みを発揮することによって，そうした組織は，知識生産の過程の蓄積局面に貢献しただけでなく，他のツール，視点，実践を提供することでローマ特有の構造の形成にも寄与した。このように言明することで，個々の修道士会の間に，あるいは修道士会とローマ教会の間に，激しい競争や，さらには暴力的な緊張や対立が存在した事実を無視するつもりはない。そうした対立・抗争は，この過程と不可分一体な論争へと発展していったのである[28]。修道士会は，それぞれの活動の場を追加することによって，キリスト教世界の中心としての教皇の聖座を補完したが，それは，都市空間のなかに，しばしば学識の高い，貴族的な外国人を定住させることを意味した。さらに，修道士会は，資料の収集保管活動，翻訳や教育活動も組織した。修道士会は，イベリア半島の二つの王国の拡大に根差す自分たち自身のネットワークをつうじて，グローバルな規模におけるローマの地位の強化においても，決定的

に重要な役割を担った。

　これは正確にはどういう意味をもち，本論の分析にどのように影響するのだろうか。事実，具体的な意味がかかわっているのだ。イベリア半島の二つの王国が新世界における福音伝道ではたす役割は，すでに1494年のトルデシリャス条約で教皇によって承認されていた。この条約の結果，16世紀をつうじて福音伝道が帝国の拡張と同時並行的に推進された。ポルトガルは，東方に向けて航海し，のちにポルトガル領インディア（Estado da India）となるルートを開拓する過程で，宣教師たちを中東とインドに送り込んだ。一方，大西洋を西方へと横断したスペインは，アメリカ大陸を征服し，支配し，規律を押し付けた。太平洋岸に達すると，彼らはこの新たな大洋の探索を開始した。二つの帝国はいずれもすぐにローマにつうじる旅行道程を作成した。ローマがそれを必要としたためである。そして，東インドと西インドが太平洋の真ん中で結合して，もはや二つの帝国の境界を示す南北に走る経線がなくなると，これが現実になった。中国は，1550年代にフランシスコ・ザヴィエルが最初に開拓した，東回りの陸伝いの長いルートの最終点であったと同時に，フィリピン諸島に定着したスペイン人にとっては西方の新たなフロンティアでもあったのだが，1570年代には，宣教師たちと西欧の王権が覇権を競い合う新たな抗争の舞台となった。都市ローマは，修道士たちと教区在住の聖職者の両方を管轄する教皇庁と，世界中で競い合っているすべての修道士会の本部と，スペイン王国の常設的な出先機関を擁していたため，演壇であり，会議場であり，かつ上のような対立や抗争の舞台でもあるという，三つの役割を逃れることはできなかった[29]。教皇によるスペインとポルトガルへの布教保護権（Patronato or Padroado）制度は，グローバルな規模における仲介の場としてのローマの立ち位置を，このように特徴付けていたのである。

　この意味で，ローマは，一つのユニークな，あるいは統一されたネットワークの中心であるというだけにとどまらず，多くのネットワークが重なり合い交差する結節点，つまり，世界のあらゆる部分と交信可能な多層的な収斂の場でもあるのだ。ローマの市内では，いわゆるスペインのローマが上に描写したローマを反映している[30]。ここでスペインのローマという存在に言及するのは，ローマが追加的な連結性を備えていること，そしてそうした「国ごとの複数のローマ」がどのようにして集結し併存しているかを説明するた

めである。事実，恒常的に存在した外国の聖職者グループや独自の宮廷組織をもつ外国人貴族たちは，世界のさまざまな地域とかかわりあう情報の結節点，知識の場として，明確な特徴を備える独特のネットワークを形成する，多面的な準ハブ（sub-hub）として機能したのである。

5. 天正遣欧少年使節

　ニュー・スペイン（メキシコ）でしばらく宣教活動をおこなった経験をもつアウグスティヌス会の司祭ファン・ゴンサーレス・デ・メンドーサは，1580年代に，ローマにおいて『*Historia del Gran Reino de China*（シナ大王国誌)』を刊行し，教皇に献呈した。中国の明帝国がマドリードとその海外植民地——主としてマニラとメキシコ——で論争の焦点となっていた当時，ある托鉢修道会に加わるスペイン人のメンバーとして，世界のこの部分に対する権利を主張するためにメンドーサがとった戦略は，ローマの出版制度を活用することだった。そうすることで，彼は，16世紀の中葉以来マニラ・ルート経由でこの地域を巡回していた托鉢修道士会のメンバーたちによって収集され分類・調査された，中国に関する利用可能なすべての知識をローマに集めた。すでにこの地域には最初のイエズス会の宣教師たちが定着していることを認識していたメンドーサは，世界で残されたこの最後の地域では，托鉢修道会が福音宣教活動を担うべきだ，と主張した[31]。

　同年，日本からの"使節"が聖都にはいり，それまで親スペイン派の二人の先任者のあとを受けて1581年にイエズス会総長となったイタリア人のクラウディオ・アクアヴィヴァの歓迎を受けた。使節団はローマに数か月滞在したが，その間にたまたまグレゴリウス13世の葬儀に参列したり，その後継者シクストゥス5世が選出される状況を目にしたりした。この使節団について詳細に分析することよりも，私は，完全に無関係な二つの出来事が，ローマにおける極東のプレゼンスという思いがけない事態をもたらし，その結果ローマがアジアと地球の他の地域についてのヨーロッパ人の知識形成に寄与することになった，という事実により強く興味をひかれる。これらの異なる出来事の共時性は，まだ分析されていない。そこで，仲介の場を世界都市へと転換させたメカニズムを明らかにするために，この接続される研究のための基礎づくりをすることが，私のねらいである。

　このいわゆる使節の位置付けと活動の範囲は非常に込み入っていた。ロー

243

マ所在のイエズス会総長から東インド管区巡察使に任命されていたイエズス会の宣教師が，派遣の構想と実現を担ったこの使節は，日本列島南部でキリスト教へ改宗した家族出身の４人の少年と，彼らを引率したイエズス会宣教師１人で構成されていた。巡察使は，日本での宣教活動の重要性を訴えるために，カトリック世界に対して日本とはどんな国かを知らせるための，「生ける絵葉書」をヨーロッパに送り届けようと努力した。1582年に長崎を出発した一行は，２年６か月後の1584年８月にリスボンに上陸した。そこからローマまでの行程は，エヴォラ・トレド・マドリードをへてアルカラまで陸路を行き，アルカラからリヴォルノまで船で海をわたり，リヴォルノからはピサ・フローレンス・シエーナを経由してふたたび陸路を進んだ。一行がローマに正式に到着したのは1585年３月22日だった。その後の滞在期間中に，一行は，当時すでに死を間近に控えていた教皇グレゴリウス13世に謁見し，ついで４月24日に後継の教皇に選出されたシクストゥス５世にも謁見するという幸運に恵まれた。６月３日，一行は聖都を出発し，まずヴェネツィアを訪れ，ついでイタリア半島北部の他のいくつかの都市を訪れた[32]。日本への帰国の旅は，ポルトガル領インド（Estado da India）ルートをたどった。使節が大きな歓呼に迎えられて長崎に戻ったのは，出発から８年以上もたった1590年７月21日のことだった。ヨーロッパ滞在中，一行はスペイン王フェリペ２世とも数回ずつの公式会見と，非公式の会見をしたほか，訪問した各地で政治的，宗教的，社会的に最も重要な人物たちの多くに歓迎された。この興味深い旅行は，日本人による最初のヨーロッパ旅行だった。その意味で，この旅行に関しては，とりわけ彼らの旅路におきた仲介のプロセスとの関連で，細心の注意をもって検討するにふさわしい問題がいくつかある。

　第一の問題は，16世紀末に日本人の旅行者がローマへ旅をした動機と意味にかかわることである。すなわち，どのような社会的，政治的，あるいは文化的なチャンネルをつうじて，ローマは世界の他の地域からの訪問者たちの世界地図の一部になったのか，そしてそれらの訪問者たちは誰だったのか，という問いである。第二の問題は，そうした旅行者たちがたずさえる知識にかかわるもので，それにはどこから，どのようにしてという問いも含まれる。本論文の枠組みのなかでは，私はローマにかかわる事柄だけに絞ってあつかうことにする。第三の問題は，世界についてのローマの視線との関連でこの知識がもつ「累積効果」にかかわる問いである。

第10章　複数の尺度とローマ

　第一の問いのうち，旅行者は誰だったのかという部分への答えは，単純明瞭である。1585年３月に教皇に謁見したのは，13歳から14歳の４人の少年だった。彼らは1540年代以来ポルトガル人の商人や宣教師たちと接触のあった複数の一族の出であった。これらの一族は，地方に割拠して領国を支配し，他の領国に攻め入って領土の拡充をはかるなど広範囲に戦をおこなった戦国大名による支配を代表していた。1600年代の初頭，これらの戦国大名は，江戸幕府を開いた徳川家康の覇権のもとに統一された。1571年の時点までに，ポルトガル人はすでに長崎に定住する権利を獲得し，ヨーロッパのイベリア半島と日本の間の通商に携わっていた。日本人の間ではキリスト教への改宗についての関心も高く，イエズス会の宣教師たちが日本から書き送った書簡は，印刷されヨーロッパ全域で閲覧されていた。交易の開始と並行して，1549年以降，福音伝道活動も活発化していた。ヨーロッパ人宣教師——その大半はイエズス会に所属していた——は，フランシスコ・ザヴィエルが南日本で始めていた事業をさらに推進した。この積極的な布教改宗活動は，功を奏していたようにみえたし，イエズス会のさまざまな記録に，1580年代はじめには改宗者がすでに15万人に達していたと記されているとおり，そのことはヨーロッパで広く知られていた。それでもなお，より多くの支援を獲得するためには，教皇とイエズス会の総長に，伝道団の役割と福音伝道活動の正当性をより強く訴えることが必要だった。

　これが使節を取り巻く全般的な経緯である。使節の構成は，伊藤祐益マンショ（キリスト教に改宗して間もない，豊後の大名で祖父にあたる大友宗麟の名代），千々石清左衛門ミゲル（叔父で1563年に洗礼を受けた肥前の大名大村純忠と同じく肥前の大名有馬晴信の名代），他に中浦ジュリアンと原マルティノという名の２人の少年，それに一行に付き添ったイエズス会宣教師ディオゴ・メスキータであった[33]。遣欧使節についてのわれわれの情報は，アレッサンドロ・ヴァリニャーノの分析によるところが大きい。彼は，使節派遣の立案と実施の責任者であり，1574年にゴアに足を踏み入れて以来アジアで活動し続けていたイエズス会の東インド管区巡察使であった。

　私は，ヴァリニャーノの考え方や行動を詳細に論じるつもりはない[34]。私の関心は，ヨーロッパの地におけるこの日本とヨーロッパの「出会い」は，ヨーロッパ側のイニシアティブで実現したものであり，したがって極めて非対称的だった，という点にある。日本の代表者たちは，カトリックの世界観

245

の普及に寄与する。だからといって，このような非対称性が必ずしも知識生産にとって障害となるわけではない。この例がおそらく示唆しているのは，仲介の場は対称的である必要はない，ということである。近世に関するかぎり，接触，交換，出会いがかかわる場合には，対称性は極めて重要な意味をもつ。そのさい，次の二つの対立する解釈はぜひとも避ける必要があるだろう。一つは，ヨーロッパ中心的な解釈を押し付けることによって，ヨーロッパ人と非ヨーロッパ人の間のすべての接触を，植民地支配の企てへと還元することであり，もう一つは，とりわけこの最初のグローバル化の時代の世界について，つながりと対称性がすべて同等なまじり合った世界とみなす視点をとることである。

　ヴァリニャーノの考えは，約10年にわたって東南アジアの各地を訪れる間に彼が収集した知識にもとづく，微妙な含みのある分析に根差していたことを，注意して心にとどめておくことが重要である。彼にとっても，他のヨーロッパ人のアクター（actors）たちにとっても，ゴアとマカオが二つの情報資源のハブとして機能したため，彼の考え方は，南日本だけでなく，インドと中国にももとづいていたのである。その意味で，日本の使節にかかわる事柄は，日本だけに関連していただけでなく，より広く東南アジアにも関連していたのである。すなわち，使節の一行は，日本のイメージだけでなく，中国のイメージもローマに伝えたのであり，ヴァリニャーノは使節に同行した宣教師に対し，中国と，中国での布教と改宗に関する未解決の問題について，ヨーロッパに報告する任務を課していたのである。その結果が，『東インドにおけるイエズス会の起原と進歩の歴史』と題する未刊の書物だった[35]。こうして，1585年には，中国に関する二つの重要な情報源がローマの舞台に登場し，ヴァリニャーノの著書と，ゴンサーレス・デ・メンドーサの著作『シナ大王国誌』の比較検討が可能となったのである。

　その結果，ローマで使節によって伝達・流布され，ついで分類・調査されて，既存のその地の知の秩序のなかに組み込まれた情報は，膨大な量にのぼった。極東からやってきた生身の人間のプレゼンスは，その地をヨーロッパへと具体的に結び付け，世界のその地域に関する知識の生産を刺激した。若い使節団員たちを描いたちらしが，ローマによって一行の旅行ルートぞいだけでなく，ヨーロッパのほとんどの都市でも配布された。使節の来訪は，アジアに関する新たな情報を伝える書籍の刊行もうながした。1586年，ローマ

の印刷業者フランチェスコ・ザネッティが，『*Auuisi del Giapone de gli anni 1582. 83. 84. Con alcuni altri della Cina dell'83. et 84. Cauati dalle lettere della Comapgnia del Giesù. Riceuute il mese di Dicembre 1584. Cauate dalle lettere del P. Luigi Frois*（1582，83，84年の日本のニュースと83，84年の他のいくつかの中国のニュース。1584年12月に届いたイエズス会の手紙から。また，P. Luigi Frois の手紙から）』を刊行し，その2年後には改訂版『*Auuisi della Cina et Giapone del fine dell'anno 1586. Con l'arriuo delli signori Giaponesi nell'India. Cauati dalle lettere della Compagnia di Giesù. Riceuute il mese d'ottobre 1588*（1586年末の中国と日本についてのニュースと日本人紳士たちのインドへの到着。1588年10月に届いたイエズス会の手紙より）』を刊行した[36]。

こうした書籍が，信仰上の境界をこえてヨーロッパ規模で刊行され，またさまざまな現地言語へと翻訳されていった跡をたどるのは興味深い。1586年，ザネッティは，上の書籍の続篇，『*Relationi della venuta degli ambasciatori giaponesi a Roma fino alla partita di Lisbona. Con le accoglienze fatte loro da tutti i Principi Christiani, et dove sono passati*（日本使節のローマからリスボンに至るまでの来訪の物語。道中でのキリスト教徒有力者たちによる歓迎とともに）』を刊行した。著者のグィード・グァルティエーリは，教皇庁に勤め，教皇シクストゥス5世の食客でもあったことから，使節のローマ到着を直接目撃した可能性もある。意味深いことに，彼の本は，日本からの使節のローマ訪問という，それ自体はつかの間の出来事を，歴史的遺産へと転換して記録し，そうすることによってローマの歴史の一部へと刻み込んだのである[37]。また，この日本からの使節のローマ訪問というとてつもない出来事を記念しようとした，幾多の図像の記録も残っている。

印刷物——大半は束の間のものである——の質は，明らかに凡庸であり，そして他の書籍から丸写ししたり，借用したり，翻訳することは当時のヨーロッパの書籍市場では日常茶飯事だったことは，指摘しておく必要がある。しかし，興味深いことに，ローマのてこ入れによるこうした印刷物によって，ヨーロッパにおいて，わずかにではあれ東南アジアが意識され，さらにそれが拡大したのである。ヴァリニャーノがゴアに滞在中に発展させた通信戦略は，言葉と，イメージと，生身の人間を用いて，こうした東洋との境界と世界のはてを，ヨーロッパに紹介するのである。

6. 共通の尺度ではかれる世界の形成

これらの刊行物が強調したとおり，日本からの使節とそれを率いたヨーロッパ人の到来は，東南アジアに関する異なる見方をローマにもたらした。そのもっとも明白な結果の一つは，この過程によって比較というアプローチが実行されたことだった。ここでは，日本とヨーロッパの比較[38]と日本と中国の比較という，二種類の比較がおこなわれた。

日本と中国の比較は，宣教師たちが常時たずさわっていたことの一部であり，とりわけヴァリニャーノはこれを重視していた。自分の書簡のなかでも，若い日本の訪欧使節に付き添ったイエズス会の宣教師に与えた指示のなかでも，ヴァリニャーノはつねに二つの国を比較して論じていた[39]。このからみ合った見方は，アジア管区の巡察使としてのヴァリニャーノの立場にかかわっていた。アジアの各地を巡回した彼は，各地に住む多様な人々と，彼らの多様な文化を評価する力量を備えていただけでなく，同時に，福音伝道を目的とするイエズス会の地域代表として，彼には二つの大きく異なる国を比較して改宗の進捗状況を評価する必要があった。

これをおこなうなかで，ヴァリニャーノは，ローマの計測手段にのっとった，共通尺度ではかれる一つの世界の形成に貢献したのである。外交辞令をあやつって少年たちのローマ訪問を実現することによって，彼は世界のこの地域，つまり日本と中国の両方の通約可能性を保証したのである。さらに，「東インド」のうちのこの地域をローマに紹介する方法として，ヴァリニャーノが「使節」を選んだことは，教皇のローマが当該地域を地球の一部として新たに組み込み，そうすることで世界都市としての自らの地位を強化するために，この新世界を受け入れた，という1585年当時の知的過程のあり方を反映したものでもあった。

そうした比較ができることの具体性に注がれた配慮は，極めて知的に洗練されていた。巡察使が，自分の企画した使節の派遣という事業を「生けるメッセージ」(na carta viva) と呼んだことは，へだたりをなくそうという試み，「メッセージ」という言葉であらわされる抽象的な知識——その言葉は日本から送られ地元の印刷業者によって出版された書簡類とも呼応する——と具体的なものの見方および交流の間の溝を埋めようという試みをあらわしている。また，これほど直截にではないが，「生けるメッセージ」という表現は，

248

使節の旅行全体についてもなにかを語っている。すなわち，生ける使者たち
はヨーロッパの聴衆たちに対して日本を体現するために派遣されただけでな
く，彼らは，日本の聴衆たちのために自らの身をもってヨーロッパを記録し
なければならなかった。彼らの記憶は，イエズス会士たちが常々おこなって
いた記憶訓練法を活用して，それぞれの脳裏に刷り込まれた。この最後の点
は，のちにふれる「印刷されたメッセージ」をつうじて，詳しく説明され
た[40]。遣欧使節がローマに到着したさいに，当時日本に滞在していたもう一
人のイエズス会士ルイス・フロイスが記した短い文書のなかで強調したよう
に[41]，文化的衝突のリスクを回避するために，同じ社会的地位に属する人々
の間では上品な出会いが意図的に推奨された。ヴァリニャーノが使節一行の
衣服——色彩，大きさ，布地の質——に細かく注目していることは，コミュ
ニケーションの手段としてのドレス・コードの重要性に，そして異文化間で
はなく同等の社会階級間でおこなわれるコミュニケーション自体の重要性に
ついて，なにかを明らかにしている[42]。この宮廷文化の共有のもう一つの構
成要素は，贈り物の交換にあらわれていた[43]。交換が双方向的だということ
に加えて，贈り物が知識の循環の重要な要素であり，改宗のプロジェクトを
補完したことも強調されなければならない[44]。ここでは該当しないが，書籍
と科学的な機器の贈呈は，その後のローマとアジアの交流の一部を構成した。
しかしながら，4人の使節が支払わなければならない代償もあった。彼らは
訪問先の各地のイエズス会高等教育機関コレヒオに逗留して位の高い人たち
と交わるとき，つねにこの交流の枠組みに捕らえられ，そこから抜け出せな
かった。こうした制約は，使節が二面的な機能を担ったことに由来した。ヨ
ーロッパ滞在中，日本の使節一行はヨーロッパの世界観にいやおうなしに閉
じ込められ，日本に帰国してからは，彼らはヨーロッパの壮大さとローマ・
カトリック教会の素晴らしさの生き証人とならなければならなかった。

　この最後の点は，マカオで1590年に刊行された『*De missione legatorum Ia-
ponensium ad Romanam Curiam rebusque in Europa, ac toto itinerare animadver-
tis*（遣欧使節対話録）』と題する書物が明らかにしている[45]。ヴァリニャーノ
が開始したコミュニケーション作戦の複雑さを簡単に指摘するために，私は
この版にだけ言及する。この本の存在は，一つのメッセージを，ローマと，
さらにより広範にヨーロッパに伝えるだけでなく，日本にも伝えるという意
図を明らかにしている。執筆者が誰なのかはまだ解明されていないが，この

本がマカオでのみ刊行され，ヨーロッパでは刊行されていないことと，それが対話形式をとり，使節の正規のメンバーにかわる架空の人物が長崎からローマに旅し，ローマから日本に帰国するというかたちをとっていることは，おおいに注目に値する[46]。おそらくこの本はマカオのイエズス会コレヒオの学生たちのための教材として刊行されたものと思われ，学生たちと同じ年代の使節のヨーロッパ旅行についての描写は，教育的な機能をはたしえたものと考えられる。この本は世界旅行を描写する紀行文学のジャンルに属するが，この場合，旅行をおこなったのは非ヨーロッパ人たちであり，そのことも注目に値する重要な細かい点である。

　締めくくりとして，この書物がもつグローバルな視点，という一点についてふれておきたい。その視点は，「全世界の叙述を総括的におこない，そのいかなる部分が主要にしてもっとも有名かを示す」[47]と題する最終章で述べられている。そこでは，日本人の主人公たちと彼らに付き添った助言者が，1冊の本，より正確には1冊の地図帳をかこんでいる光景が描かれている。少年たちの1人が発した質問に答えて，引率者は次のように答える。

　　ここに到着したことで，皆さんの旅行のすべての苦労や困難もこれで終わりです。あと皆さんがなすべきことは，最初のコロキアで私たちに約束された全世界の光景を眼前にすえて，その主要部分の間の相違を私たちに指摘することです。

　引率者は間髪をいれずに答えを続ける。

　　私が地図帳『*Theatrum Orbis*（世界の舞台）』を用意させたのは，そのためです。皆さんは，これに含まれているさまざまな地図を検討するのは，とても楽しいことだと感じるはずです。では，まず全世界を描いたこの絵を見てみましょう。すぐに分かるとおり，最初にいったように全世界が，私たちの航海の終着点となったヨーロッパ，立ち寄ったアジア，一つの港に滞在したアフリカ，これまでに何度も話題にしたアメリカ，そして最後にポルトガルの船乗りたちが近くを航海して目撃したことを何度もお話しした，未知の南の土地，という五つの主要な部分に分かれていることを，容易に見てとることができます。

なんと驚くべき現実世界のミラー反転イメージであろうか。世界を取り囲むことは，流布・循環にかかわることではなく，表現・描写にかかわることなのであり，それは地図帳のおかげで，読書訓練と同様に可能となるのであ

る。しかし，この行為のあいまいさは次のやり取りで示唆されている。「世界を描いたこの絵を見られて嬉しいです」，と日本の少年が答え，続けていう。「でも，それは描いたものにすぎません。」そして，その少年が地図上の日本を見つけ，「わが日本があまりにも小さな場所に限定されている」ことを発見すると，彼は，地図がまちがっているのではないかと考え，「このまちがいを見つけたことによって，それまでこの絵を見ながら感じていた喜びが，大きく減退する」思いであった。そこで，「世界の舞台」と題する論文にもとづいて，その地図がまちがっていないことを当の少年に説明するのが，引率者の役割となるはずである。前述の地図帳は，当時ヨーロッパでもっとも重要な地図製作者アブラハム・オルテリウスが編纂したもので，実際の使節も，ヨーロッパ最古の知識の場所の一つパドゥアを訪問したさいに，寄贈されていた[48]。ここでは，この驚くほど示唆に富むエピソードの中で，フィクションと現実とが出会っている。さらに，このエピソードは，現実の世界を描写する道具としての地図について，また，われわれには極めて基本的な仮定とおぼしきものにかかわる認識論的な問題——人は地図に頼って，そこに描かれていることが正しいと信じ，地図が現実の世界を示していると信じるかもしれないこと——について考える機会を提供している。

終わりに

『遣欧使節対話録』に言及することで，われわれはローマから遠くへだたってしまったように思えるかもしれないが，へだたったとしても，それはごくわずかにすぎない。なぜならば，この書物自体が，ローマとの結び付きがなければ無意味だからである。さらに，この結び付きは，有形のものである。すなわち，ヨーロッパの印刷機がマカオに導入されたことは，日本の使節の渡欧がもたらした多くの結果の一つだった。しかし，仲介の場としてのローマへの関心は，ローマが旅行計画表の最終地点であるためではない。より重要なのは，ローマへの関心は，ローマがはたす累積的な機能に向けられているのである。日本から，そして日本についてローマにもたらされるものは，他の地域から，他のルートをへて，他の行為者（actors）たちにもたらされ，この聖都の他の場所で処理された他の知識の片々と調和・適合される。この具体的なケースでは，日本からの使節の来訪と，それがさまざまな知識の複合体を生み出したことは，もっぱら中国について論じたゴンサーレス・デ・

メンドーサによる最初のスペイン語の本が刊行されたのと，時を同じくしていた。日本と中国はローマで出会ったのである。そして，この出会いは，伝統的な伝播主義的アプローチがいうように，カトリック教会の中心としてのローマが策定した計画によって生じたというよりも，ローマという場所の——社会的，文化的，政治的な——さまざまな資源を強化し，グローバルな規模での知識の生産を助長する，複雑なめぐり合わせから生じた面がより強い。ローマが持つ結合力は——直接的に，あるいは長崎やマカオのような他の一連の仲介の場を通じて間接的に——ローマを，グローバルな知の体系の場として規定しているのである。

●註

1　本章は，S. Burghartz, L. Burkart and C. Göttler（eds.），*Sites of Knowledge*（近刊）への寄稿を呼びかけてくれた同僚たちに多くを負っているほか，B. de Munck が主宰する「知識と都市」をテーマとする研究グループ内での討論からも恩恵を受けた。また，著作をつうじてこれまでつねに刺激を与えてくれた S. Van Damme と E. Andretta との意見交換も有益だった。

2　*Revue d'histoire moderne et contemporaine*, 55, 2008 の特集号の S. Van Damme, A. Romano, 'Sciences et villes-mondes: penser les savoirs au large（XVIᵉ-XVIIIᵉ siècle）' 参照。序論の英語版は，以下を参照：'Science and World Cities: Thinking Urban Knowledge and Science at large（16ᵗʰ-18ᵗʰ century）', *Itinerario 33: European Journal of Overseas History*, 2009, pp. 79-95.

3　A. Romano（ed.），*Rome et la science moderne entre Renaissance et Lumières*, Rome, 2008.

4　G. Labrot, *L'image de Rome: Une arme pour la Contre-Réforme, 1534-1677*, Paris, 1987; J. Maier, *Rome Measured and Imagined: Early Modern Maps of the Eternal City*, Chicago, 2015ほか。

5　マクス・ウェーバー，大塚久雄訳『プロテスタンティシズムの倫理と資本主義の精神』岩波文庫，1989; R. K. Merton, 'Science, Technology and Society in Seventeenth Century England', *Osiris*, 1938, pp. 360-632.

6　J. Esguera-Canizares, *Nature, Empire, and Nation: Explorations of the History of Science in the Iberian World*, Stanford, 2006; Id., *Puritan Conquistadors: Iberianizing the Atlantic, 1550-1700*, Stanford, 2006; S. Van Damme（ed.），'De la Renaissance aux Lumières', *Histoire des sciences et des savoirs*, vol. 1, Paris, 2015; S. Schaffer, *Les cérémonies de la mesure: Repenser l'histoire mondiale des sciences*, pp. 409-435;

A. Romano, *Fabriquer l'histoire des sciences modernes. Réflexions sur une discipline à l'ère de la mondialisation*, Annales, HSS, 2015/2, pp. 381-408.

7　H. F. Cohen, *The Scientific Revolution. A Historiographical Inquiry*, Chicago, 1994.

8　Georges G. Basalla, 'The Spread of Western Science', *Science*, 156/3775, 1967, pp. 611-622.

9　Z. Shalev, *Sacred Words and Worlds: Geography, Religion, and Scholarship*, Leiden, 2012.

10　L. Kontler e*t al.*, "Introduction", *Negotiating Knowledge in Early Modern Empires: A Decentered View*, New York, 2014, pp. 1-22.

11　J. Revel, 'Micro-analyse et construction du social', Id. (dir.), *Jeux d'échelles: La micro-histoire à l'expérience*, Paris, 1996, pp. 7-36; B. Lepetit, 'L'échelle en histoire', *Ibid*., pp. 71-94; Id., 'Histoire des pratiques, pratique de l'histoire', B. Lepetit (dir.), *Les formes de l'expérience: Une autre histoire sociale*, Paris, 1995.

12　これらの異なる側面について美術史家は入念に練り上げた業績を示してきた。A. Chastel, *Le sac de Rome, 1527: du premier maniérisme à la Contre-Réforme*, Paris, 1984.

13　J. -M. Besse, P. Dubourg Glatigny, 'Cartographier Rome au XVIe siècle (1544-1599): Décrire et reconstituer', Romano (ed.), *Rome et la science moderne*, pp. 369-414. シカゴ大学が支援するプロジェクトも参照のこと（http://speculum.lib.uchicago.edu/content/itineraries.html）。

14　A. Momigliano, 'Ancient History and the Antiquarian', *Journal of the Warburg and Courtauld Institutes*, 13, 1950, pp. 285-315; A. Grafton, *Defenders of the Text: The Traditions of Scholarship in an Age of Science, 1450-1800*, Cambridge, 1991. 以下も参照のこと：A. Schnapp, *La conquête du passé: Aux origines de l'archéologie*, Paris, 1993.

15　M. de Certeau, *L'écriture de l'histoire*, Paris, 1975; F. Hartog, *Anciens, modernes, sauvages*, Paris, 2005.

16　D. Woodward (ed.), *The history of cartography*, 3 vols., vol. 1 *Cartography in the European Renaissance*, Chicago, 2007; J. M. Besse, *Les grandeurs de la terre: Aspects du savoir géographique à la Renaissance*, Lyon, 2003.

17　S. Gruzinski, *Les quatre parties du monde: Histoire d'une mondialisation*, Paris, 2004.

18　以下を参照：F. Fiorani, A. Prosperi (eds.), *Storia d'Italia. Annali 16. Roma, la città del papa. Vita civile e religiosa dal Giubileo di Bonifacio VIII al Giubileo di Papa*

Wojtila, Turin, 2000; G. Cuccio（ed.）, *Roma moderna*, Storia di Roma 4, Roma-Bari, 2002.

19　博学なイエズス会士アントニオ・ポッセヴィーノは，東方正教会をローマ教会に再統一する任務をおびた教皇使節として，これ以前にモスクワ大公国に派遣されていた。また，中東のキリスト教徒のコミュニティとの対話を開くことをめざす数々の最初の努力も，同じ時期に同様な方針にそって展開された。

20　以下を参照：C. Jacob（ed.）, *Les Lieux de savoir. Espaces et communautés*, Paris, 2007, p. 21.

21　F. Rigolot, '6 mars 1581: Montaigne visita la Vaticana', M. Ceresa（ed.）, *La Biblioteca Vaticana tra Riforma cattolica, crescita delle collezioni e nuovo edificio (1535-1590), Storia della Biblioteca Apostolica Vaticana*, vol. 2, Cittàdel Vaticano, 2012, pp. 281-304.

22　P. Dubourg Glatigny, *Il disegno naturale del mondo: saggio sulla biografia di Egnatio Danti, con edizione del carteggio*, Pérouse, Aguaplano, 2011.

23　B. Yun-Casalilla（ed.）, *Las redes del Imperio: Elites sociales en la articulación de la monarquía hispánica, 1492-1714*, Madrid, 2008; M.A. Visceglia, *Papato e politica internazionale nella prima età moderna*, Rome, 2013.

24　M. Caffiero, M. P. Donato, A. Romano, 'De la catholicité post-tridentine à la République romaine: Splendeurs et misères des intellectuels courtisans', J. Boutier, B. Marin, A. Romano（eds.）, *Naples, Rome, Florence: Une histoire comparée des milieux intellectuels italiens (XVII-XVIIIᵉ) siècles*, École française de Rome, 2005, pp. 171-208.

25　E. Andretta, *Roma Medica: Anatomie d'un système médical au XVIe siècle*, Rome, 2011.

26　P. -A. Fabre, B. Vincent（dir.）, *Missions religieuses modernes: "Notre lieu est le monde"*, École française de Rome, 2007; C. de Castelnau-l'Estoile, M. -L. Copete, A. Maldavsky, I. G. Županov（dir.）, *Missions d'évangélisation et circulation des savoirs. XVIᵉ-XVIIIᵉ siècle*, Casa de Velázquez, 2011; A. Xavier Baretto, I. G. Županov, *Catholic Orientalism: Portuguese Empire, Indian Knowledge (16ᵗʰ-18ᵗʰ c.)*, London, 2014.

27　ヴェネツィアの事例は，もう一つの世界の展示のあり方を伝えてくれる。ただし，ヴェネツィアの場合は，メトロポリタン美術館が企画展示した「ヴェネツィアとイスラーム世界，828-1797年」と銘打った2007年の展覧会が示唆するように，オスマン朝に対する志向がより濃厚ではある。ローマとは異なる行為主体（agents）として，そのグローバルな中心的重要性の形成を担ったアント

ワープと比較することも，非常に有益だと思われる。

28　過去30年間に，そうした論争についての研究は，科学史における新たな潮流の枢要部分を形成してきた。以下を参照：Simon Shaffer, Steven Shapin, *Leviathan and the Air-Pump: Hobbes, Boyle, and the Experimental Life*, Princeton, 1985.

29　ここでは，過去10年間にこの問題をめぐる研究がどのような進展をみせたかについて詳しく論じる余裕はないが，もっとも重要な研究成果の一つは，M. Ollé, *La empresa de China: De la Armada invencible al Galeón de Manila*, Barcelona, 2002である。

30　T. Dandelet, *Spanish Rome, 1500-1700*, New Haven, 2002.

31　A. Romano, 'La prima storia della Cina. Juan Gonzales de Mendoza fra l'Impero spagnolo e Roma', *Quaderni storici*, 2013/1, pp. 89-116.

32　D. Lach, *Asia in the Making of Europe*, vol. 1/1: *The Century of Discovery*, University of Chicago Press, 1965, p. 688 sq.; M. Cooper, *The Japanese Mission to Europe, 1582-1590: The Journey of Four Samourai Boys through Portugal, Spain and Italy*, Folkstine, 2005; A. D'Ascenzo, *Cultura geografica e cartografia in Italia alla fine del Cinquecento. Il Trattato universale di Urbano Monte*, Rome, 2012, pp. 11-26.

33　J. W. Hall（ed.）, *Cambridge History of Japan*, vol. 4, *Early Modern Japan*, Cambridge, 1991, とくに，以下を参照 J. Elisonas, 'Christianity and the Daimyo', pp. 301-373.

34　P. Lage Reis Correia, *A concepção de missionação na Apologia de Valignano*, Lisbon, 2008.

35　*Historia del principio y progreso de la Compania de Jesus en las Indias orientales*.
　　F. Xavier, *Monumenta Xaveriana ex autographis vel ex antiquioribus exemplis collecta*, 2 vols., Madrid, G. Lopez del Horno, 1899-1900, vol. I, *Sancti Francisci Xaverii epistolas aliaque scripta complectens quibus praemittitur ejus vita a p. Alexandro Valignano S.J. ex India Romam missa*.

36　その後も何年かにわたって，ザネッティは以下のような同種の印刷物をヨーロッパの印刷市場に提供し続けた：*Lettere del Giapone, et della Cina de gl'anni 1589 & 1590, L. Zanetti, 1591; Copia di due lettere annue scritte dal Giapone del 1589 & 1590: L'vna dal p. viceprouinciale al p. Alessandro Valignano, l'altra dal p. Luigi Frois al p. Generale della Compagnia di Giesu. Et dalla spagnuola nella italiana lingua tradotte dal p. Gasparo Spitilli della Compagnia medesima, L. Zanetti, 1593; Copia di due lettere scritte dal P. Organtino bresciano della Compagnia di Giesu dal Meaco del Giapone... Tradotte dal P. Gio. Battista Peruschi, L. Zanetti, 1597.* そうすることで彼は地元の他の印刷業者を刺激した。以下のヴェネチアでの刊行物は

255

その例である。*Nuoui auuisi del Giapone con alcuni altri della Cina del 83, et 84. Cauati dalle lettere della Compagnia di Giesù. Riceuute il mese di decembre passato 1585 del p. Luigi Frois*, I. Gioliti（ed.）, 1586.

37　Valentina Gallo, 'Guido Gualtieri', *Dizionario Biografico degli Italiani*, volume 60, 2003; F. Allevi, 'Guido Gualtieri "litterarum apostolicarum abbreviator" e storico di Sisto V', *Le diocesi delle Marche in età sistina, (Ancona-Loreto, 16-18 octobre 1986)*, Fano, Studia Picena, 1988, pp. 55-140.

38　日本におけるヨーロッパの知識の取得については，次を参照；A. Cattaneo, *Geographical Curiosities and Transformative Exchange in the Nanban Century (c. 1549-c. 1647)*, Études Épistémè, 2014/26-2.

39　F. Xavier, *Monumenta Xaveriana*, cit. p. 158.

40　J. A. Abranches, J. A. Pinto, H. Bernard（eds.）, 'Les Instructions…', cit., p. 400.

41　*Traité de Luís Froís, S.J. (1585) sur les contradictions de moeurs entre Européens & Japonais*, Chandeigne, 1993（ルイス・フロイス著，岡田章雄訳注『ヨーロッパ文化と日本文化』岩波文庫，1991）を参照。この文書のタイトルは，日本とヨーロッパの衣服の違いを明確に指摘することによって，対立する見方を強調している。この文書は，1985年に初めて刊行されるまで，3世紀にわたって行方が分からなかった。

42　J. A. Abranches, J. A. Pinto, H. Bernard（ed.）, 'Les Instructions…', cit., p. 395.

43　*Ibid.*, p. 399.

44　*Ibid.*, p. 402. 1640年代については, N. Standaert, *An Illustrated Life of Christ Presented to the Chinese Emperor: The History of Jincheng Shuxiang (1640)*, Institut Monumenta Serica, 2007を参照。

45　*Japanese Travellers in Sixteenth Century Europe: A Dialogue Concerning the Mission of the Japanese Ambassadors to the Roman Curia*, 1590, ed. and annotated with an introduction by D. Massarella, trans. by J. F. Moran, London, printed for The Hakluyt Society, 2012; E. Jorissen, 'Exotic and "Strange" images of Japan in European Texts of the Early 17th century: An Interpretation of their Contexts of History of Thought and Literature', *Bulletin of Portuguese/Japanese Studies*, 2002-4, pp. 37-61; D. Massarella, 'Envoys and Illusions: The Japanese Embassy to Europe, 1582-90', 'De Missione Legatorvm Iaponensium', 'The Portuguese Viceregal Embassy to Toyotomi Hideyoshi, 1591', *Journal of the Royal Asiatic Society*, Third Series, 2005-15, 3, pp. 329-350.

46　以下も参照。H. Bernard, 'Valignani ou Valignano, l'auteur véritable du récit de la première ambassade japonaise en Europe（1582-1590）', *Monumenta Nip-*

ponica, 1938-1, No. 2, 1938, p. 378-385; J. Proust, *L'Europe au prisme du Japon*, cit., p. 119-154. R. M. Loureiro（ed.）, *Um tratado sobre o Reino da China dos Padres Duarte Sande e Alessandro Valignano (Macau, 1590)*, Macao, 1992.

47　*Japanese Travellers*, cit., p. 438.

48　*Japanese Travellers*, cit., p. 440. Andrew D. Berns, *The Bible and Natural Philosophy in Renaissance Italy: Jewish and Christian physicians in search of truth*, Cambridge, 2014, pp. 71-108.

第11章
啓蒙の時代の論争におけるオランウータン
──グローバルな知の歴史の一事例？

シルヴィア・セバスティアーニ
Silvia Sebastiani

はじめに

　オランウータンの特徴はなにかといったような，空間的にも，時代的にも，概念的にも限定付けられた問いは，18世紀のグローバル・ヒストリーにどの程度貢献するだろうか？　これまで歴史文献学は一般的に，ヒトと獣の境界線を再定義することによってヒトのユニークさを主張するパラダイムに対して疑問を呈した，啓蒙主義的「人間の科学」の起源がヨーロッパにあることを強調してきた[1]。本論のねらいは，知的交流のグローバルな空間に焦点をあて，その視点に立って，いわゆる「オランウータン」をめぐる議論で重要な展開をみせた人間性（humanity）の境界線に関する論争を論じることである。本論が主としてあつかう1640年代から1770年代までの時代は，オランウータンがヨーロッパにもち込まれ，解剖され，世間に公開展示された最初の約1世紀であり，当時はさまざまな類人猿の区別がまだつけられていなかった。この時代をつうじて，さまざまな社会的集団が「オランウータン」に関する知に貢献した。医師，博物学者，法律家，裁判官，ビジネスマン，政治家が，奴隷貿易にたずさわり，これらの誰もがヒトと類人猿の比較に関心をいだき，その関心は次第に公共圏へと浸透していった。これらの人々がいだいた獣性（animality）と人間性に関する同時発生的な概念は，ヨーロッパのさまざまな地域が世界の他地域との多くの結び付きを介して，グローバルな奴隷市場における類人猿とヒトの流通をつうじて，もたらされた。

　本論で私はまず，類人猿問題に取り組んだ17世紀後半の科学的な環境について検討し，当時のヨーロッパにおける知と帝国の二つの中心地であったアムステルダムとロンドンで，類人猿の展示と解剖が最初におこなわれたさいの概念的枠組みについて概観する。ついで私は，比較解剖学が，その後の50年間の哲学や博物学の議論をかたちづくることに極めて重要な意味をもったことを指摘し，そしてまた，啓蒙運動期の主要な博物学者であるスウェーデン人のカロルス・リンナエウス（Calorus Linnaeus）とフランス人のビュフ

ォン伯こと，ジョルジュ＝ルイ・ルクレール（Georges-Louis Leclerc, Comte de Buffon）の2人が，対立する学問体系を根底で支えていたことについて述べる。同時に，1730年代にロンドンで大評判だった「マダム・チンパンジー」の事例をつうじて，ヨーロッパ的な理解のなかでの類人猿の存在感の高まりと，そのヒト化について明らかにする。最後に，1770年代のイギリスにおける奴隷制と奴隷制廃止論をめぐる論争が，どのように人類の境界線に関するグローバルな問題点を変容させたのかについて検討する。

　結論としては，私は，今日もなお社会科学の基礎を形成しているいわゆる「人間の科学」の興隆が，地球規模で発展し強化された社会，経済，知などの多様な相互作用によっていたことを指摘したい。

1. 類人猿の発見と比較

　　人間の容貌を備えたこの驚くべき怪物は……確かに存在する。……私は雄雌それぞれ数頭が直立して歩くのを目撃した。……ジャワ人たちがいうには，これらの怪物たちは話すこともできるが，話せると分ったらば無理やり働かされることになるのをおそれて，話したがらないのだという。断じて馬鹿げている！　この怪物たちはオランウータンと呼ばれている。森のヒトという意味だ。この怪物たちは，いまわしい情欲を満たすために類人猿や猿とも交尾するインドの国々の女たちの肉欲から生まれたといわれている[2]。

　18世紀は「オランウータンの時代」と呼ばれてきた[3]。「オランウータン」（表記法は幾多もある）は，もともとは「森のヒト」という意味のマレー語（「オラン」は「ヒト」，「ウタン」ないし「ウータン」は「木」ないし「森」を意味する）であり，ヨーロッパへは，おそらく『*De Medicina Indorum*（インドの国々の医学）』を書いたオランダ人医師ヤーコブス・ボンティウス（Jacobus Bontius, 1592-1631）によって，17世紀半ばに伝えられた。この本の1章は，オランウータンに関する記述である。ライデン大学の初代医学教授を父にもち，つまりは，まさに花開きつつあったオランダの科学界との関係が深かったボンティウスは，バタヴィア（現在のジャカルタ）におかれていたオランダ東インド会社（VOC）の本部勤めだった。ヒトに似た二足歩行の動物で，ひょっとすると話す能力をもっている可能性があり，おそらく「類人猿／猿」と（インド人およびアフリカ人の）女性の間の交尾によって生まれた，

とするオランウータンに関する彼の記述は影響力をもった。前に掲げた該当部分の題辞からも明らかなとおり，ボンティウスはオランウータンと奴隷制との関連が考えられることを強調はしたものの，オランウータンの無言症は奴隷制との関連性のためだとする見方は退けた[4]。18世紀末までは，「オランウータン」という言葉は，今日では二つの異なる類人猿として識別されているボルネオのアジア系「オランウータン」とアフリカの「チンパンジー」という，当時知られていた類人猿の両方を指す総称として用いられていた。

　この混同は，ここでの議論を理解するうえで決定的に重要である。この時期をつうじて，「類人猿」と「猿」の明確な区別さえなく，両者は一般に同義語と目されていたのである[5]。マレー語における「オランウータン」という言葉に関して最近おこなわれた語彙研究によって，語源問題は一層複雑になった。というのも，インドネシア諸島では「オランウータン」という言葉は，ヨーロッパ人が用いるようになって以降，「赤い類人猿」を指す言葉として用いられるようになったこと，つまり，この言葉は西洋語とみなされ土着の言葉とはみなされなくなったことが明らかになったためである[6]。

　この簡潔な記述は，グローバル・ヒストリーについて考えるさいに重要な二つの要因をはっきりと明示している。一つは言語の問題であり，異なる文脈におけるその変容，翻訳，伝播，流用という複雑な過程にかかわる問題である[7]。もう一つは，「オランウータン」が異なる交易ルートのどれを経由してヨーロッパにもち込まれたのか——オランダ東インド会社が通商帝国を築き上げていた東インド諸島からのルートか，イギリス王立アフリカ会社（British Royal African Company）がオランダ，ポルトガルと並んで活発な交易活動を展開した南西部アフリカからのルートか——という問題に関係している。これは，ヨーロッパの異なる地域に属し，なかには地球上のさまざまな場所に旅行した者たちも含む，多様なアクターにもかかわることである。奴隷と類人猿はしばしば，ヨーロッパに運ばれるさいに同じ交易ネットワークを経由することが多かったが，同時にしばしば同じ人間集団の興味をもひきつけたのである。

　当時，ヨーロッパまで生きたままたどり着いた類人猿はごくわずかだったが，本論の目的は，そうした類人猿の交易の詳細を明らかにすることではない。重要なのは，類人猿が巻き起こしたさまざまな論争を明らかにし，その位置付けを考えることである。オランウータンの本質はなにか，そしてそれ

第11章　啓蒙の時代の論争におけるオランウータン

はどの程度まで人類に属するのか，という問いは，人体と動物の体を比較研究する医学の一分野として比較解剖学が1640年代に興隆したのを機に，ヨーロッパの医学界で巻き起こった。同じ問いは，ほどなく公共圏にも浸透していった。つまり，オランウータン問題は，当初これに注目した医学界だけに限定することはできないものなのである。この問題を説明するために，歴史家としてのわれわれは，アンシャン・レジーム期のヨーロッパ社会において，解剖学者たちが関与した知的，政治的交流の多様なネットワークを分析する必要がある。それと同時に，18世紀に科学の公的な側面がますます強まったことも勘案しなければならない。過去20年間に科学史家たちが一つの変容としてきちんと跡付けたように，それは，気晴らしや好奇心の高まりという現象があったことも示唆している。科学は，公共性を有しているからというだけでなく，公共のものでなければならないという科学自体の機能においても，その発展に寄与したのである[8]。

　学生たちを相手に解剖用の死体の特徴を説明している場面を描いた，レンブラントの代表作「テュルプ博士の解剖学講義」（1632年）の主人公として後世にまで名を残すことになった，オランダ人の解剖学者ニコラス・テュルプ（Nicolaes Tulp）は，1641年に刊行した『*Observationes Madicae*（医学的観察）』と題する著書のなかで，ひょっとするとボンティウスの用語を借用した可能性が考えられるが，彼のいう「ホモ・シルヴェストリス」（homo sylvestris）ないし「オランウータン」について詳しく記述し，ローマの博物学者プリニウス（Gaius Plinius Secundus），アエリアヌス（Claudius Aelianus）と，16世紀のスイス人の医学者コンラート・ゲスナー（Conrad Gesner）に依拠して，これを「インドのサテュロス」（Indian Satyr：訳注：サテュロスはギリシャ神話の半人半獣で，豊穣や欲情の化身とされる）だと特定した。テュルプは自分の見解を正当化して，この怪物は，「医学の領域からわずかにはずれたところに位置している」とはいえ，「人間の容貌」をもっているため，解剖学者には興味深い対象物である，と指摘した[9]。

　彼は，オランダ人貿易商たちによってオランダにもち込まれ，ハーグのオラニエ公の動物園（menagerie）で飼われていた雌のオランウータン——おそらく，ヨーロッパに生きたままもち込まれた最初の類人猿——を観察することができた。解剖学者テュルプは，オランウータンの身体的特徴，筋肉，皮膚について微に入り細に入って記述すると同時に，その行動やしぐさにも

261

図1　ニコラス・テュルプの「ホモ・シルヴェストリス——オランウータン」
Nicolaas Tulp, *Observationes Medicae libri tres*, Elzevirium（1641）に所収

注目し、「十分な教育を受けた人間たちとまったく同じように」、コップを使って水を飲み、枕と毛布を使って寝るといったこの動物の習性について強調した[10]。テュルプは、自分が実際に見たことと、アフリカ北西の内陸とインドのいくつかの地域に生息する「森のヒト」に関する古い資料で読んだこととを融合させ、さらに、この生き物の雄たちが、雌たちに対して飽くことのない破廉恥な性欲をいだき、強姦をする、との記述を付け加えた[11]。このような所説を実証的な観察記録に組み入れることによって、テュルプは、自分が提示した歴史的な情報と、実証的な情報の両方の信ぴょう性を主張したのである。

　テュルプが本文で書いた過剰な性欲をもつ雄とは対照的に、ゆらゆらとゆれる胸をもち、性器をおおい隠すような慎み深い姿勢で座っている「性的特徴のみえる類人猿」[12]を描いた、1ページ大の銅版画が著書には添えられている（図1）。この雌のオランウータン像は、やがて18世紀をつうじてもっともよく知られ、もっとも頻繁に復刻されたものの一つとなり、比較をつうじた知の形成過程において、視覚表現が演じた決定的に重要な役割を浮き彫りにするとともに、そうした表現物の科学的な位置付けについて数々の重要な問題を提起する。

　この銅版画の制作に関してはほとんどなにも分っていないが、そこに描か

れているのはアジア系の「赤いオランウータン」(red orangutan) であるように見える。しかし，テュルプは，自分が見たのはアンゴラから来た類人猿だ，と著書の本文中に記している[13]。現代の分類学上の用語を用いれば，この問題は，この生き物は東南アジアから来た「本物の」オランウータンだったのか，それともアフリカから来たチンパンジーだったのか，と表現できるだろう。17世紀，18世紀の資料には，地理的な近接性を，類型的，本質的な類似性へとすり替えてしまう傾向がしばしば見られるうえに，この傾向はアフリカ人と類人猿の関連付けの場合にとくに強いため，上記の問いは重要である。この問いはまた，アジアの類人猿とアフリカの類人猿が，交易の対象となり，ついで科学の対象物となる過程で，いかにしてからみ合ったのかということも示している。その過程で，類人猿たちは公衆の好奇心の対象に，そして見世物化の対象にもなった。のちほど言及する，それぞれ1698年と1738年にアンゴラからロンドンへと運ばれた，他の二つの類人猿の事例は，このことを明確に示している。オランウータンに関する論争は，学者たちの領域を乗りこえ，より多くの公衆をひきつけ，世界中で多種多様なアクターを巻き込んでいったのである。

2. 解剖学と博物学における類人猿

> モンクリーフ・コーヒーハウスで展示されていた怪物は……土曜日の夕刻に死亡し，現在は，学識あるタイソン博士が解剖をおこなっている。……博士は，興味ある人たちのために，解剖のようすを描いた挿絵とともに，解剖の進行状況を公表する予定である。その公表は，怪物の骨格，そして怪物の容貌とプロポーションがすべて見られるようにと詰め物をいれた毛皮とともに，これを見物に来る人々のための情報として，怪物が生きていたときと同じかそれ以上に役立つことになるだろう。
>
> この怪物を運んできた人たちの証言では，それはアフリカのアンゴラから来たもので，一群の奴隷にまざって船団長に売られたとのことである[14]。

1698年，当時高名な医師であり，王立協会 (Royal Society) とロンドン王立内科医師会 (Royal College of Physicians in London) のメンバーでもあったエドワード・タイソン (Edward Tyson) は，若いチンパンジーの解剖をおこなった。彼はテュルプとボンティウスにならって，このチンパンジーを「オ

263

ランウータン」ないし「ホモ・シルヴェストリス」と呼んだ。この節の冒頭に掲げた告知文は、この物語を構成するいくつかの興味深い要因を明らかにしている。告知文は最後の部分で、当の「オランウータン」がアンゴラから来たもので、「一群の奴隷にまざって」売られたと述べ、類人猿とアフリカ人の間に直接的なつながりがあったことを明らかにしている。これは、本章の結論部分で展開する予定の重要な論点である。上に引用した告知文の冒頭部分では、人間に似た「怪物」が死ぬ前にはロンドンのモンクリーフ・コーヒーハウスで展示されていたこと、怪物はその死後、一流の解剖学者であるタイソンによって解剖されたこと、そしてタイソンが王立協会によって刊行された刊行物で、複数の銅版画の挿絵付きで、解剖の模様を描き出したことが記されている。そして最後に、この告知文は、怪物の骨格と詰め物を詰めた毛皮が、公衆の好奇心を満たすために保存されたことを発表している[15]。これらのすべて——つまり、科学的な観察ならびに、生身のかたちにおいてであるか、死後に詰め物をした状態においてであるかにかかわらず、見世物としての展示のすべて——が、オランウータンの名を高めたのである。

　1699年に刊行された『オランウータンないしホモ・シルヴェストリス：ピグミーの解剖と猿、類人猿、ヒトの解剖との比較——ピグミー、ヒヨケザル、サテュロス、古代のスフィンクスに関する文献学的論考』は、その表題からして語彙が不確定であって、近代的な解剖学と古代の文献学の間をゆれ動いていることを明確に示している。ラテン語の Homo Sylvestris（ホモ・シルヴェストリス）の正確な訳語であるオランウータン（われわれ自身の分類学的な命名では、実際にはチンパンジーだった）を、タイソンは、副題においてヒヨケザル、サテュロス、スフィンクスとも呼ばれている、古代神話に出てくる小人であるピグミーの同義語と考えた。その身体は一方では、猿ないし類人猿の身体と比較されて同等だとみなされ、他方では、ヒトの身体と比較された。

　非常に詳細な比較調査の結果タイソンがいきついた結論は、「オランウータン／ピグミー」とヒトとの間のほうが、「猿／類人猿」とヒトとの間よりも解剖学的に類似点が多い、というものだった。彼があげた類似点は48だったのに対し、相違点は34だった。オランウータン・ピグミーの脳までもが、予想に反してヒトの脳と非常に似ていることが判明した。二足歩行動物と表現されたオランウータンが、杖で支えられた立ち姿は、まさに「サルとヒト

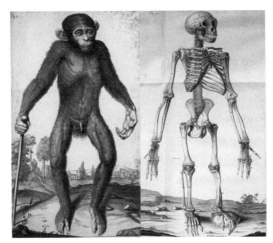

図2　エドワード・タイソン『オランウータン』（1699）

銅版画は，解剖学者ウィリアム・カウパー（William Cowper）が描いたスケッチにもとづいてフランドル地方の銅版画作者ミハエル・ヴァンデル・フフト（Michael van der Gucht）が作成したもの。左側の銅版画は，「立った姿のオランウータンないしピグミーの前部を示している」のに対し，右側の銅版画は，「骨格ないしは骨組みを示している」

の間の中間リンク」の典型というべきであり，「両者の中間に位置するある種の動物」の様相を呈していた[16]。本文に添えられた数々の図版は，そうした類似性を強調するとともに，オランウータンをヒトになぞらえてとらえる見方の定着にも一役買った（図2）。

さらに，タイソンは，ピグミーにはヒト同様の特徴や感情もあるとして，この動物が，「温厚で」「控え目で」「温和で愛らしい」生き物であり，子どもと同じように泣いたり足で物音を立てたりして「喜怒哀楽の感情」を表現する，と指摘した[17]。タイソンはまた，「無数の言い伝え」に依拠して，オランウータンが女性にひかれることと，さかんに性交することも指摘している[18]。

しかし，この段階の比較では，タイソンは，理性ある人間と感情的な動物とを対比させ，精神と肉体とを対比させて区分した，アリストテレスにまでさかのぼり，デカルトも支持した古典的な区分法を再導入し，次のように主張した。「動物の体内の諸器官が，流動物が通過するための単なるパイプや導管にすぎず，受動的で」あり，「人間の心のなかのより高貴なさまざまな機能」とは対照的である[19]。言語器官をもっているにもかかわらず，オラン

265

ウータンは話すことができない。また、ヒトとほぼ同じ脳をもっているにもかかわらず、オランウータンは考えることができない。類人猿は使い道のない諸器官をもっている、とするタイソンの分析は、正反対の結論を導き出しうるはずであったし、現に導き出したのである。

比較解剖学は学問分野としては重要ではない、とする見方があるかもしれないが、18世紀の博物学によって利用されたことによって、解剖学は人類に関する論争の輪郭をかたちづくるうえで重要不可欠な役割を担った。タイソンは、ヨーロッパの啓蒙運動において、自然界の分類をめざして同時並行的におこなわれていた次の二つの主要な試みが依拠する、直接の情報源となった。一つは、1749年から1788年にかけて刊行されたビュフォン伯の『*Histoire naturelle, générale et particulière*（一般と個別の博物誌)』全36巻であり、もう一つは、1735年に初版が刊行されたのち、1766〜68年に第12版が刊行されるまで継続的に改訂増補された、カルロス・リンナエウスの『*Systema naturæ*（自然の体系)』である。1766年に刊行された『猿類の命名法』に関する巻で、ビュフォンは、「ヒト」と「オランウータン」と「サル」の相違点と類似点を列挙したタイソンのリストを、丹念に翻訳するだけでなく、タイソンにならって次のように指摘している。「もしも外見（フォルム）だけから判断せざるを得ないとしたら、この類人猿は、ヒトの種のなかの一変種と見なされうるかもしれない」[20]。ビュフォンが下した結論は、ヒトと類人猿の境界は、身体だけによって決まるのではなく、人類だけの特権である理性と精神によって決まるものであり、したがって橋渡しができないほど広大である、というものだった。

タイソンとリンナエウスの関係はどうか。リンナエウスは1758年に刊行された『自然の体系』の第10版で、ホモサピエンス（*Homo Sapiens*）という概念を編み出し、これをトログロダイト（*Troglodyte* 穴居人）ないしオランウータンと並べて同じヒト属（genus "homo"）の下に分類したが、リンナエウスによる「夜人」（Homo Nocturnus）の定義付けにとっても、タイソンの分析は中心的な位置を占めていた[21]。近年の研究では、リンナエウスが動物界においてヒトを哺乳類として位置付け、彼が以前に「ヒトに似ている」動物という意味の *Anthropomorpha*（ヒト形目、ないしヒト形類）と呼んでいた霊長目（*Primates*）の一種と分類した「有無を言わせぬ態度」についておおいに論じられてきた[22]。リンナエウスはすべての著作のなかで、科学的法則と測

266

定可能なデータにもとづいてヒトと類人猿を区別するのがいかに難しいか，を強調している。リンナエウスは，ドイツの博物学者でロシアを探検したヨハン・ゲオルク・グメリン（Johann Georg Gmelin）に宛てた手紙のなかで，博物学者が「ヒトを類人猿と呼ぶ可能性もあるし，その逆もありうる」とまでいっている[23]。

　これこそが，まさに，ビュフォンの人類学が『自然の体系』を痛烈に批判した理由だった。ビュフォンによれば，リンナエウスの分類学的な命名法が恣意的というだけでなく，リンナエウスのいう「夜人」の概念もヒトと動物の区別についての曖昧さと混乱を生じている，という[24]。しかし，このような批判をいだきながらも，ビュフォンは「野蛮人」をあつかう場合には，ヒトと動物の区分に関する原則を厳格に守った[25]。ビュフォンは，アメリカ先住民（Amerindians）の態度が動物のそれと非常に近いと考えた一方で，アフリカ人と類人猿の間で，性器が「類似」していること，そしてこれは両者の「気性が似ていること」に対応していることだ，と強調した。同時にビュフォンは，旅行記によって広まった，黒人女性と雄の類人猿の間で盛んに性的な"混淆"がおこなわれているという伝聞も書きとめているが，その結果，博物学者としての自らの権威によって伝聞の信ぴょう性を強めることとなった[26]。ヒトと動物の間には大きな違いあったが，ホッテントットやアメリカ先住民と動物の間の違いはそれほどでもないように見えた。

3. 類人猿を展示する

　　最近，スピーカー号という船で運ばれてきた動物が，ロンバード街の郵政省の向かい側にあるランドール・コーヒーハウスで展示される予定である。この動物は，アンゴラ人たちがチンパンジーないしモック・マン（ヒトもどき）と呼んでいるもので……おそらく，この世で比類ない珍奇なものである[27]。

　上で簡潔に見たように，1640年代から1750年代までの時期における比較解剖学と，続く博物学の発展は，ヒトの特徴と類人猿との関連性をめぐる18世紀の知的論争にとって，決定的に重要な意味をもった。さまざまな対立する意見はそうした論争を活性化し，比較のスペクトラムを拡大する効果をもった。博物学者，医師，哲学者，旅行家たちは，文明化したヒトと野生のオランウータンを両極としてその中間部分に，アフリカ人，アメリカ先住民，ヨ

ーロッパの森で発見された野生児たちといった，地球上各地の「野蛮人」たちが占める場を提供した。ヨーロッパ各国首都の公共圏において，類人猿の存在感が高まるにつれて，ヒトの境界線をめぐる問いかけの大衆化，と同時にその見世物化が進んだ。これら二つの過程は，相伴って進行した。

こうした「ハイブリッド」は，1738年9月ロンドンへの「マダム・チンパンジー」のセンセーショナルな到来に典型的にみられるように，貴族的な環境に新たにあらわれたものであると同時に，大衆的な見世物における新顔でもあった。ロンドンの新聞はこぞってこの出来事について報じた。当時，少額の料金でエキゾチックな動物を見せることを売り物に，多くの人々が集まり賑わっていた，ランドール・コーヒーハウスでのこの雌チンパンジーの展示に関する情報——たった1シリングをはらうだけで，ロンドンっ子は誰でもこの新しい見世物を堪能できるのだ，という情報——は，広告，報道，口コミをつうじて広まり，新聞紙上へも浸透していった。数ある報道のなかで，『ロンドン・ポスト・アンド・ジェネラル・アドヴァタイザー』紙は，この節の冒頭に引用した題辞にあるように，これこそまさに，「この世で比類ない珍奇なもの」だ，と謳った。同紙はまた，当の雌チンパンジーをヨーロッパに運んだ西インド会社の貿易商であるヘンリー・フラワー船長（Captain Henry Flower）が，アンゴラ語だとして英語で紹介したばかりの「チンパンジー」という新しい言葉を採用し，宣伝した。別の呼び名として紹介された「Mock-Man」（ヒトもどき）という言葉は，類人猿とヒトの間の疑似関係を浮き彫りにしている点で意義深い。チンパンジーという言葉がヨーロッパにもち込まれたからといって，アフリカ系とアジア系類人猿が区別されることは，18世紀をつうじてなかった。むしろ，チンパンジーという言葉は，ビュフォンが互換的に用いていたオランウータン，ポンゴ，ジョッコや，テュルプのいうインドのサテュロスなど，以前からあった他の言葉と重複して用いられた。

ティーカップをもっているマダム・チンパンジーの姿は，フランス人の銅版画家ルイ゠ジェラール・スコタン（Louis Gérard Scotin）によって銅版画に描かれた。その銅版画はロンドンで信じがたいほど突然に大当たりしたが，これはのちに，リンナエウスの著書をはじめとする数冊の学術書にも再録される以前のことである。発売後2週間でロンドンとウェストミンスターのどこの書店でも，マダム・チンパンジー銅版画は売り切れとなったが，サイズ

第11章　啓蒙の時代の論争におけるオランウータン

図3　ティーカップをもつマダム・チンパンジー
ルイ゠ジェラール・スコタンの銅版画（1738）にもとづくフーバー・フランソワ・ブルギニオン（Hubert-François Bourguignon）作

もフォーマットも異なるさまざまなバージョンの復刻が続いた（図3）。

　この銅版画で，チンパンジーは，自分の生まれ故郷を思わせる風景から飛び出たように描かれている。彼女はすでに上品なマダムへと変貌をとげている。それは，背後に描かれた一群の類人猿たちと対照的に，もはや直立して立つために杖の助けは不要となったことを示すように，杖が床に捨てられていることから見てとれる。杖のかわりに，彼女は，上流社会の淑女たちとまさに同じ堂々とした手つきで，ティーカップを手にしている。1730年代当時，紅茶をたしなむのは貴族階級の特権であり，ティーカップは中国から輸入された数々の奢侈品に対応しているように見受けられる[28]。銅版画の最下部には，ハンス・スロウン卿（Sir Hans Sloane；訳注：イギリス政府に寄贈した自らのコレクションが大英博物館の元になったことで知られる著名な収集家，医師で，王立協会総裁）への献呈の辞が手稿の文字で記されているが，これは，当時科学関連の機関のなかでもっとも権威をもつ王立協会からの，公的な支援と庇護を取り付けたいという意図をあらわしていた。

　王立協会のスロウン総裁は，類人猿とヒトの間に強い近似性があるとする見方を全面的に支持した。そして，「いかなる生物よりも人類に近い」と思っていたチンパンジーを，実際に見て調べられて「極めて満足している」，と表明した。1758年10月13日付『デイリー・ポスト』紙の記事は，スロウン

269

がえた満足感があまねく共有されているとして，評判のマダムを見物した「貴族階級と紳士階級の多くのお歴々」が，このような「驚嘆すべき生き物の挙動」にこのうえない「満足」をえた，と報じた[29]。

　子ども向けの動植物に関する本や絵本の出版で成功したトマス・ボアマン（Thomas Boreman）は，「Account of the Female Chimpanzee（メスのチンパンジーの報告）」と題する文章のなかで，広範な読者層を対象に，マダム・チンパンジーがとても人なつこくて人好きのする性格であることを述べて，読者に，類人猿たちを，とりわけ雌の類人猿たちを，感性をもってよく見るようにと勧めた。マダムは慎み深さと貞節さに加えて洗練されたテーブルマナーも備えていた。なお，チンパンジーのテーブルマナーについては，ビュフォンは，王立庭園（jardin du roi）で飼われていた１匹のチンパンジーを実際に観察した経験を踏まえて，25年後に次のように記すことになる[30]。

　　　そのチンパンジーはティーテーブルをともにかこむとても可愛らしい仲間だった。慎み深く，行儀よい振る舞いは，彼女を見物するためにわざわざ足を運んだ淑女たちに大きな満足を与えた。……チンパンジーは自分用の小さい椅子を運んで来ると，人間がするように，普段と変わらないようすでその上に座り，お茶を飲むのだった……[31]。

　ボアマンは自分の記述を科学的に根拠づけるために，タイソンを引き合いに出した。事実，タイソンの『ピグミーの解剖』は，ボアマンにとって直接の情報源であり，彼は，現地住人たちの報告をはじめとする他のさまざまな情報源（あるいは，とりわけ現地住人たちの報告，というべきか？）以上にこれを重視した。ロンダ・シービンガー（Londa Schiebinger）は，チンパンジーの大きさをめぐる論争を検討した結果，グローバル・ヒストリーにおける類人猿の位置付けを試みる本論にとってとりわけ興味深い，説得的な一つの解釈を提示している。タイソンは自分がおこなった解剖にもとづいて，類人猿の成獣の身長を（実際のピグミー並みの）わずか２フィートと断定していたが，これに対し，マダム・チンパンジーの母親を殺すことによってマダムを手にいれたアンゴラ人は，母親の身長は５フィートだったといっていた。ボアマンは，タイソンの主張は「学識」と「豊富な経験」に根差している，としてタイソン説に賛同する一方，現地の観察者が提供した情報を信頼できないとして退けた。ボアマンは間違っていた。しかし，現地人の知識が通説と整合的かどうかを問うボアマンの次の問いかけは，グローバルな世界におけ

270

る科学的な権威の構築と科学の信頼性について考えるうえで極めて示唆に富んでいる。

> これを報告した黒人は，われわれの尺度について理解しているのかどうか，あるいは，彼は正直に話したのかどうか？　あるいは，若いチンパンジーを高い値段で売るために，彼は成獣のほうをそれほどまで大きい獰猛な獣として描写したのではないのか？　あるいは，一方を殺し，別の方を捕獲するにあたっての自分自身の勇気と手腕を考えて，そうしたのではないのか[32]？

経験主義の時代になっていたにもかかわらず，ボアマンは，自然生息地で生きるチンパンジーを一度も見たことがないが学識は豊かなヨーロッパ人を，「現地」の観察者よりも優先し，信用したのである。じつは，『ピグミーの解剖』でタイソンがてっきり成獣だと思って解剖したのは，まだ成長しきっていない若いチンパンジーだった。

紀行文には，類人猿の成獣への社会的，学術的な需要が高まっているにもかかわらず，成獣を捕獲するのがいかに難しいかを証言する記述がある[33]。事実，ヨーロッパに生きたまま運ばれる数少ない標本は，すべて幼獣であり，母親を殺して幼獣を捕獲するというのが，もっとも一般的に用いられる方法だった。しかも，やって来た幼獣は，ヨーロッパの環境での寿命は非常に短かった。マダム・チンパンジーも例外ではなかった。ホワイト・ペルーク（White Peruke）に設けられた新たなすみかと，ロンドンの新聞各紙が毎日のように詳しく報じた，「パリで流行の最新のファッションを模倣した」大量の衣服に象徴される，彼女の燦然と輝く経歴と社会的地位の上昇は，1739年2月に訪れた突然の死によって，途切れてしまった。それはロンドン到着から5か月後のことだった。スロウンと王室専属の外科医ジョン・ランビー（John Ramby）も加わった検死では，マダムが「紅茶依存症」にかかっていて，死因は「法外な量の液体状の紅茶」の摂取と「慢性的な黄疸」だとされた。この医学的報告の（われわれからみた）滑稽さ以外に重要な点は，彼らのような一流の権威が，チンパンジーが「完全に人類に属する」と公言したことである[34]。

マダム・チンパンジーのケースには，そして滑稽ではない意味深長な重要性，つまり，ヒトの境界線をめぐる啓蒙主義時代の論争を理解するためにも，強調されなければならない重要性があった。コーヒーハウスやサロンで彼女

が名声をえたことによって，感受性が鋭く，学習能力もあり，社会的な感情
や哀れみの気持ちも共有できる，といった類人猿のイメージが，ヨーロッパ
の広範な民衆の間で身近なものとなったのである。一方において，彼女がも
っているとされる恥じらいや礼儀正しさについての生得の意識が絶えず強調
されたことは，上品さと貞潔が女性の性質として当然視され，普遍化され，
18世紀の（ヨーロッパの）女性たちにとっての規範となることに貢献した[35]。
他方において，オランウータンの人間化は，人類の一部，とりわけアフリカ
人の動物化と並行して進行し，奴隷制度擁護論の中心的思想となった。イギ
リス人農園主エドワード・ロング（Edward Long）は，類人猿の洗練された
テーブルマナーをアフリカ人の粗野なテーブルマナーと対比して論じ，（類
人猿の文明性に対して）アフリカ人の獣性を証明するのにおおいに利用した。
彼は，学習からセクシャリティへと論点を意味深長にシフトさせ，黒人をオ
ランウータンよりも下等なサルやヒヒと結び付けて，自分の主張を次のよう
に締めくくった。

　　彼ら（黒人たち）はテーブルクロスも，ナイフも，フォークも，皿も，
　　木製容器も使わず，通常，むき出しの地面の上に腰を下ろしている……。
　　彼らの肉体的興奮は，概してもっとも粗野な部類に入る。…彼らの臭覚
　　と味覚は，まさに獣的であり，異性との交渉もこれに劣らず獣的で，性
　　行為中の彼らはサルやヒヒと同じくらい肉欲的で破廉恥である[36]。

　エドワード・ロングの『History of Jamaica（ジャマイカの歴史）』（1774年）
がもっとも悪意に満ちたやり方で示すように，アフリカ人を類人猿と同列に
おいて見ることは，1770年代にはすでにありふれたことになっていたのであ
る。

4. 奴隷制を支える類人猿－ヒト関係

　　われわれは，オランウータンはヒトであるとみなすべきである。そして
　　実際に，私には，われわれが最初にアメリカを発見した当時その一部の
　　国々が，礼儀正しさや洗練さにおいてわれわれよりも劣っていたほどに
　　は，オランウータンは，アメリカの先住民に劣っていないようにみえ
　　る[37]。

　学術的言説と公共圏での議論の両方における，こうした類人猿とアフリカ
人との相互関連付けは，革命の時代におけるもっとも基本的な争点としての

第11章　啓蒙の時代の論争におけるオランウータン

奴隷制度をめぐる論争に，新たな論点を提供した。イギリスでこの関連付けが公の場に登場したのは，最初の奴隷制度廃止法案が採択された1770年代のことだった。イングランドの王座裁判所（Court of King's Bench in England）が1772年に下したサマセット事件（Somerset case）に関する判決は，この判決の枠組みのなかでオランウータンが，アフリカ人奴隷の分身として争点の一部となったという意味で，転換点となった。サマセット事件に関する判決が，奴隷を自らの意思に反して奴隷所有者が奴隷をイングランドから強制的に離れさせるのを禁じたことが，結果的にイングランドにおける奴隷制の禁止につながった。ただし，奴隷は存在し続けていたし，奴隷販売の広告も新聞各紙のかなりのスペースを占め続けていた。これと似てはいるがもっとラディカルな判決が，6年後の1778年にスコットランドの民事控訴院（Court of Session）によって下された。この判決は，黒人奴隷のジョセフ・ナイト（Joseph Knight）が，砂糖貿易で富を築き，ジャマイカで有数の大土地所有者となっていた彼の主人，スコットランド人のジョン・ウェダバーン（John Wedderburn）を相手取って起こした訴訟について下されたもので，スコットランドにおける奴隷制度の禁止という結果をもたらした[38]。ただし，議会制定法（Act of Parliament）によってイギリス帝国内での奴隷貿易が廃止されたのは，1807年になってからのことであったし，「奴隷制度廃止法」（Slavery Abolition Act）の制定によって奴隷制度そのものが廃止されたのは，ようやく1833年になってからのことだった。

　1774年にロンドンで刊行されたロングの『ジャマイカの歴史』は，このサマセット判決にいたるまでの文脈のなかに，今日までに歴史研究がおこなってきたよりもはるかにしっかりと位置付けられるべきである。大農園主であり，かつジャマイカの植民地海事裁判所（Vice Admiralty Court）——イギリスの植民地に設置されたその地域の法律問題をあつかう裁判所——の判事でもあったロングは，サマセット事件の判決が下ったのと同じ1772年に，すでに匿名でこの判決を批判するパンフレット「最近王座裁判所が通称ニグロの主張裁判で下した判決に関する率直な感想」を出版し，そのなかでマンスフィールド卿の判決は，「アフリカ出身の黒人を洗って白くする技法」を生み出したもので，聖書にもイングランドの憲法にも反する，として批判していた[39]。彼の「歴史」書とパンフレットに共通するねらいは，アフリカ人を「商品」の地位におとしめると同時に，より人間的で，思慮深く，学習能力

273

もあるオランウータンとつぶさに比較することによって，奴隷制度を擁護することにあった[40]。

　ロンドンに続いてスコットランドの首都エディンバラで下された奴隷制度禁止に関する判決は，全員一致ではなかった。ナイト訴訟の審議に加わった裁判官の一人ジェームズ・バーネット，モンボッド卿は，スコットランド人の哲学者で博識の文献学者でもあったが，彼はローマ法の名において，そしてまたアリストテレスの生得的な奴隷という概念に立ち返って，判決に異議を唱えた[41]。黒人奴隷の召使いゴーリィの所有主であったモンボッドは[42]，奴隷制度の原則は宗教的にも支持されており，もっとも高く称賛されている古代の偉人たちの偉大さにも寄与してきた，と主張した。彼はこれらの論点を，スコットランドの啓蒙主義に続いておおいに論じられることになる自分の記念碑的な二つの著作──『Of the Origin and Progress of Languages(言語起源発展論)』（1773～92年）と『Antient Metaphisics（古代形而上学)』（1779～99年）──でふたたび主張するとともに，オランウータンの人間性についての議論を，誰にもまして執拗に展開した。そして，「彼」，すなわちオランウータンは，自分にとって未開の野生段階のヒトを例示しているように見える，文字どおりの「森のヒト」である，と主張した。未開のヒトと文明化されたヒトとの歴史的な距離の大きさを強調して，モンボッドは，人類に固有の顕著な特徴は，当初から備わっていたわけでなく，長年の間に獲得され，人類が一つの段階から次の段階へと移行する過程で徐々に進化したのだ，と主張した[43]。ジャン＝ジャック・ルソー（Jean-Jacques Rousseau）にならって，ボンボッドは，自己完成能力（perfectibilité）こそはヒトの本質的で特有な特徴だと考えた[44]。ここで指摘すべきは，裁判官として彼がとった奴隷制度擁護の立場が，啓蒙主義哲学者としての彼の著作と断絶していたのではなかった，つまり，類人猿と奴隷が，人間性の原初的状態において関連付けられていた，という点である。

　モンボッドは，オランウータンは発話器官（喉頭・咽頭・舌）をはじめヒトと同じ身体的特徴を共有しているのだから，人類に属している，と考えた。オランウータンは，多くの野生化した人間の子どもたちがするように四つん這いで歩くのではなく，直立して歩行した。彼らは棒切れを武器として使ったし，小屋をつくったし，（例えばアメリカ先住民とは対照的に）火の使い方や鉄の価値も知っていたし，死者の火葬もおこなった。一言でいえば，彼ら

は社会生活をしていた。すでにタイソンが指摘し，マダム・チンパンジーがロンドン社会に示していたように，彼らは慎み深く，感受性に富み，人なつこい。さらに，古代の資料や旅行記によって確認され，近代科学が実証するところでは，彼らは黒人女性たちをさらって，奴隷として，また遊び道具として用いた。これほどまでにたがいに似かよっている存在が，別々の種に属している可能性があると考えるのは，あらゆる自然の法則に矛盾していた。『言語起源発展論』の第2版は，タイソンの権威に依拠するオランウータンに関する二つの章が追加されて，1774年に刊行されたが，モンボッドはこの第2版で，かつて法王パウロ3世が1537年に発した有名な大勅書においてアメリカ先住民をヒトだと断定したように，「われわれ」——つまり，近代の開化した哲学者たち——は，「オランウータンがヒトであると定めるべきである」，と主張した[45]。

　モンボッドは複数の異なる論理を用いた。彼はタイソンの発見を利用し論じた。彼はビュフォンに共感し，リンナエウスと対話し，ルソーを自分の理想像とした。彼はまた，ハノーヴァーで1724年に発見された「野生児ピーター」とシャンパーニュで1731年に発見された「野生の少女マリー・アンジェリク」という名高い2人の野生児の事例の目撃者，観察者として，一人称で，人類の境界線を設定することへも貢献した[46]。1765年，パリを訪問中に，モンボッドには，2つの重大な出会いがあった。一つは，ピーターと違って，フランス語を習得し，文明化した女性へとみごとに成長をとげたマリー・アンジェリクに面接したことであり，もう一つは，王立陳列室（Cabinet du roi）に保管されていたビュフォンが詰め物をしたオランウータン（実はチンパンジー）をはじめて見たことだった[47]。モンボッドは，オランウータンと野生児たちは，たがいの姿を映し出す鏡像だと考えた。オランウータンと野生児たちの事例は，ヒトの本性がいつでも，どこでも同じではないこと，そして個体としても，種全体としても，文化的なレベルにおけるだけでなく，もっと基本的な生理学的な意味においても漸進的な変化があることを示していた。したがって，人類の歴史は，「極めて野蛮な動物から，今あるわれわれのようなヒトにいたるわれわれの種」の進歩として，単なる獣性から完全な人間性への進歩として，読まれるべきである。モンボッド自身の言葉を引用すると，

　　ヒト自身は，飼い慣らされ，あえていえば，礼節と教養によって「人間

化される」以前は，もともと，野生の未開動物だったのである[48]。

　未開人の獣的な特徴とオランウータンの人間的な特徴，つまり自己完成能力の類似性を強調することによって，モンボッドは，非連続性を特徴とする，ヒトに関する包括的定義を選択した。ヒトと動物の間の境界線を解消するどころか，モンボッドは，まさにその境界を維持するために類人猿を人類に含めることが必要だと考えた[49]。古代のエリート集団による支配を熱烈に擁護していた彼は，オランウータンのなかにルソーのいう平等な社会ではなく，「未分化の群れから立ちあらわれる生得の紳士たち」を見たのである[50]。

　モンボッドは，1778年に制定されたスコットランドの反奴隷法に激しく反対していただけでなく，貧しい階級のためにもイギリスは奴隷制度にもどるべきだとさえ主張していた。これは，年季契約労働で鉱山に縛り付けられた状態にあった炭鉱夫と塩鉱夫の解放がスコットランドで議論されていた頃に，熱烈に主張された[51]。彼の考えでは，人間には「生まれつき違い」があって，それぞれの人に向いている仕事も多種多様であり，したがって，賃労働以上に貧者を保護する奴隷制度が，社会秩序と政治経済にとって，もっとも理にかなった選択しとして登場したのは，「否定しがたい」ことだった[52]。奴隷制度と強制労働の問題を結び付けることによって，彼の奴隷制度擁護論は，皮膚の色という問題を退け，皮膚の色は単なる偶然の特徴であって人を区別するものではない，と考えた。だからこそ彼は，「読者が，精神の質は，肌の色あるいは頭髪の性質によって決まるのだとか，ましてや顔のかたちによって決まるのだとかと信じることがないように」，と望むことができたのである[53]。モンボッドは，「肌の色は黒く，髪の毛の縮れた」エジプト人たちが文明化の役割を担ったことを強調し，類人猿とアフリカ人の類似性を指摘する見方を退けた。彼の奴隷制度擁護論が根差していた貴族主義的な見方では，オランウータンの人間性はむしろ社会の階層化にとって役立つと見なされたのである。

　そのかわり，彼の同時代人たちのうちの他の者たちは，かつてロングがやったのと同じように，黒人奴隷と類人猿の関連性を，恒久不変のものととらえた。ロングの主張では，ホッテントットは，「オランウータンよりも人間的な形状」ではないというだけにとどまらず，「オランウータンの夫をもつことが雌のホッテントットにとって不名誉である」ということさえも考えなかった，という[54]。ロングが動物と人間の立場を倒置させていることは，注

276

目に値する。すなわち，ロングは，自分のすべての著作で一貫してオランウータンを「彼」という三人称の代名詞で呼んだのだが，その彼は，黒人女性が「雌」として軽んじられるのに対し，より社会的でより開化された「夫」として立ちあらわれている。ヒトと類人猿の境界が縮まるにともなって，ヒトとヒトの間の距離は増し，強化された。ついで，人種の違いにもとづく新たなヒエラルキーが打ち立てられたのである。

5. アダム vs. オランウータン

　「われわれの祖先は誰か？」古来の教義がいう「アダム」か？　それとも新しいシステムがいう「オランウータン」か[55]？

　モンボッドの『古代形而上学』の第1巻が刊行された1779年，フローニンゲンの医師で芸術家でもあるペトルス・カンパーは，自分が手がけた数頭の（アジア系）オランウータンの解剖結果を，王立協会が発行する学術雑誌『フィロソフィカル・トランザクションズ』に発表した。タイソンの解剖報告が同じ王立協会の刊行物で発表されてから80年後，カンパーの「オランウータンの発話器官に関する報告」は，ヒトと類人猿が構造的に同じだとする説をめぐる疑問に対して下されていた，「医学的」な解答の誤りをあばき出した。カンパーは，オランウータンは実際には四足獣であり，直立姿勢が不自然であるだけでなく，タイソンの主張とは違って，発話器官もヒトのそれとは違うことを明らかにした。オランウータンは「話すことができない」からこそ，「話さない」のであり，その理由は「オランウータンの器官の構造」，つまり喉頭部の構造にある，とした[56]。オランウータンの生殖器官は，ヒトよりもイヌのそれにより近いと主張することによって，カンパーはさらに，ヒトと類人猿の間で性交や生殖があるとの説も否定した。カンパーの自説を支える根拠となったのは，オランダ東インド会社のグローバルなネットワークをつうじて1770年代にオランダ総督の動物園にもち込まれるオランウータンの数が増加したのにともなって，彼自身の情報が豊かになったことだった。何頭かの解剖から彼がえた結論は，もはやタイソンやビュフォンの二元論を根拠とするのではなく，構造的で測定可能なデータにもとづいて，ヒトと類人猿が比較不可能であることを立証したのである。

　カンパーは，顔面角を用いるという新たな発想に立って，美的な視点からアフリカ人の頭蓋骨とオランウータンの頭蓋骨の比較検討に取り組む一方，

数回の公開解剖において，「黒人」と類人猿の違いが，類人猿と「白人」とをへだてる違いと同程度に深淵であることを示した[57]。そうすることで，カンパーはオランウータンを非人間化したのである。カンパーの主張は，1770年代と1780年代のイギリスの奴隷制度反対運動の活動家たちによって決定的に重要だと見なされ，ただちに彼らの主張に取り入れられた[58]。オランウータンは——人間性へと高められようが，あるいは獣性へと後退させられようが——広範なヨーロッパと帝国の枠組みのなかで闘わされていた多様で論争的な言説の中心に位置し続けたのである[59]。

　ヒトと類人猿の境界をめぐる問題は，本稿が設定した時間の枠内では終わらず，今日にいたるまで繰り返し浮上し議論されてきた。18世紀の最後の30年間に，利用可能な標本数がふえた結果，アジア系のオランウータンとアフリカ系チンパンジーが峻別されるようになり，それにともなって論争で用いられる用語も変わっていった。19世紀にはいると，新しい学問分野の登場によって，論争の枠組みが再構築された。それは20世紀の自然人類学，遺伝学や，今日の神経科学の場合と同様である。そのように異なった意味構造のなかで闘わされた論争は，科学的であると同時に政治的なものであり続けたが，政治は，客観的と想定される科学の性質のなかに，一貫して自らの正当性を見出している。

終わりに

　本論は，知の形成過程において，つねに相互に競合しているツールのうちの一つと考えられている，客観性というものの歴史的パターンを検討することの重要性を訴えてきた。客観性を発展させてきた参照の仕組みの発生源はヨーロッパにあったが，客観性の具体化は，グローバルな規模において進行したし，そうでなければならなかった。その結果，ヨーロッパにおける知の歴史は，ヨーロッパと世界の出会いのグローバル・ヒストリーという，まさに非対称なもののなかにおいてのみ理解可能となる。本章が示そうと努めてきたように，人間性の境界に関する論争と，それがどのような類の知識を生み出したかに関する論争について，歴史的に分析することは，価値観の多様性と，行為者と場の多様性に新たな光をあてることにつながる。ロングやモンボッドがおこなった奴隷制度擁護の主張でさえも，二つの本質化された実体としてのヨーロッパ対その他の世界の対峙という枠組みへと還元すること

第11章　啓蒙の時代の論争におけるオランウータン

はできない。そうした主張は，知の形成に関与した，グローバルな広がりを
もつ一連の行為主体たちにはぐくまれ，最終的には変化する力関係と種々の
ヒエラルキーに依拠した。その結果，地域固有の知識を不適格とみることは，
ヨーロッパの知識を「普遍的」として評価することと同じく，この進路の一
体不可分な要素だった。

　だからこそ，そのような歴史を考え，記述するためには，帝国史の枠組み
そのものが不適切であるか，あるいは少なくとも不十分なのである。オラン
ウータンの例からはっきりと分るように，帝国は，地球規模での精巧な（商
業的・物質的・知的）コミュニケーションのシステムを構築することに関与
している。オランウータンとチンパンジーを識別し，類人猿と「野蛮人」を
区別するためは，アジア，アフリカ，アメリカとの出会いが必要だった。オ
ランダとイギリスの交易のネットワークが交差したことが，人間性の境界を
めぐる問いを18世紀におけるグローバルな問題にしたのであるが，同時に，
それは，18世紀をオランウータンの世紀にしたのである。

●註

1　古典的な参照文献として，以下参照：Frank Tinland, *L'homme sauvage:
"Homo ferus"et 'homo sylvestris', de l'animal à l'homme*, 1968, 2nd ed., L'Harmattan,
2003; Sergio Moravia, *La scienza dell'uomo nel '700*, Laterza, 1970; Keith Thomas,
Man and the Natural World: Changing Attitudes in England 1500-1800, Allen Lane,
1983; Christopher Fox, Roy Porter, Robert Wokler（eds.），*Inventing Human Sci-
ence*, ed., University of California Press, 1995. 最近のものとして，以下参照：
Richard Nash, *Wild Enlightenment: The Borders of Human Identity in the Eighteenth
Century the Borders of Human Identity in the Eighteenth Century*, Virginia U.P., 2003.

2　Jacobus Bontius（Jacob de Bondt），*Historiae naturalis et medicae Indiae Orien-
talis*, 1642, Elzevir, 1658, pp. 84-85.

3　Miriam Claude Meijer, 'The Century of the Orangutan', *New Perspectives on
the Eighteenth Century*, vol. 1, 2004, pp. 62-78.

4　ヤーコブス・ボンティウスは，1627年にバタヴィアで調査をおこない，1631年
同地で死去した。彼の手書きの原稿はオランダに送られて，出版された。『イン
ドの国々の医学』は，インドの病気，薬，植物，動物に関するいくつかの章に
分けられて，1642年に4分冊で出版され，そのなかに，オランウータンも記述
されていた。ウィレム・ピソは1658年に，アメリカの博物学と医学に関する論

279

考（『インドの自然科学と医学に関する問題』〈*De Indiae utriusque re naturali et medica*〉）に，それを付録として添え，新たに二つの書を足して出版した。オランダ東インド会社の医師としてのボンティウスと，ヨーロッパの知の形成に現地の情報提供者がはたした重大な役割については，以下参照：Harold J. Cook, 'Global Economies and Local Knowledge in the East Indies: Jacobus Bontius Learns the Facts of Nature', Londa Schiebinger, Claudia Swan (eds.), *Colonial Botany: Science, Commerce, and Politics in the Early Modern World*, University of Pennsylvania Press, 2007, pp. 100-118.

5　例えばサミュエル・ジョンソンが執筆した *The Dictionary of English Languages*, 1755を参照のこと。ここでは18世紀中葉に，「猿」（monkey）を，「類人猿（ape）・ヒヒ（baboon）・悪たれ小僧（jackanapes）・人間とある程度似ている動物」と定義する。逆にいえば，「類人猿」は，「猿の一種」と記述されているのである。

6　Paulette Dellios, 'A Lexical Odyssey from the Malay World', *Journal of Pidgin and Creole Languages*, vol. 23 (1), 2008, pp. 460-463. 以下も参照：Robert Cribb, Helen Gilbert, Helen Tiffin, *Wild Man from Borneo: A Cultural History of the Orangutan*, University of Hawai'i Press, 2014, pp. 12-13.

7　Haneda Masashi, 'Japanese Perspectives on 'Global History'', *Asian Review of World Histories*, vol. 3 (2), 2015, pp. 219-234.

8　Simon Schaffer, 'Natural Philosophy and Public Spectacle in the Eighteenth Century', *History of Science*, vol. 21, 1983, pp. 1-43.

9　「このサテュロス……は，インド人には『オランウータン』または『森の人』と呼ばれており，アフリカ人には『コイアスモルル』（Quoias Morrou）と呼ばれている」。Nicolaas Tulp, *Observationes Medicae libri tres*, 1641, Elzevier, 1672, book 3, ch. 56, p. 270参照。おそらく，テュルプは出版前にボンティウスの手稿を読んでいたのであろう。テュルプの生涯については，以下参照：Sebastien A. C. Dudok van Heel *et al., Nicolaes Tulp: The Life and Work of an Amsterdam Physician and Magistrate in the 17th Century*, trans. Karen Gribling, Six Art Promotion, 1998. また，サテュロス／オランウータンに関する論争としては，以下参照：Giulio Barsanti, *L'uomo dei boschi: Piccola storia delle grandi scimmie da Aristotele a Darwin*, Università La Sapienza, 2009.

10　Tulp, *Observationes Medicae*, Amsterdam, 1641, p. 272.

11　Ibid., p. 286.

12　Londa Schiebinger, 'The Gendered Ape', Ead., *Nature's Body: Gender in the Making of Modern Science*, Beacon Press, 1994, pp. 75-114.

第11章　啓蒙の時代の論争におけるオランウータン

13　Elizabeth A. Sutton, *Early Modern Dutch Prints of Africa: Transculturalisms, 1400-1700*, Ashgate, 2012, pp. 107-108; Cribb, Gilbert, Tiffin, *Wild Man from Borneo*, pp. 10-19.

14　*Flying Post or The Post Master*, issue 473, London, 21th-24th May, 1698. 以下も参照：Caroline Grigson, *Menagerie: The History of Exotic Animals in England*, Oxford U.P., 2016, p. 52.

15　タイソンに解剖されたこのチンパンジーの骨格は，現在もロンドン自然史博物館に保存されている。

16　Edward Tyson, *Orang-Outang, sive Homo Sylvestris: or, the Anatomy of a Pygmie Compared with that of a Monkey, an Ape, and a Man: A Philological Essay Concerning the Pygmies, the Cynocephali, the Satyrs, and Sphinges of the Ancients, Wherein it Will Appear that They Are All either APES or MONKEYS, and not MEN, as Formerly Pretended*, T. Bennett and D. Brown, 1699, pp. 5, 94. 以下も参照：Stephen Jay Gould, 'To Show an Ape', Id., *The Flamingo's Smile: Reflections in Natural History*, Norton, 1985, pp. 263-280; Richard Nash, 'Tyson's Pygmie: the Orang-outang and Augustan 'Satyr'', Raymond Corbey, Bert Theunissen (eds.), *Ape, Man, Apeman: Changing Views since 1600*, Leiden University, 1995, pp. 51-62. タイソンの生涯として参照すべき文献は，現在も，Francis Ashley Montague, *Edward Tyson, M.D., F.R.S. 1650-1708 and the Rise of Human and Comparative Anatomy in England*, American Philosophical Society, 1943である。

17　Tyson, *Orang-Outang*, pp. 7, 25, 52, 57.

18　Ibid., p. 42. ただし，タイソンは自身の著述を始めるにあたって，以下のとおり明記している。「それでも，私は，決してオランウータンを種の混交の産物と見ているわけではない。それは『本質的に野蛮な動物』であり，類人猿の『一種』にすぎない」（p. 2。引用中の強調は本文のまま）。

19　Ibid., p. 55.

20　Buffon, *Histoire naturelle générale et particulière*, 36 vols, Imprimerie Royale 1749-1789, vol. 14, 1766, pp. 62-66. Robert Wokler, 'Tyson and Buffon on the orang-utan', *Studies on Voltaire and the Eighteenth Century*, 155, 1976, pp. 2301-19; Claude Blanckaert, 'Contre la method: Unité de l'homme et classification dans l'anthropologie des Lumières', Claude Calame, Mondher Kilani (eds.), *La Fabrication de l'humain dans les cultures et en anthropologie*, Payot, 1999, pp. 111-126を参照。

21　Linnaeus, *Systema Naturae per Regna Tria Naturae, Secundum Classes, Ordines, Genera, Species*, L. Salvii, 1766, vol. 1, p. 24. リンナエウスは，トログロダイトや

「夜人」を，ホモサピエンス（「昼の」〈diurnus〉）から分けて考えたが，霊長目の第二属に分類される類人猿とも区別した。

22　Giorgio Agamben, *The Open: Man and Animal*, Stanford U.P., 2004, p. 24.

23　Linnaeus, *Menniskans Cousiner*, Telemak Fredbärj (ed.), Ekenäs, 1955, pp. 4 ff.; Id., *Fauna svecica*, 1746, L. Salvii, 1761, pp. 3ff.; Linnaeus to Johann Georg Gmelin (14 February 1747), in Johann Georg Gmelin, *Reliquias quae supersunt commercii epistolici cum Carolo Linnaeo, Alberto Hallero, Guilielmo Stellero et al.*, Stuttgartiae: Typis C. F. Heringianis, 1861, p. 55. 以下も参照：Lisbet Koerner, *Linnaeus. Nature and Nation*, Harvard U.P., 1999, pp. 87 ff.; Agamben, *Open*, chap. 7.

24　以下参照：Philip R. Sloan, 'The Buffon-Linnæus Controversy', *Isis* 67: 3, 1976, pp. 356-375; Theirry Hoquet, *Buffon/Linné: Éternels rivaux de la biologie?*, Dunod, 2007; Giulio Barsanti, 'Linné et Buffon: deux visions différentes de la nature et de l'histoire naturelle', Thierry Hocquet (ed.), *Les fondements de la botanique. Linnéet la classification des plantes*, Vuibert, 2005, pp. 103-130.

25　Buffon, *Histoire naturelle*, vol. 3, p. 491; vol. 4, pp. 90 ff , vol. 14, pp. 30-32.

26　Ibid., vol. 14, pp. 30-32. 以下参照：Winthrop D. Jordan, *White over Black: American Attitudes toward the Negro, 1550-1812*, University of North Carolina Press 1968, p. 229.

27　*London Post and General Advertiser, September*, 1738.

28　Maxime Berg, Elizabeth Eger (eds.), *Luxury in the Eighteenth Century: Debates, Desires and Delectable Goods*, Palgrave Macmillan, 2002. また，同書のカヴァーも参照のこと。スコタンの銅版画の背景に，類人猿の平和な家族の情景と弓を手にするアフリカ人を対比しているが，このことは，アフリカ人がチンパンジーに比して暴力的であることを示唆している。

29　マダム・チンパンジーに焦点をあてた18世紀の記述に関する詳細な分析については，以下参照：George S. Rousseau, 'Madame Chimpanzee', Id., *Enlightenment Crossings: Pre- and Post-Modern Discourses Anthropological*, Manchester U.P., 1991, pp. 191-209.

30　Buffon, *Histoire Naturelle*, vol. XIV, 1766, p. 53.

31　Thomas Boreman, *A Description of Some Curious and Uncommon Creatures... for the Entertainment of Young People*, Richard Ware, 1739, p. 24. これは，ボアマンが，リチャード・ウェアとトマス・ゲームとともに9年前に出版した『300匹の動物に関する記述』の補遺である。この本はベストセラーとなり，19世紀末までに38版を重ねた。ボアマンの子ども向け動植物に関する本については，以下参

照：Harriet Ritvo, 'Learning from Animals. Natural History for Children in the Eighteenth and Nineteenth Centuries', *Children's Literature*, vol. 13, 1985, pp. 72–93. また，以下も参照：Laura Brown, *Homeless Dogs & Melancholy Apes: Humans and Other Animals in the Modern Literary Imagination*, Cornell U.P., 2010, pp. 53–54.

32　Boreman, *A Description of Some Curious and Uncommon Creatures*, p. 25. 以下も参照：Londa Schiebinger, 'Nature''s Body Wronged', Ead., *Nature's Body*, pp. 201–212.

33　ヨーロッパで増加する類人猿への需要に対応できないことは，コルネリウス・ド・ポーの著書『アメリカ人に関する哲学的考察』(*Recherches philosophiques sur les Américains*) のなかではっきりと述べられている (Cornelius de Pauw, *Recherches philosophiques sur les Américains*, Preface by Michèle Duchet, reprint of the London 1774 ed., 3 t., Jean-Michel Place (Les cahiers de Gradhiva, 16), 1990, t. 2, vol. 1, ch. 1, p. 5)。

34　彼女のロンドンでの生活の逐一詳細を拡散していた各種新聞は，彼女の死因とスロウンの所見にもおおいなる注意をはらった。以下参照：Rousseau, 'Madame Chimpanzee', pp. 202–203.

35　ここでは上記の問題に関する重要な側面について議論を展開できないが，以下参照：Schiebinger, 'The Gendered Ape'; several articles in Sarah Knott, Barbara Taylor (eds.), *Women, Gender and Enlightenment*, Palgrave Macmillan, 2005; Silvia Sebastiani, *The Scottish Enlightenment: Race, Gender and the Limits of Progress*, Palgrave Macmillan, 2013, ch. 5.

36　Edward Long, *The History of Jamaica, or, General Survey of the Ancient and Modern State of That Island: With Reflections on Its Situation, Settlements, Inhabitants, Climate, Products, Commerce, Laws, and Government*, 3 vols., T. Lowndes, 1774, vol. 2, book III, p. 383.

37　James Burnett, Lord Monboddo, *Of the Origin and Progress of Language*, 6 vols., Edinburgh: Balfour, and London: Cadell, 1773–1792, vol. I, 2nd ed., 1774, pp. 347–348.

38　以下参照：John W. Cairns, 'After Somerset: The Scottish Experience', *The Journal of Legal History*, vol. 33, No. 3, 2012, pp. 291–312; Id., 'Stoicism, Slavery, and Law: Grotian Jurisprudence and Its Reception', *Grotiana (New Series)*, vols. 22/23, 2001/2002, pp. 207–242; Emma Rothschild, *The Inner Life of Empires: An Eighteenth-Century History*, Princeton U.P., 2011, pp. 91–96.

39　Edward Long, *Candid Reflections upon the Judgement Lately Awarded by the Court of King's Bench, in What is Commonly called The Negroe Cause, by a Planter,*

Lowndes, 1772, p. iii。引用中の強調の「　」は，原文にもとづく。

40　この点に関するその後の展開と関連する研究についての参考文献としては，以下参照：Silvia Sebastiani, 'Challenging Boundaries: Apes and Savages in Enlightenment', *Simianization: Apes, Gender, Class, and Race*, Wulf D. Hund, Charles W. Mills, Silvia Sebastiani（eds.）, Lit Verlag, 2015, pp. 105-137.

41　4人の裁判官がナイトに否定的な判断をくだしたのに対して，8人の裁判官はナイトの主張を認めた。モンボッドのほか異議を唱えたのは，コヴィントン卿・エリオック卿・プレジデント卿であった。以下参照：John W. Cairns, 'The Definition of Slavery in Eighteenth-Century Thinking: Not the True Roman Slavery', *The Legal Understanding of Slavery: From the Historical to the Contemporary*, Jean Allain（ed.）, Oxford U.P., 2012, pp. 61-84.

42　同時代人の所見として，以下参照：James Boswell, *The Journal of a Tour to the Hebrides, with Samuel Johnson*, Henry Baldwin, 1785, pp. 82 ff.

43　Ibid., xvii-xviii.

44　オランウータンに関するルソーの議論をここで詳しく論ずることはできないが，1755年に刊行された彼の『人間不平等起源論』（*Discours sur l'origine de l'inégalité parmi les hommes*）の注10参照。また，この分野について研究はふえているが，とくにロバート・ウォクラー（Robert Wokler）の先駆的な業績として，とくに以下参照：Robert Wokler, 'Perfectible Apes in Decadent Cultures: Rousseau's Anthropology Revisited', *Daedalus*, vol. 107, 1978, pp. 107-134; Christopher Frayling との共著，'From the Orang-utan to the Vampire: Towards an Anthropology of Rousseau', *Rousseau after 200 Years: Proceedings of the Cambridge Bicentennial Colloquium*, R. A. Leigh（ed.）, Cambridge U.P., 1982, pp. 109-129.

45　Monboddo, *Origin and Progress of Language*, vol. 1, 2nd ed., chaps. 4 and 5. 引用は，347-348頁部分の題字に書かれている箇所に対応している。

46　Monboddo, *An Account of a Savage Girl, Caught Wild in the Woods of Champagne. Translated from the French of Madam H-T*, Kincaid, Bell, 1768, "Preface, Containing Several Particulars Omitted in the Original Account", pp. iii-xviii; Id., *Antient Metaphysics, or the Science of Universals*, 6 vols., Edinburgh: Balfour and London: Cadell, 1779-99, vol. 4, 1796, Appendix, pp. 403-408. 以下も参照：Julia Douthwaite, 'Rewriting the Savage: The Extraordinary Fictions of the "Wild Girl of Champagne"', *Eighteenth-Century Studies*, vol. 28, No. 2, 1994-95, pp. 163-192; Ead, *The Wild Girl, Natural Man, and the Monster: Dangerous Experiments in the Age of Enlightenment*, University of Chicago Press, 2002, pp. 11-69.

47 Iain Maxwell Hammett, 'Lord Monboddo's Of the Origin and Progress of Language: Its Sources, Genesis and Background, with Special Attention to the Advocates'Library', PhD dissertation, University of Edinburgh, 1985, p. 212.

48 Monboddo, *Origin and Progress of Language*, vol. 1, 2nd ed., p. 144. 引用中の強調の「」は，原文にもとづく。また同書 Preface, p. xvii 参照。

49 この論点は，彼の同時代人と続く世代の学者たち双方にほとんど黙殺されてきた。しかし，以下参照：Dror Wahrman, *The Making of the Modern Self: Identity, Culture in Eighteenth-Century England*, Yale U.P., 2004, pp. 136 ff.

50 Aaron Garrett, 'Human Nature', Knud Haakonssen (ed.), *The Cambridge History of Eighteenth-century Philosophy*, Cambridge U.P., 2006, p. 183.

51 以下参照：James Beattie to Beilby Porteus, 17 December, 1779, William Forbes, *An Account of the Life and Writings of James Beattie*, 2 vols. E. Roper, 1824, vol. II, pp. 64-65. スコットランドの炭鉱夫と塩鉱夫の（部分的な）解放は，1775年に制定法によって定められ，彼らの完全な自由は，1799年に認定された。以下参照：Christopher A. Whatley, 'Collier Serfdom in Mid-Eighteenth-Century Scotland: New Light from the Rothes MSS', *Archives*, vol. 22, 1995, pp. 25-33; Id. 'The Dark Side of the Enlightenment? Sorting Out Serfdom', T. M. Devine, J. R. Young (eds.), *Eighteenth-Century Scotland: New Perspectives*, Tuckwell Press 1999, pp. 259-274.

52 他のスコットランド啓蒙主義文人との間の論争は，直接的であった。以下参照：John Cairns, 'John Millar and Slavery', Neil Walker (ed.), *MacCormick's Scotland*, Edinburgh U.P., 2012, pp. 73-106.

53 Monboddo, *Antient Metaphysics*, vol. 3, pp. 144-145, note. 以下も参照："Negroe Cause, 15.1.1778", MS, Advocate Library, Edinburgh, Session papers, collected by John Maclaurin, Lord Dreghorn, vol. 49, p. 12. ここで，モンボッドの直接の論敵は，デイヴィッド・ヒュームである。彼は奴隷制を批判しつつも，黒人を劣った人種とみなしていた。以下参照：Sebastiani, *The Scottish Enlightenment*, ch. 1, 4.

54 Long, *History of Jamaica*, vol. 2, p. 364.

55 *The Monthly Review*, vol. 80, p. 685. 引用中の強調の「」は，原文にもとづく。

56 Petrus Camper, 'Account of the Organs of Speech of the Orang Outang', *Philosophical Transactions*, vol. 69, 1779, pp. 139-159.

57 「人類」と「類人猿」の区分に関するカンパーの考えについては，さらに深く分析されるべきである。これについては，以下参照：Miriam C. Meijer, *Race and Aesthetics in the Anthropology of Petrus Camper, 1722-1789*, Rodopi, 1999.

285

58 ここでは，この議論を詳しく検討することはできないが，アバディーンの道徳哲学者たちの間でこの論点が展開されたことに関して，拙著 *Scottish Enlightenment*, chap. IV 参照。

59 Claude Blanckaert, 'Produire l'être singe: Langage du corps et harmonies spirituelles', *Annales historiques de la Révolution française*, vol. 377, No. 3, 2014, pp. 9–35.

第12章
史上初のグローバル・カンパニーとしての
オランダ東インド会社

島田竜登

Shimada Ryūto

はじめに──グローバル化の諸段階

　昨今，グローバル・ヒストリーなるものの重要性が喧伝されているが，そもそもグローバル・ヒストリーがどのようなものであるのかは，明白ではない。本書におさめられている各論者の間でも，グローバル・ヒストリーの定義はさまざまであろう[1]。読者は困惑するかもしれない。大方，論者の間で合意がえられる唯一のことは，近年の社会のグローバル化を反映して，地球規模といった視点から新たに歴史を考察するというのが歴史学における一課題として求められているということだけであろう。そもそも，電子メール，さらにはツイッターなどのソーシャル・ネットワーキング・サービスは，情報といったものの概念を大きく変えつつある。これまで新聞やテレビで一方的に情報が伝えられたていた状況を変え，世界の多くの人々が，個人ベースで世界に情報を発信し，選択的に情報を受け取ることが可能となったのである。さらには，格安航空会社の発達は，人々の国際的な移動を可能にしつつある。先進国の人々だけでなく，中進国における中産階級の人々にも海外旅行の機会を与えている。結果として，世界の多くの人が国境をこえて旅行し，背景とする文化の異なる人々同士が直接に交流する機会をえることが可能となり，それが普通のこととなってきた。このような一般市民のレベルでの直接のグローバル化が，歴史の見方にも影響を与えるようになってきているといえるのである。

　グローバルという言葉が示すように，グローバル・ヒストリーの本質は，地球規模的な視野に立っての歴史学研究ないしは歴史叙述といえるであろう。もちろん，この言い換えは極めて曖昧である。というのも，「地球規模」とは，どのような意味にもとれるからである。「地球」そのものの歴史を指し示すこともできるだろうし，歴史というものを「地球規模」的な「見地」から考えるということと理解するのもできる。一般的に，後者の定義のほうがより多くの賛同をえられるかもしれない。しかし，「地球規模的な見地」と

いってもそれはそもそもどうすることなのか，人によって解釈は異なるであろう。しかも，「世界史」ではなく，「グローバル・ヒストリー」としなければならないと主張するのなら，地球が球体であることをより強調したものこそがグローバル・ヒストリーであると理解しなければならない。1枚の世界地図がイメージさせる「世界史」とは違って，地球儀から物事を見通す視点とでもいえるであろうか。そうであるならば，例えば，温暖化なり，感染症の伝播などといったテーマは，グローバル・ヒストリーにふさわしいテーマであるということになるのかもしれない。

　ところで，グローバル・ヒストリーのあつかうテーマのうち，一つの主流のテーマは，グローバル化の過程を吟味するものである。とはいえ，グローバル化の開始時期がいつから始まるかということについて，共通の理解は存在しない。あえて分類するならば，開始時期はおもに四つに分かれる。第一には人類がアフリカに誕生し，アフリカから各地へと移動を開始する5万年前をグローバル化の開始時期ととらえる見方である。第二には，いわゆる大航海時代の始まりである15世紀末とする見方である。「旧大陸」と「新大陸」が実質をともなって接合した時期をグローバル化の最初ととらえるものである。第三には，19世紀後半になり，産業革命の世界的伝播によってグローバル化が始まったとするもので，蒸気船や電信の普及について言及することがしばしばである。第四には，第二次世界大戦後に本格的なグローバル化が進展したとする見方もある。そのほか，13世紀におけるモンゴル帝国の拡大をグローバル化の先駆けと考える論者もある。しかしながら，モンゴル帝国がいかに巨大な地域を支配したとはいえ，その範囲はユーラシア大陸にかぎられるのであり，地球規模的な活動であったとは到底いえないであろう。したがって，モンゴル帝国の拡大をグローバル化の開始時期としてとらえるにはいささかの戸惑いがあることはかくせない。

　もっとも，グローバル化のプロセスを詳細に明らかにすることだけが課題であるわけではない。上記の四つないしは五つのグローバル化の開始時期は，むしろグローバル化にはいくつかの段階があったということを示しているように考えることもできよう。歴史上，グローバル化はいくつかの時期において，より急激なスピードで進んできた。そして，これらのステップをへて創出された社会のグローバル化の諸相は，現在まで本質的には継続しているのである。換言すれば，現在のグローバル社会は，複数のグローバル化のレ

イヤーから成り立っている。そして，各レイヤーは歴史的な段階において，それぞれがつくり出されてきたものである。したがって，各レイヤーの社会的変容について歴史的に分析することは，現在のグローバル社会を歴史的に解明することということになり，グローバル・ヒストリー研究の一大課題となりうるであろうということになる。

　さて，いささか前置きが長くなったが，本章では，現在の社会を構成するグローバル化レイヤーの一つをなしている大航海時代の始まりを契機とする15世紀末から19世紀半ばにいたる間に形成された社会変容を析出して，グローバル・ヒストリーについて論じることにしてみよう。具体的には，史上初のグローバル・カンパニーとしてのオランダ東インド会社を明らかにすることであり，加えて，このオランダ東インド会社の残した記録をグローバル・ヒストリー研究の史料として使うことの有用性を論じることである。筆者はかつて，近世日本で産出された銅についてのオランダ東インド会社による国際的な流通について研究し，これを一つのグローバル・ヒストリーとして紹介したことがある[2]。オランダ東インド会社によるモノの貿易をとらえることが，グローバル・ヒストリーとなりうることを示したわけであるが，今回はオランダ東インド会社自体がグローバル・ヒストリー研究の対象となりうることを示したいと考えるのである。

1. オランダ東インド会社

特徴

　1602年，オランダ東インド会社は設立された。1590年代後半にオランダ各地に設立されていたアジア貿易を専門とする諸会社（先駆諸会社）を，過当競争を防ぐ目的で統合させたものであった。オランダ連邦議会の特許をえて設立された特許会社であり，オランダ国内では，この会社以外にヨーロッパとアジアとを結ぶ貿易は許されなくなったので，この意味でオランダ東インド会社は独占会社でもあった。

　オランダ東インド会社については，これまで日本語でもさまざまな概説書が出版されてきたが[3]，一般的に，このオランダ東インド会社は次の特徴を備えていたと解釈されている。第一に，永続性をもたせた会社組織となっていたことである。これまでのアジア貿易を専門とするオランダの会社や，1600年に創設されたイギリス東インド会社は，航海ごとに清算することにな

289

っていたが，オランダ東インド会社の場合は，利益を内部に留保させ，再投資に用いることになったのである。第二には株式の譲渡の自由である。株式が証券化されるにはいたらなかったが，株式は自由に売買され，新旧の株式所有者は，その取得を会社に届ければよいこととなった。第三は，有限責任制の導入である。一般の株主はもちろん，取締役も出資額以上の負担を負う義務からまぬがれるようになった。

　第四は，オランダ連邦議会から与えられた大幅な権限の譲渡である。喜望峰の東からマゼラン海峡の西という海域において，この地域とオランダ本国とを結ぶ貿易独占権のほか，条約締結や要塞構築，自衛戦争，貨幣鋳造といった国家に類するさまざまな特権が付与された。第五の特徴は，本社や社長が存在しないことである。本社は存在せず，会社はオランダ国内の六つの主要都市（アムステルダム・ミッデルブルフ・エンクホイゼン・デルフト・ホールン・ロッテルダム）に支部をおいた。これは，先に述べたように，オランダ東インド会社はそれまでにオランダ国内に乱立していたアジア貿易会社を統合したことに由来するものである。本社をおかず，年に3シーズン，各支部の代表者をアムステルダムないしはミッデルブルフに集め，最終的な会社の意思決定をおこなった。社長という1人の人物に会社を代表させることはせず，会社の意思決定は，この年間3シーズンの会合という集団での意思決定に依存したことは，かなり特徴的である。この会合は17人会と呼ばれ，その名のとおり，各支部からの代表者の合計17人で構成されていた。また，この17人会のメンバーを選出する母体は，全体で約60人からなる取締役たちで，彼らは六つの各支部に所属していたのであった。

　このような特徴をもつオランダ東インド会社は，一般には史上初の株式会社であると考えられることが多い。もっとも，大塚久雄によれば，史上初の株式会社はオランダ東インド会社ではなく，1657年のクロムウェルの改革後のイギリス東インド会社ということになる。大塚にとって近代的な株式会社とは，株主が出資比率ごとに会社の意思決定にかかわる「民主的」な組織ということであり，1株1票を認める株主総会の存在しないオランダ東インド会社は，近代的な民主的意思決定のシステムをもつ株式会社が誕生する前に存在した，寡頭的な意思決定システムしかもたぬ過渡的な会社組織であることにすぎなかったのである[4]。

アジア内部での組織構成

　さて，17人会を頂点とするオランダ東インド会社は，アジア内部において
もヒエラルキー構造をもった組織をつくり上げていった。オランダ本国での
17人会の監督のもと，アジア内部での最高意思決定機関はバタヴィア総督府
に設置された東インド評議会であった。形式的にはバタヴィア（現在のジャ
カルタ）に駐在したオランダ東インド総督がアジア内部で最高の地位にあっ
たが，意思決定はこの総督と他の上級幹部からなる東インド評議会で決定さ
れたのである。バタヴィア総督府には，総督の事務組織として経理局などが
設置されたほか，会社職員らを対象とする裁判所があった。また，のちに述
べるようなバタヴィア市政を担当するバタヴィア市参事会がおかれていたの
である。

　加えて，バタヴィア以外のアジア各地には，バタヴィア総督府の下に，商
館区が設置された。例えば，日本やシャム（現在のタイ），コロマンデル（イ
ンド亜大陸東南部海岸部）といった商館区である。こうした商館区には主商
館がおかれるとともに，その隷下に，副商館や出張所を設置することもあっ
た。日本商館区の場合は，長崎出島に主商館がおかれた期間には，他に副商
館などをもたなかったが，シャムの場合，アユッタヤーに主商館がおかれる
とともに，リゴール（ナコーンシータンマラート）やパタニに副商館が設けら
れることもあった。また，コロマンデル海岸の場合は，プリカットやナーガ
パッティナムに主商館が設置されたほか，特産物である綿織物の集荷を実施
するために無数の副商館や出張所が海岸沿いの各地や内陸部に設置されてい
たのであった。こうした主商館には，そのトップの地位にある長官や商館長
などがバタヴィア総督府の監督下で任命されたが，意思決定には，それら各
地の主商館の幹部からなる会合で合議による意思決定がなされた。副商館と
いえども合議で意思決定することは主商館と変わらなかった。

　かくのごとく，アジア内部ではバタヴィアの東インド総督のもとにヒエラ
ルキー構造をもった組織と職員配置がなされており，極めて組織立った意思
決定とガヴァナンス，さらには情報の伝達システムを備えていたオランダ東
インド会社であったが，こうした確固とした組織を基盤として，海域ユーラ
シアにおいて大規模な貿易網を構築していった。オランダ本国やアフリカ大
陸最南端のケープタウン，さらにはバタヴィアをはじめ，日本の長崎から東
はイラクのバスラやアラビア半島のモカへといたる広範な海域アジア各地に

さまざまな規模の商館を設置したのである。

貿易の形式

　これら各地の拠点を結ぶ貿易は無数であったが，おもに二つのタイプの貿易がなされていた[5]。一つは，オランダ本国とアジアを結ぶ貿易，すなわちヨーロッパ・アジア間貿易（Euro-Asian trade）である。これは，会社設立時の本来の目的にそった貿易であった。オランダ本国からは，アメリカ大陸よりヨーロッパへと流入した銀をおもに輸出し，アジアからはヨーロッパの消費市場が望む商品を送り出す。初期には胡椒をはじめとした香辛料がヨーロッパ市場向けアジア商品の中心をなしたが，時間の経過とともに，それも変化した。砂糖，綿織物，コーヒー，茶などもオランダ本国に向けて多量にアジアから輸出されることになったのであった。

　もう一つのタイプの貿易は，いわゆるアジア域内貿易（intra-Asian trade）であり，これは日本語でアジア間貿易と呼ばれることもある。アジア各地に設置した商館網は，本来はヨーロッパ市場向けの商品入手のためであったが，せっかくではあるのでアジア各地を結ぶ貿易にも従事することにしたのである。オランダあるいはポルトガルがアジアに進出する以前から海域アジア内部での域内貿易はさかんであり，オランダ東インド会社はこのアジア域内貿易というビジネスにも参入することにしたのである。アジア域内貿易はオランダ東インド会社に大きな利益をもたらすことになった。端的にいえば，オランダ本国からもち出す銀の量を節約することに貢献したのである。オランダからもち出された銀は，いったんアジア域内貿易に投下され，そこでえた利益は元手とともに，ヨーロッパ市場向けのアジア商品購入の資金とすることができるようになったのであった。

　ちなみに，こうしたヨーロッパ・アジア間貿易とアジア域内貿易との接合を一つの組織で実現できたのは，オランダの東インド会社だけであった。イギリスやフランスの東インド会社は資金不足から生じる所有船舶数の不足や軍事力の相対的弱さなどのため，一社で二つのタイプの貿易を実施することはできなかったのである。まさしく，オランダ東インド会社は，最大規模の地理的範囲で貿易をおこなっていたのであり，この点からみても，オランダ東インド会社は，大航海時代になってようやく可能となった史上初のグローバル・カンパニーと位置付けることも可能な組織なのであった。

292

2. 会社にかかわる人々

多様な民族構成

　オランダ東インド会社を史上初のグローバル・カンパニーと考えるもう一つの理由は，会社にかかわった人々が，極めて多様であるということである。とくにアジア内部では，オランダ人職員だけではなく，さまざまな文化的バックグラウンドをもつアジア人がオランダ東インド会社の活動にかかわっていたのであった。

　オランダ東インド会社職員の中心をなすのはおもにオランダ人職員である。上級幹部はオランダ出身者がほとんどであったが，下級船員や軍人などは，ドイツ諸国やスウェーデンなどオランダ国外の出身者も多かった。日本に滞在したオランダ東インド会社の職員で，日本に関する著作を残した人物として，例えばケンペルやツンベルクは有名であるが，ケンペルはドイツ人，ツンベルクはスウェーデン人であった。そもそも，当時，アムステルダムを中心とするオランダ経済はヨーロッパ内でもっとも発展しており，それゆえに賃金も高騰し，低賃金であった下級船員などをオランダ国内で確保するのは容易なことではなかった。それゆえ，オランダ東インド会社はヨーロッパ各地に人を派遣して人員のリクルートに努めていたのである。また，バタヴィアなどのオランダ東インド会社が支配する植民都市で出生したオランダ人，あるいはオランダ人を父とし，現地人女性などを母とする混血児の職員や船員などもいたのであった。

　こうしたオランダ人をはじめとするヨーロッパ人ばかりでなく，オランダ東インド会社は多数のアジア現地人従業員を採用したり，アジア人奴隷を所有していたりしていた。アジア人従業員はとくに下級船員や下級軍人などとして採用されていたのである。例えば，バタヴィアからオランダ本国向けの船舶に船員として中国系の従業員が乗り組むことさえあった。また，オランダ船にインドのグジャラート出身のムスリム船員がチームを組んで乗り込むこともあり，会社側も彼らに対して，宗教的に配慮した食料を提供するように努めていたのである[6]。さらに，オランダ東インド会社は，会社としてアジア人奴隷を所有し，肉体労働者として使役していたのであった。

　さて，表1（294頁参照）は，1687/88年度におけるアジア人従業員数と奴隷数を推計したものである。具体的人数を記録する文書はかぎられており，

表1　オランダ東インド会社のアジア人従業員・奴隷数
1687/88年度

商館区	現地人職員（人）	奴隷（人）
マラバール	168	32
セイロン	1,364	1,502
アンボン	80*	74
バンダ	47	166
テルナーテ	18	0
ペルシア	35	0
ベンガル	228	0
スーラト	150*	0
マカッサル	3	112
ティモール	15*	62
コロマンデル	784	0
マラッカ	5	161
スマトラ（パダン）	30*	128
シャム	22	0
パレンバン	26	60
バタヴィア	600*	1,430
バンタン	10	18
日本	10	0
トンキン	8	0
アモイ	2	0
合計	3,605	3,745

出典：Gaastra, S. Femme, *The Dutch East India Company: Expansion and Decline*, Walburg Pers, 2003, p. 95.
註：＊印は Gaastra による推計値。なお，奴隷の合計数について Gaastra は2,384人としているが，上記のとおりに訂正した。なお，1687/88年度とは，原則として1687年9月1日から翌年8月末日までを期間とする。

本表は支給給与額などから人数を推計した分も含まれている。さて，本表から分かるように，当該年度には，アジア全体で3600人程度のアジア人従業員をオランダ東インド会社はかかえ，その数を若干上回る数のアジア人奴隷を会社が所有していたのである。地域的な差はとくに大きく，おもにバタヴィアとセイロンにアジア人従業員やアジア人奴隷が集中していた。これは，バタヴィアと，セイロン商館区の主商館所在地であったコロンボは，オランダ東インド会社の支配する二大植民都市であり，会社の貿易業務上の二大拠点でもあったことに由来する。また，アジア人従業員はいずれの商館区でも採用されており，少なくとも給与が支給されるアジア人が存在したことは確かなのであるが，一方，奴隷を所有していない商館区も存在する。日本がその

294

第12章 史上初のグローバル・カンパニーとしてのオランダ東インド会社

一例であるが，これは会社の所有するアジア人奴隷が配置されていなかっただけであり，後述するように，オランダ人職員が私的に所有する奴隷がそのような商館区に存在していたことを否定するものではない。

なお，同年度，バタヴィアにいた会社のヨーロッパ人従業員は次のとおりである。すなわち，職員205人，船員143人，兵士1803人，その他490人で，合計2641人であった。また，アジア全域（ケープタウンを含む）では，職員877人，船員1413人，兵士7806人，その他1455人で，合計 1 万1551人であった[7]。いずれにせよ，数の面で，オランダ東インド会社の構成員のうちアジア人の従業員や奴隷の比率は意外に高く，アジア人なしでは会社の運営が不可能であるほどであったことが容易に理解できるであろう。

植民都市の支配──バタヴィアの場合

ところで，オランダ東インド会社がかかわったアジア人は，なにも会社のかかえる現地採用アジア人従業員や会社所有のアジア人奴隷にかぎったわけではなかった。会社が支配し，経営する植民都市では，直接には会社の関係者とはいえない自由身分や奴隷身分のアジア人の都市住民とも会社はかかわらざるをえなかったのである。こうした植民都市としては，先に述べたように，バタヴィアやコロンボがあったが，ここではバタヴィアについて検討しておくことにしよう[8]。

バタヴィアの人口データを見ると，驚くほどに，都市バタヴィアがマルチ・エスニックな様相を呈していたことが分かる。1673年，バタヴィアの都市部の人口は 2 万7068人であった。その内訳は，オランダ人 8 ％，ユーラシアン 3 ％，中国人10％，マルデイケル（アジア系ポルトガル人）20％，モール人（インド系ムスリム）・ジャワ人 5 ％，マレー人 2 ％，バリ人 4 ％，さらに奴隷身分のアジア人が50％を占めたのであった（比率の合計は四捨五入のため100％とはならない）[9]。混血児であるユーラシアンを含めてもヨーロッパ人の比率は，人口の10％程度にすぎず，あらかた人々はアジア系であったのである。また，本来，バタヴィアの地は，オランダ東インド会社による当時のカテゴリーによれば「ジャワ人」の居住する地ではあるが，ジャワ人の比率は極めて少なく，最大でも 5 ％であった。結局のところ，植民都市は数の面では外来アジア人が多数居住する都市であったということになる。しかも，こうした外来アジア人には中国系が多かったが，決して多数を占めたわけで

295

はない。むしろ，重要なことは，東南アジア島嶼部を中心に，東アジアや南アジアからの移住者やその子孫たちもバタヴィアに居住していたことである。

　このようなマルチ・エスニック社会を支配するオランダ東インド会社は，その支配にあたり，エスニシティー間の摩擦をできるだけ少なくし，多民族共存の社会を構築する工夫を凝らしていた。さもなければ，1740年に生じた華人反乱・虐殺事件で１万人ともいわれる中国系の人々が殺されるという事態を引き起こしかねないからであった。具体的には主として次の三つの工夫があった。第一には，民族別の居住区の設定である。総督府のあるバタヴィア城のある中心部には，オランダ人をはじめとしたヨーロッパ人居住区を設定し，そのまわりにはアジア系ポルトガル人，インド系ムスリム，さらには中国人といった民族別の居住区を配置した。これらの居住区を象徴する建物の一つとして宗教施設があった。現在でも，オランダ系教会，ポルトガル系教会，インド系ムスリムによるワクフを基礎とするモスク，中国系仏教寺院などが残っている。

　第二には，民族別の自治を一定程度認めていたことである。カピタン制度はバタヴィアの民族別自治を象徴する制度であり，この制度のもとで，中国人をはじめ，多様なエスニシティーごとの自治がおこなわれた。民族別のマヨール，カピタン，ルイテナント等の役職には，各民族の頭目たちをオランダ当局が任命し，彼らを中心に民事裁判などでの自治を担当させたのである。また，同じく民族別自治に関連する事柄として，バタヴィア市参事会への非ヨーロッパ人の参加を認めたことがあげられよう。この市政を担当する合議機関の構成員に中国系やインド系ムスリムを登用することも認めたのであった。

　さらに，第三には，言葉の問題である。行政用の言語としてはオランダ語があったが，共通語としてはポルトガル語，のちにはマレー語が広範に使われ，これらの言語の使用が認められてきた。支配者層に属するオランダ人でも，自らが私的に所有する奴隷との会話などのために，マレー語を習得することもめずらしくはなかったのである。

　とまれ，オランダ東インド会社の内部構成員は多民族からなっていたばかりでなく，このようなマルチ・エスニシティー的な植民都市社会の維持やその発展のためにも，オランダ東インド会社は組織として力をつくさなければならなかった。さもなければ，会社の維持はままならない。これらの点は

疑うべくもなく，オランダ東インド会社が最初のグローバル・カンパニーであったことの証左でもあるといえるだろう。

3．長崎出島のアジア人

長崎出島における内部構造

　さて，マルチ・エスニック性をおびていたオランダ東インド会社の内部構造をより具体的に検討するために，目を長崎出島に転じてみよう。江戸時代の日本はいわゆる「鎖国」下にあった。日本国内で外国人が貿易のために滞在できる場所はかぎられていたが，長崎はそうした場所を代表する都市であり，唐船貿易の枠組みで中国人を中心としたアジア人が，蘭船貿易の枠組みでオランダ人を中心としたヨーロッパ人が滞在したとされる。いずれも，男性のみの滞在を許すのであり，遊女文化が栄えた地でもあった。

　オランダ人は長崎出島を借り受け，1641年から幕末まで，出島に滞在し，貿易活動をおこなった。1799年にオランダ東インド会社は解散するが，その後はバタヴィアのオランダ東インド総督府政庁が中心となって長崎出島での貿易を継続させたのであった。出島に滞在するオランダ人については，一般に，15人ほどの商務職員などがいたとされ，彼らのうち1人は商館長に任命された。他の職員は次席，簿記役，書記，荷倉役，勝手方などに職務を分担し，そのほか外科医や大工も滞在した。

　一方，忘れてはならないのは，日本では「黒坊」と呼ばれたアジア人奴隷の存在である。毎年，出島で越年したアジア人奴隷の人数は正確には分からないが，断片的な史料から判断すると，オランダ人の人数よりもオランダ人の連れてきたアジア人奴隷のほうが多かったと考えられる。出島のアジア人奴隷は会社が所有した奴隷ではなかったため，表1にはカウントされてはいない。彼ら奴隷はオランダ人の会社職員たちが私的に所有し，自らの世話をさせることをおもな目的として，バタヴィアから長崎に連れてこられた人々であった。もちろん奴隷も日本に滞在するのは男性にかぎられた。また，私的に所有される奴隷であったために，裕福な職員ほど多くの奴隷をともなって長崎にやってきた。主として商館長の所有する奴隷が多かった。日本側の規則で商館長の長崎滞在は1年間にかぎられたが，商館長によって，そのともなってくる奴隷の人数も大幅に異なっていたのである。

　奴隷の出身地については，オランダ東インド会社の記録を丹念に調べるこ

表2　長崎出島におけるアジア人奴隷の出身地　1781-87年

出身地	奴隷数（人）	％
バタヴィア	17	13.0
ブギス	29	22.1
マカッサル	9	6.9
バリ	13	9.9
スンバワ	12	9.2
マラッカ	1	0.8
ケダ	1	0.8
その他島嶼部東南アジア	33	25.2
シャム	2	1.5
マラバール	1	0.8
スーラト	1	0.8
コロマンデル	1	0.8
ベンガル	2	1.5
不明	9	6.9
合計	131	100.0

出典：島田竜登「一八世紀末長崎出島におけるアジア人奴隷―オランダ東イ
ンド会社の日本貿易に関するひとつの社会史的分析―」鈴木健夫編『地域間
の歴史世界―移動・衝突・融合―』早稲田大学出版部，2008年，358頁。なお，
本表はもともとオランダ国立図書館所蔵日本商館文書（Archief Nationaal,
Archief van de Nederlandse Facotrij in Japan）1475-1489にもとづいている。

とである程度のことが判明する[10]。1781年から1787年にかけて，バタヴィア
から長崎へとやってきたオランダ船のうち，5隻分の乗船員名簿が現存する
からである。この乗船員名簿には，船員のほか，乗客として乗船していた長
崎出島商館に赴任する職員や，彼らのともなっていた奴隷に関する情報が入
手できる。氏名，年齢，出身地などといった情報であり，奴隷については誰
が所有者であったかも判明する。

　表2は，この乗船員名簿に掲載されている奴隷131人分について，出身地
別に人数をまとめたものである。管見のかぎり，全員がアジア出身者であり，
アフリカ出身の奴隷はいなかった。131人のうち，出身地の不明な9人と，
2人のシャム出身者，4人のインド亜大陸出身者を除いた116人は東南アジ
ア島嶼部の出身である。この東南アジア島嶼部出身者のうち，最大がブギス
出身と記されている人々，すなわちブギス人であり，29人を数える。ついで
バタヴィア出身者17人，バリ出身者が13人，スンバワ出身者が12人と続く。
出身地から判断すると，東南アジア島嶼部出身者のうち，バリ出身者13人は
ヒンドゥー教徒，また，バタヴィア出身者の何名かはムスリムでなかったと

第12章　史上初のグローバル・カンパニーとしてのオランダ東インド会社

しても，やはり長崎出島の奴隷の多くは東南アジア島嶼部出身のムスリムであったと考えてよいであろう。日本側の記録にも，彼らがムスリムであったと思われる記述が多数残っていることは，彼らの多くがムスリムであったことが確かであったのを裏付ける。

アジア人奴隷の長崎出島での生活

　彼らアジア人奴隷の長崎での生活はどのようなものであっただろうか。数多く残る，当時の日本人画家たちが描いた出島蘭館図からは，彼ら奴隷が商館員たちへの給仕といった身のまわりの世話やら，家畜の世話などをおこなっていたことが分かるし，奴隷のなかにはバトミントンに興じたり，チェロやラッパやらといった楽器の演奏に秀でていた奴隷もいたりしたことを知ることもできる。一方，オランダ側の記録の一つである長崎オランダ商館日記を読むことで，さらに正確な彼らの長崎での生活が判明する[11]。

　たしかに彼らは商館長を主とする商館員たちに私的に所有された奴隷であったが，会社の業務に使役されることもしばしばあったようである。その代表的な事例として，艀（はしけ）の整備があげられよう。オランダ船はもちろん長崎港内にいわば沖止めされたため，オランダ船が夏に長崎に来航する前に小型船を整備していく必要があった。この小型船である艀の整備という用務は奴隷の職務とされていたのであった。オランダ人に率いられ出島の外で艀の整備をするようすが商館日記にしばしば記されている。また，嵐などで出島の建物が壊れた時には，奴隷たちが応急の補修をおこなっていた。商館日記からは，このような日常的な奴隷の用務が判明するほか，奴隷が関係する事件についての記載もある。時に商館日記に登場する事件は密貿易に関連するものであった。商館の銀のスプーンが紛失したケースや砂糖が倉庫から奪われるケースなどがあり，いずれも奴隷の関与が疑われた。奴隷たちは出島に出入りする日本人港湾労働者と結託して，これらの品々を密かに売りさばいていたのである。

　このような水面下の「貿易」は日本側としても厳禁していたので，事件が明るみになると，オランダ側・日本側それぞれの関係者が処罰されることになる。興味深いのは，日本人の犯罪者は長崎奉行が裁くのであるが，オランダ側奴隷の犯罪者を日本側が処罰することは決してできなかったのである。オランダ商館は密貿易にかかわった奴隷を日本側に引きわたすことはせず，

299

オランダ側の規則に従って商館側で処罰を決め，実行するようにしていた。つまり，属人主義的な裁判と処罰のあり方が日本側当局とオランダ商館側との間で成立していたのであった。

　また，長崎蘭館図にあるように，奴隷のうち，楽器の演奏を得意としていた奴隷がいたことは確実なようである。1792年，長崎商館は奴隷の1人を江戸の将軍のもとに送るように依頼を受けた。これはまったく，将軍徳川家斉の好奇心によるものであったと商館日記には記されている。オランダ商館は費用を負担するならば奴隷を江戸に送ってもよいと返答している。もっとも，奴隷はオランダ語を理解しないので，1人で江戸に赴くことは不可能であり，マレー語を習得しているオランダ人を江戸へ同行させる費用も日本側に求めた。この事例はオランダ人とアジア人奴隷との間の言葉の問題についても一定の解答を与えるものであるともいえよう。しかしながら，この奴隷の江戸行きの旅は長崎奉行が死亡したことで実現はしなかったのであった。

　ともあれ，「鎖国」時代の長崎出島という極めて閉ざされた空間であったが，大航海時代以後の世界のあり方を検討するにふさわしい事例を提供する場所であったといえるであろう。オランダ東インド会社は，アジア各地に根を張ったビジネスを展開することになった。それは会社の内外にさまざまなアジア人との交渉をおこなわなければ，グローバルな環境で展開する業務を遂行しえないという状況におかれていたことを意味する。長崎出島のアジア人奴隷は，会社には直接，所有されることはなかったが，会社には必要不可欠の存在であった。彼らアジア人奴隷が長崎出島商館という会社の内部で不正をおこなったり，日本側と問題を起こしたりした時には，会社は組織として対応しなければならなかったのである。会社の内部はマルチ・エスニックな人的資源から構成され，多文化間で折り合いをつけるという切実な問題を会社に内包していたばかりか，会社の外部に対しても，そうしたマルチ・エスニックな会社を一枚岩として行動させ，うまく適応させていかなければならなかった。その意味でもオランダ東インド会社は，世界の人々の交流が密接となった大航海時代以後というグローバル化された国際社会を象徴する一つの組織体であったといえるのである。

終わりに──オランダ東インド会社と近世世界

　本章はこれまで，とくに史上初のグローバル・カンパニーであったという

第12章　史上初のグローバル・カンパニーとしてのオランダ東インド会社

視点から，オランダ東インド会社についての概観を試みてきた。1602年から1799年にかけて存在したオランダ東インド会社は三つの意味で重要である。第一の重要性は，15世紀末の大航海時代の開始から始まったグローバル化の新たな段階を象徴する存在であったということである。いわゆるコロンブスのアメリカ大陸「発見」を契機として，世界はグローバル化の新たな段階に突入した。近年では世界史的な同時代性を加味して，近代初期すなわち近世（early modern period）と呼ばれる時代の登場である。「旧大陸」と「新大陸」との間でモノや人などが流通・交流し合い始めた。とりわけ，16世紀にアメリカ大陸からユーラシア大陸に多量の銀が流入し始めたことは世界経済にとって大きな変化であった。ヨーロッパに流入した銀の一部はオランダなどの東インド会社船舶によってヨーロッパからアジアへ再輸出された。また，日本はほぼ同時期の16世紀から17世紀にかけて，多量の銀を生産し，これをアジアに輸出したほか，17世紀半ば以降には日本の銅がアジア各地に輸出された。オランダ東インド会社にとって，これら銀や銅を日本から入手することもアジア域内貿易の維持のために欠くべからざるビジネスなのであった。アメリカ大陸や日本の銀なり，銅なりをアジアに輸出することでオランダ東インド会社は利益をえるととともに，世界各地の経済社会は銀などの流通で大きな変貌をとげたのであった。こうしたグローバル化の新たな段階で活躍したのがオランダ東インド会社なのである。

　第二の重要性は，オランダ東インド会社はこうした大航海時代以降の世界的な近世期に，海域ユーラシアをまたにかける貿易で多大な利益をえたばかりでなく，会社の組織構成自体，グローバルな存在であったことである。オランダの東インド会社とはいうものの，オランダ人ばかりか，さまざまなヨーロッパ人がこの会社で働いたほか，とくに多様なアジア人がこの会社にかかわった。会社としても多彩なエスニシティーからなる会社組織の統制に意をはらっていた。ヨーロッパ対アジアという構図ではとらえきれないほど，会社にかかわる人々は多様な民族構成となっていたからである。言葉も，宗教も，服装も，生活習慣も多様である構成員を統括させるために，あらゆる努力を積み重ねることこそ，その大航海時代以降の新たなグローバル化社会を特徴付ける新たな変化のあらわれであった。

　かくして，オランダ東インド会社は近世世界という新たなグローバル化の時代に登場した史上初のグローバル・カンパニーと呼びうる存在であったと

いえるだろうが，第三の重要性はグローバル・ヒストリー研究の材料として
のオランダ東インド会社関連記録についてである。オランダ東インド会社は
海域アジア各地に拠点を設けていたばかりか，極めて強固なヒエラルキー構
造をもった組織体であった。遠距離間の貿易には情報の伝達システムを整え
ることは必要不可欠であったが，こうしたことは強固なヒエラルキー構造を
もつオランダ東インド会社にとっては簡単なことであった。そのため，オラ
ンダ東インド会社が残した記録はアジア各地の歴史史料として重要なのであ
る。利益追求という視点に立ち，体系的な情報の収集に努めていたから，ある
意味，史料批判は容易である。しかも，グローバル化の新たな段階である
近世世界を象徴するような貿易や異文化間交流の事例はオランダ東インド会
社の記録を読むかぎり枚挙にいとまがない。それゆえに，オランダ東インド
会社の記録はグローバル・ヒストリー研究の素材として極めて有効であると
ともに，さらには各地の現地語史料と付き合わせることで，豊かな世界史像
をつくり出す格好の素材ともなりうるのである。

●註

1　筆者もこれまで種々の機会をえて，グローバル・ヒストリーのあり方につい
て検討をおこなってきた。筆者のグローバル・ヒストリーについての理解は以
下の論考を参照されたい。島田竜登「歴史学はすでに『国境』をこえつつある
―グローバル・ヒストリーと近代史研究のための覚書―」『パブリック・ヒスト
リー』8，2011年；島田竜登「グローバル時代の歴史学―グローバル・ヒスト
リーと未来をみつめる歴史研究―」比較文明学会30周年記念出版編集委員会編
『文明の未来―いま，あらためて比較文明学の視点から―』東海大学出版部，
2014年；島田竜登「梅棹忠夫『文明の生態史観』とグローバル・ヒストリー―
歴史叙述の新たなパラダイムを求めて―」『比較文明』第30号，2014年；島田竜
登「モノに問う歴史学―グローバル・ヒストリーの一つの方法―」『比較文明』
第32号，2016年。
2　島田竜登「銅からみた近世アジア間貿易とイギリス産業革命」水島司編『グ
ローバル・ヒストリーの挑戦』山川出版社，2008年。
3　例えば，永積昭『オランダ東インド会社』講談社学術文庫，2000年；羽田正
『東インド会社とアジアの海』講談社，2007年。
4　大塚久雄『株式会社発生史論』岩波書店，1969年。
5　オランダ東インド会社の二つのタイプの貿易については，Ryuto Shimada,

The Intra-Asian Trade in Japanese Copper by the Dutch East India Company during the Eighteenth Century, Brill Academic Publishers, 2006, pp. 131-135を参照。

6 島田竜登「近世バタヴィアのモール人」守川知子編『移動と交流の近世アジア史』北海道大学出版会，2016年，267-268頁。

7 S. Femme Gaastra, *The Dutch East India Company: Expansion and Decline*, Walburg Pers, 2003, p. 86.

8 オランダ東インド会社が支配した17・18世紀のバタヴィアについては，島田竜登「会社のつくった都市バタヴィア－オランダ東インド会社時代，1619-1799年－」村松伸・島田竜登・籠谷直人編『歴史に刻印されたメガシティ』メガシティ3，東京大学出版会，2016年を参照。

9 宮本謙介「インドネシア都市経済史覚書－都市労働者の形成史を中心に－」『経済学研究』北海道大学，第53巻3号，2003年，167頁。

10 島田竜登「一八世紀末長崎出島におけるアジア人奴隷－オランダ東インド会社の日本貿易に関するひとつの社会史的分析－」鈴木健夫編『地域間の歴史世界－移動・衝突・融合－』早稲田大学出版部，2008年，348-354頁。

11 以下は，島田前掲論文「一八世紀末長崎出島におけるアジア人奴隷」，354-359頁による。

第13章
憲法を起草することと世界史を書くこと

リンダ・コリー
Linda Colley

はじめに

　新たに成文化された憲法が，どのように地球上の多くの人々に波及して次第に影響をおよぼすにいたったのかを論証することは，一見たやすい仕事にみえるだろう[1]。1776年から1780年までの間に，11の旧アメリカ植民地が憲法を起草している。それらが1789年のアメリカ合衆国憲法に強い影響をおよぼし，その合衆国憲法が今度は革命期フランスに制定された複数の憲法に影響を与え，さらにそれとも相まって，ハイチ，オランダ，スイス，イベリア，イタリア両半島，および各地における，新しいがしばしば短命な憲法の早期制定をうながしもした。1820年までに，50ほどの憲法が大陸ヨーロッパに存在したが，これは憲法制定を試みた総数のごく一部でしかない。北部イタリアのみをとっても，少なくとも13の新たな憲法が，1796年から1810年までに起草されている。1820年から1850年までの期間には，さらに80もの憲法が公式に制定されており，その多くがラテンアメリカにおいてであった。"長い19世紀"の後半には，ヨーロッパおよび大西洋世界の外側への，成文憲法の拡散が目立つようになる。1850年から1914年までの間には，オーストラリア・日本・中国・チュニジア・オスマン帝国・フィリピン・ポリネシアの一部，そしてマレー半島にいたるまでの各地で，成文憲法はさまざまなかたちで採り入れられ，さまざまな度合いの成功をもたらし，さらにシャム，イラン，インドの諸王国のいくつかでも憲法を導入しようとする試みがなされた。そして2度の世界大戦の結果，新たな憲法が立て続けに起草されることになった。さらに1945年以降の西ヨーロッパ諸帝国の解体と，ソビエト連邦の崩壊がおよぼした影響もまた劇的なものだった。現状で存在する190ほどの憲法のほとんどは，過去60年間に起草されたか改定されたものなのである。そして毎年，少なくとも10カ国において，新たな憲法づくりにかかわっている男女がいるものと推計されている[2]。

　このように，成文憲法の伝播の歴史は，人間の思想や行動規範，組織のあり方が継続的に書き換えられてきた過程だとみることもできる。その伝播の

初期の段階は，鉱物資源を拠り所とする産業革命の急拡散と時期を同じくしているけれども，いかなる段階においても，この「立憲革命」は，ただヨーロッパにおける各種の発展によってのみ生じたのではないし，それらの圧倒的な影響によるものでもない。とはいえ，グローバル・ヒストリーにおいてこうした立憲革命の重要性を語ることは，やさしいことではない[3]。

　憲法についての研究はこれまで，特定の国家や地域に的を絞っておこなわれるのが通例だった。しかし近年では，一部の政治学者，法学者，社会学者らがComparative Constitutions Project（各国憲法比較プロジェクト）のようなデータベースをつくることで，立憲思想が世界各地に広まり，発布されていく事情を研究しようという動きも出てきている。といっても，そうしたテーマにそった歴史研究はいまだに非常に数少ない[4]。例外的に目立った作品，例えばアメリカの独立宣言が，世界各地においてモデルとしてどのような役割をはたしたのかを論じたデイヴィッド・アーミテイジの研究などもあるにはあるが，そうした例外においてもやはり，モデルとなる個別の国（通常はアメリカ合衆国）の影響を強調するという従来の傾向をそのまま踏襲しがちである[5]。だが，憲法について知り，憲法を書こうとすることは，現実にはほぼ例外なく複数の源泉からの影響がまざり合って伝播していった。

　故意に選び取られる歴史は，異なる視点での理解を妨げるものである。というのも，成文憲法の初期の伝播は，アメリカ独立革命やフランス革命と部分的に密接な関係にあり，現行の憲法のあまりにも多くが，植民地からの独立や民族自決にいたる闘争の産物だということもあって，成文憲法の伝播を国民国家の勃興や民主主義理念の伸張をつうじて解釈しようとする傾向が強い。ところが，ナショナリズムや民主主義は，明らかに物語の一翼を担う存在でしかないからである。少なくとも第一次世界大戦までは，さまざまな帝国のほうが国民国家よりも世界における強力なプレイヤーだったし，1950年の時点においてさえ，近代的な成文憲法が誕生してからすでに200年近い時が経過しているというのに，十分な民主主義政体であると一般に認められた主権国家は，わずか22カ国しかなかったのである[6]。

　成文憲法の地球全体への伝播を正しく理解するためには，慣れ親しみ，時に過剰なまでの賞賛に満ちた語りから切り離し，その伝播を異常で変幻自在な現象としてみなおさねばならない[7]。そこで本論では，かぎられた紙幅でできうるかぎりに，グローバル・ヒストリーと憲法の歴史——前者は流行し

すぎともいえる問いかけの方法であり，一方後者はまったく流行とは縁遠い
のだが――の双方から有益な果実を引き出せる三つの分野に言及するものと
し，とりわけ“長い19世紀”に注目する。そこで最初に強調したいのは，成
文憲法をテキストとしてとらえることの重要性である。憲法も書きあらわさ
れた文章として，写本や印刷本と多くの点でつうじるものがあるからである。
第二に論じたいのは，成文憲法がかくも急速に伝播した理由の一端は，解放
を意図したとはかならずしもいえないさまざまな政治的プロジェクトや政治
のあり方にとって，それが便利な道具だったことにあるという点である。さ
らに第三の論点として，1860年代以降に生じた地理，形態，反響という点で
の憲法の変化に言及したい。

1. 語の伝播

成文憲法の多様性

　憲法は，均一で同心円状に広がって伝播したわけではない。成文憲法はこ
れまで，長さにおいても，恒久性，形式，条項においても，起草者たちがい
だいていた目的においても，それが規定する政治制度においても，極めて多
種多様なものであり続けてきた。アメリカ合衆国とラテンアメリカの大半で
は，憲法は制定当初から，共和制を生み出し恒久ならしめるために機能して
きた。ところが，世界のその他の国々では，1914年までは憲法の大半が君主
政体と共存していた。成文憲法の多様性が，各国言語の違いの大きさの産物
であることも，また避けられないことである。“constitution”に相当するも
っとも一般的な日本語は「憲法」で，その意味は規範と法規であるが，この
日本語もまた中国由来の漢字二文字からなる合成語であり，その言葉がもつ
政治的な含意は，英語の“constitution”とは異なる[8]。また，この言葉やその
類語を意識的に避けて用いない政治体制もある。1814年に王政復古で即位し
たルイ18世は，憲章（chartre）と，明確に異なる語をあてることで，革命期
の憲法やナポレオンの憲法との違いをきわだたせた。一方，1861年に制定さ
れたものの3年後に廃止されたチュニジアの憲法は，ドゥストゥール（アラ
ビア語でのちに憲法を指すようになった単語）とすら呼ばれることもなく，む
しろカーヌーン（法令）とみなされたのである[9]。

　こうした語の多彩さは，異なる時系列や地理的文脈を横断した憲法に対す
る有用な研究を妨げるように思われ，実際そのような議論が時にみられる。

例えば，諸革命の時代を題材にした有意義な論集が先頃刊行されたが，これは，世界各地の民主主義運動について，いかなる"伝播主義的モデル"も明快に拒絶し，むしろ各地域の経験や「制度的環境や政治文化の相違」に注視することの重要性を強調するものだった[10]。しかし，それによって二項対立をあまりに明白なものにしてしまった。国も帝国も，憲法に関しては通常の範囲を超えて「それぞれの歴史の網にからみ取られた」のである[11]。たしかに，憲法が広がっても，それは中身や政策が類似の方向へ向かうということを決して意味しなかったが，憲法起草に関するエピソードや起草者と憲法を記すという考え自体については，国や大陸をこえて，つねにさかんな交流があったのである。

印刷された憲法テキストの伝播力

差異はいろいろとあったが，国家や政体は，できれば「単一の」正当化と管理のためのテキスト，広く認められた基礎的な文書の類を作成するべきだという考え方が，18世紀の半ばから世界の多くの地域で受け入れられるようになってきた。そうした意識の拡大——異なる地域で政治にかかわる人たちが重要な無二の政治的テキストへの注目をましていったこと——が，憲法の伝播に決定的な影響をおよぼした[12]。極めてもち運びがしやすく分離も容易なこの文書は，単語によって成り立ち，あらゆる文字言語への翻訳が可能で，複写することも，原稿として運ぶことも簡単で，パンフレットや書物に採り入れることはさらにたやすく，新聞，ちらし，雑誌，ポスターなどで抜粋することも同様に簡単である。そして，この新しい単一のテキストとしての憲法は，識字率や輸送手段，郵便制度，社会的流動性，移民，そしてなにより印刷技術が，各地でこれまでになく急速に発達しつつあった世界に，見事に適合したのである。

新たな憲法の起草や監修にあたった人々が，多くの場合に国をこえた読み手を想定していたこともまた，有利に働いた。ベンジャミン・フランクリンは1776年から1783年までの間に外交官として何度かパリに駐在していたが（彼自身も一時，印刷業者であり，ペンシルヴェニアの急進的な憲法を起草した），アメリカの各植民地による憲法のすべてを翻訳刊行することで，新しい共和政体の真剣さや能力をヨーロッパの人たちに知らしめて感服させ，あわよくば対英戦争への支援も取り付けようとしていたことは有名である[13]。1787年

以降においても，アメリカの外交官や活動家たちはフランクリンに劣らぬ勤勉さで，連邦憲法の印刷版を海外に送り届けたが，その目的の一つは，アメリカ合衆国はいまや政治的に安定していて信頼に値するのだと諸外国政府を説得したいという動機だった[14]。諸外国の人々に新たな憲法を披露したいという願いは，外交上の承認を取り付けることや，自国の政治制度を宣伝することで他国がそれを模倣し，敬意をはらうことをねらいにするところがあったにせよ，憲法の多くがすみやかに印刷されることに大きな役割をはたした。「憲法を印刷し，出版し，流布させるのだ」と命じたのは，1826年のボリビア憲法の起草者たちである。1889年の明治憲法（大日本帝国憲法）の発布後には，日本の政治家たちはさらに進んで，まるまる1冊にもなる注釈を英語とフランス語で刊行して，やはり列強諸国に閲覧できるようにして感嘆せしめようと試みた[15]。

　憲法は，ひとたび公式に印刷物として利用可能になると，より非公式なメディアをとおしてすばやく広まりうるようになり，しかもそれは西洋にかぎったことではなかった。歴史家のクリストファー・ベイリーが述べているように，19世紀初頭までに，カルカッタは多くのヨーロッパ諸国の首都よりも，大規模な印刷産業を擁するまでになっていた。その結果，インド人・英国人・ポルトガル人の改革運動家グループが，1822年8月にカルカッタに集まって，ポルトガルの自由主義憲法発布の2周年を祝った。その憲法については，カルカッタの英字新聞2紙で議論がなされており，また，――まだ調査が進められていないものの――いくつかの現地語の新聞でも議論の的になっていた可能性もある[16]。新聞や小説もそうであるように，印刷物が容易に入手できるおかげで，成文憲法は「時には」読み書きのできない人々にも伝わった。文字を読める者が抜粋を読み上げることで，読めない男女に読み聞かせることができたかもしれないからである。かくして1836年に，ロンドンにおける"労働者階級でもっとも貧しい者たち"が，1812年のカディス憲法（スペイン）の記念日を祝うために開催した集会において，世話人の1人がその機会を利用して，「新憲法の概要」についての1ペニー・パンフレットを読み上げて，英国にもこうした憲法が必要だと主張した[17]。

　そういった新聞記事やひんぱんに開かれた祝賀会合を拠り所に，歴史家たちは憲法にまつわるエピソードを利用して，国家や大陸をこえた結び付きを調べることができるだろう。科学史家ジェイムズ・A・セコードが書いてい

308

るように，「グローバルな絵柄を思い描くことは，地域の習慣を忘却したり
それを超越したりという問題ではなく，循環のあり方により多くの注意をは
らう」ということなのである[18]。どの憲法が，いかなる年代に，どのような
形態において，どんな地域のいかなる人々から祝福され，語られ，抜き書き
されたかを丁寧に調べることは，国をこえた影響と長年にわたる変化のパタ
ーンを正確に示すのに役立つ。そしてさらに，統治，権力，権利についての
考え方が，異なる言語や文化的空間，地理的領域に移動するさいにどのよう
に修正され翻案されるのか明示してくれもする[19]。また，現在オンラインで
広く利用可能で，キーワード検索も簡単にできる，各国憲法の実際のテキス
トについても，同じことがいえる。例えば，1814年のノルウェー憲法を調べ
てみると，1791年・1793年・1795年のフランス革命期の各憲法や，アメリカ
合衆国憲法・1791年のポーランド憲法・1798年のバタヴィア共和国の憲法・
1809年のスウェーデン憲法・1812年のスペイン憲法，そしてさらに，英国の
非成文憲法の各種パンフレットからの痕跡が見てとれるし，場合によっては
それらからの逐語翻訳さえも見つかる[20]。このことが示唆するように，憲法
とはある国の存立の正当性を示し，その国のアイデンティティとなる物語を
提示するものではあるけれども，それを起草する人たちはしばしば，コスモ
ポリタンな剽窃者なのである。そのため，憲法のテキストは，政治思想やイ
デオロギーがどこまで，どれほどの精度でもって移動したのかの，実証する
証拠ともなりうるのだ。

　"長い19世紀"をつうじて憲法に関する情報が国や大陸をまたいで伝えら
れたのは，極めて長距離を旅することを選んだか，あるいはしいられた個人
の数が大幅にふえたからである。職業的な革命家（トマス・ペインが英国，北
米，フランスを頻繁に行き来して，その三か所すべてで憲法についてなにかを記
したことを考えてみるといい）はもちろん，弁護士・学生・ジャーナリスト・
宣教師らが顕著な役割をはたしたし，外交官もまたそうであった[21]。また，
清朝の外交官黄遵憲（1848〜1905）は，東京の公使館やサンフランシスコ，
ロンドンでの勤務をつうじて，各国の政治制度の違いに対しての理解を深め，
のちにその経験を，日本を題材とする論説として著したのだが，それが成文
憲法を含む，明治維新型の改革を目指す中国人活動家にとっての重要な手引
きとなった[22]。そして流刑・亡命者たちもまた，国境をこえて連絡を取り合
い，情報を入手することに大きな役割をはたした。政治的流刑・亡命者のな

かには，強制的な転居を逆に利用して，しばしば新天地の環境から着想をえて，真新しい憲法草案を編み出した。青年トルコ運動の指導者のメフメト・タラート・パシャ（1874〜1921）は，サロニカへの追放を利用して，立憲革命としての1908年の青年トルコ革命の準備を進めた。サロニカの電報局で事務長として働いたことも，有益な国際ニュースにふれることに役立ったという[23]。流刑・亡命者たちはまた，さまざまな考え方や彼らの地域に独特の知を，彼らを受け入れ同情的な人々に伝えることもできた。功利主義哲学者で法制の改革にも尽力したジェレミ・ベンサムが，非公式憲法の名高い起草者となったのは，彼の故郷であるロンドン——1820年には世界最大の都市となっていた——が，政治的な亡命者たちの集まる場所となっていたからでもある。南アメリカ大陸における「独立時代における第一級の指導者たち」のうち70人ほどが，1808年から1830年までの間，ロンドン滞在を経験していた。彼らの多くがベンサムをかこむ集いに加わっており，それゆえにベンサムがブエノスアイレス，グアテマラ，ベネズエラ，コロンビアの憲法案の下書きを執筆しているのである[24]。

軍人と憲法

そして軍人たちもまた，憲法にまつわるさまざまな考えを伝えることに大きな役割をはたした。憲法の起草や創案が，長引く戦争やその終結後と時を同じくして出されていることが多いことも，そうした理由から説明できる。スペイン・ナポリ・ロシア，そしてラテンアメリカの一部で，1820年代に起きた憲法をめぐる反乱に関与した軍の将校たちの間には密接なつながりがあり，こうした相互のつながりはまた，1905年から1908年にかけて起こった，ロシア第一革命・イラン立憲革命・青年トルコ革命のそれぞれにおける，非正規の闘士たちの間にもみられることだった[25]。軍人は，仕事柄あちこちを動きまわり，さまざまな事件に介入することが多く，また読書や著述に没頭できる余暇もあり，他国の軍人に職業的な仲間意識をいだくこともしばしばで，数か国語に堪能な者も多いため，多くのほかの事柄と同様に，憲法にまつわる情報を収集し，交換することにうってつけの人々だった。親衛隊の青年将校でデカブリストでもあったニキータ・ムラヴィヨフ（Nikita Muraviev, 1796〜1843）もまた，そうした自信と学識を拠り所に，ドイツ・フランス・アメリカ・英国の各種文献を参照して連邦国家ロシアの憲法草案を書き上げ

310

第13章　憲法を起草することと世界史を書くこと

た。その草案には，彼が受けた啓蒙教育も部分的に影響していた。しかし，ムラヴィヨフが国をこえた物の見方に親しみをいだくきっかけは，1814年にロシアの占領軍の一員としてパリに滞在し，その地で大学の講義を聴講し，自由主義哲学者にして理論家のバンジャマン・コンスタン（Benjamin Constant）と親交を結んだことにもあった[26]。

　軍人たちはまた，はるかに広範な流れにも一枚噛んでいた。ヴァルター・ベンヤミンが指摘したように，機械技術による文章の再生産がより普及していけば，読み手の側にいた人たちが書き手の側にまわることもますます珍しくなくなっていく[27]。国境をこえて拡散する憲法のテキストから知識やアイデア，勇気をもらうのは，もはや職業的な政治家や著名なインテリや革命家だけではなくなった。公職についておらず，あまり名の知られていない数多くの人々もまた，憲法の草案づくりに関与し始めたのだった。

　ここでグレガー・マクレガー（Gregor MacGregor, 1786〜1845）の生涯を考察してみよう。彼はスコットランド人の陸軍将校で，ベネズエラ独立戦争に従軍し，シモン・ボリバルのいとこと結婚した人物である。1820年代にヨーロッパにもどったマクレガーは，いまや自分こそがホンジュラス湾ぞいで独立したばかりの新生国家の統治者であるとして，投資家や移民希望者たちを説き伏せようと試みたわけだが，それにさいして彼が真っ先にやったのは，そのニセモノ国家の憲法なるものをしかつめらしく出版したことだった[28]。これは，単なる詐欺師の武勇伝にとどまらない。まず，マクレガーがいかにも憲法にみえるもっともらしい文書を編纂する術を学びえて，その種の文書を流布すればより効果的に人々を騙せる——のちに分かるようにたしかにそのとおりだった——と彼が信じていたことは示唆的である。しかも，マクレガーの中央アメリカ計画は，こうした非公式で架空の憲法の一例にすぎない。この例のようにペテン師の手になるものもあるが，真剣な改革者，革命家，意欲的な帝国建設者，理想主義者，家柄のよい学者らによって書かれたもののほうが多いのである。それらのテキストは，もう一つの並行した憲法の歴史を考察するさいの貴重な原典ともなりうる。レイチェル・セントジョンが19世紀のアメリカ大陸について指摘しているように，この種の非公式な憲法は，かつて国家や帝国の境界線が人々からどのような目で見られていたのかを実証することに役立つ。彼らは，のちの結果からみた国家を中心とする歴史から読み取れるものと比較して，対立する解釈に対してより率直で理解が

311

あったのである[29]。

女性参政権と憲法執筆者の性別

　しかし，私の知るかぎり——そしてこれは，まちがいだと判明したほうが
むしろ良いことだと思うのだが——1914年にいたるまでには，そうした私家
版の憲法のうち，王室の血を引かない女性によって書かれたものは極めて少
ない（そして，公式な憲法にいたっては皆無である）。女性の出版文化や，女性
によるある種の政治活動への参加は，いくつかの地域では急拡大していたに
もかかわらずである。1848年に，ニューヨーク州北部のセネカ・フォールズ
（Seneca Falls）に女性参政権運動家たちが集まり，独自の独立宣言を発行し
たことは有名である。しかし，政府に政策変更を求めたり，市民の権利を規
定したり，領域を再設計したりというような，明確なスタイルをもつ憲法の
起草を企てるということは，たとえ純然たるアマチュアの立場で，家庭とい
う私的空間のなかでおこなうのだとしても，この時代の女性にはあと一歩お
よばない感のあることだった[30]。初期の成文憲法が著しく男性優位のにじむ
テキストであることを考えれば，それも驚くにはあたらないことだろう。こ
れらの憲法が流布したことの結果の一つとして，より正式な政治活動からの
女性の除外がますます法制化されていき，その結果ますます変えることが難
しくなっていった。世界全体を見わたすと（そしてグローバル・ヒストリーは
より一層女性に目を向ける必要があるのだが），女性参政権がもっとも早く実現
したのは，公式な成文憲法をもつ国々においてではないということが分かる。
　それは，太平洋世界の一部でのことだった。1838年という極めて早い時期
に少数の女性に投票を許すことにしたピトケアン島と，1893年に白人とマオ
リ族双方の女性に参政権を付与したニュージーランドはいずれも，公式な成
文憲法をもつ独立国家ではなかった[31]。どちらも準自治領という位置付けで
あり，英本国の視点からみれば，はるか遠方の植民地であった。また同じよ
うに，ボヘミアは1864年にヨーロッパではじめて一部の女性に参政権を与え
たが，その地はオーストリア帝国に従属する王国だった。そして似たような
パターンは，アメリカ合衆国にもみられる。1870年に批准されたアメリカ合
衆国憲法修正第15条は，人種や肌の色による投票権の否定を公式に禁じたが，
ここにおいても性別による差別は存続を許されたのだ。各州の憲法も長年に
わたって，やはり同様に排除的だった。ニュージャージー州憲法は資産を有

312

する女性に対して1776年に投票権を認めたが，その条項が1807年には撤回された。むしろ，女性参政権の付与を主導したのは，フロンティアのいくつかの準州——公式な成文憲法をもつ合衆国の州とはみなされていなかった——であった。ワイオミング準州は1869年に，ユタ準州はその翌年に，女性に投票権を与えている。

憲法はこのようにさまざまな方法で，市民の権利や積極的な政治参加を拡大するよりは，むしろ「制限する」役割をはたし，人々の間の分断を公式化した（そして時には，分断をつくり上げもした）。このことを考えれば，さまざまな異なる帝国が歴史的に憲法に魅力を感じたことの説明もつくのではないだろうか。物事を変化させ，統制政策にも役立つ筋書きとしての憲法の潜在力——ある政体において居住者がいかに生き，考えるのかを流布させ，影響をおよぼす設計図——もまた，植民地を現実の，もしくは隠喩的な空白地として，そこに新たな法，信仰，統治などを押しつけようと考える帝国主義者にとって，魅力的なものだった[32]。成文憲法が単に国づくりのためだけではない，帝国のための道具としてさまざまに利用できることこそが，大陸をこえてそれが伝播し続けたことの理由なのである。

2. 憲法と帝国

魔力的な政治テキスト化した憲法

ボー・ブレスリンが述べているように，憲法とは例外なく「独裁的で巨大な権力を制御するための装置」であるとする考えは，力強くかつ心地のよいものである。そしてこのことは，西洋および非西洋の諸帝国が憲法を採用するにいたった経緯がしばしば見すごされる理由を説明することにも役立つ[33]。諸帝国がこれまでの歴史において，知識，文書保存，文書行政，法的な攻撃（lawfare）などの制度をいかに利用して，領土をかためて強化し，空間を征服し，権力を組織化し，記憶やアイデアをかたちづくってきたかということについて，昨今学者たちの間で関心が急速に高まっているにもかかわらず，成文憲法はその真髄において慈悲深いものでなければならない——民意と，権利の保証を例示するということ——という根深い考え方は，このような憲法のテキストをいまだに帝国史のなかで異質なものにしてしまいかねない[34]。

しかしそれでも，帝国にかかわるいろいろな問題と憲法との結び付きに細心の注意をはらうことは，憲法の発達とグローバル・ヒストリーで憲法が受

313

けもつ多面的な役割の両方を理解するためには，不可欠である。憲法の感染が1776年以降に飛躍的に進んだことは確かだが，すでに17世紀に，このような魔力的な政治的テキストへと向かういくつかの目立った動きが存在した。そうした早い段階での動きが，ヨーロッパの外側における出来事に対する反応であったことは，示唆的である。ジョン・ロックの『統治二論』(1689年)が啓蒙的な政治および憲法の思想にどれほどの影響を与えたのかはよく知られている。だが，それより20年も前に，ロックは，信教の自由と，奴隷制，農奴制への対策の両方を含んだテキストであるカロライナ基本憲法の起草を支援した。それは現在のヴァージニア州からフロリダ州にいたる土地の大半を占めていたイングランドの植民地に向けて設計されたのである[35]。

　また同じように，史上初のグローバルに近い戦争というべき七年戦争もまた，新しいまとまった無二のテキストとしての憲法に対するそれまでの断続的だった関心を，はるかに持続的なものにすることに貢献した。それは，ヨーロッパの一部の場合だった。例えば1755年に，パスカル・パオリ (Pascal Paoli) はコルシカ島の（短命な）独立に参画し，政治的に先進的だった憲法を起草するのだが，そうすることができたのも，フランスが七年戦争の初期で，一時的に戦争に忙殺されていたためである。一方，スウェーデンのグスタフ三世は，七年戦争でまちがった側についたことを受けて，1772年に新たな「政府のあり方」を公表し，その印刷物が広く流布するようにして，王の権威を一新し，司法の改革をも試みた[36]。しかし，そうした政府の新たな見取り図への興味が増大した裏には，ヨーロッパ外における七年戦争によって生じた領土的，財政的，知的変化への反応という側面もまたあったのである。その結果，1764年に，マサチューセッツ湾直轄植民地総督のサー・フランシス・バーナード (Sir Francis Bernard) は，英国政府に対して"法と政治の原則"を提示した。これは，当初よりはるかに拡大するとともに混迷の度を深めていたアメリカ本土の帝国に適用されるべき憲法の概要であった。一方，「ヒンドゥスタンのマグナ・カルタ」のためにエドマンド・バーク (Edmund Burke) が発展させた計画は，七年戦争後にアジアやその他の地域において新たに帝国統治下に組みいれられた数百万人もの，白人でもキリスト教徒でもない臣民に対して，個人の権利を再考し，統治制度を再構築するためのさまざまな試みのうちの一つであった[37]。

314

第13章　憲法を起草することと世界史を書くこと

帝国による成文憲法の利用

　アメリカ独立戦争の勃発後には，いくつかの成文憲法はより民主的で権利を規定し，いっそう国際的に議論されるようになったのではあるが，その一方で帝国との結び付きは根強く，さらに強まっていた。それは一つには，クリシャン・クマーが主張するように，帝国と国民国家の政治制度が，実際のところ，完全に相反し正反対であるということが，ほとんどないためである[38]。この，表面的には別個の政体である両者の間には顕著な類似性が存在しえた——そして，現在でも存在しうる——のである。かくして，1789年以後のフランスにおいて，新たに成文化された複数の憲法は，疑いなく革命政権のナショナリスト的，身分制解放論的目的を満たすものとなった。しかし，同時に，それらの新しい憲法はまた，内なる植民地主義の道具としても機能し，フランスの多元的な言語，法制度，文化の領域に対して独善的な均質化をおよぼそうとした，ジャコバン党による広範な——そしてしばしば暴力的な——運動の一部をなしたのである。フランス革命の指導者たち，そしてとりわけ，「書かれた言葉の力」をつねに重んじていたナポレオン・ボナパルトは，数多くの成文憲法を起草し，制定し，ヨーロッパ大陸におけるフランスの拡大する帝国に秩序と枠組みを与えようとした[39]。

　大西洋の向こう岸でもまた，成文憲法は権利と国民的な象徴（national totems）をまとめ上げたものであると同時に，陸上に大きく広がる帝国の統治を助けるものとして，機能していた。合衆国建国の父たちが1787年にとった発議の一つに，ワシントンにおいて結ばれた条約を「国の法」となし，「すべての州の裁判官」をそれに従わせるというものがあった。アメリカ合衆国が1783年から1850年までの間に3倍の規模に成長できたことも，このように，中央集権的に設計され，施行される，巧妙な取り決めがあったためである[40]。各州憲法のネットワークが広がり続けたこともまた，代々の合衆国政府が，内なる植民地主義を管理し，急速に拡大し移動し続けるフロンティアの人口に，ある程度の支配力を行使することを助けた。かつてオハイオ州の裁判官だった人物が1848年に書いたところによれば，「極めて啓蒙的な制度や法を西部諸州に，可能なかぎりでもっとも早い時期に導入したことにより，民衆の心は一つになり，アメリカ諸邦連合のもっとも古い構成員たちの間に広まっていた習慣や作法を，全人口に広めることになった」のである。これは，成文憲法が有する教訓的文章にも似た効用を強調する発言である[41]。

315

他の19世紀の植民地帝国と同様に，アメリカ合衆国の州憲法はますます民主的になり，また意図的に民族的に排他的な傾向を強めていった。ふえ続ける白人入植者たちがアメリカ大陸の西部へ，そして南部へと移動し続けていったことで，次々に新たな州憲法を起草する動きに弾みがつき，そうした州憲法は連邦の憲法と連動し，また通常はネイティブアメリカンや黒人，婦人を完全な市民権の対象外とするものだった。こうしたやり方で，一連のメカニズムが整えられた。すなわち，アメリカ合衆国に大陸をまたいだ帝国という性質をもたせる一方で，大陸全体を「ネイション」としてまとめ上げることも可能にしたのである[42]。この国においても，そしてまたオーストラリア，南アフリカ，およびラテンアメリカの大半においてもそうだったように，憲法のネットワークをさらに広範なものとしていくことで，原住民を心の地図からも紙の上の地図からも消し去ることができるという意識がどこかにあったのである（実際，成文憲法の拡大が，条約や国勢調査といった他の公式文書の場合と同じように，書き言葉をもたない人々をいかに，どれほどまで周縁化したかについては，さらなる調査が必要である）[43]。1827年に，ジョージア州のチェロキー族は，アルファベットによる書き言葉を有しており，こうした周縁化に抵抗するために集会を開いて独自の憲法を起草し，英語とチェロキー語で出版して，権力の分離や陪審員裁判，信仰の自由などを制定したのだが，国家内の国家（imperium in imperio）を創設するかのごときこのイニシアチブをジョージア州議会は憤然とはねのけ，1835年にはチェロキー族の土地を接収してしまった[44]。

　"長い19世紀"において，成文憲法をまったく利用しなかった陸上帝国，海上帝国は，どれほど新興の帝国であっても，またどれほど確固たる帝国であっても，およそ見あたらない。元奴隷のジャン＝ジャック・デサリーヌ（Jean-Jacques Dessalines）は1804年にハイチの独立を達成すると，ただちに自ら皇帝を名乗って帝国憲法を発布した[45]。失敗に終わりはしたが大きな影響をおよぼした1812年のカディス憲法は，国民主権を謳い，一部の非白人に参政権を付与するものだった。ただし，その同じ憲法はアジアや大西洋をまたぐ広大なスペイン帝国を万全に保つためのものでもあった。ジョン・エリオットも述べているように，「アメリカに必要な，そしてスペインに必要な法的規定を設けるためもあって，この（カディス）憲法の実態は，帝国の憲章のようなもの」だった[46]。そこに出てきたのが，1824年のブラジル憲法だ

った。19世紀ラテンアメリカの他のどの憲法よりも長い命脈を保つことになったこの憲法は、ブラジル皇帝ペドロ一世の発議による。彼は、ポルトガルに対しても別個の新たな憲法を押し付けることで、大西洋の両岸における従来のパワーバランスを逆転させるために力を注いだ[47]。

ところで英国は、成文憲法をもたないことで名高く、支配の道具として成文憲法を採用した新旧帝国の中の例外とみなされることもある。しかし、これはまったく的外れである。イギリス帝国は史上はじめて地球規模に広がり、ジョン・ダーウィンをはじめとする人々が述べるように、帝国の設計や組織において、さまざまな憲法が持続的に大きな役割をはたしているからである。1951年までに、「英連邦内には70にものぼる別々の憲法が存在し、そのほとんどが英国内でつくられた」といわれるまでになったが、英国の帝国空間のための憲法起草はもっと昔からおこなわれていた[48]。例えば、ナポレオン戦争の最中やその直後において、英国の支配下にあった地中海地域のコルシカ島・シチリア島・イオニア諸島といった場所で、憲法が承認されているのである。

3. 過渡期

憲法起草の「地理的範囲」の拡大

ここまで、憲法とそれにまつわる情報の拡散について論じ、とりわけ18世紀半ば以降、さまざまな異なる帝国による憲法の支持とそれへの順応が、憲法という道具の伝播にどのように寄与したのかを跡付けてきた。そのどちらの観点からみても、重大な変化が1860年代という真にグローバルな重要性を持つ時代以後に生じた。「各国憲法比較プロジェクト」のデータベース（それは包括的なものではないのだが）によれば、アジア・南アジア・中東、そしてアフリカの大半においては、1860年にいたるまでには、いかなる独立国においても、公式な成文憲法が発布されることはもとより、真剣に検討されることさえもなかった[49]。それに先立つ100年間における憲法や憲法にまつわる思想の波及はたしかに衝撃的だったが、地理的な制約も同様に大きかった。しかし、1860年代以降、地理的な範囲は大きく広がり、新たな憲法作成の頻度は急激にます。といっても、帝国との付き合い方が、なにかにつけ、事の核心にあり続けたことを忘れてはならない。

アメリカ南北戦争の結末は、南部の政治家や軍人、理論家たちがいだいて

いた，新たな奴隷帝国を築いてそれを南アメリカやカリブ海地域の一部に拡
大する，という計画を雲散霧消させるものとなった[50]。北部連合の勝利と存
続はまた，国際的には成文憲法がそこにあり続けることとして理解された。
1848〜49年に各国であいついだ革命において，リベラルな憲法づくりが試み
られはしたものの部分的な成功にとどまったということと，ラテンアメリカ
諸国やヨーロッパの一部の国々，なかんずくフランスにおいて生み出された
初期の成文憲法がいずれも短命なものに終わったということを考えあわせれ
ば，1861年以前においては成文憲法にそれほどの長い生命力があるとはとう
てい思えなかった。もっとも象徴的な成文憲法の母国であるアメリカ合衆国
において，南北戦争という内戦がその年に発生したことは，一部の観察者た
ちの目には，憲法とははかなく，ことによると内在的欠陥をかかえているの
ではないかという印象をいだかせることとなった。しかし，1865年に南部が
敗北し，その後にアメリカ合衆国の経済力や国際的影響力が増大したことが，
成文憲法の評価を著しく上げた。憲法が国づくり（そして帝国づくり）の有
用な道具であり，近代性の理想的な象徴であることが，広く認識されたので
ある。

　もう一つ，アメリカ南北戦争が国際社会に，それもとりわけ非西洋世界に，
長きにわたる衝撃を与えた点があった。奴隷制を禁止したアメリカ合衆国憲
法修正第13条が批准されてから5年後の1868年に，アフリカ系アメリカ人に
市民権を付与する修正第14条が成立したからである。現実には，アメリカの
黒人にとって民主主義や平等といった概念はその後長年にわたって玉虫色で
あり続けた。それでもなお，エイブラハム・リンカーンの崇拝者が大陸をこ
えて膨れあがりつつあったこともあって，アメリカ合衆国憲法にこのような
修正が加えられたことは，政治的にもイデオロギー的にも長期にわたる大き
な反響があったと考える[51]。それは，アフリカやアジアの半植民地主義活動
家の間にとどまるものではなかった。

　1860年代に登場したより鋭い競争力のある国際的なシステムは，ほかにも
さまざまに，憲法起草の地理的な範囲を広げることに貢献している。あるレ
ベルでは，ますます多くの非西洋の政体が，西洋のより鋭利な帝国主義的侵
略に直面して，自治を保つ手段となることを期待して成文憲法を採用し始め
た（マレー半島の統治者によってはじめて公布された憲法である1895年のジョホ
ール王国憲法にも，部分的にはそういう目的があった）[52]。他のレベルで，いく

つかの帝国は，1860年代以降に高まりつつある圧力にさらされ，臣民や入植者たちのために譲歩して憲法発布を余儀なくされた（1900年のオーストラリア連邦憲法や，1910年の南アフリカ憲法を英国が認めたのも，こうした理由からだった）。そしてまた別のレベルでは，新参帝国が，憲法起草の競争に新たに加わった。キューバは，スペイン帝国との武力闘争の最中に四つの短命な憲法を生み出していたが，1898年と1901年にも新たに二つを，アメリカの後援のもとに受け取ることになった[53]。最後に，1860年代以降における憲法の拡散のさらなる広がりと多様化は，自発的なまたは，しいられた，非白人の移民の増加に支えられたようにみえる。例えば，1880年代までには，トリニダードにおけるアジア人，黒人，そしてヨーロッパ人の改革者や急進派たちは，憲法についての情報やアイデアを，自分たち自身の情報媒体や英国から輸入された新聞だけではなく，この島でふえ続けているアジア人移民コミュニティのために，インドから船便で送られてくる印刷物や手紙によってもえることができるようになったのである[54]。

明治憲法が世界に与えた衝撃

しかし，おそらく1860年以降におけるもっとも劇的な展開は，従来想定されていた西洋の外側で，はじめて本格的な憲法が記され発布されたことだろう。1876年に，オスマン帝国スルタンのアブデュルハミト２世（1842～1918）は，119条からなる新たな憲法を承認した。その憲法には，民選の下院を含む議会や，教育の無償化，法の下での平等，オスマン帝国の男子全員に民族や宗教にかかわらずに官公庁で働く資格を与えるなどの内容が含まれていた。ただし，この憲法は公布から２年もたたないうちに停止されてしまい，修正されて復活したのは，1908年になってからのことだった。とはいえ，フランス，英国，ベルギーからの借り物という面はあるにしても，イスラームの中核地域でこの憲法が制定されたという事実は，その後のシリア・エジプト・ヨルダン・イラク，その他のアラブ諸国での憲法起草の動きに影響をおよぼした[55]。だが，より直接的な影響を受けたのは，1889年の明治憲法だった。

これはある部分で，憲法の起草と帝国的野心の間の，密接かつ根深い関連性が示されたもう一つの例でもある。明治日本は天皇と，次第に力をます拡張主義者に支配されており，1910年には公式に朝鮮を併合し，さらにロシアと中国の軍事的拠点をも手にした。明治憲法は，世界という舞台における日

319

本の地位の上昇を示すことを意図し，同時に，近代性の象徴として，日本の帝国化と文明化の使命を正当化するために使われもした[56]。帝国という側面と極めて密接にかかわっていたにもかかわらず，それでも，明治憲法は過去との断絶を象徴し裏付けるものでもあった。1876年のオスマン帝国憲法よりも後発となった明治憲法は，その序文において，憲法づくりはもはや西洋列強だけの専有物ではないということをさらに力説し，当時，その点において評価された。英国のとある大学人は，次のように述べている。「東洋の一国家が突如大躍進をとげたのであり，それはまさしく特筆すべき出来事だ。アメリカ合衆国の市民は1789年に世界初となる偉大な近代憲法を発布したが，その100年後に，日本が最新の憲法をたずさえて進みでたのだ」[57]。明治憲法が世界に与えた衝撃については，もっと明らかにする必要があるだろう。シャムと中国，そしてのちにはエチオピアがこの憲法に触発されたことや，インドの一部のナショナリスト，および英国人たちの双方が明治憲法を仔細に吟味して，インドでの憲法起草計画に活かそうとしたことが知られている[58]。

　明治憲法の起草者たちは，それ以外に，のちに植民地からの独立国が広く採用することになる戦略を一般化することにも貢献した。1880年代に明治憲法の文言作成にあたったのは，伊藤博文伯爵（1841～1909）を中心とする日本の藩閥政治の上層部を占めていた人々だった。伊藤は精力知力ともに旺盛なビスマルク型の政治家であり，日本の拡張政策のはてに朝鮮の民族主義活動家に暗殺されて生涯を閉じた[59]。伊藤は，有名な岩倉遣欧使節団に続いて，他の日本人外交使節らとともに，アメリカ・ロシア，そしてヨーロッパのさまざまな国の首都を訪れ，憲法学者や法律家，政治家らから話を聞いた。そのためもあって，明治憲法は折衷主義的な内容で，アメリカ・英国・フランス・オーストリアの憲法の一部を組みいれているが，プロイセン憲法から借用した要素が群を抜いて多かった。したがって，この憲法を単純に，明治日本の西洋化の好例とみるむきもある[60]。それでも私は——非専門家として——明治憲法に込められた思想はより混成的で複雑なものであるという見解に，勇み足を承知で踏みこんでみたい。伊藤博文とその仲間たちは，そのままを取り上げ，まぜ合わせるという戦略をとったと考えられている。しかし，公式にヨーロッパの「異なった」いくつもの首都を訪ね，あちらこちらでそこの憲法の一端にふれ，自らの優先順位や伝統をも考慮することによって，彼らは，日本が単に西洋をコピーするのではなく，区別して選択する（とり

わけ，より権威主義的な東ヨーロッパや中央ヨーロッパの政治制度から）力量を
もっていたということを強調しているのだ。

　この点を見すごすべきではない。また，すでにみたように，1889年に日本
政府は，明治憲法はいかに理解されるべきかについての注釈を，伊藤博文の
名前で出版した。この注釈書は明治憲法が西洋の複数の憲法に負うところが
あるということを認めつつ，それらへの評価をくだしている。例えば，アメ
リカ合衆国憲法に込められた権力の分立の原則に対しては，「18世紀的なア
イデアの産物にすぎない」と退けている。「二院制度の母国」英国について
は，アイルランドの自治要求について下院と貴族院の対立が高まるばかりで，
議会の運営は順風満帆ではないとも述べている。そして明治憲法に対しては，
対照的に，「すべての手引きとなるもの」と高らかに宣言し，世界における
憲法に関する独創的な思想とイニシアチブの回路において，また，独自のア
ジア的近代性において，ともに日本が筆頭に位置していると主張している[61]。

　1949年のインド憲法起草についても，同じような戦略をみてとることがで
きる。周知のように，この憲法の395の条項のうち250条以上は，英国のスタ
ンリー・ボールドウィン内閣が1935年に制定したインド法から，ほとんどそ
っくりそのまま転用されたものだった[62]。しかし，インド憲法を起草した者
たちはかくして英国が保っている力を殺ぐねらいもあって，ふたたび選択と
混成政策を採用し，オーストラリア・カナダ・アメリカ合衆国・アイルラン
ド共和国の各憲法からのさまざまな要素を組み合わせた。さらに，憲法の中
心的な執筆者であるビーム・ラーオ・アンベードカル（B. R. Ambedkar 1891
～1956）が，アメリカのコロンビア大学や，ロンドン・スクール・オブ・エ
コノミクスで自らが知的に受けた影響や，個人的な仏教信仰，不可触民との
付き合い，インドの下層階級との強力なかかわり合いを取り込んだ[63]。日本
に関しての明治憲法の場合と同じように，インド憲法の注意深くかつこれみ
よがしな折衷主義は，この国の地位を押し上げ，世界に知らしめるものだっ
た。新しく，識別力があり，ダイナミックで，実体を伴う独立勢力であり，
また非ヨーロッパの政治モデルの見本として自らを位置付けてもいたのだ。

終わりに

　本論の目的は，一つの研究計画を定めるところにあった。私は，成文憲法
を司法や法律的な内容に特化した検討以上に，歴史家がいかに詳細に検討で

きるかということと，グローバル・ヒストリーの学徒にとってそうした憲法の条文がどれだけの特別な価値をもっているかということを提示したかったのだ。憲法は，国家や大陸をこえた異なる地域間での長い時間軸における政治的な転変の程度を，極めて実証的で個別の詳細な情報によって明らかにする。同じく重要なことは，憲法が，国家や大陸をこえた影響や借用がどこまでおよぶのか，それによってどのような緊張関係が生まれるのか，地域と普遍の間でレイヤーがどのように動くのか，を明らかにすることに役立つということだ。

　成文憲法には感染性があり，次第に世界全体の現象となったことは，強調されるべき点である。グローバル・ヒストリーの研究者はしばしば経済史に肩入れするあまりに政治史をおろそかにしてきたが，その理由は政治史の課題が伝統的に，国民国家を中心として構成されてきたからである。しかし，憲法の拡散の道筋をたどると，政治的なものもまた，国家をこえた相互の影響，働きかけ，圧力によって織りまぜられてきたことが分かる。国家や帝国は，どれほど強大であっても，憲法の伝染からまったく離れていることは難しいし，むしろ不利であるということを理解した。英国はなお成文憲法をもたず明らかに例外であるようにみえるが，じつのところは，決してそうではない。これまでにみてきたように，他の諸帝国と同じように，英国もまた憲法を支配の道具としてさまざまに利用してきた。加えて，英国人たちは1820年代にイングランドの歴史家のヘンリー・ハラム（Henry Hallam）が広めた術語である"憲法史"について読み，記述することを称賛するようになった。他の強国が，印刷された無二のテキストとしての憲法を，国内統治だけでなく，自分たちの価値観と政治制度を外国に宣伝するという目的のためにも多用していることを認識しつつ，英国を擁護する人たちは，自分たちの現実上と想像上の憲法史や理念についての本やパンフレットを刊行して配布し，そうすることで政治思想の世界市場で競合しようとしたのである[64]。こうした傾向は，1860年代以降さらに顕著になっていく。

　本論でたびたび取り上げてきたもう一つのテーマは，成文憲法が混成的で，多元的性質や傾向を有するという点である。成文憲法の多様性や，暗く矛盾した側面への注意を喚起しつつも，私が心がけてきたのは，憲法が肯定的であり，民主主義の成果であることを否定しないことだった。実際，憲法をめぐるグローバル・ヒストリーの一部分として，権威主義的憲法でさえも，そ

れによって支配される者たちに有利に働くことがあり，また植民地の人々が時に憲法をたくみに利用して，憲法に解放論的傾向を求めることができたことについて考察すべきである。アメリカ植民地協会が，ハーヴァード大学のある法学教授に依頼して，1847年に，リベリアの黒人自由民入植者たちに憲法をつくるように助言させた時，返ってきたのはぴしゃりとした返答だった。「リベリアの人民はわざわざ"白人"の手など借りなくても，自分たちの政府のための憲法をつくることができる」と高らかに述べたのは，リベリアの憲法集会の構成員の一人であり，彼は会議の初日にそういってのけたのだ[65]。

とはいえ，近代的な成文憲法が登場したのは啓蒙主義の時代のことであり，その流れにそってかたちづくられたことはまちがいない。「自由を発見した"啓蒙主義"は，規律を発明もした」というフーコーの主張をどう考えるかは別として，その言葉はグローバル・ヒストリーとして研究する憲法に対して有効である[66]。成文憲法がかくもすばやく広範に拡散した理由は，それが時に権利と権力の制限を掲げ，究極的には世界の大部分に民主主義の手段をもたらしたという点にあったが，同時に，憲法が最初から支配の手段を達成するためのメカニズムとして，体制の輪郭を公にして宣伝し，ある種の望ましい大衆の反応をつくり出すためのものだったからでもある。

そうした傾向は，今日にいたってもまったくなくなってはいない。滅びた帝国群が過去に成文憲法をどう利用していたのかに関する批評でさえも，なお憲法に内在する矛盾に囚われてしまうことになりかねない。あるヒンドゥ・ナショナリスト（Hindutva）のイデオローグが最近，インドの"憲法草案"をインターネット上で刊行したが，これは素人による，そして男性による憲法起草の好例である。多くの昔の憲法起草者がそうであったように，この男性もまた世界中の読み手を念頭においていた。彼のインターネット上の草案は，容易に「ボリビアや……その他すべての第三世界国家の憲法のひな型として利用できる」と，男性はいう。だが，この男性起草者の第一の願望は「英国に押し付けられたインド憲法」を「より良い憲法」におきかえることだった。彼にいわせれば，いまやまったく新しい憲法だけが，「超大国であるインド帝国」，インド亜大陸における新たな異なった帝国にふさわしいのである[67]。

●註

1 本稿は，オックスフォード大学における "New Directions in Global History"（グローバル・ヒストリーの新しい方向性）と題する国際会議（2012年9月27日から29日）および，プリンストン大学の "Constitution-writing in the long eighteenth century"（長い18世紀における憲法起草）シンポジウム（2014年4月11日）に提出された論文の改訂版である。筆者は，その機会にえた意見および，ジェレミー・エイデルマン，ジェイムズ・ベリック，ピーター・ホルキスト，ジェレミー・ウォードロン各氏によるその後の論評に感謝する。

2 成文憲法の一覧については，以下参照：Zachary Elkins, Tom Ginsberg, *The Endurance of National Constitutions*, Cambridge University Press, 2009, pp. 215–230, および，Comparative Constitutions Project のウェブサイト：http//comparativeconstitutionsproject.org（2015年2月1日閲覧）。Constitutions of the World Online のデータベースにより，1776年から1849年までに発布され，廃止された大体の憲法テキストが利用可能である。

3 ユルゲン・オスターハンメルは，以下の研究でこれについて鋭いコメントを述べている。Jürgen Osterhammel, *The Transformation of the World: A Global History of the Nineteenth Century*, Princeton University Press, 2014.

4 最近の事例として，Zackary Elkins, 'Diffusion and the Constitutionalization of Europe', *Comparative Political Studies*, vol. 43（8–9），2010, pp. 969–999; Denis J. Galligan, Mila Versteeg, *Social and Political Foundations of Constitutions*, Cambridge University Press, 2013, および，Bendikt Goderis, Mila Versteeg, 'The Transitional Origins of Constitutions: Evidence from a New Global Data Set on Constitutional Rights', *Discussion Paper*, Center for Economic Research, Tilburg University, 2013参照。

5 David Armitage, *The Declaration of Independence: A Global History*, Harvard University Press, 2007. また，Georg Athan Billias, *American Constitutionalism Heard Around the World, 1776-1998: A Global Perspective*, New York University Press, 2009参照。

6 Larry Diamond, 'A Report Card on Democracy', *Hoover Digest*, No. 3, 2000.

7 これは，1960年代以降，あまり活発に研究されてこなかった，憲法の歴史を再構築する作業の一環であり，筆者は憲法史を再構築し，生き返らせたいと考える。憲法とは，「抽象的で自己完結的な法典・法体系としてだけでなく，さまざまな位相で，多くの人の人生と相互に影響し合う，より広い圧力に関する，

劇的，テキスト上の，そして想像力を駆使した表現の集成として」，有為に研究されうるのである。Jose Harris, Robert Gerwarth, Holger Nehring, 'Introduction: Constitutions, Civility and Violence', *Journal of Modern European History*, vol. 6, 2008-1, pp. 30-37.

8 Takii Kazuhiro, *The Meiji Constitution: The Japanese Experience of the West and the Shaping of the Modern World*, International House of Japan, 2007, p. vii.（原著，瀧井一博『文明史のなかの明治憲法—この国のかたちと西洋体験—』講談社，2003年）。

9 この情報は，プリストン大学における筆者の同僚であるムハメド・ウアルディー（M'hamed Oualdi）の教示による。

10 Joanna Innes, Mark Philip (eds), *Re-Imagining Democracy in the Age of Revolutions: America, France, Britain, Ireland 1750-1850*, Oxford University Press, 2013 のとくに 7 頁と191頁参照。

11 Daniel T. Rogers, *Atlantic Crossings: Social Politics in a Progressive Age*, Belknap Press, 1998, p. 1. 憲法起草に関するある特定のエピソードに，どのように地域的な影響と国をこえた影響が重なり合ったのか，詳しくは以下参照。Christopher Schmidt-Nowara (ed.), 'Global horizons and Local Interests in the Era of the Constitution of Cadiz', special issue of *Association for Spanish and Portuguese Historical Studies Bulletin*, vol. 37, 2012-2.

12 この展開に関する思想史的研究として，以下参照：Gerald Stourzh, 'Constitution: Changing Meanings of the Term from the Early Seventeenth Century to the Late Eighteenth Century', Terence Ball, John G. A. Pocock (eds), *Conceptual Change and the Constitution*, University Press of Kansas, 1988. 同論考は，セバスティアン・コンラッドのより広い視点から書かれた以下の論考と合わせて読まれるべきである。Sebastian Conrad, 'Enlightenment in Global History: A Historiographical Critique', *American Historical Review*, vol. 117, 2012-4, pp. 999-1027.

13 Durand Echeverria, 'French Publications of the Declaration of Independence and the American Constitutions, 1776-1783', *Papers of the Bibliographical Society of America*, 47, 1953.

14 David M. Golove, Daniel J. Hulsebosch, 'A Civilized Nation: The Early American Constitution, the Law of Nations, and the Pursuit of International Recognition', *New York University Law Review*, vol. 85, 2010-4, pp. 932-1066.

15 Hirobumi Ito, Miyoji Ito (eds), *Commentaries on the Constitution of the Empire of Japan*, Igirisu-Horitsu Gakko, 1889参照。

16 C. A. Bayly, 'Rammohan Roy and the Advent of Constitutional Liberalism in India, 1800-30', *Modern Intellectual History*, vol. 4, 2007-1, pp. 25-41.

17 *The Times*, 16 August, 1836.

18 James A. Secord, 'Knowledge in Transition', *Isis*, vol. 95, 2004-4, pp. 654-672, pp. 666-667.

19 憲法の趣旨と理解に関する翻訳の影響は大きな問題で，今日でも重要である。もともとは，第二次世界大戦後に主としてアメリカの役人によって起草された現行日本憲法の第9条の英語版は，日本語版の文言と完全な一致をみない。この相違は，潜在的に極めて重大である。なぜなら，この条文により，日本は戦争を放棄しているためである。http://languagerealm.com/japanese/translation_error_japan_constitution.php（2015年2月1日閲覧）

20 Kåre Tønnesson, 'The Norwegian Constitution of 17 May 1814: International Influences and Models', *Parliaments, Estates, and Representation*, vol. 21, 1, 2001, pp. 175-186, p. 179.

21 異なる地理的空間を結び付けるうえでの，個人の重要な役割については，以下の二つの論考参照：Matthew W. Mosca, 'The Qing Empire in the Fabric of Global History', James Belich, John Darwin, Margaret Frenz, Chris Wickham (eds), *The Prospect of Global History*, Oxford University Press, 2016, pp. 108-123; Francis Robinson, 'Global History from an Islamic Angle', idem, pp. 127-145.

22 Peter Zarrow, *After Empire: The Conceptual Transformation of the Chinese State, 1885-1924*, Stanford University Press, 2012, pp. 41ff，および Joshua A. Fogel, Peter Zarrow（eds）, *Imagining the People: Chinese Intellectuals and the Concept of Citizenship, 1890-1920*, M. E. Sharp, 1997参照。

23 Erik J. Zürcher, *The Young Turk Legacy and Nation Building: From the Ottoman Empire to Ataturk's Turkey*, I. B. Tauris, 2010, pp. 99ff.

24 Karen Rachine,' "This England and This Now": British Cultural and Intellectual Influence in the Spanish American Independence Era', *Hispanic-American Historical Review*, vol. 90, 2010-3, pp. 423-454，および，David Armitage, 'Globalizing Jeremy Bentham', *History of Political Thought*, vol. 32, 2011-1, pp. 63-82. ウィリアム・スミス・オブライエンは，1848年の青年アイルランド党の蜂起において担った役割ゆえに，ヴァン・ディーメン島（タスマニア）に流されたが，彼はそこで，その植民地のために独自の憲法を執筆し，加えて，タスマニア自治政府を求める活動家と協力した。

25 例として，以下参照：Richard Stites, 'Decembrists with a Spanish accent', *Kritika: Exlorations in Russian and Eurasian History*, 12, 2011-1, pp. 5-23および，

第13章　憲法を起草することと世界史を書くこと

Moritz Deutschmann, 'Cultures of Statehood Cultures of Revolution: Caucasian Revolutionaries in the Iranian Constitutional Movement, 1906-1911', *Ab Imperio*, 2013-2, pp. 165-190.

26 Andrey N. Meduschevsky, *Russian Constitutionalism: Historical and Contemporary Development*, Routledge, 2006, pp. 86ff. 軍人が，文化をこえて，どのように執筆活動をおこなったのかについては，以下の拙著参照。*Captives: Britain, Empire, and the World 1600-1850*, Anchor Books, 2004, pp. 269-307。

27 Walter Benjamin, *The Work of Art in the Age of Mechanical Reproduction*, trans. J. A. Underwood, Penguin Books, 2008, pp. 1-50.

28 Gregor MacGregor, *Plan of a Constitution for the Inhabitants of the Indian Coast in Central America, Commonly Called the Mosquito Shore*, Balfour and Jack, 1836.

29 Rachel St John, 'The Imagined States of America: Nation-Building in Nineteenth-Century North America', Seminar Paper, Davis Center, Department of History, Princeton University. セント・ジョン教授は，このテーマに関する本を最近，完成させた。

30 フランス革命において一定の役割をはたしたヘレン・マリア・ウィリアムズ（Helen Maria Williams）のように明確な急進主義の意識を持った経験豊かな作家でさえ，この点では慎重だった。彼女は，1801年に以下のように書いている。「懸念はご無用です。私は，憲法を細かく吟味する役割をはたすつもりはないし，高尚な政治家として行動するつもりもありません」。Gary Kelly, *Women, Writing, and Revolution 1790-1827*, Oxford University Press, 1993, p. 197より引用。女性が20世紀以前に，政治的な憲法の起草にどのようにかかわったのかについては，ほとんど研究されていない。女性は，もちろん，ときに慈善・宗教団体の規約（constitution）を起草したことはあったが，彼女たちはつねに，控えめだった。それは，かならずしも社会的にそのようなものだと思われていたからというだけではなく，女性が法律教育のあらゆる場から排除されていたことに起因している。

31 1838年ピトケアン島憲法は，男女を問わず，島で生まれたすべての原住民に投票権を与え，教育を義務化した。これは，憲法に関する一個人の挑戦と軍の役割に関するもう一つの例である。この憲法は，ロンドンからの承認なしに，一介の海軍将校によって起草された。

32 この点に関して，詳細な議論として，以下の拙稿参照。'Empires of Writing: Britain, America and Constitutions, 1776-1848', *Law and History Review*, vol. 32, 2014-2, pp. 237-266.

33 Beau Breslin, *From Words to Worlds: Exploring Constitutional Functionality*,

327

Johns Hopkins University Press, 2009, p. 5.

34 帝国が，概して巧妙に法律テキストを利用したことについては，以下参照。John L. Comaroff, 'Colonialism, Culture and Law: A Foreword', *Law & Social Inquiry* vol. 26, 2001-2, pp. 305-314. この憲法という道具は，大体かならず人あたりが良いため，帝国の憲法を考察することで，帝国が暴力のうわべを取り繕っていることを明らかにする，という考え方は，「植民地の歴史家は，国家の本質よりも，憲法を起草することに関心を寄せてきた」とする，C. A. ベイリーの不平の背後にひそんでいる。この「どちらか」「もしくはまた」，というどちらかの立場を採用する必要はない。C. A. Bayly, *Imperial Meridian: The British Empire and the World, 1780-1830*, Longman, 1989, pp. 115, 同書 pp. 8-9参照。

35 以下参照。David Armitage, 'John Locke, Carolina, and the Two Treaties of Government', *Political Theory*, vol. 32, 2004-5, pp. 602-627. なお，ロックの関与の度合いは，今でも疑問視されている。

36 Dorothy Carrington, 'The Cosican Constitution of Pasquale Paoli（1755-1769)', *English Historical Review*, vol. 88, 1973-348, pp. 481-503; Gabriela Majewska, 'Sweden's Form of Government during the Reign of Gustav Ⅲ—in the Eyes of the Journals of the Polish Enlightenment', *Scandinavian Journal of History*, vol. 22, 2008-4, pp. 291-304.

37 Bernard Bailyn, *The Ordeal of Thomas Hutchinson*, Belknap Press, 1974, p. 86. ロバート・トラヴァース（Robert Travers）教授は，現在，7年戦争後の時代の，アジアに関する憲法研究のプロジェクトに取り組んでいる。

38 Krishan Kumar, 'Empires and Nations: Convergence or Divergence?', George Steinmetz（ed.), *Sociology & Empire: The Imperial Entanglements of a Discipline*, Duke University Press, 2013, pp. 279-299参照。

39 Alan Forrest, *Napoleon: Life, Legacy, and Image. A Biography*, St. Martin's Griffin, 2013; Stuart Woolf, *Napoleon's Integration of Europe*, Routledge, 1991; Juan Cole, *Napoleon's Egypt: Invading the Middle East*, Palgrave Macmillan, 2007.

40 Paul Frymer, 'Building an American Empire: Territorial Expansion in the Antebellum Era', *UC Irvine Law Review*, vol. 1, 2011-3, pp. 913-954.

41 Frederick Grimké, *Constitutions upon the Nature and Tendency of Free Institutions*, H. W. Derby & Co, 1848, p. 486.

42 このことに関する便利な要約として，以下参照：Barbara Young Welke, 'Law, Personhood, and Citizenship in the Long Nineteenth Century: The Borders of Belonging', Michael Grossberg, Christopher L. Tomlins（eds), *Cambridge History of Law in America: The Long Nineteenth Century*, 3 vols, Cambridge University

Press, 2008, vol. II, pp. 345-386.

43 この問題の背景として，以下参照：Marilyn Lake, Henry Reynold, *Drawing the Global Colour Line: White Men's Countries and the International Challenge of Racial Equality*, Cambridge University Press, 2008.

44 William G. McLoughlin, *Cherokee Renascence in the New Republic*, Princeton University Press, 1986.

45 以下参照：Doris L. Garraway, 'Empire of Freedom, Kingdom of Civilization: Henry Christophe, the Baron de Vastey, and the Paradoxes of Universalism in Post-Revolutionary Haiti', *Small Axe*, vol. 16, 2012-339, pp. 1-21.

46 サー・ジョン・エリオット教授が，未刊行の以下の論考を筆者に提供してくれたことに感謝する。'"Spaniards of Both Hemispheres": A Constitution for an Empire', unpublished essay, University of Oxford.

47 Gabriel Paquette, 'The Brazilian Origins of the 1826 Portuguese Constitution', *European History Quarterly*, vol. 41, 2011-3, pp. 444-471.

48 Frederick Madden, David Fieldhouse, John Darwin（eds), *Select Documents on the Constitutional History of the British Empire and Commonwealth*, 8 vols, Greenwood Press, 1985-2000，および，Kenneth C. Wheare, *Modern Constitutions*, Oxford University Press, 1951.

49 1860年以前の段階で，これらの地域において，どの程度まで，どのような人々の間で，「非公式な」憲法が記されていたのかについては，まだ研究が不十分である。

50 1860年以前の，南部の思想のこうした要素については，以下参照：Matthew Karp, '"The Vast Southern Empire": The South and the Foreign Policy of Slavery', unpublished PhD thesis, University of Pennsylvania, 2011.

51 Richard Carwardine, Jay Sexton（eds), *The Global Lincoln*, Oxford University Press, 2011. アメリカ南北戦争への大きな反響について，最近の研究の概要を知るには，以下参照：Matthew Karp, 'The Transnational Significance of the American Civil War: A Global History', *Bulletin of the German Historical Institute*, 2013-52, pp. 169-176.

52 Iza Hussin, 'Textual Trajectories: Re-reading the Constitution and Majalah in 1890s Johor', *Indonesia and the Malay World*, vol. 41, 2013-120, pp. 255-272.

53 これについては，以下参照：Christina Duffy Burnett, 'Contingent Constitutions: Empire and Law in the America', unpublished PhD thesis, Princeton University, 2010.

54 H. A. Will, *Constitutional Change in the British West Indies, 1880-1903*, Clarendon

Press, 1970.

55　以下参照：Robert Devereux, *The First Ottoman Constitutional Period: A Study of the Midhat Constitution Parliament*, Johns Hopkins University Press, 1963, および Nathan J. Brown, *Constitutions in a Nonconstitutional World: Arab Basic Laws and the Prospects for Accountable Government*, State University of New York Press, 2002.

56　Takii, *Meiji Constitution, passim*.

57　'The New Japanese Constitution', *Macmillan's Magazine*, 1894-70, pp. 420-428.

58　'Correspondence regarding the Japanese constitution and its use as a precedent in forming constitution reforms in India', *British Library*, IOR/L/PJ/9/12, file 536/20参照。1914年以前の東京とインドのナショナリスト枢軸については，以下参照：Harald Fischer-Tiné, 'Indian Nationalism and the "World Forces": Transnational and Diasporic Dimensions in the Indian Freedom Movement on the Eve of the First World War', *Journal of Global History*, vol. 2, 2007-3, pp. 325-344.

59　Kazuhiro Takii, *Itō Hirobumi: Japan's First Prime Minister and Father of the Meiji Constitution*, Routledge, 2014.

60　伊藤が憲法調査のために渡欧する以前にも，印刷技術の急速な発展にもよりつつ，西洋の憲法に対する日本の関心は高まっていた。1866年，福沢諭吉は，アメリカ独立宣言と合衆国憲法を日本語に翻訳し，その後ベストセラーとなった『西洋事情』（東京，1866年）の一部として刊行した。これは，以下よりの引用である。Tadashi Aruga, 'The Declaration of Independence in Japan: Translation and Transplantation, 1854-1997', *Journal of American History*, 1999-85, pp. 1409-31.

61　Ito, *Commentaries of the Constitution*, pp. 8-9, p. 63, および，Mark Ravina, 'Japanese State Making in Global Context', Richard Boyd, Tak-Wing Ngo (eds), *State Making in Asia*, Routledge, 2006, pp. 31-46.

62　オースティン・グランヴィルによる古典的な解釈（Granville Austin, *The Indian Constitution: Constitution: Cornerstone of a Nation*, Clarendon Press, 1966）は，マザヴ・ホスラの以下の研究とあわせてバランスをとる必要がある。Madhav Khosla, *The Indian Constitution*, Oxford University Press, 2012.

63　アンベードカルの思想については，以下参照：C. A. Bayly, *Recovering Liberties: Indian Thought in the Age of Liberalism and Empire*, Cambridge University Press, 2012, および，Mohammad Shabbir, *Ambedkar on Law, Constitution, and Social Justice*, Rawat Publications, 2005.

64　Michael Bentley, 'Henry Hallam Revisited', *Historical Journal*, vol. 55, 2012-2, pp. 453-473. ワルター・バジョットが1860年代に,「イギリス」憲法への有名な注釈を執筆した目的の一つは, 英国の制度が独特なのではなく, それが他国に導入され荒らされてしまったことを実証することであった。

65　James Ciment, *Another America: The Story of Liberia and the Former Slaves Who Ruled It*, Hill and Wang, 2013, pp. 91-93

66　Michel Foucault, *Discipline and Punishment: The Birth of the Prison*, Random House, 1995, p. 222.

67　Kalki Gaur, 'Draft Populist Constitution of India'. 以下のウェブサイトにて, 2011年閲覧（http://www.clearblogs.com/indian）。

※本論文は, 共著の一部として公刊された以下の英語論文を, 著者と出版社（Oxford University Press）の許可を得て, 日本語に翻訳したものである。

　Linda Colley, 'Writing Constitutions and Writing World History', James Belich, John Darwin, Margret Frenz, Chris Wickham（eds.）, *The Prospect of Global History*, Oxford University Press, 2016, pp. 160-177.

著者紹介（執筆順）

羽田 正　Haneda Masashi
東京大学東洋文化研究所教授。主要業績：『イスラーム世界の創造』東京大学出版会，2005年，『東インド会社とアジアの海』講談社，2007年，『新しい世界史へ』岩波書店，2011年

ジェレミー・エイデルマン　Jeremy Adelman
プリンストン大学教授（Henry Charles Lea Professor of History），Global History Lab 責任者。主要業績：*Sovereignty and Revolution in the Iberian Atlantic*, Princeton University Press, 2006, *Worldly Philosopher: The Odyssey of Albert O. Hirschman*, Princeton University Press, 2013, （編著）*Worlds Together, Worlds Apart*, W.W. Norton & Co., 2013.

アンドレアス・エッカート　Andreas Eckert
ベルリン・フンボルト大学アジア・アフリカ研究所教授。主要業績：*Grundbesitz, Landkonflikte und kolonialer Wandel. Douala 1880-1960*, Steiner, 1999, *Herrschen und Verwalten. Afrikanische Bürokraten, staatliche Ordnung und Politik in Tansania, 1920-1970*, Oldenbourg, 2007, （編著）*Globalgeschichte. Theorien, Themen, Ansätze*, Campus, 2007.

アレッサンドロ・スタンツィアーニ　Alessandro Stanziani
社会科学高等研究院（Ecole des Hautes Etudes en Sciences Sociales）・パリ文理大学（Université de Paris Sciences et Lettres）教授。主要業績：*Rules of Exchange. French Capitalism in Comparative Perspective 18th-20th Centuries*, Cambridge University Press, 2012, *Bondage. Labor and Rights in Eurasia, 17th-20th Centuries*, Berghahn, 2014, *After Oriental Despotism. Russian Growth in Global Perspective*, Bloomsbury, 2014.

シェルドン・ギャロン　Sheldon Garon
プリンストン大学教授（Nissan Professor of History and East Asian Studies）。主要業績：*The State and Labor in Modern Japan*, University of California Press, 1987, *Molding Japanese Minds: The State in Everyday Life*, Princeton University Press, 1997, *Beyond Our Means: Why America Spends While the World Saves*, Princeton University Press, 2012.

杉浦 未樹　Sugiura Miki
法政大学教授。主要業績：『女性から描く世界史 17〜20世紀への新しいアプローチ』（共編）勉誠出版，2016年，「アフリカンプリント物語 ファッションのグローバルヒストリー」飯島真理子他編『グローバルヒストリーズ』ぎょうせい出版，2017年

ウルリケ・シャパー　Ulrike Schaper
ベルリン自由大学フリードリッヒ・マイネッケ研究所准教授。主要業績：*Koloniale Verhandlungen - Gerichtsbarkeit, Verwaltung und Herrschaft in Kamerun 1884-1916*, Frankfurt/ Main 2012, "Tropenkoller. States of agitation and mood swings in colonial jurisdiction in the German colonies", *InterDisciplines. Journal of History and Sociology*, 6: 2 (2015), "David Meetom: Interpreting, Power and the Risks of Intermediation in the Initial Phase of German Colonial Rule in Cameroon", *The Journal of Imperial & Commonwealth History*, 44: 5 (2016).

工藤 晶人　Kudō Akihito
学習院女子大学准教授。主要業績：『地中海帝国の片影——フランス領アルジェリアの19世紀』東京大学出版会，2013年，「オラン——地中海の「ラテン的」植民都市」吉田伸之・伊藤毅編『伝統都市１イデア』東京大学出版会，2010年，「大陸の果ての葡萄酒——アルジェリアと南アフリカ」石川博樹・小松かおり・藤本武編『食と農のアフリカ史』昭和堂，2016年

セバスティアン・コンラッド　Sebastian Conrad
ベルリン自由大学教授。主要業績：*The Quest for the Lost Nation: Writing History in Germany and Japan in the American Century*, University of California Press, 2010, *German Colonialism: A Short History*, Cambridge University Press, 2012, *What is Global History?*, Princeton University Press, 2016.

アントネッラ・ロマノ　Antonella Romano
社会科学高等研究院教授，Alexander Koyré 科学技術史研究センター長。主要業績：*Impressions de Chine. L'Europe et l'englobement du monde (16e-17e siècles)*, Fayard, 2016, （編著）*Rome et la science moderne entre Renaissance et Lumières*, École française de Rome （Collection de l'École française de Rome, 403）, 2008, （編著）*Negotiating Knowledge in Early Modern Empires: a Decentered View*, Palgrave-MacMillan, 2014.

シルヴィア・セバスティアーニ　Silvia Sebastiani
社会科学高等研究院准教授。主要業績：*The Scottish Enlightenment. Race, Gender, and the Limits of Progress*, Palgrave MacMillan, 2013, （編著）*Simianization. Apes, Gender, Class, and Race*, Lit Verlag, 2015, （編著）*L'expérience historiographique*, Paris, EHESS, 2016.

島田竜登　Shimada Ryūto
東京大学大学院人文社会系研究科准教授。主要業績：*The Intra-Asian Trade in Japanese Copper by the Dutch East India Company during the Eighteenth Century*（Leiden, Brill Academic Publishers, 2006），『アジア経済史研究入門』（共編）名古屋大学出版会，2015年，『歴史に刻印されたメガシティ』（共編）東京大学出版会，2016年

リンダ・コリー　Linda Colley
プリンストン大学教授（Shelby M.C. Davis 1958 Professor of History）。主要業績：*Britons: Forging the Nation 1707-1837*, Yale University Press, 1992（川北稔訳『イギリス国民の誕生』名古屋大学出版会，2000年），*Captives: Britain, Empire and the World, 1600-1850*, Pimlico, 2003（中村裕子，土平紀子訳『虜囚：1600～1850年のイギリス，帝国，そして世界』法政大学出版局，2016年），*The Ordeal of Elizabeth Marsh: A Woman in World History*, Pantheon, 2007.

翻訳・校閲協力者

阿部尚史　Abe Naofumi
東京大学大学院総合文化研究科中東地域研究センター特任助教。主要業績：「ムスリム女性の財産獲得──近代イラン有力者家族の婚姻と相続」水井万里子他編『女性から描く世界史 17～20世紀への新しいアプローチ』勉誠出版，2016年，"The Ambivalent Position of the Landlord: A Dispute over Ownership of an Iranian Village in the 19th century." *Islamic Law and Society* 23-1 (2016), "The Politics of Poetics in Early Qajar Iran: Writing Royal-Commissioned *Tazkeras* at Fath-'Ali Shāh's Court." *Journal of Persianate Studies* 10-2 (2017).

グローバル・ヒストリーの可能性

2017年10月20日　1版1刷　印刷
2017年10月30日　1版1刷　発行

編　著　羽田正

発行者　野澤伸平

発行所　株式会社 山川出版社
　　　　〒101-0047　東京都千代田区内神田1-13-13
　　　　電話 03(3293)8131(営業)　8134(編集)
　　　　https://www.yamakawa.co.jp/
　　　　振替 00120-9-43993

印刷所　株式会社 太平印刷社

製本所　株式会社 ブロケード

装　幀　菊地信義

ⓒMasashi Haneda 2017
Printed in Japan　ISBN978-4-634-64088-7
• 造本には十分注意しておりますが，万一，乱丁本などがござ
　いましたら，小社営業部宛にお送りください。
　送料小社負担にてお取り替えいたします。
• 定価はカバーに表示してあります。